आज का हिन्दी नाटक : प्रगति और प्रभाव

आज का हिन्दी नाटक
प्रगति और प्रभाव

डॉ. दशरथ ओझा

राजपाल

यह पुस्तक सर्वप्रथम सन् 1984 में
राजपाल एण्ड सन्ज़ से प्रकाशित हुई थी।

स्थापित 1912
100 वर्षों की
श्रेष्ठ प्रकाशन परम्परा
राजपाल

ISBN : 9789393267146

AAJ KA HINDI NATAK : PRAGATI AUR PRABHAV (Criticism)
by Dr. Dasharath Ojha

राजपाल एण्ड सन्ज़
1590, मदरसा रोड, कश्मीरी गेट, दिल्ली-110006
फोन : 011-23869812, 23865483, 23867791
e-mail : sales@rajpalpublishing.com
www.rajpalpublishing.com
www.facebook.com/rajpalandsons

क्रम

प्राक्कथन

आज के युग में प्रत्येक सभ्य देश की राजनीति, अर्थ-नीति, समाज-नीति, व्यापार-नीति और तकनीक की तरह शिक्षा और साहित्य-नीतियाँ भी विदेशी नीतियों के साथ गठबंधन करते हुए ही उन्नति-पथ पर अग्रसर हो रही हैं। इस अणु और सिनेमा-युग में बाह्य-शक्तियों से सर्वथा निरपेक्ष रहकर कोई बिरला देश ही भरपूर उन्नति कर सका हो। स्वतन्त्रता के समय ही भारत इस रहस्य को समझकर "ब्रिटिश कॉमनवेल्थ" में सम्मिलित होने के साथ-साथ गुटनिरपेक्ष देशों के संगठन में जुट गया। इस प्रकार विशाल भू-भाग के निकट सम्पर्क में आने से बाहरी देशों की रंगमंचीय शैली से प्रभावित होना स्वाभाविक हो गया। आज भारतीय—विशेषकर हिन्दी-रंगमंच इतना बदल गया है कि गाँधी-युग के नाट्य-प्रेमियों को स्पष्ट ही घोर परिवर्तन देखकर आश्चर्य होता है। राजस्थान के गवर्नर बाबू सम्पूर्णानन्द तो *आषाढ़ का एक दिन* अभिनीत होते सहन न कर सके और नाट्यशाला छोड़कर चले गए। जो दर्शक विश्व-नाट्य प्रगति से सर्वथा निरपेक्ष रहकर आज का नया नाटक देखेगा उसके हृदय को धक्का लगेगा ही, क्योंकि अब नाटक का उद्देश्य मनोरंजन, चरित्र-विश्लेषण, कथार्सिस या रसास्वादन, समस्या-निरूपण, आदर्श स्थापन, रहस्य-चिन्तन या जीवन-अनुकृति नहीं रहा। विश्वव्यापी दो महायुद्धों ने इस शताब्दी के पूर्वार्द्ध में इन काव्यग्रंथों और पुरातन धारणाओं को बम के गोलों से राख कर दिया। इनका प्रभाव सारे विश्व के साथ हमारे नाट्य-चिन्तन और रंगमंच-प्रदर्शन पर जिस प्रकार पड़ा, उसका लेखा-जोखा इस ग्रंथ में प्रस्तुत करने का प्रयास किया गया है।

दीर्घकाल से फ्रांस नव नाट्य-चिन्तन का केन्द्र रहा है। सन् 1930 के आस-पास इस देश में कई मेधावी रंग-निर्देशक नाट्यकार अपनी नई नाट्य-प्रतिभा दिखाने लगे। सर्वप्रथम अंटोनिन अरटाड[1] (1895-1948) ने क्रुएल्टी थियेटर (Theater of Cruelty) की 1933 में स्थापना की। उसके मन में इस नए थियेटर की उद्भावना अफ्रीकन बालिनीज़[2] नृत्य-नाट्य देखकर विचित्र रीति से हुई। पेरिस में सम्पूर्ण

1. Antonin Artaud.
2. Balinese Dancers.

फ्रेंच-कालोनियों का कला-प्रदर्शन आयोजित किया गया था। प्रदर्शनी में कई दिनों तक अरटाड अफ्रीकावासियों की मूक वेदनाएँ नाट्य-नृत्य संगीत आदि के माध्यम से सुनता-समझता रहा। वह स्वयं लिखता है—'मेरे मन में विरोधी रंगमंच की उद्भावना सन् 1931 की पेरिस-प्रदर्शनी से हुई। मैं बहुत दिनों से सोच रहा था कि वर्तमान मनोवैज्ञानिक थियेटर आज के समाज की जनरुचि को सन्तुष्ट करने में असमर्थ है। आज की नाट्य-रचना समाज की केवल एक शुष्क अनुकृति बनकर रह जाती है और चरित्र-चित्रण को इति कर्तव्यता मान बैठी है।' न्यूयॉर्क यूनिवर्सिटी के प्रो. एमिली कोलारन (Emilie Colaran) लिखते हैं—

'Aware of the insufficiencies of the literary and psychological theater that presented characterization and dry imitation of life, Artaud proposed a theatrical experience that would give a magic revelation of human destiny.'

('World Drama', page 481)

अर्थात् "अरटाड ऐसी नाट्य-कृति और प्रदर्शन-पद्धति की खोज में था जो मानव-भाग्य की वर्तमान गतिविधि का रहस्योद्घाटन कर सके।"

सन् 1931 में अरटाड को पेरिस-प्रदर्शनी में नया चमत्कार देखने को मिला। इस प्रदर्शनी में विश्व की फ्रेंच-कालोनियों से आए हुए विविध कलाकार अपनी कलाओं का चमत्कार दिखा रहे थे। दक्षिण अफ्रीकावासियों में गाँधी-आंदोलन से जागृति आ चुकी थी। वहाँ के नट-नर्तकों ने अपने खेलों में प्रकृतिप्रदत्त और मानवकृत क्रूरताओं का मोहक रूप से प्रदर्शन किया। प्रकृतिगत क्रूरता, बाढ़-सूखा, आँधी-तूफ़ान, संक्रामक रोग, अकाल मृत्यु, सृजन-संहार को विविध संकेतों द्वारा प्रदर्शित किया गया और इनसे उत्पन्न भीषण स्थितियों में पराधीन देश की दुर्दशाग्रस्त स्थिति का नृत्य, संगीत, चित्र, मुखौटे, वाद्य, जादूगरी द्वारा विश्लेषण प्रस्तुत हुआ। ठीक इसी प्रकार विदेशी शासकों की निरंकुशताओं, शोषक वर्ग की जघन्य मनोवृत्तियों, सत्ताधारियों की क्रूरताओं का नग्न-चित्र उपस्थित किया गया। भूत-प्रेत, डाकिनी-शाकिनी, दैत्य-राक्षस के मुखौटों द्वारा अत्याचारी, लुटेरे, मद्यप, कामुक, भ्रष्टाचारी सत्ताधारियों की पोल खोली गई। ऐसी विषम परिस्थितियों में असहाय मानव की प्रतिक्रिया का जादू करने का वातावरण देखकर अरटाड विस्मित हो उठा। इन प्रिमिटिव अर्द्धशिक्षित कलाकारों ने केवल नृत्य, संगीत-वाद्य, चित्र के अतिरिक्त अपनी अद्भुत भाव-भंगिमाओं, रंगमंचीय विविध उपकरणों द्वारा जिस सम्मोहन-मन्त्र का प्रयोग किया उससे वशीभूत होकर प्रतिभाशाली कलाकार को मानो यह अन्त:प्रेरणा मिली कि नाटक का रंगमंच पर शब्द-अर्थ से अधिक महत्त्व मोहक वातावरण के निर्माण का है। रंगमंच का प्रयोजन है जीवन की रहस्यमयता का उद्घाटन करना। इसके लिए ग्रीक माइथॉलोजी और मध्यकालीन रहस्यमयी घटनाओं का भी सहारा लिया जा सकता है। इन कौतूहलवर्धक घटनाओं, मोहक संगीत-नृत्यों, विविध वाद्यों आदि से ही मानवीय मनोरोगों का उपचार सम्भव है। मनोरोगों की उत्पत्ति कुप्रवृत्तियों से होती है और कुप्रवृत्तियाँ मानवीय सम्बन्धों में विकृति के कारण पनपती हैं। अत:

रंगमंच के मोहक वातावरण में सामाजिक की इन्द्रियाँ और बुद्धि, उसका मन ही कहीं अंग-प्रत्यंग ऐसा झकझोर देता होगा कि वह परिवार, समाज, राष्ट्र और सम्पूर्ण प्राणियों के साथ मानवोचित रिश्ता स्थापित कर सके। फ्रेंच, ब्रिटिश तथा अन्य कालोनियों की दुर्दशा-निवारण का और कोई उपाय नहीं।

इस प्रकार के मोहक वातावरण की निर्माण-शैली पर आगे विचार किया जाएगा। यहाँ इतना संकेत करना आवश्यक है कि अरटाड केवल पाँच-सात वर्ष ही इस सिद्धान्त पर नाट्य-प्रयोग कर सका। चौथे दशक का अन्त आते-आते बमवर्षक विमानों और प्रलयंकारी तोपों के घोर घनगर्जन में अरटाड के मुँह से दीन-दलितों की करुण पुकार सदा के लिए योरोप से विलीन हो गई। जब प्राणों के लाले पड़े हों, अपना ही अस्तित्व खतरे में हो तो कौन किसकी पुकार किन कानों से सुने और कोई किस मुँह से आर्त्तरक्षा की बात करे। ऐसे विषम वातावरण में दूसरा मेधावी फ्रेंच नाट्यकार सार्त्र एब्सर्ड थियेटर द्वारा समसामयिक परिस्थिति को सामने लाने लगा। एब्सर्ड थियेटर ने अरटाड के जीवन-दर्शन का तो घोर विरोध किया, पर उसकी नव प्रदर्शन-शैली को अपने व्यक्तिवादी सिद्धान्त के प्रचार में सहायक समझकर स्वीकार कर लिया। हमारे हिन्दी-नाटक और रंगमंच पर सार्त्र, कामु, आइवोनेस्की का बहुत प्रभाव पड़ा है। अतः विसंगत नाटकों पर स्वतन्त्र रूप से विचार किया गया है। इतना अवश्य याद रखना होगा कि पीटर ब्रुक[1], लुइस बराल्टें[2] आज भी अरटाड के विचारों की अनुमोदन करने वाली अपनी कला से विश्व को विमोहित कर रहे हैं। योरोप अमेरिका के कितने ही नाट्यकार अरटाड के आज भी प्रशंसक हैं। उनके मानवतावादी आदर्श कभी मिटाये नहीं जा सकते। उनकी टोटल थियेटर की उद्‌भावना आज भी सर्वमान्य है। अतः उसके सिद्धान्तों पर दृष्टि डाल लेनी चाहिए।

रंगमंच का उद्देश्य और पूर्ति-साधन

रंगमंचीय प्रदर्शन सामाजिक को ट्रांस (trance) की स्थिति तक पहुँचा सकता है। इस उद्देश्य से यदि नाट्यकर्मी निम्नलिखित साधनों का प्रयोग करें और उनमें कर्तव्य के प्रति निष्ठा हो तो अवश्य ही रंगमंचीय वातावरण वैसा ही मोहक बन जायेगा जैसा अफ्रीका के अर्ध शिक्षितों ने अपनी समन्वित कलाओं के बल पर पेरिस में निर्मित करके दिखा दिया।

साधन : रंगमंच विशाल प्रकृति का दृश्य दिखाने के लिए दूर-दूर तक फैला हो, जिससे नाट्यकृतियाँ भिन्न-भिन्न स्थानों पर इस रूप में दिखाई जा सकें ताकि रंग-कर्मियों के इधर-उधर आने-जाने, उछलने-कूदने, रोने-कलपने, व्याकुलता प्रकट करने, प्रेम-घृणा, ईर्ष्या-द्वेष आदि मनोभावों को कुछ देर तक विविध, भाव-भंगिमाओं के क्रियाकलाप देखकर पकड़ ला सकें।

---

1. Peter Brook.
2. Louis Barroult.

दूसरा परिवर्तन अरटाड ने रंगमंच पर यह किया कि उसने केन्द्र में अभिनेताओं को न बिठाकर दर्शकों को बिठाया। रंगकर्मी दूर-दूर तक अपना अभिनय चारों ओर घूम-घूमकर दिखाते थे, अतः दर्शकों को बैठने के लिए चक्करदार सीटों की व्यवस्था की गई।

अरटाड चाहता था कि दर्शक और अभिनेता अधिक सान्निध्य में आएँ। यहाँ तक कि दर्शकों में से भी अभिनेता बना लिए जाते थे। सबसे बड़ी क्रान्ति अरटाड ने वार्तालाप के क्षेत्र में की। कम-से-कम शब्दों का प्रयोग करके अधिक-से-अधिक भाव, प्रतीकों, मुखौटों, रंगीन वस्तुओं, विविध ध्वनियों, अनुकूल स्वर-लहरियों, चित्रों आदि के द्वारा प्रकट करने का प्रथम प्रयासकर्ता अरटाड है।

कथावस्तु अथवा संश्लिष्ट वस्तु-नियोजन का वह विरोधी था। उसी ने सबसे पहले कथा-संगठन के स्थान पर स्थिति-विश्लेषण का प्रयास किया, जिसका अनुसरण आज का हिन्दी नाट्यकार बड़े गर्व के साथ कर रहा है।

हम पूर्व कह आए हैं कि क्रुएल्टी थियेटर का उद्देश्य सामाजिक की भावनाओं को जागृत कर उन्हें संवेदनशील बनाकर कर्तव्य-परिपालनकर्ता के समान भावलोक में पहुँचाना है। इसकी सिद्धि में नृत्य-गीत आदि कलाओं के अतिरिक्त ज्योतिकला भी सहायक होती है। रंग-सज्जा, वेश-भूषा के साथ-साथ रंग-बिरंगी ज्योतियों से वातावरण निर्माण में सहायता ली जाती है। आज एक-एक कला के पृथक विशेषज्ञ बन गए हैं। अरटाड का विश्वास था कि रंगमंचीय-प्रदर्शन के द्वारा सामाजिक ट्रांस की स्थिति में पहुँचाया जा सकता है, जहाँ हमारे विचार और कृत्य एक-दूसरे से हाथ मिलाकर चलते हैं।

(There is no fundamental difference between our ideas and our acts.)

अरटाड कहता है—"जिस प्रकार नई चिकित्सा पद्धति में फोड़े का ऑपरेशन बिना कष्ट का अनुभव कराये हो जाता है, उसी प्रकार विविध रंगमंचीय-साधनों से सामाजिक को उक्त मनःस्थिति में पहुँचाया जा सकता है।"

(By plastic, graphic means, the stage production should appeal to the spectators and even bewitch them and lead them into trance.)

उक्त विवेचन से यह स्पष्ट है कि फ्रेंच-नाट्यकार अरटाड भारत की तरह नाटक-रंगमंच को एक पावन कर्तव्य मानता था। वह भरत-नाट्य-शास्त्र की तरह सारी कला, सारी विद्या, सारे कर्म और सारे धर्म का निचोड़ लेकर एक समन्वित नाट्य-कला के द्वारा मानव-जाति का विकास करना चाहता था। उसने अपने ग्रन्थ *दि थियेटर एण्ड इट्स डबल* (The Theater & Its Double) में अपने सिद्धान्तों का विस्तार से विवेचन किया है और नाट्यकला की तुलना आधुनिक साइकोएनालसिस (Psychoanalysis) रोगोपचार से की है, जिसका उल्लेख हम ऊपर कर आए हैं।

थियेटर ऑफ़ क्रुएल्टी का अर्थ हिंसा दिखाना नहीं है, अपितु प्रोफ़ेसर कोलहन (Colahan) के अनुसार—

"The cruelty of which Artaud spoke was not one of bloody fillings on stage but rather a cruelty of lucid determination, the evil forces, the emotions and the devouring force of love, eroticism and most of all, death."

अर्थात् ''क्रुएल्टी का अर्थ रंगमंच पर मारकाट दिखाना नहीं अपितु पात्रों की दृढ़ता एवं कर्तव्यनिष्ठा इतनी कठोर हो कि वह दुर्वृत्तियों, भ्रष्टाचरणों का तो संहार कर ही सकें, मौत का भय भी पास न भटकने पाये।''

योरोप के अतिरिक्त रूस, अमेरिका और चीन अपनी-अपनी शैली पर नाट्य-प्रगति कर रहे हैं। अमेरिका में फर्ग्युसन बेंटले गैसनेर आर्थर मिलर, थामस पोर्टर आदि अनेक नाट्य-साहित्य के इतिहास लेखक आज नाट्य-चिन्तन कर रहे हैं। बेंटले के अनुसार आज का अमेरिकन नाट्यकार देश की विलासमयी प्रवृत्ति से ऊबकर पुनः शाओ चेखब की बुद्धिवादिता की ओर झुक रहा है, क्योंकि आज अमेरिका का नाट्य-दर्शक वहाँ के वर्तमान नाटक और रंगमंच की गतिविधि से एकदम ऊब गया है।

अमरीकन नाट्य-दर्शक क्या चाहता है?

"A play should resolve polarities, it should reconcile communal belief and individual experience so that the community feels the completeness of its identity in belief. Because he is elected Messiah of the moment."

दर्शक यह सोचकर ड्रामा देखने जाता है कि उसके अपने विश्वास और नाट्यकार के अनुभव (जीवन का) में कहीं किसी प्रकार का तालमेल बैठ जाएगा। पर वह देखता है कि उसकी समस्यायें नाट्यकार की समझ में नहीं आई हैं तो वह निराश होकर लौटता है।

अमेरिकन दर्शक—

"Retains something of the initial expectation that a play should revalue polarities. It should reconcile communal belief and individual experience."

वह देखता है कि उसके व्यक्तिगत विश्वास और विरोधी अनुभव में कहीं संगति बैठ रही है या नहीं?

नाट्यकार का काम दर्शक के निजी विश्वासों को खंडित करने के साथ-साथ युगानुरूप ऐसी नयी मान्यताओं में विश्वास जमाना भी है कि परम्परागत संस्कृति भयंकर चोट से मर जाए। उसकी निरन्तरता बनाए रखना भी आवश्यक है।

('Myth and modern American Drama', page 247)

इसके लिए प्राचीन मिथ का नया विश्लेषण ऐसे ढंग से करता है—

"Writer be a myth maker whose mission is to create belief."

अर्थात् प्राचीन मिथ को भ्रष्ट करना नहीं, अपितु उसके सहारे नए मिथ का निर्माण करना है, जैसा आर्थर मिलर, एलवी कर रहे हैं। इस सिद्धान्त के अनुसार—

"Art emphasizes the sacramental, symbolical nature of the literary work.

"It accepts on faith that, by an act of the will, the artist can create a myth that will substitute for religious experience or that he can reverse the historical process so that out of something that was not religion, religion may come again."

('Notes', chapter II, page 277)

अर्थात् नाट्यकार का कर्तव्य ऐसे मिथ का निर्माण करना है जो रिलिजन का स्थान ले सके। आज का इतिहास-चक्र जिस विनाश की दिशा में घूम रहा है, उससे उसका मार्ग बदला जा सके।

आर्थर मिलर की मान्यता है कि संसार में आज जो सांस्कृतिक क्रान्ति हो रही है, उसको मानवतावाद का रूप देना है।

आर्थर मिलर 'ऑल माई सन्स' और 'सेल्समैन' में इसी सिद्धान्त का प्रतिपादन कर रहे हैं।

योरोप और अमेरिका की उक्त नाट्य-प्रवृत्तियों को देखते हुए जब हम अपने देश में अभी तक विसंगत नाटकों (Absurd Drama) के प्रति नाट्यकारों का मोह पाते हैं तो आश्चर्य होता है। इसका कारण यह है कि हम अपने राष्ट्रीय भाव, स्वाभिमान, अपनी सभ्यता के प्रति निष्ठा छोड़कर पश्चिम के अन्धानुसरण में लग गये। अंग्रेज़ी राज्य के समाप्त होते ही हमने अमेरिकन व्यवसायियों की विलासमयी भावनाओं को अपने लिए आदर्श बना लिया। हमने यह नहीं देखा कि हमारे सुख-साधन, व्यवसाय की सम्पत्ति अमेरिका की तरह नहीं हैं। अमेरिका में दो-तीन सदस्यों की औसत आमदनी 2 लाख 70 हज़ार रुपये प्रति वर्ष है। ऐसी आर्थिक अवस्था में अमेरिकन नाट्यकार ओ नील की विलासमयी प्रवृत्तियों का अनुसरण करना कहाँ तक उचित था? प्रोफ़ेसर वुसकिंग इसी को स्पष्ट करते हुए लिखते हैं—

'The withdrawal of Empire has resulted in imitation nations without the resources and cultural cohesion of authentic societies, and subject to the less direct but even more powerful influence of international American business. The unstability and rhetoric of the new nations provide vicarious drama to developed nations."

('The New English Literature', by Bruce King, page 228)

''ब्रिटिश राज्य के उपरान्त भारत के साहित्यकारों ने अपने साधनों और सांस्कृतिक एकता का ध्यान किए बिना ही अमेरिकन व्यवसायियों के जीवन का अनुसरण किया, उन्नत देशों को नव स्वतन्त्र असंगठित देशों के उधार लिए हुए नाटक को देखने का मौका मिल गया।''

पर नया नाट्यकार ऐब्सर्ड ड्रामा को छोड़कर पुनः भारतीयता की ओर लौट रहा है। यथा कतिपय नयी नाट्यकृतियों का विवेचन किया जा रहा है।

—दशरथ ओझा

पहला अध्याय

स्वातन्त्र्योत्तर नया नाटक अस्तित्ववादी

प्रसाद के दिवंगत होने पर राष्ट्र की कुछ ऐसी कायापलट हुई कि समाज की विकट स्थिति बन गई और रहन-सहन का वातावरण विक्षुब्ध हो उठा। इस विक्षोभ का प्रभाव हमारी विचारधारा तथा हमारी मान्यताओं पर पड़ना अनिवार्य था। साथ ही मनोरंजन के विविध उपकरण भी जीवन को प्रभावित कर रहे थे, जिनसे पराङ्मुख होना नाट्यकार के लिए सम्भव न था। अतएव नाट्यकला वर्तमान नाट्यकारों के प्रयास से अभिनव रूप धारण कर रही है। अब नाटकों में भाव-व्यंजना, चरित्र-चित्रण और अन्तर्द्वन्द्व के स्थान पर तर्क-वितर्क और हेतुवाद को महत्त्व मिलता जा रहा है। फलतः समाधान के स्थान पर समस्या का बोलबाला हो रहा है और अस्वाभाविकता के नाम पर गीतों और कविताओं का सर्वथा बहिष्कार हो रहा है। प्रसाद के निर्दिष्ट मार्ग को छोड़-कर दृश्यरहित तीन अंकों में नाटक लिखने की नई पद्धति चल पड़ी है।

आज के साहित्यिक नाटकों में जनता की समस्याओं को जनता की भाषा में अभिव्यक्त करने का प्रयास किया जा रहा है। आज की राजनीतिक और सामाजिक स्थिति नाट्यकार को इस पथ पर चलने के लिए विवश कर रही है। जनतंत्र की स्थापना के उपरान्त राजनीतिक हिंसात्मक आन्दोलन के वे घटना-चक्र भी नाटक के कथानक बनने लगे हैं, जिनकी चर्चा ही ब्रिटिश राज में अवैध मानी जाती थी। देशहित के लिए प्राणोत्सर्ग करने वाले क्रान्तिकारियों ने सन् 1857 के विद्रोह-काल से स्वतन्त्रता-प्राप्ति तक देश-स्वातन्त्र्य के लिए निरन्तर संघर्ष किया। इस दल में हिन्दू-मुसलमान सभी सम्मिलित थे। दीवानों की यह टोली 'भारतमाता को ईश्वर, देवता, शक्ति-स्वरूपा मानकर इसके गौरव के लिए हँसते-हँसते मरने की शक्ति का वरदान' माँगती रही।

क्रान्तिकारियों का न्यूनाधिक नब्बे वर्ष का दीर्घ इतिहास वैधानिक बंधन के कारण अंधकार में ही लुप्त पड़ा था। कन्हाईलाल, खुदीराम, यतीन्द्र मुखर्जी, करतार सिंह जैसे वीर पुरुष विस्मृति के गर्त में पड़े थे। स्वतन्त्रता के उपरान्त उनके बलिदान

की कथाएँ नाटकों के रूप में भी प्रकाश में आने लगी हैं।* इन रोमहर्षक घटनाओं के आधार पर कई शुद्ध राजनीतिक नाटक हिन्दी में विचरित हुए हैं। प्रसिद्ध क्रान्तिकारी लेखक यशपाल के अतिरिक्त अन्य नाट्यकारों ने भी इस प्रकार के नाटक लिखने का प्रयास किया है। संवत् 2010 विक्रमी में 'क्रान्तिकारी' नामक एक नाटक प्रकाशित हुआ, जिसमें क्रान्तिकारियों की रक्षा के लिए पुलिस सुपरिण्टेण्डेण्ट की स्त्री वीणा स्वयं अपने पति मनोहर की हत्या करती है। मनोहर की छाती से निकले रक्त से सना रूमाल दिखाकर वह सगर्व कहती है, "मैंने सोते हुए अपने पति की नहीं, देश के शत्रु की हत्या कर दी।"

जहाँ असहयोग आन्दोलन में शत्रु से भी सत्य, स्नेह और अहिंसा का व्यवहार करने का आदेश था, वहाँ क्रान्तिकारियों का नियम था, 'क्रान्तिकारियों के सामने न कोई भाई है, न बहिन, न पिता, न माता, न कोई सम्बन्धी।' गोली से खेलने वाले इस दल का नेता स्वामी एक स्थान पर अपनी नीति स्पष्ट करते हुए कहता है, "यह आग पर चलने का मार्ग है। स्नेह, प्रेम नाम की कोई चीज़ यहाँ नहीं है। संयम, ब्रह्मचर्य, कर्तव्य और देश-प्रेम, शत्रुओं से मातृभूमि का उद्धार!...हमको अपने दल के लिए लोहे के आदमी चाहिए। यह महाभारत का युद्ध है, वीणादेवी! कर्तव्य के लिए हमें युद्ध करना है, चाहे कोई भी हो।"**

इन शब्दों से क्रान्तिकारियों की गतिविधि, रीति-नीति का संकेत मिलता है और यह स्पष्ट हो जाता है कि स्वतन्त्रता-संग्राम में संलग्न अहिंसावादी महात्मा गाँधी और क्रान्तिकारी स्वामी के जीवन-दर्शन में कितना अन्तर था!

आधुनिक नाटकों की प्रवृत्तियों के परीक्षण के लिए विभिन्न नाट्यधाराओं का अवलोकन आवश्यक है। आज की सबसे वेगवती धारा रंगमंचीय समस्या—नाटकों की है। इस धारा पर पश्चिमीय नाटककारों का सबसे अधिक प्रभाव पड़ा है। अतएव इस धारा को वेगवती बनाने में जल-प्रवाह सहायक हुए हैं उनका विवेचन आवश्यक है।

नया नाटक

साहित्यकार का नवीनता के प्रति आकर्षण होना स्वाभाविक है। जब नई कहानी और नई कविता का प्रचार बढ़ा तो नाट्यकारों के मन में भी नया नाटक लिखने की अभिलाषा जगी। नवयुवक नाट्यकार इस क्षेत्र में उतरे। उन्होंने प्राचीन नाट्यकारों की कृतियों को असामयिक घोषित किया और नाट्यकृतियों को बदलते हुए नये युग के साँचे में ढालना और उन्हें रंगमंच की आवश्यकता की पूर्ति का साधन बनाना अनिवार्य माना। अंग्रेज़ी राज्य में उपेक्षित नाट्यकला को भारत सरकार से प्रोत्साहन मिला। ललितकला अकादमी ने देश में विद्यमान नाट्य मंडलियों और रंगमंचों को पल्लवित

*'क्रांतिकारी', उदयशंकर भट्ट, पृ. 66 संवत् 2010 विक्रमी

**'क्रांतिकारी', उदयशंकर भट्ट, पृ. 64 संवत् 2010 विक्रमी

करने एवं नये रंगमंचों का निर्माण करने की योजना बनाई। रंगमंच के विविध प्रयोग होने लगे। चक्रिल रंगमंचों का भी निर्माण हुआ। विभिन्न देशों में विकसित होने वाली नाट्यकलाओं के अध्ययन के लिए योग्य कलाकार दूर-दूर देशों में भेजे जा रहे हैं, जो यूरोप-अमेरिका की नवीन नाट्य-प्रणालियों का विधिवत् परीक्षण करते हैं और अपने देश के वातावरण के अनुरूप नई नाट्य-पद्धतियों का प्रयोग भी कर रहे हैं। आज का नाट्यकार रंगमंच का एक अंग बन रहा हैं। वह रंगमंच की सीमाओं को समझकर नाटक लिख रहा है। इस प्रकार रंगमंचीय नाटक और साहित्यिक नाटक का कृत्रिम भेद मिट रहा है और नाटक वास्तविक रूप में सामने आ रहा है।

जो कलाकार विदेशों में भ्रमण कर नाटक एवं रंगमंच का अनुशीलन कर रहे हैं उनका अनुभव है कि "इन देशों की रंगमंचीय हलचलें कोई युगान्तर प्रस्तुत करने वाली नहीं हैं। रंगमंच के इतने व्यापक पैमाने पर सक्रिय होने के बावजूद, ब्रेख्त को छोड़कर और किसी अंतर्राष्ट्रीय स्तर के नाटककार को इन देशों ने नहीं दिया है। साधारणतया रंगमंच के स्थापत्य में भी कोई अद्‌भुत कारीगरी देखने को नहीं मिली। मौलिक नाटकों का इन देशों में अभाव पाया गया।"[1]

तात्पर्य यह है कि आज का नया नाटककार भारतीय एवं पाश्चात्य रंगमंचों से साक्षात् परिचय प्राप्त कर अपनी कृतियाँ प्रस्तुत करना चाहता है। हिन्दी भाषी क्षेत्र के प्राय: सभी बड़े नगरों में रंगमंचों का निर्माण हो गया है और उनमें प्रति वर्ष नए-नए नाटक प्रदर्शित हो रहे हैं। इस प्रकार नाट्य-साहित्य और नाट्यकला का जितना विकास विगत पैंतीस वर्षों में हुआ है उतना इससे पूर्व नहीं। आज नित्य नए-नए प्रयोग हो रहे हैं। यूरोप की तरह हमारे देश पर ब्रेख्त के नाटक और उनके नये रंगमंच का प्रभाव पड़ रहा है। ब्रेख्त के अभिप्राय को प्रकट करते हुए इब्राहिम अल्काजी ने लिखा है, 'नाटक और रंगमंच का उद्देश्य व्यवसाय नहीं, अपितु महत्त्वपूर्ण और सामाजिक कार्य करना है। नाट्यमंडली आने वाले सभी दर्शकों को शिक्षित करने का भरसक प्रयत्न करती है। यह काम केवल नाटक देखकर ही नहीं, बल्कि थियेटर में आने के सम्पूर्ण अनुभव द्वारा, वहाँ के गंभीरता और लगन के वातावरण में साँस लेकर हो सकता है और यह भावुकतापूर्ण स्वच्छतावादी अर्थ में नहीं, बल्कि सक्रिय समाजवादी अर्थ में।"[2] आज सर्वत्र समाजवाद की पुकार है। नाटक समाजवादी आधार पर समाज की खोज में लगा है। विगत पैंतीस वर्षों के नाट्य-साहित्य के परिचय से यही तथ्य प्रमाणित हो रहा है।

स्वातन्त्र्योत्तर हिन्दी-नाटक (साठोत्तर काल) : नया नाटक-साहित्य

साहित्य-सृजन की धारा जब कभी शैली-शिल्प मूलक प्रयोग एवं संवेदनात्मक प्रभाव की दृष्टि से प्रचलित रूढ़ियों या रीतियों से पृथक् होकर प्रवाहित होती है, तो उसे

1. ब. व. करन्त, 'नटरंग' (संयुक्तांक), 10-11, पृ. 95।
2. इब्राहिम अल्काजी, 'नटरंग', *ब्रेख्त और भारतीय रंगमंच,* अंक 8, पृ. 23।

नया-सृजन कहकर अभिहित किया जाता है। इस प्रकार प्रचलित परम्परा से उसका विलगाव प्रकट किया जाता है। पुनः इस नए सृजन की भी अपनी कतिपय सर्व सामान्य प्रवृत्तियाँ बन जाती हैं। कालान्तर में उन सर्व सामान्य प्रवृत्तियों को लक्ष्य कर नए सृजन को एक पारिभाषिक नाम भी दिया जाता है। साठोत्तर काल में हिन्दी नाट्य-सृजन में एक ऐसा ही नया मोड़ आया। नाट्य-सृजन में शैली-शिल्प और रंग-प्रवृत्तियों के कुछ ऐसे प्रयोग एवं कथ्य के नये आयाम सामने प्रकट हुए, जिनके कारण किसी पुरानी परम्परा की नाट्य शैली के भीतर उन्हें नहीं रखा जा सकता था। इसलिए उन्हें नया नाटक की संज्ञा दी गई। नया-नाटक कहा जाने वाला हिन्दी का नाट्य-प्रयोग प्रसादोत्तर काल की शैलीबद्ध यथार्थवादी रचनाओं की नाट्य-रीतियों और रुक्ष बौद्धिकता से भिन्न अधिक काव्योचित यथार्थवादी साठोत्तर काल-खण्ड (सातवें-आठवें दशक) के भीतर की सभी रचनाएँ नया नाटक कहलाती हैं। साठोत्तर काल के पहले के कुछ नाटककार जैसे रामकुमार वर्मा, लक्ष्मीनारायण मिश्र आदि साठोत्तर काल में भी लिखते रहे, किंतु उनकी रचनाओं को नया नाटक नहीं माना गया। नया नाटक एक मूल्यपरक पारिभाषिक शब्द के रूप में ग्रहण होता है। यह शब्द प्रयोगशील एवं नई उद्भावना की प्रवृत्ति का द्योतक एक मूल्यपरक शब्द है। यहाँ क्रमशः नया नाटक की कथापरक शैली-शिल्पमूलक तथा रंगमंचपरक प्रवृत्तियों का संक्षिप्त परिचय दे देना समीचीन होगा।

नया नाटक : शैली-शिल्पगत प्रवृत्तियाँ

नया-नाटक की शैलीगत अनेक प्रवृत्तियाँ मिलती हैं। इसकी एक प्रवृत्ति जगदीशचन्द्र माथुर, धर्मवीर भारती, मोहन राकेश के उस नाट्य-सृजन में लक्षित है जिसमें वे ऐतिहासिक-पौराणिक, इतिवृत्त का प्रयोग कर आधुनिक जीवन एवं परिवेश के सूक्ष्म यथार्थ को उसकी सूक्ष्म मानसिकता को व्यक्त करते हैं। उनके नाट्य-शिल्प एवं रंग-प्रयोगों में समसामयिकता से श्लिष्ट रंगानुभूति जाग्रत करने की जो एक नई क्षमता प्रकट हुई, नया-नाटक की एक शैलीगत विशेषता थी। इस प्रकार वे नाटक नया नाटक कहे गए। जिन्होंने ऐतिहासिक, पौराणिक इत्तिवृत्त को ऐसे ढंग से विभाषित किया, जिससे उनमें समसामयिक जीवन का सूक्ष्म मनोवैज्ञानिक विशिष्ट यथार्थ व्यक्त हुआ। इतिवृत्त जीवनपरक स्तर से ऊपर उठकर समसामयिकता की व्यंजना का साधन बना। कथानक अन्योक्तिमूलक बना।

नया-नाटक की शैलीगत एक अन्य प्रवृत्ति लोक-नाट्यों की विधियों के प्रयोग की थी। यथार्थवादी रंग परिकल्पना में ड्रॉइंग-रूम सेट की तथा अभिनय की यथा तथ्य-मूलक वीरता को दूर करके रंग-योजना को अधिकाधिक आकर्षक बनाने के लिए साठोत्तर के रंग-कर्म में लोक-नाटकों को गीत-नृत्य और आहार्याभिनय के तत्त्व नाट्य-सृजन में महत्त्व पाने लगे। लक्ष्मी नारायण लाल, मणि मधुकर 'मुद्राराक्षस' तथा नाट्य सृजन में क्रमशः नौटंकी शैली, कुचापाठी, खयाल, याच शैली, रामलीला

शैली के बहुत से रंगमंच तत्त्व अन्तर्मुक्त हुए हैं। इससे यथार्थवादी यथा तथ्यपरक प्रदर्शन की नीरसता को समाप्त किया गया। इस प्रवृत्ति के विशेष उल्लेखनीय नाटक हैं—लक्ष्मीनारायणलाल के नाटक 'संगुन पंछी', 'एक सत्य हरिश्चन्द्र', 'राम की लड़ाई', 'नरसिंह कथा', 'यक्ष प्रश्न', 'गंगामाटी', 'पंच पुरुष' आदि। मणि मधुकर के नाटक 'बुलबुल सराय', 'रस गंधर्व', 'दुलारीबाई' आदि। हमीदुल्ला कृत 'उत्तर उर्वशी' जगदीशचन्द्र माथुर कृत 'दशरथनन्दन', शंकर शेष कृत 'अरे मायावी सरोवर'। शरद जोशी कृत 'अंधों का हाथी', 'एक था गधा' आदि तथा अजीत पुष्कल कृत 'घोड़ा घास नहीं खाता'।

प्रसादोत्तर काल के उन नाटकों को भी नया नाटक कहने की प्रवृत्ति मिलती है, जो वर्टोल्ट ब्रेख्त और सैमुएल वेकेट की नाट्य-शैली से प्रभावित होकर लिखे गए हैं। रंगमंचीय प्रदर्शन की रोचकता और प्रयोजनीयता के कारण हिन्दी नाट्य-जगत् में नवीनता आई। इसी कारण इनको नए नाटक के नाम से अभिहित किया गया।

नया नाटक : कथ्यपरक प्रवृत्तियाँ

नया नाटक समसामयिक परिवेश की संवेदनीयता का नाटक है। समसामयिक परिवेश कई कारणों से एक ऐसी जीवन-प्रक्रिया को जन्म देने वाला बन गया है, जो बहुत-सी विसंगतियों, एकाकीपन, संत्रास, कुण्ठा, अभाव, बेकारी, शोषण, संघर्ष और नैराश्य का सूचक है। इन कारणों में प्रमुख हैं, औद्योगीकरण। ज्ञान-विज्ञान और तकनीकी ज्ञान के सम्मिलित प्रभाव से औद्योगीकरण ने मानव को बहुत अकेला बना दिया। इससे जो महानगरीय सभ्यता जन्मी उसने मनुष्य को भीड़ के बीच रहते हुए भी एक विलक्षण अकेलेपन का आभास कराया। इस अकेलेपन की अन्तर्व्यथा तथा नैराश्य, शोषण और विवशता, मुखौटे का जीवन जीने की असत्यता को ही नया-नाटक कथ्य के रूप में ग्रहण करता है। योगपरक प्रकृतिवादी जीवन दृष्टि के एकान्तिक विकास से सेक्स सम्बन्धों को बहुत ही चौंकाने वाला रूप दिया। इसीलिए सामाजिक नैतिकता को निकष बनाकर जीवन देखने पर नया-नाटक में रूपायित सम्बन्ध अत्यन्त मूल्यहीन लगते हैं।

नया नाटक लेखक कथानक की रचना में भोगे हुए यथार्थ के स्तर से विभिन्न सामाजिक, राजनीतिक, औद्योगिक जीवन की नाट्य-स्थितियों को आधार बनाता है। इन नाट्य-प्रसंगों को कथानक में ऐसे संयोजित करता है जिससे औद्योगिक सभ्यता का अभिशाप उभरकर सामने आता है। आर्थिक वैषम्य के बुरे परिणाम प्रत्यक्ष होते हैं, राजनीतिक विडम्बना और भ्रष्टाचार के रूप खुलकर सामने आते हैं। नाटककार अधिकतर नई पीढ़ी के व्यक्तियों को इस नए परिवेश में दिशाहीन जीवन जीते हुए दिखलाते हैं। 'शुतुरमुर्ग', (ज्ञानदेव अग्निहोत्री) 'बकरी' (सर्वेश्वरदयाल सक्सेना) 'एक था गधा' (शंकर शेष) 'काला राजा' (ललित मोहन थपलियाल) 'पहला राजा' (जगदीशचंद्र माथुर) 'सिंहासन खाली है' (सुशील कुमार सिंह) आदि नाटकों में

भ्रष्ट राजनीतिक परिवेश को कथ्य बनाया गया है। इसी प्रकार 'एक और द्रोणाचार्य', 'ओम क्रान्ति-क्रान्ति', 'ओह अमेरिका' आदि नाटकों में वर्तमान युवा पीढ़ी की दिशाहीनता कथ्य है। आर्थिक विषमता और उससे उत्पन्न समस्याओं को 'मरजीवा', 'गंगामाटी', 'काला मुँह', 'अधूरी आवाज़' 'आकाश झुक गया', 'विकल्प', 'राजा बलि की नई कथा', 'लड़ाई' आदि में नया-नाटकों में अवतरित किया गया है।

कथ्य को रूपायित करते हुए नाटककार उसे पूरी तरह दृश्य रूप में अनुभव कराने का प्रयत्न करते हैं। कथ्य को शब्दों में व्यंजित करने का उतना प्रयत्न नहीं करते हैं। पूरे दृश्य में विशेषकर कथ्य के सूत्र को उभारने के प्रयत्न में ही नया नाट्य लेखन की कलात्मक प्रभविष्णुता प्रकट होती है। 'पंच पुरुष', 'काला मुँह' (गोविन्द चातक) 'दुलारीबाई', 'तीसरा हाथी' आदि नया-नाटकों में कथ्य-नियोजन की यह प्रवृत्ति दृष्टिगोचर होती है। ये नये नाटक इकहरे कथ्य के नाटक हैं। कुछ ऐसे नये-नाटक भी देखने को मिलते हैं जो दुहरे कथ्य को समाहित किए रहते हैं। परन्तु कथ्य-नियोजन में उनमें ये दृश्यत्व प्रदान करने की उपर्युक्त प्रवृत्ति पाई जाती है।

इस नव-नाट्य लेखन को एक ओर वर्टोल्ट ब्रेख्त (जर्मन की एपिक रंग शैली) और दूसरी ओर सैमुएल वेकेट की एब्सर्ड नाट्य-शैली ने विशेष रूप से प्रभावित किया। नई रंग दृष्टि से प्रभावित हो असंगत नाट्य-शैली के तत्त्वों को भी अपने नाटकों में समाविष्ट करने लगे। इन दोनों प्रकार की पाश्चात्य शैलियों का गड्ड-मड्ड प्रयोग करने के कारण हिन्दी का नया-नाटक भारतीय जीवन की वास्तविकता के साथ पूर्ण सामंजस्य स्थापित करने में असमर्थ रहा। इस सम्बन्ध में रामविलास शर्मा ने विधिवत् विचार किया है—जिसका उल्लेख आगे करेंगे।

हिन्दी नाट्य-रचना में असंगत नाटक के कतिपय तत्त्व सर्वप्रथम भुवनेश्वर के नाट्य-प्रयोग 'तांबे के कीड़े', ऊसर पर जैसे नाटकों में दिखलाई पड़े थे, जो सन् 1930-35 के आस-पास लिखे गए थे। परन्तु उसके बाद 1960 ई. तक इस पद्धति पर हिन्दी में नाटक नहीं लिखे गए। सन् 1963 में जाकर ही विपिन कुमार के नाटक 'तीन अपाहिज', शंभुनाथ सिंह के नाटक 'दीवार की वापसी', शांति मेहरोत्रा के नाटक 'ठहरा हुआ पानी' और लक्ष्मीकांत वर्मा के नाटक 'अपना-अपना जूता' लिखे गए।

इस कारण नया-नाटक की संवेदना पर पुनर्विचार आवश्यक है। इसी को ध्यान में रखकर 'नया-नाटक' के कथ्य, शिल्प, रंग शैली, प्रयोजन, आधुनिकता, आधुनिक बोध, समसामयिक दर्शक, वर्ग और सम्प्रेषणीयता के विश्लेषण का प्रयास किया गया है।

नया-नाटक के कथ्य की एक मौलिक विशेषता स्त्री-पुरुष सम्बन्ध का सर्वथा नया चित्रण है। स्त्री-पुरुष का यौन जनित सम्बन्ध नया-नाटक में बड़े खुले रूप में दिखलाया जाता है। जो सम्बन्ध नितान्त व्यक्तिगत सम्बन्ध माने जाते रहे हैं, उन्हें भी सार्वजनिक रूप से प्रदर्शित करने की प्रवृत्ति परिलक्षित होती है। 'योर्स फ़ेथफ़ुली' में मुद्राराक्षस ने यह दिखलाया है कि अफ़सर ऑफ़िस में ही अपनी स्टेनो से शारीरिक

सम्बन्ध स्थापित करता है। 'तेंदुआ' में कुलीन स्त्रियों द्वारा माली की जननेन्द्रिय को उत्तेजित किया जाना सामाजिक रूप से प्रदर्शित किया गया है। रमेश बख्शी के नाटक 'देवयानी का कहना है' में स्त्री-पुरुष के उन्मुक्त सम्बन्ध को ही दिखलाया गया है। 'तीसरा हाथी' में नपुंसक उत्तेजना का खुला चित्रण हुआ है। इसी प्रकार सुशील कुमार के नाटक 'चार यारों का यार', सुरेन्द्र वर्मा के नाटक 'सूर्य की अन्तिम किरण से पहली किरण तक' आदि नाटकों में भी स्त्री-पुरुष के मुक्त सम्बन्धों को दृश्यबद्ध किया गया है। सुरेन्द्र वर्मा ने 'सेतुबन्धु' नाटक में इस मुक्त यौन-सम्बन्ध का प्रदर्शन प्रभावती और कालिदास के प्रेम व्यवहारों के द्वारा यहाँ तक दिखलाया है कि वाकाटक नरेश के साथ विवाहोपरान्त भी प्रभावती कालिदास को ही पति मानती है। इतना ही नहीं, वह अपने पुत्र पर भी इस प्रसंग को मुक्त भाव से अभिव्यक्त करते हुए उससे अपने कृत्य के अनुमोदन की अपेक्षा रखती है।

प्रस्तुत युग के नाटक में कथ्य की एक विशेष उल्लेखनीय प्रवृत्ति पशु प्रतीकों के माध्यम से आज के मानव के हिंसक, नीच, क्रूर और बर्बर प्रवृत्तियों का उद्धरण है। अग्निहोत्री के नया-नाटक शुतुरमुर्ग (सन् 1968) के प्रकाशन के साथ कथ्य की यह प्रवृत्ति विशेष रूप से प्रारम्भ होती है। इसके अनन्तर 'तिलचट्टा', (1973 ई.), 'बकरी' (1974 ई.), 'तीसरा हाथी' (1975), 'तेंदुआ', 'सगुन पंछी' (1978), 'नागपाश' (1979), 'एक था गधा' (1979), 'अंधों का हाथी' (1979), 'कुत्ते' (1979), 'घास और घोड़े' (1980) आदि नये नाटकों में मानव के चारित्रिक-नैतिक पतन को विघटन और मूल्यहीनता का संवेद्य बनाने का प्रयत्न किया गया है।

समसामयिक नया-नाटक में अभिव्यक्त कथ्य की एक अन्य प्रवृत्ति ऐतिहासिक-पौराणिक कथानक को प्राचीन आदर्शपरक भूमि से हटाकर समसामयिक मनुष्य की यथार्थ-विशिष्ट संवेदनीयता को रूपायित करने की दृष्टि पाई जाती है। इस प्रवृत्ति का आरम्भ 'कोणार्क' और 'अंधा युग' की रचना में पहले-पहल प्रकट हुआ। परन्तु कुछ काल तक अभी यह प्रवृत्ति दबी रही। पुनः 'शम्बूक की हत्या' (नरेन्द्र कोहली), 'राजा बलि की नई कथा' (रेवतीशरण), 'एक और द्रोणाचार्य', 'उत्तर उर्वशी', 'आठवां सर्ग', 'सूर्य की अन्तिम किरण से पहली किरण तक', 'सूर्यमुख' (लक्ष्मीनारायण लाल) आदि नाटकों में समसामयिक जीवन-सम्बन्धों की विसंगतियाँ व्यक्त होती है।

नये नाटक की विसंगतियाँ

अस्तित्ववादी नाटकों में एक तीव्र विसंगति है। वह केवल आत्मगत सत्य को स्वीकार करता है; दूसरी ओर वह मूल्यों की बात करता है। जो स्वभावतः समाजगत है। तर्कसंगत विचारक या तो मूल्यों को समाजगत मानकर मार्क्सवाद की ओर बढ़ेगा, जैसा सार्त्र ने किया या वह उन्हें पूर्ण स्वतन्त्र और निरपेक्ष रूप से आत्मगत मानकर मूल्यहीनता की ओर बढ़ेगा जैसा कि ब्रिटेन, अमरीका और भारत के बहुत से पराजयवादी 'विद्रोही' कर रहे हैं।

डॉ. शर्मा का निष्कर्ष है कि "अस्तित्ववादी रचनाओं पर सामन्तकालीन धार्मिकता का प्रभाव रहा है। इसके आदि प्रवर्तक किर्केगार्ड चर्च की आलोचना के साथ ईसाइयों को धार्मिक बन्धनों से मुक्त कराना चाहते थे। किर्केगार्ड ईसाई मत के इस सिद्धान्त से असहमत थे कि प्रारम्भ में आदम ने ईश्वर की इच्छा के विरुद्ध ज्ञान के वृक्ष का फल चख लिया। अत: आदम की सन्तान पापी ही पैदा हुई और ईश्वर ने उन पापियों में जिसको चाहा स्वर्ग दिया, जिसको चाहा नरक। अत: मानव जाति नरक के दु:ख से डरते हुए धार्मिक नियमों का पालन करती रही, किन्तु जब से विज्ञान ने ईश्वर की सत्ता मिटा दी है तब से पाप-पुण्य का फल देने वाला कोई रहा ही नहीं। इसलिए डर किसका? फिर नैतिक मूल्यों की आवश्यकता क्या रही? जब खुदा ही नहीं तो खुदा का बेटा ईसा मसीह कहाँ से आया? अब मनुष्य स्वयं ईश्वर बन गया और अपनी आवश्यकता के अनुसार कर्तव्याकर्तव्य का निर्णय करने लगा। वह अपनी विशिष्ट अनुभूति को सर्वोपरि मानने लगा, इसी को उसने 'आधुनिकता बोध' की संज्ञा दी। अस्तित्ववादी समझता है कि आज की समस्या मूलत: पूँजीवादी सम्बन्धों के नियन्त्रण में न रहकर उसको अपने नियन्त्रण में रखने, उन्हें समाजवादी सम्बन्धों में परिवर्तित करने की समस्या है, यह रूसी अस्तित्ववादी सिद्धान्त है। किन्तु भारत में एब्सर्ड नाटकों का प्रभाव पड़ने से वे समाजवादी सम्बन्धों पर बल नहीं देते, वह अपनी विशिष्ट आत्मानुभूति को प्रधानता प्रदान करते हैं। डॉ. रामविलास शर्मा लिखते हैं—वे समझते हैं, यह उनकी विशिष्ट आत्मानुभूति है, अथवा अपने विशुद्ध विवेक से उन्होंने इस स्थिति को वरण किया है। वे इस स्थिति को आधुनिकता-बोध से जोड़ते हैं।"*

नया नाटक और नौशिया (उबकाई)

नए नाटकों पर रोकांतै का प्रभाव

(नाटकों में घिनौनापन)

कतिपय विसंगत नाट्यकारों ने सार्त्र, वेकेट, कामु की रचनाओं में से सार्त्र की रचना नौशिया (उबकाई) के नायक अन्त्वान रोकांतै का अनुकरण करना समकालीन समस्याओं की अभिव्यक्ति के लिए अधिक उपयोगी समझा। रोकांतै अर्ध-विक्षिप्त (न्यूरॉटिक) व्यक्ति है, उसे सुन्दर उपवन में भी गन्दे नाले या कै की-सी दुर्गंध आती है। एक जगह वह कहता है—मेरे भीतर कोई तार टूट गया है मेरी खोपड़ी लुजलुजी (लिजलिजी) सी हो गई है। कभी-कभी ऐसा लगता है मेरी खोपड़ी ज़रा-सा सिर हिलाने से ही नीचे गिर पड़ेगी। डॉ. रामविलास शर्मा ने रोकांतै के

*'नई कविता और व्यक्तित्ववाद'—रामविलास शर्मा—पृष्ठ 10

चरित्र का विश्लेषण करते हुए एक जगह लिखा है—'वह खुद भीतर से सड़ रहा है, इससे उसे हर चीज़ सड़ती हुई मालूम होती है। कुत्ते, आदमी, तमाम जानवर सभी चीज़ें चर्बी के ढेर जैसी लगती हैं।' अपने हाथ पर पड़ी हुई पीली रोशनी को देखकर कहता है—मुझे इस रोशनी से कितनी घृणा है, एक डॉक्टर को देखकर वह कहता है, इसकी आँखें नहीं हैं, इसका चेहरा काड-बोर्ड से बना हुआ है, सब चीजें मेरे पीछे पड़ी हैं, मैं गली से निकलता हूँ तो दीवालें कहती हैं—मैं भागता हूँ। मैं वस्तुओं के बीच घिरा हूँ, वे मेरे पीछे हैं, ऊपर हैं और मुझे घूर रही हैं, वह अर्धविक्षिप्त जैसा होटलों में घूमता है, अनेक स्त्रियों को पकड़ता, छेड़ता, यायावर की तरह जीवन के दिन काटता है।

ठीक इसी प्रकार का वर्णन नए कवियों की कविता और नाटक में मिलता है। सर्वेश्वरदयाल कहते हैं—जैसे मैं मुर्दों के बीच हूँ, उनसे ही लिपट रहा हूँ, लड़ रहा हूँ।'' मैं जीवित हूँ या मृत, कुछ समझ में नहीं आता, चारों तरफ़ दुर्गन्ध है, प्रार्थना घरों के घंटे तक जंगली जानवरों की तरह दुर्गन्ध सूँघते मिलते हैं। गाँधी जी की बकरी में भी उन्हें वही दुर्गन्ध आती है। रमेश बख्शी के 'विभा', तेन्दुलकर के 'सखाराम वाइंडर के घर से निकली दिखाई पड़ती है। पर सन्तोष का विषय है कि रोकांतै का प्रभाव अब समाप्तप्राय है।

विसंगत नाटकों में मिथक-प्रयोग

वेकेट के मिथकीय प्रयोगों में दो नवीनताएं पाई जाती हैं—(1) धार्मिक मिथकों का वास्तविक नाम, रूप और प्रयोजन छिपाते हुए उनका उपयोग करना[1] (2) केन (Cain) और अबेल (Abel) जैसे मिथकीय नामों को केवल उनकी पुरातन प्रसिद्धि के कारण इस्तेमाल करना, साथ ही जिन विशेष गुणों एवं आचार-व्यवहारों के द्वारा वे ऐसी प्रसिद्धि प्राप्त कर सके, उनकी सर्वथा उपेक्षा करना।[2] पश्चिम के आलोचक इसे धोखाभरी साहित्यिक चोरी का बहुत बड़ा अपराध मान रहे हैं। प्रो. स्टेट्स लिखते हैं—"The mask is even bigger theft." अर्थात् इस प्रकार का साहित्यिक मुखौटा क्या सामान्य चोरी है। वास्तव में 'केन' और 'अबेल' 'बाइबिल' के ऐसे पात्र हैं, जो ईश्वरीय नाट्य लीला में सदा अपना खेल दिखाते रहते हैं। 'केन' पार्थिव नगर का संस्थापक और 'अबेल' ईश्वरीय नगर का प्रतिष्ठापक है। केन जागतिक दुष्कर्मों, कल्मषों, विद्रोहों आदि का प्रतीक है, तो अबेल स्वर्गिक स्नेह, करुणा और आत्मिक शक्ति का प्रतिनिधि। इसी प्रकार आदम (Adam) को क्राइस्ट का और (Edenic Tree) एडनिक वृक्ष को सूली का प्रतीक मानकर मिथक साहित्य प्रगतिशील बनता रहा है।

1. The master criminal here seems to the Beckett who steals his myth without actually naming it.
2. It is as if Cain and Abel had been chosen more for the fact of their fame than for the manner in which they earned it.

('The Shake of Paradosx by states', Page-13)

पर वेकेट को 'बाइबिल' की कहानियों द्वारा आधुनिक गोलमाल और अराजकता का वातावरण प्रस्तुत करना अभीष्ट था। वेकेट स्वयं लिखते हैं—How to find a form which accommomdates the Mess. ऐसी पद्धति खोजनी है जो अव्यवस्था या गड़बड़ झाला को अपने साथ टिका सके।

विद्वानों ने वेकेट की कृतियों का गहन अध्ययन कर यह निष्कर्ष निकाला है कि 'गॉडॉट' 'बाइबिल' की कथा को आधुनिक वेश पहनाकर नया रूप नहीं देता, बल्कि एक नए मिथक को प्राचीन वेश-भूषा से सज्जित कर आधुनिक मानव की दुर्दशा को प्रदर्शित करना चाहता है। संभव है कि यह नया मिथक आधुनिक मानव की विकराल परिस्थिति सूचित करने के लिए कालांतर में पुरातन कथाओं में जोड़ दिया जाए।

वेकेट की तीसरी विशेषता है कि वह अति सामान्य मानव को सृष्टि के उत्तमोत्तम पुरुषों के समकक्ष खड़ा करने का नया प्रयास करता है। उसके नाटकों में बादशाहों और दार्शनिकों के सामने 'बाइबिल'-जीवनदर्शन के रक्षक दो प्रहरी अस्त्र-शस्त्र सुसज्जित हो सदा विद्यमान रहते हैं। इससे वह बड़े छोटे का भेद मिटाना चाहता है। चौथी विशेषता अब स्पष्ट होती जा रही है कि वेकेट की यह कृति ('वेटिंग फॉर गॉडॉट') अन्य रचनाओं से भिन्न उस कोटि में आती है, जिसे "It can be enjoyed as a clown show by children who have no historical or doctrinal memory to interfere with its clowning.

अर्थात् इस कृति को केवल वे ही बच्चे 'क्लाउन शो' के रूप में पसन्द कर सकते हैं, जिन्हें इतिहास या पुरातन कथाएँ स्मृति बनकर बाधा नहीं पहुँचातीं।''

वास्तव में वेकेट एक ऐसा नया प्रयोग करना चाहते थे, जिसमें भाषिक शक्ति, परम्परागत मिथक शक्ति को आधुनिक रुचि शक्ति के साथ जोड़कर ऐसा सनसनीदार अर्थ निकाला जाए जो समसामयिक प्रतीत हो। जो अद्यावधि न तो किसी पुरातत्त्ववेत्ता मानव शास्त्री की बुद्धि में आया हो और न किसी कोशकार के भण्डार में उपलब्ध हो। इसका प्रमाण यह है कि नाटक के प्रारम्भ में ही वह घोषणा करते हैं कि—"Secrets and riddles which are revealed" इसमें रहस्य और जीवन पहेली का उद्घाटन है।

अर्थात् इस कृति की रहस्यमयता और इसकी पेचीदगी (प्रहेलिका) बहुत कम को बोधगम्य हो सकेगी। इतना ही नहीं, आज तक वे रहस्य स्पष्ट नहीं हो पाए। प्रो. स्टेट्स का कथन है—"Critics and theologians are still searching its secrets and riddles for adoration of the test.—अर्थात् आलोचक और धर्मशास्त्री आज तक इस पहेली के रहस्योद्घाटन की खोज में लगे हैं।'' फ्रांस की जिस विचारधारा (Absurdity) विसंगत शैली का अनुसरण हिन्दी नाट्यकारों ने किया वह स्वयं 12-15 वर्षों में अपनी जन्मभूमि में ही सूख गई थी, पर हिन्दी के अधिकांश नाट्यकार उसी कीचड़ भरे मटमैले डाबर को कालिदास की जल गंगोत्री से अधिक महत्ता

प्रदान करने लगे, उस डाबर में खिलने वाले नाट्य मिथक[1] का पंकज उन्हें कदाचित् दिखाई नहीं पड़ा। कारण यह है कि सार्त्र वेकेट, कामु, आइवोनेस्को आदि ने जो लाक्षणिक नव नाट्य भाषा दी थी, उसका समुचित अनुवाद अंग्रेज़ी में भी न हो सका। अंग्रेज़ी से हिन्दी अनुवादकर्ता उन्हें क्या पकड़ पाते? इसी कारण अमेरिकन डायरेक्टर के नाट्य-निर्देशन में खेले गये 'गॉडॉट के इन्तज़ार में', 'खड़िया का घेरा' पचासों सहस्र रुपया खर्च करने पर भी सर्वथा असफल सिद्ध हुए।

कई कारणों से अस्तित्ववादी विसंगत नाट्य-धारा यूरोप में सन् 1955-60 के आस-पास सूखने लगी। प्रारम्भकर्ता सार्त्र और वेकेट ने यूरोप पर जब रूसी आधिपत्य की सम्भावना देखी तो उन्होंने कुंठा, नैराश्य, संत्रास, अनैतिकता, द्वन्द्व, तनाव, विक्षिप्त, अतृप्ति आदि का राग अलापना बन्द कर दिया। सार्त्र के नाटक 'नेक्रास्सोव' (Nekrassov) और 'दी कंडेम्ड ऑफ़ आलटोना' (The condemned of Altona) में सार्त्र रूसी आतंक के कारण वैयक्तिक स्वतन्त्रता का विनाश दिखाता है। इनमें राजनीति के साथ-साथ अध्यात्म चिन्तन की झाँकी है। कुछ सीमा तक हिंसा को विहित दिखाकर उसका परिणाम बताया गया है। इनमें समाज और व्यक्ति का रिश्ता जोड़ा गया है और इतिहास की परम्परा में मानव स्वातन्त्र्य का महत्त्व स्पष्ट किया है। इनमें वैयक्तिक स्वातन्त्र्य सामाजिक हित का पोषण होने पर ही मान्य है।

वेकेट के नाट्य-मिथक पर आगे विचार किया गया है।

हिन्दी में अस्तित्ववाद के प्रारम्भिक रूप पर समाज निरपेक्ष व्यक्ति स्वातन्त्र्य का ही प्रभाव पड़ा। उसकी विसंगतियों ने नवयुवकों को प्रभावित किया। ये विसंगतियाँ हमारे साहित्य को अराजकता की ओर खींचती चली गईं। डॉ. शर्मा का निष्कर्ष है—'अस्तित्ववाद में एक तीव्र विसंगति है। वह केवल आत्मगत सत्य को स्वीकार करता है, दूसरी ओर वह मूल्यों की बात करता है जो स्वभावत: समाजगत हैं। तर्कसंगत विचारक या तो मूल्यों को समाजगत मानकर मार्क्सवाद की ओर बढ़ेगा। जैसा कि सार्त्र ने (कालान्तर में) किया या उन्हें पूर्ण स्वतन्त्र और निरपेक्ष रूप से आत्मगत मानकर मूल्यहीनता की ओर बढ़ेगा, जैसा कि ब्रिटेन, अमेरिका और भारत के बहुत से पराजयवादी विद्रोही कर रहे हैं।''—(नयी कविता और अस्तित्ववाद, पृ. 9)

दूसरा बड़ा दोष अस्तित्ववादी साहित्य में आत्म-निर्वासिन (सेल्फ़ एलिनियेशन) की धारणा में दिखाई पड़ता है। जिस जर्जर विचार को पुरानी रोमांटिक भावधारा से जुड़ा समझकर अभिव्यक्तवादी (Expressienist) पहले त्याग चुका था उसे अस्तित्ववादी अपनी विशिष्ट आत्मानुभूति मानकर अपने आधुनिकता बोध का डंका पीट रहा है जर्मन नाट्यकार Strind berg का नाटक 'स्वप्न' (Dream play) अभिव्यक्तवाद का प्रत्यक्ष प्रमाण है। प्रथम विश्वयुद्ध काल में अनेक जर्मन रूसी नाट्यकार आत्म निर्वासन सिद्धान्त को त्याग चुके थे। अत: यह कोई सिद्धान्त नहीं माना जा सकता। अभिव्यक्तवादी जर्मन नाटकों पर आगे विचार किया जाएगा, क्योंकि ब्रेख्त इसी शैली से निकला है। तीसरा दोष है खुदा, ईश्वर, गॉड को हटाकर स्वयं ईश्वर बनने के

जोश में ईसाई धर्म के कतिपय सिद्धान्त द्वितीय महासमर तक प्रयुक्त भले ही न हों पर समाज में मान्य अवश्य थे। उन सबको एक साथ ही संघात सम्भव कहा था। वे ईसाई की रग-रग में समाए हैं।

ईसाई सिद्धान्त और अस्तित्ववाद : मानव को आदि काल से ईश्वरप्रदत्त स्वतन्त्रता उपलब्ध है। मानव सृष्टि के साथ-साथ ज्ञान का वृक्ष फल से परिपूर्ण उत्पन्न हुआ जिसका रसास्वादन मनुष्य को विधाता की ओर से वर्जित रहा। ईश्वराज्ञा के उल्लंघनकर्ता प्राय: सभी मानव फलास्वाद में ईश्वर को भूल गए। अत: जन्म से ही पापी उत्पन्न हो रहे हैं। एकमात्र ईसा मसीह अपरिमेय अध्यात्म-शक्ति साथ लेकर आए और उन्होंने ईश्वरीय कृपा द्वारा ही नरक से छुटकारा माना। इस कारण नारकीय कष्ट से छूटने के लिए नैतिक जीवन में पाप-पुण्य का ध्यान रखना अनिवार्य समझा गया। जब न रहा ईश्वर, न रही स्वर्ग-नरक भावना, न ईसा मसीह रहा, न 'बाइबिल' रही तो पाप और नरक का भाव कैसा। विज्ञानवादियों ने भी जब ईश्वरीय अस्तित्व और स्वर्ग-नरक को भ्रान्त घोषित किया तो अस्तित्ववादियों को पूरी छूट मिल गई। अत: वे केवल अपनी अस्मिता (आइडेंटिटी) को ही सत्य समझकर परम्परागत धारणाओं का खण्डन ही आधुनिकता की कसौटी मानने लगे।

गॉडॉट के इन्तज़ार में (वेटिंग फ़ॉर गॉडॉट) आज तक समीक्षकों की समस्या बना है। प्रो. स्टेट्स; ब्लाडिमिर और एस्ट्रागान को एक ही पात्र के दो रूप और एक दूसरे का पूरक मानते हैं। प्रथम (अर्थात् ब्लाडिमिर) अन्त:करण है तो दूसरा एस्ट्रागान शरीर। यदि पहला सोल (आत्मा) है तो दूसरा उसकी भूख है। इसी प्रकार पोजो और लकी भी एक-दूसरे के विरोधी नहीं, पूरक रूप हैं। 'पोजो' मालिक है तो 'लकी' नौकर और यदि पोजो पूँजीवादी है तो लकी दार्शनिक पोजो के हाथ की रस्सी, एक-दूसरे को अपने साथ बाँध रखने का उपकरण है अथवा अभागी सभ्यता के स्थायित्व का प्रतीक है। सैमुल वेकेट का यह नया प्रयोग था जिसमें पात्र परस्पर विरोधी न होकर एक-दूसरे के पूरक बनते रहते हैं। इस प्रकार का प्रयोग चेखव ने बहुत पहले रूसी नाटक 'तीन बहनें' ("Three sisters") में किया था। इस नव प्रयोग में फ्रांस और रूसी दृष्टिकोण का अन्तर समझ लेने से अन्तर्राष्ट्रीय नाट्य-प्रभाव समझने में सहायता मिलेगी।

चेखव के नाटक 'तीन बहनें' में एक सैनिक कमांडर की तीन कन्याएँ ओल्गा, माशा और इरिना पिता की मृत्यु के उपरान्त अपने को एकाकी देख जीवन से निराश होने लगती हैं। ओल्गा हृदय से वैवाहिक जीवन द्वारा सुखी बनने के पक्ष में होते हुए भी परिस्थितिवश कुमारी अध्यापिका रह जाती है। माशा एक पुराने विचार वाले स्कूल मास्टर से विवाह करके असन्तुष्ट होने पर सुख की खोज में एक विवाहित कर्नल से यौन सम्बन्ध जोड़ती है। इरिना काम को पूजा (Work is Worship) समझकर स्थानीय टेलिग्राफ़ ऑफ़िस में नौकरी करती है। तीनों अपने जीवन से असन्तुष्ट हो विवाहित भाई के घर पहुँचती हैं, जहाँ उनकी विपद-गाथा सुनने को भी कोई तैयार नहीं। मास्को में वे तीनों कल्पना-लोक केअनुसार नव जीवन बिताना चाहती हैं पर

व्यावहारिक कठिनाइयाँ देख वे अपने पूर्व व्यवसायों में इस विश्वास से फिर जुट जाती हैं कि जहाँ वह पहले थीं वहाँ ही जीवन को नई दृष्टि से देखने पर वे सुखी रह सकती हैं। चेखव ने जीवन में जिजीविषा और निष्ठा की यह नई दिशा दिखाई।

वेकेट भी अपने भावी नाटकों में चेखव की तरह ही मानव के संकीर्ण दायरे में घिरी हुई चेतना को बन्धन से उन्मुक्त कर ऐसी उत्प्रेरणा देना चाहता है जिससे बाह्य जगत् में अपने अस्तित्व की रक्षा के लिए जीवन की विभीषिकाओं का डटकर मुकाबला कर सके।

इतना तो दोनों में साम्य है। पर चेखव की एक विशेषता है, जिसका वेकेट में अभाव अखरता है। चेखव सारी आपदाओं को सहन करने का ऐसा उत्साह प्रदान करते हैं, जिसमें मनहूसियत आने नहीं पाती। वे उज्ज्वल भविष्य के प्रति चेष्टा और कर्म निष्ठा देना चाहते हैं। पर 'वेकेट' दर्शकों की मनहूसियत में विश्वास करता है और ऐसी स्थितियाँ लाने में नाटक की सफलता मानता है। जो प्रो. स्टेट्स का निष्कर्ष है—"It is precisely its success in inducing a certain degree of boredom in its audience that makes the play interesting."

(page-49)

अर्थात् वेकेट के पात्र प्रतीक्षा करते हुए मनहूसियत और खिन्नता की स्थिति को पसन्द करते हैं, पर लक्ष्य प्राप्ति के लिए कर्म करते समय आने वाले तनावों से बचना चाहते हैं। चेखव इसे स्वीकार नहीं करते।

पर वेकेट की एक बड़ी विशेषता यह है कि वह समय के साथ बदलते हुए अपनी पुरानी त्रुटियों और गलतियों को स्वीकार करते चलते हैं। उनकी नवीनतम कृति 'Echet III Soid III' में फ्रांस के सामने मंडराते आगामी युद्ध का चित्र खींचा गया है।

फ्रांस और रूसी नाटकों का अध्ययन हमारे लिए इसलिए भी आवश्यक हो गया है, क्योंकि दोनों देश संकट-काल में हमारी सहायता को हाथ बढ़ा रहे हैं। यद्यपि दोनों आपस में मित्रता खोते जा रहे हैं।

इस एब्सर्ड नाट्य परम्परा का सबसे प्रसिद्ध नाट्यकार आइवोनेस्को (1912) है, जो फ्रेंच माता और रूमानियन पिता से उत्पन्न हुआ। दो भिन्न-भिन्न संस्कृतियों के संघर्षमय संस्कार में परिपालित दस वर्षीय बालक ने एक फ़िल्म सिनेरिओ लिखा, जिस पर आगे विचार किया गया है। 38 वर्ष की अवस्था में इसी नाट्यकार ने सन् 1950 में अपने नाटक 'The Bald Prima Donna' ('बाल्ड प्राइमा डान') के लिए प्रतिलोम थियेटर (एन्टी थियेटर) का निर्माण किया। उसने उस नए थियेटर 'याल्पे' का उद्देश्य बताते हुए लिखा—'इस हिंस्र, भंजक या उग्र थियेटर का हास्य भी उग्र और आक्रामक होता है।' (A theatre of violence; violently comic, voilently dramatic. We need to be virtually bludgeoned into detachment from our daily lives, our habits and mental laziness which conceal from us the strangeness of the world—the real must be in a way dislocated befyre it can be reintegated.)

अर्थात् "अपने दैनिक जीवन की कठिनाइयों से बचने और विचार-स्वातन्त्र्य बचाने के लिए हमें वस्तुतः लोहे की गदा लेकर संघर्ष करना होगा। यही थियेटर का उद्देश्य है, हमें प्रतिदिन शत्रु के उस मानसिक और शारीरिक आलस्य को भंग करना है जिन्होंने वास्तविकता को ऐसा ध्वस्त कर रखा है कि हम सबके बिखरे अंगों को संयुक्त कर ही नहीं पा रहे हैं।"

नाट्यकार, निर्देशक और अभिनेता इस मोहभंग के लिए कथा चयन, स्थिति—निर्माण, क्रियात्मकता, चरित्र-चित्रण, रंग-निर्देश, भाषा सम्बन्धी प्राचीन नवीन प्रयोगों पर घोर प्रहार करते रहते हैं। इनकी भाषा अटपटी, इनके मुहावरे अनगढ़, वाक्य रचना बेतुकी होती है। इनके भोंडे, भद्दे और कटु व्यंग्यों के दुस्सह कड़वे प्रयोगों, तीख़े कटाक्ष की चोखी तलवारों से सर्वत्र खचाखच मारकाट चलती है। अतः जब जीवन की रहस्यमयता डर के मारे सामने आने की हिम्मत ही नहीं करती तभी असंगत नाटक एंटी थियेटर सफल समझा जाता है।

आइवोनेस्को ने प्रथम महायुद्ध की विषम स्थिति का सैनिकों पर प्रभाव दिखाया। सैनिक परिवार के बालक-बालिकाओं में घर के सूनेपन से ऐसी वितृष्णा उत्पन्न हो रही थी कि वे कहीं भाग जाना चाहते थे। इसी से प्रेरित हो, उसने 'Disordery children party' ('असंयत बाल पार्टी') नाम फ़िल्म सिनेरिओ लिखा जिसमें बालवृन्द घरेलू जीवन से तंग आकर पहले बर्तन-भांडे फोड़ते हैं, फिर अभिभावकों को एक-एक कर खिड़की से बाहर फेंक देते हैं, तदुपरान्त घर में आग लगाकर स्वतः भी भाग जाते हैं।

13 वर्ष की आयु में दूसरी कृति 'Pro Partia' ('प्रो पार्टिया') नाम से तैयार हुई जिसमें फ्रेंच सैनिकों को सबसे पराक्रमी योद्धा दिखाया गया। सन् 1955 में उसकी माता दूसरा विवाह करके अन्यत्र चली गई। अब वह रोमानिया में पिता के साथ रहने लगा तो अपने देश के योद्धाओं को विश्व का सर्वश्रेष्ठ योद्धा सिद्ध करने लगा। आइवोनेस्को प्रारम्भ में प्रकृतिवादियों Naturalist से प्रभावित रहा। पन्द्रह वर्ष की अवस्था में ही वह नाटक और रंगमंच से अभिभूत होने लगा। वह लिखता है—'मुझे सभी प्रकार के नाटक स्पन्दित करते थे। मुझे नाटक देखकर संसार विचित्र जान पड़ता। यह धारणा अन्त तक मेरे मन से नहीं निकली'—"Any form of play would thrill me and make me feel that the world is very strange, a feeling so deeply rooted that it has never left me." (Page 18)

इसी की व्याख्या करते हुए आइवोनेस्को कहते हैं कि संसार में मुझे सत्य का केवल क्रूर और घृणित रूप दिखाई पड़ता है। "It was the very image of the world that appeared to me. Strange and improbable, as though to stress the grotesque and brutal nature of the truth."

('Anti-theatre', P. 49)

"अर्थात् मुझे इस जगत् का जो स्वरूप दिखाई पड़ रहा है वह ऐसा विलक्षण

और अविश्वसनीय प्रतीत होता है मानो वह सत्य के क्रूर एवं हास्यास्पद विसंगत स्वभाव पर ही बल दे रहा है।''

सच्चाई की खोज में दीवाने आइवोनेस्को ने अपने दूसरे तीन अंकीय नाटक 'Tucur Sons Gages' ('हत्यारा')—1957 की रचना की। इसका प्रदर्शन 1959 में हुआ। 'हत्यारा' में जाग्रत से अधिक स्वप्निल संवादों और घटनाओं पर बल दिया है। इसके मुख्य पात्र बैरेंजर (Berenger) के जीवन में अन्तर्जगत की स्थिति और बाह्य-वातावरण में सामंजस्य दिखाने का प्रयास है। बैरेंजर अपने प्रतीकवादी सिद्धान्त को प्रतिध्वनित करते हुए कहता है—"Nothing is more real than a mirage" अर्थात् मृगमरीचिका से अधिक यथार्थ कुछ नहीं। इस निष्कर्ष तक पहुँचने के पूर्व स्टेज पर यांत्रिक उपायों से एक रम्य नगरी के समीप लहराता सुन्दर सरोवर दिखाई पड़ता है। नगर निर्माता शिल्पी का ध्यान बैरेंजर लहराते तालाब से हटाकर कँटीली फूली झाड़ी (Hawthorn) की ओर ले जाता है। इतने ही में वह सरोवर अदृश्य हो जाता है और वहाँ केवल सूखी रेत रह जाती है।

नाट्यकार ने नाटकीय क्रियात्मकता दिखाने के लिए स्वप्निल वातावरण का अवलम्बन लिया है। जहाँ एक ओर बैरेंजर स्वयं देख रहा है और आर्किटेक्ट को दिखा भी रहा है कि जीवन का रम्य सरोवर सूख गया है। संसार में केवल कँटीली झाड़ियाँ रह गई हैं, वही पल्लवित और विकसित हो रही हैं। वहीं दूसरी ओर उस निर्माता आर्किटेक्ट (वास्तुशिल्पी) के सुनहले बालों वाली गोरी प्राइवेट सेक्रेट्री से विवाह का प्रस्ताव करता हुआ सरस जीवन का प्रयास भी करता जा रहा है, वह सुन्दरी विवाह प्रस्ताव को न स्वीकार करती है और न ठुकराती है। इतने ही से एक नगर-संहारक क्रूर मानव विध्वंस को कटिबद्ध है और इधर-उधर उन्मत्त रूप में फिर रहा है, उन्हें पकड़ने की राजाज्ञा घोषित हो रही है। पर नगर-रक्षक सिपाही यातायात (ट्रैफ़िक) की भीड़-भाड़ को व्यवस्थित करने में ऐसे जुटे हैं कि हत्यारे को पकड़ने का आदेश सुन ही नहीं रहे हैं। भीड़, हत्यारे के भय से बेतहाशा इधर-उधर भाग रही है और सिपाही अन्धाधुन्ध भीड़ पर लाठियाँ बरसाते जा रहे हैं। हत्यारे के चंगुल में वह गौरांगिनी आ गई है, पर सबको अपनी रक्षा की धुन है। उसकी ओर करुणा भरी दृष्टि डालने का अवकाश किसे? इस अवस्था में वह बैरेंजर अकेले साहस करके हत्यारे के प्रहार से असहाय महिला को मुक्त कराने का प्रयास करता है।

आइवोनेस्को किसी पात्र की न तो चरित्रगत विशेषता खोजता है और न उसके पूर्वा-पर जीवन की संगति बिठाना चाहता है। वह तो केवल उसके विभिन्न 'मूडों' (चित्त-वृत्ति) की तलाश में रहता है। "La Lecon" ('ला लेकान' 1950) नामक नाटक के तीन पात्रों में निरन्तर परिवर्तित 'मूडों' के द्वारा यह प्रमाणित करना चाहता है कि किसी का मूड सदा एक गति से एक राह पर नहीं चलता हैं। 'मूड' सदा बदलता रहता है। इस नाटक में एक प्रोफ़ेसर है जो प्रारम्भ में विनम्र सहनशील दिखाई पड़ता है पर धीरे-धीरे वह आक्रामक (Aggressive) और साहसी होता जाता

है। इसी प्रकार अठारह वर्षीय बालिका पहले नितान्त प्रसन्न, सदा हँसमुख और जीवनोत्साह से परिपूर्ण दिखाई पड़ती है; पर क्रम-क्रम से वह उदास, सुस्त, कर्म भीरू हो वाक्हीनता और गूँगेपन में पड़ती जाती है। वही प्रौढ़ होने पर उक्त प्रोफ़ेसर के बलात्कार का डटकर मुकाबला करती है। प्रोफ़ेसर जब काल्पनिक हथियार लेकर उस युवती पर आक्रमण करता है तो वह चंडी का रूप धारण कर उस पर घोर आक्रमण करती है। इस प्रकार उसके बलात्-भोग Rape को असफल बना देती है।

इस नाटक में आइवोनेस्को अन्ध मताग्रहिता और पांडित्यदर्शी विद्यादम्भी के विरुद्ध विद्रोह करता दिखाई पड़ता है और अपनी विद्रोह-भावना को पात्रों के क्रिया-कलाप एवं प्रतीक-प्रदर्शन द्वारा प्रकट करता है। वह प्रस्तुत पदार्थ, उसके नाम और भाव-कल्पना में सामंजस्य बिठाना चाहता है। वह कहता है—"कभी-कभी पदार्थ के नाम और उसके मानसिक चित्र में ऐसी विभिन्नता पाई जाती है कि पदार्थ से अधिक उसका मानसिक चित्र मन को सन्तुष्ट कर देता है।"—Sometimes the name of an object takes the place of an image—An object never fulfils the same function as its name or image." ('Theatre and Anti-theater'. P—57)

आइवोनेस्को का भाषा-सम्बन्धी विचार

आइवोनेस्को का कथन है कि रंगमंच पर किसी शब्द या किसी धारणा (Image) से वही परिणाम निकलता है जो किसी पदार्थ के उपयोग या किसी घटना के घटित होने से सम्भव है। कभी-कभी तो जो कार्य पदार्थ या घटना से सम्भव नहीं होते वह केवल नाम या धारणा या कल्पना से सफल बन जाते हैं। इसलिए आइवोनेस्को शब्द को बड़ा खतरनाक भी बताता है। भाषा-शक्ति सम्बन्धी आइवोनेस्को की मान्यता का विवरण देते हुए रोनाल्ड हेमैन कहते हैं कि "Wanting to expose the danger of trusting language as if it were a rational system, an articulation of universal order, he shows how easy it is to dislocate it, tie it into self contradictory knots. (Page—55-58)

भाषा की दुधारी शक्ति में विश्वास करता था। उसके अनुसार जहाँ भाषा मानव मात्र के नियम-संयम को बौद्धिक ढंग से अभिव्यक्त करती है वही दुरुपयोगवश यह मानव-विरोधी गाँठों के जोड़ने में भी सहज ही समर्थ बन जाती है।"

इतना अवश्य है कि आइवोनेस्को जैसे भाषा के खिलाड़ी कम ही मिलेंगे। वह उस तैराक के समान है जो तैरने के खतरे की बात करते समय कम प्रसन्न दिखाई पड़ता है। पर वह विधिवत् प्रसन्न तब होता है जब स्वयं तैरने को पानी में उतरता है। हमारे नाट्यकारों पर यदि आइवोनेस्को की इन प्रौढ़ रचनाओं का उचित प्रभाव पड़ा होता तो विसंगत नाटक अधिक समाजोपयोगी हो गया होता।

दूसरा अध्याय

स्वातन्त्र्योत्तर हिन्दी नाटक पर अन्तर्राष्ट्रीय प्रभाव

(सर्वेक्षण)

विगत पैंतीस वर्षों में जितना नाट्य-साहित्य निर्मित हुआ। जितनी रंगशालाओं में नाटक अभिनीत हुए, जितनी गोष्ठियाँ नाटक रंगमंच पर विचार करने के लिए आयोजित की गईं, उन सबकी गणना करना आसान नहीं। कदाचित स्वतन्त्रता से पूर्व साढ़े तीन सौ वर्षों में उतनी नाट्य कृतियाँ नहीं मंचित हुईं, उतनी नाट्य रंगशालाएँ न बन पाईं, उतनी नाट्य गोष्ठियाँ न हो सकीं, जितनी विगत पैंतीस वर्षों में सर्जित, निर्मित और आयोजित हुईं। इन सबका लेखा-जोखा देश और विदेश के अनेक विद्वानों ने अनेक प्रकार से किया है। हम यहाँ पर लगभग सात सौ वर्षों के नाट्य इतिहास के परिप्रेक्ष्य में इन पैंतीस वर्षों की नाट्य-प्रगति पर एक नई दृष्टि से विचार करना चाहते हैं।

विभिन्न नाट्यकारों की प्रमुख कृतियों का विश्लेषण, आलोचना पर विहंगम दृष्टि डालते हुए हम इस युग की नाट्य चिन्तन, मंचन की प्रक्रिया पर पृथक-पृथक विचार कर चुके हैं। हम यहाँ देश-विदेश के उन प्रभावों पर विचार करेंगे जिन्होंने हमारे नाट्य चिन्तन को नया रूप दिया है। जिन कारणों से भारतीय समाज इतना विश्रृंखल हो उठा है कि उसका चीत्कार नाट्यकारों को बेचैन कर रहा है, उनका विश्लेषण यहाँ किया जाएगा। सबका सर्वेक्षण करने से हम निम्नलिखित निष्कर्ष पर पहुँचते हैं।

स्वतन्त्रता प्राप्ति के उपरान्त अर्थात् भारत विभाजन के पश्चात् संविधान बनाते समय देश के भाग्य विधाताओं की दृष्टि अमेरिका और रूस की ओर गई; जो स्वाभाविक था। इतिहास इसका साक्षी है कि द्वितीय विश्व युद्ध में अमेरिका और रूस के सहयोग से जर्मनी पराजित हुआ। दोनों के संविधान सर्वथा पृथक् और एक-दूसरे के विरोधी थे और आज भी हैं। गाँधीजी की मृत्यु के बाद देश के संविधान निर्माताओं को 'विजयी विश्व तिरंगा प्यारा, झंडा ऊँचा रहे हमारा' का गान 26 जनवरी और 15 अगस्त के लिए निर्धारित करना उचित जान पड़ा। किन्तु

जीवन के व्यवहार और संविधान के निर्माण में उनका अन्त:करण एक दूसरा ही गान गा रहा था। वह था—'विजयी विश्व अमेरिका प्यारा, रूसी जग में सबसे न्यारा।' दिल्लीश्वरों के सम्मुख अमेरिका की समृद्धि, सुख-सुविधा और स्वतन्त्र जीवन का दृश्य सिनेमा, टेलीविज़न में नाचता हुआ दिखाई पड़ा। भारत सरकार और प्रधानमंत्री ने पंजाब की राजधानी चंडीगढ़ बसाने के लिए भारतीय प्रधानमंत्री स्थापत्य कलाविदों (आर्किटेक्ट) की उपेक्षा करते हुए अमेरिका से उस मेथ्यू नोविक (Mathew Nowick) को आमन्त्रित किया, जिसे भारतीय जीवन यहाँ की संस्कृति एवं जलवायु के द्वारा प्रभावों का अनुभव कभी नहीं हुआ था। अत: भारत की स्थापत्य कला को भारतीय कला की परम्परा से वह जोड़ नहीं पाया। इसी प्रकार हमारे देश की अन्य कलाओं अर्थात् चित्रकला, नाट्यकला आदि पर भी पश्चिम का इतना गहरा प्रभाव पड़ा कि हम आधुनिकता के मोह में अपनी प्राचीन संस्कृति, सभ्यता, दर्शन, ज्ञान-विज्ञान, आयुर्वेद सभी की अवमानना करते हुए, अन्धाधुन्ध नवीनता को अपनाने में आतुर हो उठे। इस आतुरता में पश्चिम की नवीन सभ्यता, वहाँ के औद्योगीकरण से उत्पन्न दूषणों, अपवित्रता, मद्य, मांस, चरस से उत्पन्न शारीरिक रोगों, उन्मुक्त यौन-सम्बन्धों से उद्भुत पारिवारिक विशृंलाओं को हम देख और समझ न पाए। हमने आँख मूँदकर पश्चिम के दो प्रसिद्ध समसामयिक 1888-1953 नाट्यकार सैमुअल बेकेट (Samuel Backett) (1906) और ब्रेख्त बरटौल्ट (1898-1956) (Brecht Beritalt) और ओनील की कृतियों का अध्ययन किया। उसके अनुवादों का मंचन हुआ, उसी शैली पर भारतीय नाट्यकारों ने अपने नाटकों की रचना भी की। उसके एक नाटक का हिन्दी अनुवाद 'खड़िया मिट्टी का घेरा' नाम से बहुत प्रचलित हुआ। विश्व के नाट्य-इतिहास में ब्रेख्त का नाम सन् 50 के उपरान्त एक विशिष्ट स्थान पर आसीन हुआ। जनवरी 1949 में उसका 'मदर करेज' ('Mother Courage') नामक नाटक ईस्ट बर्लिन में खेला गया, तदुपरान्त युद्ध की विभीषिका से परिचय कराने के उद्देश्य से विश्व के विभिन्न भागों में इसका अभिनय दिखाया गया। भारत के विभिन्न नगरों में लगभग एक वर्ष तक इसका अभिनय होता रहा। जिसका हिन्दी साहित्य पर बड़ा प्रभाव पड़ा। सन् 1955 में ब्रेख्त को 'लेनिन पीस' पुरस्कार मिला। 'मदर करेज' ('Mother Conrage') और 'The Caucasian chalk Cirele' पर पेरिस में पुरस्कार मिला। ब्रेख्त की ख्याति सन् 1970 के आस-पास तक खूब फैली रही, जिसका प्रभाव हिन्दी नाटकों पर पड़ना स्वाभाविक था।

सन् 1939 से 1945 तक विश्व-युद्ध के कारण जो एक नई परिस्थिति पैदा हुई उससे नाट्य-साहित्य में अस्तित्ववाद का जन्म हुआ। युद्ध में करोड़ों व्यक्तियों की मृत्यु और महासंहार से पश्चिम का एक वर्ग भगवान् में अविश्वास करने लगा। उनका नारा था—God was dead and man was condemned to be free' अर्थात् ईश्वर मर चुका और मानव को स्वतन्त्र होने का अभिशाप दे गया। उन लोगों ने सामाजिक, नैतिक, सांस्कृतिक मूल्यों को सर्वथा नकार दिया। उनका उद्घोष था

कि हमारी अवचेतना, हमारा काल्पनिक और स्वप्नलोक इस दृश्य जगत् से कहीं श्रेष्ठ और यथार्थ है। बैकेट ने इसी अस्तित्ववाद और अति यथार्थवाद (Surrealist) सिद्धान्त का सम्मिश्रण करके अपने नाटकों का निर्माण किया। उनके नाटकों का मूल स्वर—'Waiting for Godot' में इस प्रकार मिलता है—'There's nothing to show, Nothing you can do about it. Nothing we can do about. In the meantime nothing happens. Nothing happens, Nobody comes nobody goes. We have nothing more to do here, No, Nothing is certain, अर्थात्! (रंगमंच पर) प्रदर्शन करें कुछ नहीं, इसके लिए, तुम कुछ नहीं कर सकते, हम सब इसकेलिए कुछ नहीं कर सकते। इस अवधि में कुछ नहीं हुआ। न तो कोई आता है, न कोई जाता है। हमें और कुछ यहाँ करना भी नहीं, यहाँ कुछ भी निश्चित नहीं।

अस्तित्ववादी नाटकों में नाटकों के अस्तित्व और जीवात्मा के पुनर्जन्म पर अविश्वास करते हुए निराशा, कुंठा, संत्रास को अभिव्यक्त किया गया। उनका कहना है कि ईश्वर को मिटा देने से मानव के ऊपर सर्जन और संहार का दायित्व आ पड़ा है। मानव के अन्दर एक जीवनी शक्ति है, जो उसे आदेश देती रहती है। उसे ही विश्व में व्याप्त अराजकता, शून्यपन के मध्य से अपने जीवन का रास्ता बनाना है। उनका विश्वास है कि मानव जाति को ईश्वर केअस्तित्व, नैतिकता का उल्लंघन और सूनेपन की विकरालता से अकेले लड़ना है। ये लोग किसी विगत दार्शनिक सिद्धान्त में विश्वास नहीं करते। सार्त्र के अनुसार किसी पूर्व निर्धारित जीवन-दर्शन को मानने की आवश्यकता नहीं, अपना ही अनुभव जीवन को प्रशस्त कर सकता है। मानव को अपने चतुर्दिक फैली विषम परिस्थितियों से अकेले जूझना है। उसे एकाकीपन और संत्रास, विविध कुंठाओं, नैराश्य, सामाजिक अत्याचारों से स्वयं जूझना है। न कहीं ईश्वर है, न कहीं पुनर्जन्म, न कहीं धर्म है, न कहीं ईमान। यौन-सम्बन्ध बिलकुल मिथ्या हैं। विवाह कोई धार्मिक संस्था नहीं, यह केवल सुविधा का मार्ग है। सार्त्र के चरित्रों की मूलविशेषता है कि वे परिस्थितियों के अनुकूल रास्ता निकाल लेते हैं। उनके अनुकूल ढल जाते हैं। संघर्ष वहाँ अनिवार्य हो जाता है जहाँ पात्र की ईमानदारी, परिस्थितियों और परम्परा के नैतिक मूल्यों से संघर्ष करती हुई एक को चुनने और दूसरे को छोड़ने को बाध्य हो जाती है, बाह्य परिस्थितियाँ और परम्परागत मान्यताएँ उसका शिकार करने के लिए अपना-अपना जाल फैला देती हैं। सार्त्र की नैतिकता का अपना एक मापदण्ड है, जिसमें मानव की स्वतन्त्रता को पूर्ण छूट दी गई है, यहाँ तक कि अपनी वचनबद्धता को तोड़ने का भी उसे पूरा अधिकार है। सार्त्र ने 1956 और 1959 में दो ऐसे राजनैतिक नाटक लिखे, जिनमें रूस के समाजवाद के कारण व्यक्ति स्वातन्त्र्य को आघात पहुँचने की आशंका दिखाई गई है। उसके नाटकों में एक सीमा तक हिंसा की छूट देकर अपने कर्मों का परिणाम दिखाया गया है। साथ ही व्यक्ति और समाज के पारस्परिक सम्बन्धों को ऐतिहासिक परिवेश में समझा गया है। इन नव नाट्यकृतियों का हमारे देश पर प्रभाव पड़ा।

भारत ने अपने देश में पंचवर्षीय योजनाएँ रूस के ढंग पर बनाईं। भारी

उद्योगों —बिजली, रेल, इस्पात, शस्त्र-निर्माण आदि को सार्वजनिक क्षेत्र में रखा और शेष उद्योगों को निजी क्षेत्र के लिए छोड़ दिया। इस प्रकार रूस की साम्यवादी पद्धति और अमेरिका के निजी क्षेत्र की व्यावसायिक पद्धति का सामंजस्य करने का प्रयास किया। किन्तु सार्वजनिक क्षेत्रों में शासकों, अधिकारियों एवं कर्मचारियों के चारित्रिक शैथिल्य के कारण यथोचित विकास न हो पाया। दूसरी ओर निजी क्षेत्र में पूँजीवादी संचालकों की विलासिता, चोर बाज़ारी, शोषक-प्रवृत्ति के कारण सामाजिक वातावरण दूषित होने लगा। शिक्षा के क्षेत्र में भी अनाचार—अर्जित धन के दुरुपयोग के कारण नए धनी और शासक वर्ग की सन्तान में उच्छृंखलता का आना स्वाभाविक था। राजनैतिक पार्टियाँ छात्र-संघों को ऊँची नौकरी, धन-सम्पत्ति के मोहजाल में फँसाने लगीं, क्योंकि ये लोग उन्हें चुनाव में सहायक सिद्ध होते थे। छात्र नेताओं को भी राजनैतिक नेताओं की तरह उन्मुक्त विलासी जीवन बिताने में रस आने लगा, जिसके कुप्रभाव से सारा छात्र-समाज विकम्पित हो उठा है। और अब तो अध्यापकों में भी राजनीति ने ऐसा अड्डा जमा लिया है कि कुलपति, उपकुलपति सभी संत्रस्त हो उठे हैं।

समाज की मूल भित्ति है परिवार—और परिवार निर्भर है पति-पत्नी, भाई-बहिन, पिता-माता के पारस्परिक सम्बन्धों पर। उपर्युक्त सभी परिस्थितियों का प्रभाव समाज के एक-एक परिवार पर पड़ा है। रूस और अमेरिका में भारत की तरह विवाह संस्कार को धार्मिक कृत्य नहीं माना जाता। वहाँ तो विवाह के पूर्व वैवाहिक जीवन बिताने की पद्धति है और विवाह-विच्छेद के लिए पूरी स्वतन्त्रता है। पति और पत्नी दोनों मनमाना प्रेमी और प्रेयसी चुनने को स्वतन्त्र हैं। हमारा नाट्यकार भी अपने देश में इसी तरह का पारिवारिक जीवन जीने को उतावला-सा हो रहा था। प्रत्येक कृतिकार की इच्छा, आकांक्षा, आदेश, चिंतन का प्रत्यक्ष दर्शन उनकी कृतियों में होता है। जिस प्रकार हमारी इच्छाएँ, हमारे संस्कार, हमारी अनुभूतियाँ एक-दूसरे से पृथक होती हैं, उसी प्रकार प्रत्येक नाट्यकार की कृति एक-दूसरे से भिन्न होती है, किन्तु समसामयिक प्रभाव की गहराई चाहे प्रत्येक व्यक्ति में अलग-अलग हो पर सामान्य रूप से जो प्रभाव सबमें दिखाई देता है, उसी के आधार पर किसी युग की प्रवृत्ति का आकलन संभव होता है। सामूहिक प्रवृत्तियों का उद्घाटन ही नाट्यकार का प्रधान उद्देश्य हुआ करता है। इसीलिए इतिहासकार को समाज की नई प्रवृत्तियों को समझने के लिए सामाजिक क्रान्तियों का अध्ययन आवश्यक हो जाता है।

नया समाज

सन् 1946 से 1956 (प्रथम दशाब्द) : संशय काल

इन दस वर्षों में 'स्वतन्त्रता की उषा' धीरे-धीरे अपनी किरणों से जन-जीवन में एक ज्योति जगाती रही। जिस आदर्श रामराज्य की कल्पना ने सर्वसाधारण को भी जीवन सुखी बनाने का आश्वासन दिया था, वही भूखी-प्यासी और विक्षिप्त होकर

जब मरने लगी तब निराशा का वातावरण फैल गया। नाट्यकारों की समझ में नहीं आ रहा था कि हमारा देश किस प्रकार का सामाजिक रूप धारण करने जा रहा है।

कांग्रेस के कलकत्ता अधिवेशन में प्रधानमंत्री ने 10 नवम्बर, सन् 1956 को यह घोषणा की कि हम एक नये प्रकार का समाजवाद बनाने जा रहे हैं, जो संसार में कहीं भी नहीं है। इसके लिए प्रत्येक कांग्रेस कार्यकर्त्ता को कम-से-कम सौ परिवार की सुख-सुविधा का ध्यान निःस्वार्थ सेवा-भाव से रखना होगा। तीसरी घोषणा यह थी कि भारी कल-कारखाने और लघु उद्योगों का सामंजस्य किया जाएगा।

चौथी घोषणा उस धर्म-निरपेक्ष और गुट-निरपेक्ष राजनीति की थी जिसमें प्रत्येक देश के साथ समान मैत्री का दावा किया गया था। इससे पूर्व हिन्दू कोड बिल के अनुसार युवा-युवतियों को विवाह और विच्छेद (तलाक की सुविधा) की पूर्ण स्वतन्त्रता दी जा चुकी थी। भाखड़ा नांगल बाँध पर बिजलीघर उद्घाटन के समय work is worship 'कर्म ही सच्ची पूजा है' इसका मंत्र दुहराया जा रहा था, पर ईश्वर के अस्तित्व के साथ पूजा की भावना तो पहले ही मिट चुकी थी। अत: कर्तव्यनिष्ठा की बात एक कान से सुनकर दूसरे कान से निकाल दी गई और चीन के युद्ध-काल में 'हिन्दी-चीनी भाई-भाई' का नारा और गुट निरपेक्षता का सिद्धान्त भ्रमपूर्ण सिद्ध हुआ। सहस्त्रों वर्षों से निरन्तर उपास्य स्थल कैलाश और मानसरोवर को आज तक भारत देश पुन: प्राप्त न कर सका।

इसी नैराश्यपूर्ण वातावरण में देश का प्रत्येक राज्य नाटक अकादमियों को जन्म दे रहा था। आज का नवयुवक इसी भ्रमात्मक वातावरण में उत्पन्न हुआ और पला। धर्म निरपेक्षता की निस्सारता जगह-जगह के साम्प्रदायिक दंगों से सिद्ध होने लगी। कांग्रेस कार्यकर्त्ता निःस्वार्थ जन-सेवा के नाम पर भोले-भाले किसानों, मज़दूरों, पुलिस के साथ लेन-देन, लूट-मार, चोरी, डाके के द्वारा सम्पत्ति संचय करने में लग गए। चुनावों में रिश्वत, शराब, धोखाधड़ी, ज़बरदस्ती के बल पर अयोग्य व्यक्तियों की जीत होने लगी। राष्ट्र-सेवा के नाम पर संसद और विधान सभा के सदस्य, सम्पत्तिशाली मिल मालिक, बड़े व्यापारी मिनिस्टरी से संबद्ध ऊँचे कर्मचारियों से साँठ-गाँठ कर अन्याय और अत्याचार के द्वारा धन संग्रह करने लगे। भाई-भतीजावाद चरम सीमा पर पहुँचने लगा। शिक्षालयों में सरस्वती के स्थान पर धन की उपासना चल पड़ी। मठ-मस्जिद, आश्रम-अनाथालय सर्वत्र भ्रष्टाचार अपना पैर फैलाने लगा। अत: स्वाभाविक था कि नाट्यकार और रंगकर्मी देश में सर्वव्यापी विलासिता, भ्रष्टाचार, भुखमरी, लूट-पाट, हत्या, नारी के साथ दुर्व्यवहार, सम्पत्तिशालियों की अबाध भोग-प्रवृत्ति, पारिवारिक विघटन, मानसिक तनाव, वर्ग-संघर्ष, जन नैराश्य आदि का रोमांचकारी विवरण अपनी कृतियों में सन्निविष्ट करते। गाँधी-युग में जहाँ कृपलानी जैसे नेता को 42 वर्ष की अवस्था में भी गाँधी जी ने ब्रह्मचर्य-पालन को उत्साहित कर विवाह वर्जित कर दिया था, वहाँ कांग्रेसी नेता उच्छृंखल होकर उन्मुक्त भाव से विलासिता में डूबने लगे। सुरा-सुन्दरी का ऐसा दुरुपयोग इस देश

में कदाचित् इस युग से पूर्व कभी भी नहीं देखा गया होगा। विजय तेन्दुलकर के नाटकों में यह शोचनीय स्थिति सबसे अधिक स्पष्ट की गई है। उनके पृथक्-पृथक् नाटकों पर हम विचार कर चुके हैं। यहाँ दो शब्द उनकी व्यावसायिकता के विषय में लिखना आवश्यक है। रंगमंच के व्यवसाय में ग्राहक (दर्शक) देखता है कि जो वस्तु वह खरीद रहा है, वह (1) टिकाऊ है या केवल फ़ैशन के रूप में तत्काल उपयोग की। (2) जिसका उपयोग कर रहा है उसका आत्मा पर न सही, शरीर और मन पर स्वस्थ प्रभाव पड़ रहा है या नहीं? (3) जितना समय और धन व्यय कर रहा है, उसके बदले में उसके योग्य माल मिल रहा है या नहीं? किसी भी व्यवसायी नाटक मंडली की सफलता इन्हीं पर निर्भर है।

जिस प्रकार व्यवसाय चलाने वाले अथवा कल-कारखाने के अधिकांश कर्मचारी निष्ठावान कार्यकर्ता होते हैं और कतिपय अपाहिज, जी-चोर, आलसी, प्रमादी, जुआरी, मद्यपी, विलासी और रिश्वती होते हैं तो व्यवसाय चलता रहता है, पर जहाँ सभी प्रमादी-मद्यपी होंगे, वहाँ व्यवसाय को ही ले डूबेंगे। ठीक उसी प्रकार यदि सभी नाट्यकर्मी नकली एवं हानिप्रद माल (मानसिक रोगोत्पादक) बनाएँगे, तो कम्पनी कुछ दिन भले ही धोखाधड़ी से मिलावटी माल बेचकर धनी बन जाये, पर समाज उसे देर तक बर्दाश्त कैसे करेगा? पश्चिम में ऐसे नाटकों के प्रति घोर प्रतिक्रिया के रूप में नया आन्दोलन चल पड़ा है। समाज में एक नया परिवर्तन और भी आया—स्वतन्त्रता से पूर्व अपराधियों को न्यायालयों में कठोर दंड मिला करता था, क्योंकि वहाँ भ्रष्टाचार नहीं था। स्वतन्त्रता के उपरान्त सत्ताधारी शासक धन और वोट (मत) के लोभ में न्यायाधीशों पर अनुचित दबाव डालकर उन्हें दंड से मुक्त कराने लगे। अतः हत्यारे, डाकू, समाज-लुटेरे खुल्लम-खुल्ला लूट मचाने लगे। फिर तो न्यायाधीश भी रिश्वत से घर भरने लगे, क्योंकि इनके पीछे मूल कारण आस्था का अभाव रहा।

नया युग और विसंगति नाटक

इसी वातावरण में एब्सर्ड नाटक का जन्म हुआ। द्वितीय महायुद्ध ने यूरोप और अमेरिका में दो भिन्न-भिन्न प्रकार का प्रभाव डाला था। फ्रांस में सार्त्र, कामु तथा वेकेट ने युद्ध की विभीषिका का प्रत्यक्ष अनुभव किया था। ईश्वर, नीति-धर्म, 'बाइबिल', ईसा, चर्च में इनकी तनिक भी श्रद्धा न रही। ईसाई समाज शताब्दियों से धार्मिक संस्कारों, नीति-नियमों के खोखलेपन का प्रत्यक्ष अनुभव कर रहा था, अतः कर्म के फल, ईश्वर की शक्ति, समाज की सहायता, अन्याय के दुष्परिणाम से इनका विश्वास एकदम उठ गया। इन्होंने देखा कि ये सब मिथ्या, ढकोसला हैं। प्रत्येक परिस्थिति में अपने जीवन को उसके अनुसार ढाल लेना और किसी-न-किसी प्रकार अपनी रक्षा करना, यही सत्य है। इब्सन और शॉ के यथार्थवादी युग में मानव अपने परिवार से प्रगाढ़ रीति से जुड़ा हुआ था। पुत्र-कलत्र एवं परिवार के कल्याण के

लिए प्रत्यनशील था और समाज के परंपरागत नियमों को तोड़ते हुए भी उनसे अपने को जुड़ा रखने की चेष्टा करता था। यद्यपि धार्मिक सिद्धान्तों, सामाजिक नियमों परंपरागत मान्यताओं से अपने को मुक्त रखने के लिए छटपटा रहा था, पर अपनी झिझक को निकाल नहीं पाता था।

सार्त्र ने इस झिझक को निकालकर फेंक देने और मुक्त भाव से स्वतन्त्र होकर व्यक्तिगत जीवन बिताने के सिद्धान्त का एक नया मार्ग खोज निकाला। इनके अनुसार व्यक्ति की अस्मिता जीवन के केन्द्र में विद्यमान है। अस्मिता पर किसी प्रकार ठेस न पहुँचे, ऐसा ही जीवन बिताना सार्थक है। यथार्थवादी युग का मनोविज्ञान अवचेतन मन को इस दुविधा की स्थिति में रखता था कि मैं सारे बन्धनों को खुल्लम-खुल्ला तोड़ूँ या कहीं-न-कहीं किसी संकोच के साथ उनका उल्लंघन करूँ। नये विचारकों ने इसे पाखंड समझकर इसका विखंडन किया। इन्होंने व्यक्ति के अस्तित्व को प्रधानता दी। यह अस्तित्ववाद अपने को सारी परंपराओं, मान्यताओं, विश्वासों, नीति-नियमों, सामाजिक बंधनों, यहाँ तक कि पारिवारिक दायित्वों से भी मुक्त रखने का मौका बताता है। इसे सार्त्र ने फ्रांस को सिखाया।

सार्त्र के प्रत्येक नाटक में दो प्रकार के पात्र हैं, जिनकी प्रवृत्तियाँ एक-दूसरे की विरोधी हैं। 'The Flies' ('मक्खी') नामक नाटक में एक नरक का निवास कक्ष है और दूसरे नाटक 'The Victors' ('विजेता') में एक पीड़ा कक्ष है। दोनों कृतियों में चरित्रों का विश्लेषण इस प्रकार किया गया है कि वे अपने-अपने वातावरण के अनुसार अपने को ढालने के लिए छटपटा रहे हैं। इनके चरित्रों में संघर्ष इस बात का है कि वे जीवन को परंपरागत मान्यताओं के आलोक में ढाले अथवा अपने को नई परिस्थिति के अनुरूप बना लें। इन्हीं दोनों मनोभावों का संघर्ष दिखाना लेखक का उद्देश्य है। यही संघर्ष उसको अपने चंगुल में फँसाने और उसके जीवन को क्षत-विक्षत करने के लिए जाल फैलाता जाता है। यदि वह मानसिक स्वतन्त्रता को प्रधानता देता है तो उसका पहला प्रयास उस स्वतन्त्रता के अनुसार जीवन बिताने की लालसा की ओर उसे ले जाता है। यहीं उसकी दूसरी विचार सरणी प्रारम्भ होती है। यदि वह अपनी अस्मिता को स्वतन्त्र बनाने के पूर्व पूरी तरह परिपक्व नहीं कर लेता तो वह जीवन का मनमाना मूल्य अपने-आप निर्मित करने लगता है। सार्त्र के 'The flies' नामक नाटक में ओरस्टियस (Orestess), सेटेमेस्ट्रा (Ceytemuestra) की हत्या करके अपनी बहिन इलेक्ट्रा (Electra) से बेझिझक कहता है कि यह हत्या मैंने की है, इसका दायित्व मेरे ऊपर है और जो कुछ होगा उसको वह स्वयं सहन करेगा। इसी प्रकार सार्त्र के अंतिम दो नाटकों में राजनीतिक प्रश्न उठाए गए हैं। समाजवादी शासन में व्यक्तिगत स्वतन्त्रता किसी समाज में कितनी उपलब्ध हो सकती है, यह प्रश्न उठाया गया है। 'बाइबिल' के 'मिथ' के सहारे परंपरागत मान्यताओं के तोड़ने पर एक ओर तो भयंकर दंड का भय दिखाया गया है, दूसरी ओर हिंसा, स्वरक्षा के

लिए तथाकथित मिथ्याचरण की उपयोगिता सिद्ध की गई है। समाज और व्यक्ति के सम्बन्ध, परंपरा और व्यक्ति के संबंध किस प्रकार आधुनिक युग में निर्मित किए जा सकते हैं, इन पर विभिन्न पात्र खुलकर विचार करते हैं।

सार्त्र के इन नव सिद्धान्तों का प्रभाव यूरोप और अमेरिका में दो भिन्न-भिन्न रूपों में पड़ा। इस प्रकार यथार्थवाद के उपरान्त जो अस्तित्ववाद आया वह दो रूपों में विभक्त हो गया। योरोप ने ब्रेख्त के नाटकों का अनुसरण किया और फ्रांस इंग्लैड ने बेकेट के। ब्रेख्त, हिटलर के आतंकवाद से बचने के लिए अमेरिका में छह वर्ष रहा, पर वहाँ के जीवन के अनुसार स्वयं को न ढाल पाया। कारण यह था कि ब्रेख्त पर रूस के साम्यवाद का गहरा प्रभाव था जो अमेरिकन जीवन के साथ संगति नहीं बिठा पा रहा था। ब्रेख्त का नाटक 'खड़िया मिट्टी का घेरा' ('The Caucacian chalk circle') उसके पूर्ण प्रयास करने पर भी अमेरिका में सफल न हो पाया। यहाँ तक कि वाशिंगटन में एक कमेटी ने उस पर यह दोषारोपण किया कि वह अमेरिका के विरुद्ध कार्य कर रहा है। अत: ब्रेख्त ने अमेरिका को छोड़ देने का निश्चय किया और उनका जनवरी 1949 में 'मदर करेज' ('Mother Courage') नामक नाटक पूर्वी बर्लिन के प्रसिद्ध थियेटर हाल में बड़ी सफलतापूर्वक खेला गया। यहाँ से ब्रेख्त ने नाटकों में नवीन प्रयोग प्रारम्भ किया। इसने अपने अस्तित्ववाद की सत्ता कायम रखते हुए व्यक्ति की अस्मिता को समाज की ओर मोड़ने का एक नया रास्ता निकाला। इसे हम साम्यवादी अस्तित्ववाद कह सकते हैं।

दूसरी ओर वेकेट ने अमेरिकन जीवन के अनुरूप व्यक्तिवादी विचारधारा को प्रधानता देने के लिए अस्तित्ववाद को व्यक्तिगत जीवन के ह्रास एवं विकास, व्यक्ति की शक्ति की असीमता और एकाकीपन, कुंठा, नैराश्य, भोगवाद, अंत:संघर्ष को पूर्ण स्वीकृति दे दी। भारतीय नाट्यकार इन्हीं दोनों विचारधाराओं में उसी तरह झूल रहा है जिस प्रकार भारतीय राजनीति और समाजवाद, रूसी और अमेरिकन शासन-प्रणाली के मध्य झोंका खाते हुए दिखाई पड़ रहे हैं। हिन्दी के कुछ नाट्यकार ब्रेख्त की ओर झुके हुए हैं और कुछ वेकेट की तरफ़। कुछ दोनों के मध्य से एक नया रास्ता निकालने की धुन में हैं। मोहन राकेश, दयाप्रकाश सिन्हा की कृतियों में अमेरिकन धारा का अधिक प्रभाव है तो लक्ष्मीकान्त वर्मा, मुद्राराक्षस, बृजमोहन शाह, सुरेन्द्र तिवारी, सर्वेश्वर दयाल, कमलेश्वर आदि दूसरी धारा से जुड़े हुए हैं। तीसरे वर्ग में डॉ. लक्ष्मीनारायण लाल, धर्मवीर, प्रभाकर आदि आते हैं। इन्हीं का लेखा-जोखा नाट्ययात्रा के अध्याय में दिया जा रहा है।

इन तीनों धाराओं में एक नियम समान रूप से पाया जाता है, वह है— परंपरागत जीर्ण मान्यताओं से विद्रोह। राजनीतिक, सामाजिक, धार्मिक, शैक्षणिक, व्यावसायिक, प्रशासनिक वितंडावाद का घोर विरोध। दूसरी समानता है, ईश्वर, धर्म, नीति सम्बन्धी प्राचीन सभी कथाओं, व्यक्तियों, महापुरुषों की खिल्ली उड़ाकर मानव मन को स्वतन्त्र चिंतन के लिए उद्‌बुद्ध करना, चाहे व्यक्ति को इसके लिए कितना

भी लोकापवाद सहना पड़े, कितनी भी यातना भोगनी पड़े, उसे सहन करने को सदा तत्पर रहे। तीसरी समानता है—परिस्थितियों के अनुरूप, परिवर्तित वातावरण के अनुसार, समाज की विशृंखलताओं के मध्य अटल खड़े रहकर जीवन को पूर्ण रीति से भोगवाद में लिप्त करना। भोग ही जीवन की सफलता है। परतन्त्रता ही बंधन और स्वतन्त्रता ही मुक्ति है। उन्मुक्त भोग, समाज-परिवार यहाँ तक कि पत्नी व पुत्र से भी निर्लिप्त दायित्वविहीन रहकर—"जो क्षण सुख साधन में बीते उनको ही सच मान लिया जाये।"

वियतनाम में पराजय के उपरान्त अमेरिका ने, पुत्रवत् पोषित चीन के विद्रोह के पश्चात् रूस ने नये ढंग से सोचना प्रारम्भ किया। रूस और अमेरिका में भी अधिकार सुख की मादकता व सत्ता की लोलुपता से समाज का सन्तुलन विकृत होने लगा। सत्ता और समृद्धि ने अमेरिका को विलासिता के साथ 'अन्यायेनार्जित वित्तम्' का पाठ सिखाया जिसका ज्वलंत प्रमाण निक्सन का वाटर गेट कांड है। रूस में भी साम्यवाद का यह सिद्धान्त धूमिल पड़ने लगा कि विश्व का श्रमिक एवं किसान वर्ग आपस में कभी संघर्ष नहीं करेगा। ऐसी स्थिति में साहित्यकारों का परिवर्तन की ओर ध्यान जाना स्वाभाविक था। समाज-निर्माण में सामाजिक नाटकों की प्रमुख भूमिका होती है। मिलर ने देश के व्यक्तिगत और सामाजिक जीवन में नैराश्य छाया देखकर नाट्यकारों को दोषी ठहराया। उन्होंने 'अमेरिकन सोशल प्ले' के सम्बन्ध में टिप्पणी देते हुए लिखा—

'The single theme to which our most ambitious plays can be reduced is frustration. In all of theme, from O'Neill's through the best of Anderson. Sin Sidney Howard, and the rest, the underlying log jam, so to speak, the under unresolvable paradox, is that, try as he will, the individual is doomed to frustration when once he gains a consciousness of his own identity. The image is that of the individual scratching away at a wall beyond which stands society, his fellow men. Sometimes he pounds at the wall, sometimes he tries to scale or even blow it up, but at the end the wall is always there, and the man himself is dead or doomed to defeat in his attempt to live a human life. अर्थात्, हमारे देश के महत्त्वाकांक्षी नाट्यकारों की कृतियों में मुख्य रूप से नैराश्य का स्वर प्रमुख है। ओनील के नाट्य कथानक, एण्डरसन व सिडनी सबकी कृतियों के कथानक में नैराश्य सर्वोच्च स्थान पर आसीन है। विरोधाभास यहाँ स्पष्ट हो जाता है। ज्यों ही वह अपने वैयक्तिक जीवन में नैराश्य के निवारण का प्रयास करना चाहता है त्यों ही उसकी निजी नैराश्यमयी चेतना उसे पछाड़ देती है। ऐसे नाट्यकार के विकृत व्यक्तित्व का जो चित्र सामाजिक धारणा रूपी दीवाल पर खिंच जाता है, जिसे समाज दूर से ही देख लेता है, उसे मिटाने के लिए नाट्यकार जब दीवार पर उछलता है, विकृतियों को मापने लगता है, उन्हें मिटाने के लिए दीवार उड़ा देना

चाहता है, तब देखता है कि यह उसके सामर्थ्य के बाहर है, क्योंकि दीवाल सदा खड़ी दिखाई पड़ती है। ऐसी निराशा भरी दशा में वह या तो जीवन का अन्त कर लेता है, या जीवित रहते हुए भी मृतवत् पड़ा रहता है।''

—('एसेसमेंट ऑफ़ आर्थर मिलर', आर्थर मिलर, पृष्ठ 54-55)

विसंगति के कारण

जब कोई देश अपनी राष्ट्रीय चेतना खोकर अन्तर्राष्ट्रीय ख्याति खरीदना चाहता है तो देश के नेता को लाभ भले ही हो पर सम्पूर्ण राष्ट्र को सौदा महँगा पड़ता है। गाँधी जी ने इस सौदे के हानि-लाभ को अच्छी तरह समझा था, उन्होंने भारतीय और पाश्चात्य संस्कृतियों का सामंजस्य करते हुए पश्चिमी सभ्यता के भौतिक उपकरणों की अपेक्षा उनके धार्मिक सिद्धान्तों, वैज्ञानिक विचारों एवं राजनीतिक सूझ-बूझ को अधिक महत्त्व दिया। रहन-सहन, खान-पान, वेश-भूषा में वे अति सामान्य किसान की तरह सेवाग्राम की एक झोंपड़ी में दिखाई पड़ते थे। उनकी मृत्यु के उपरान्त नए नेतृत्व में प्रायः सभी युवा नेताओं की वही गति हो गई जो कर्णधारों की थी। प्रधानमन्त्री अपनी आत्मकथा में लिखते हैं—'मैं पूर्व और पश्चिम का एक विचित्र मिश्रण हो गया हूँ, जो हर जगह अजनबी है। कहीं अपनत्व का अनुभव नहीं कर पाता, मेरे विचार और जीवन सम्बन्धी दृष्टिकोण पूर्व की अपेक्षा पाश्चात्य पद्धतियों के निकट हैं। पश्चिम में मैं एक अजनबी और वीराना हूँ, पर अपने देश में कभी-कभी मुझे निर्वासित जैसा अनुभव होता है।' ठीक यही दशा पूरे देश की है, आज अपना ही देश बोल-चाल, वेश-भूषा, रहन-सहन, खान-पान, शादी-ब्याह, सिनेमा-क्लब में अपना देश नहीं जान पड़ता, अजनबी-सा मिलता है। रूस के टॉल्सटॉय, दास्ताव्स्की ने भी साहित्य में पूर्व और पश्चिम का सामंजस्य किया है। किन्तु उनकी वैचारिक दृष्टि ऐसी महत्त्वपूर्ण रही है कि गाँधी जैसे भारतीय को भी उसने उतना ही आकृष्ट किया जितना रूस को। जापान ने पश्चिम की विचार-परम्परा को जापानी संस्कार में ऐसा ढाल लिया कि वे पूर्णतया जापानी ही हो गए।

हमारे देश में उक्त दोनों पद्धतियाँ तिरस्कृत हुईं और सामंजस्य का सूत्रपात ड्रॉइंग-रूम, डिस्को क्लब, कैबरे डांस, मैरेज पार्टी, धनियों के सामाजिक उत्सव को केन्द्र बनाकर किया गया। साहित्य पर इनका प्रभाव पड़ना स्वाभाविक था। यूरोप में द्वितीय विश्व-युद्ध की विभीषिका के गर्भ से अस्तित्ववाद का जन्म हुआ। पश्चिम ने जब देखा कि जीवन क्षणभंगुर, अनिश्चित तथा सारहीन है तो उन्हें मृत्यु की आकस्मिकता समझ में आई। मृत्यु तो पहले भी निश्चित थी, पर युद्ध से पूर्व वैभव-विलास के सुख में डूबे हुए यूरोप को उसके अकस्मात् आगमन में सन्देह होता था। युद्ध ने उनका भ्रम दूर कर दिया। यदि भारतीय समन्वय दृष्टि से समकालीन समस्याओं और दायित्व को समझने का हमने प्रयास किया होता तो आज हमारा साहित्य सम्पूर्ण समाज को प्रेरणा और उद्‌बोधन देने वाला उसी प्रकार

सिद्ध होता, जिस प्रकार गाँधी-युग में देश की बलिवेदी पर न्यौछावर होने की शक्ति देने वाला राष्ट्रीय साहित्य प्रमाणित हुआ। चीन से पराजय के उपरान्त साहित्यकारों ने हिन्दी नाटक का लेखा-जोखा तैयार किया और उसे एक ओर लोक-नाटकों की परम्परा से जोड़कर व्यावसायिक रंगमंच के निर्माण की तैयारी की तो दूसरी ओर अनेक प्रलोभनों में पड़कर पश्चिम के देशों में अपनी नाट्यकला के प्रदर्शन का प्रयास किया। इन दोनों का परिणाम आगामी बीस साल का नाट्य-साहित्य है। पहले प्रकार के प्रयास कर्त्ता हैं—जगदीशचन्द्र माथुर, डॉ. लक्ष्मीनारायण लाल, हबीब तनवीर, धर्मवीर भारती, अल्का जी आदि। दूसरी कोटि में आते हैं—विजय तेन्दुलकर, बादल सरकार, उत्पलदत्त, मोहन राकेश, गिरीश कर्नाड, सत्यदेव दुबे, बृजमोहन शाह, लक्ष्मीकान्त वर्मा, मुद्राराक्षस आदि। आज का युवा नाट्यकार इन्हीं दोनों पद्धतियों में किसी-न-किसी से जुड़ा हुआ है। दोनों पद्धतियों में आज की विषम स्थिति वैभवशाली और निर्धन के बीच की गहराती खाई, मानसिक तनाव और पास्परिक संघर्ष आदि विसंगतियाँ दिखाना नाट्यकार को अभीष्ट है। दोनों शैलियाँ प्रतीकों का सहारा ले रही हैं। इन्हीं के सहारे मानवीय मूल्यों और रिश्तों के टूटने के कारण, राजनीतिक भ्रष्टाचार-सामाजिक कुरीतियाँ, धार्मिक पाखण्ड, पुरानी पीढ़ी की अहमन्यता, चारित्रिक दुर्बलता देहभोगी मानसिकता को सिद्ध किया जा रहा है। सर्वहारा वर्ग की शोषण-प्रवृत्ति वर्ग, संघर्ष का कारण मानी जा रही हैं। सब जगह कुछ-न-कुछ चौंका देने वाली घटना या क्रान्तिकारी विचार प्रकट करने का प्रयास किया जा रहा है। पर अधिकांश नाटकों में सामाजिक-बोध एवं वैचारिक-चिन्तन में कोई नाता नहीं जुड़ पा रहा है। इसी प्रकार नाट्यानुभूति न गहराई की ओर जा पाती है और न जन-मनोरंजन ही हो पा रहा है।

चीन से हार के उपरान्त पाकिस्तान ने हमें दबोचने का प्रयास किया। वह भी विजेता चीन की तरह हमारे सीमान्त प्रदेश को हड़पकर दिल्ली आ धमकने का स्वप्न देख रहा था। पर लालबहादुर शास्त्री के साहस, धैर्य, दूरदर्शिता, देशनिष्ठा से देश की प्रतिष्ठा बच गई और दंगल बराबर पर छूटा। पर देश के दुर्भाग्य से उनकी अकाल-मृत्यु हुई और हमारे देश में प्रधानमन्त्री की कुर्सी के लिए नेताओं में दंगल प्रारम्भ हुआ। बड़े-बड़े खिलाड़ी, योद्धाओं को मुँह की खानी पड़ी। यहीं से देश के विघटन का दौर बड़ी तेज़ी के साथ आने लगा। पन्द्रह-सोलह वर्षों में बार-बार सत्ता हथियाने की लड़ाई उत्तरोत्तर उग्र से उग्रतर होती गई, जिसकी ज्वाला में नीति, धर्म, सदाचार, न्याय, अनुशासन, आर्थिक विकास, कार्यक्षमता, स्वस्थ परिवर्तनकारी शक्ति, अनाशक्त चिन्तन, देश की एकता, शिक्षा, पारस्परिक स्नेह, शुष्क तृण के समान धधकते हुए दिखाई पड़ रहे हैं। इन्हीं सब विसंगतियों का लेखा-जोखा विगत पन्द्रह-वर्षों के नाट्य-साहित्य में पाया जाता है। कुर्सी की इसी छीना-झपटी के कारण नई समस्याएँ देश के सामने आती जा रही हैं, जिनमें बेकारी की समस्या दानव की तरह मुँह फैलाए खड़ी दिखाई पड़ रही है। यहीं से रिश्वत के द्वारा दल-बदल, चुनावों में जीत के लिए व्यापारियों से दबाव

डालकर चन्दे, परमिट, कोटा, लाइसेंस के नाम पर धन-संचय की प्रवृत्ति बढ़ने लगी। चुनावों में ज़ोर-ज़बर्दस्ती, रिश्वतखोरी, जातिवाद, वर्ग-संघर्ष, जनता से झूठे वायदे आदि का उपयोग होने लगा। स्त्री-शिक्षा के प्रचार से नारी जाति में जागृति आई। बड़ी अवस्था तक अध्ययन करने और नौकरी ढूँढ़ने में तीस-बत्तीस वर्ष की अवस्था तक पुरुष और स्त्री वर्ग को अविवाहित रहना पड़ता है। अत: यौन-सम्बन्धी परम्परागत नीति-नियम का पालन दुरूह हो जाने से विद्यालयों, कार्यालयों, नौकरियों में भ्रष्टाचार फैल रहा है।

नारी जाति अर्थस्वातन्त्र्य के कारण पति की पराधीनता को अत्याचार समझकर स्वतन्त्र जीवन बिताने के लिए कहीं बाध्य और विवश होने लगी तो कहीं पुरुष नारी की स्वतन्त्रता को उच्छृंखलता समझकर उसका तिरस्कार करने लगा। इस प्रकार तलाक की सुविधा होने से देश में मुक्त यौन-सम्बन्ध पद्धति चल पड़ी है, जिसमें विवाह की संस्था को हेय और अनुपादेय माना जाने लगा है। आज के अधिकांश युवा नाटककार सुरा-सुन्दरी की उन्मत्त करतूतों का प्रचण्ड तांडव दिखाना अपना ध्येय समझने लगे हैं। बिरला ही कोई सामाजिक नाटक होगा जिसमें मद्य-लीला और पुरुष स्त्री का उद्दाम, यौन सम्बन्ध न दिखाया गया हो। इन्हीं प्रवृत्तियों का विवेचन विभिन्न नाटकों एवं नाट्यशालाओं के माध्यम से किया गया है।

पश्चिम में औद्योगिक विकास विगत डेढ़ सौ वर्षों में बड़ी तेज़ी से हुआ और वहाँ की उपर्युक्त सभी समस्याएँ खुलकर सामने आईं, जिनका दुष्परिणाम यूरोप को भोगना पड़ा। हमारे देश में वैसी ही समस्याएँ विगत पन्द्रह-बीस वर्षों से आ रही हैं। किसी भी देश में जब औद्योगिक विकास होने लगता है तो परिस्थितियां एकदम बदलने लगती हैं। उद्योगपति-व्यापारी, शासक वर्ग को अपनी स्वार्थ-सिद्धि के लिए धन-सम्पत्ति, सुरा-सुन्दरी, खुशामद, चापलूसी के द्वारा जीतना चाहता है। जनतन्त्र में मंत्रिमंडल चुनाव के बल पर बनता है और चुनाव धन-बल, जनशक्ति, कूटनीति, छल-प्रपंच, नाता-रिश्ता, जाति-बिरादरी, भाषा-विभेद क्षेत्रीय जनबल सम्पर्क के द्वारा ही जीता जा सकता है। अत: उल्लिखित सारे मुहरे चुनाव रूपी शतरंज के खेल में प्रयुक्त होते हैं। मेम्बर चुनाव के समय इतने अधिक वायदे करके आता है कि उसका एक शतांश भी पूरा नहीं कर पाता। उसके सामने चुनाव में जीत के साथ अगला चुनाव जीतने के लिए धन-संग्रह अनिवार्य हो जाता है। इसलिए रिश्वत् लेकर कोटा, परमिट, नौकरी-चाकरी दिलाता है, जिसका दुष्परिणाम शेष लोगों को भोगना पड़ता है। आज के नाटकों में ऐसे पाखण्डों का भण्डाफोड़ करने की प्रवृत्ति परिलक्षित होती है।

विसंगत नाटक का प्रारम्भ

विसंगत नाट्यकार विपिन कुमार अग्रवाल ने भुवनेश्वर के नाटक 'कारवां' की भूमिका में नाटक की विशेषता बताते हुए लिखा था—'हर समय के पाठक और दर्शक विशेष प्रकार की माँगों के वातावरण की सृष्टि करते हैं, जिसके बीच कला या साहित्य का आकार ढलता है, पनपता है। वास्तव में वह रिश्ता दुहरा है, साहित्य लौटकर रुचि

को प्रकट करता है और नई माँगों को जन्म देता है, इसलिए एक ही समय हर विधा अपने पूरे उठान पर नहीं होती या बराबर ध्यान आकृष्ट नहीं करती, आज लगता है कि लोगों का ध्यान नाटक की ओर ज़्यादा जा रहा है। ('कारवां' भूमिका पृ.—13) सन्'62 के उपरान्त वातावरण बदला। चीनी आक्रमण से सम्पूर्ण देश पर—विशेषकर बुद्धिवादियों के मन पर बड़ा आघात पहुँचा और अनेक नाट्यकारों और आलोचकों ने अपना यह कर्तव्य समझा कि समकालीन साहित्य को प्रासंगिक बनाने का प्रयास करना ही होगा। राष्ट्रप्रेमी साहित्यकारों ने चीनी आक्रमण में भारत की हार के कारणों पर विधिवत् विचार करने के लिए सामयिक संवेदनाओं को अभिव्यक्त करने का प्रयास किया। इतिहासवेत्ताओं ने पराजय के कारणों का सबसे बड़ा उत्तरदायी तत्कालीन शासन-प्रणाली और शासकों को सिद्ध किया। यहीं से शासक वर्ग धीरे-धीरे जनसमाज के आक्रोश का कारण माना जाने लगा। फिर तो सारी विसंगतियों के केन्द्र में राजसत्ता को ही रखना नाट्यकारों को अभीष्ट हुआ। 'नेफा की एक शाम', 'शुतुरमुर्ग', 'वतन की आबरू', 'माटी जागीरे', 'तीन अपाहिज' आदि कृतियाँ इसी कोटि की हैं। इनके पीछे प्रेरणा देने वाली धारणायें यूरोप, अमेरिका और रूस से आईं जिनका संक्षिप्त विवेचन यहाँ किया जाएगा।'

जर्मन प्रभाव : काफ़्का का सिद्धान्त (1883—1924)

बीसवीं शती का प्रारम्भ जर्मन विचारक काफ़्का के उपन्यास 'The Trial' से साहित्य में नया युग लेकर आया। काफ़्का का बचपन प्राग (Prague) के ऐसे ज्यू (Jews) परिवार में बीता, जिसका गृहस्वामी दृढ़ हट्टा-कट्टा, कट्टर ज़िद्दी स्वभाव वाला, उद्धत और मनमाना शासक था। काफ़्का के ऐसे पिता एकमात्र अपने पुरुषार्थ से वैभव-सम्पन्न एवं समाज-समादृत बने थे। अति सम्पन्न परिवार में पला यह युवा लॉ ग्रेजुएट इंश्योरेंस कम्पनी में पहले क्लर्क बना। असंयत जीवन बिताने से इसे क्षयरोग हो गया। 41 वर्ष की युवावस्था में परलोकवासी बन गया। इसी अवधि में इसके तीन उपन्यासों 'The Trial' मुकदमा 'The Castle', 'महल' और 'अमेरिका'—में बीसवीं शती की नई समस्याएँ खुलकर सामने आईं। इस काल में दो विरोधी सामाजिक मान्यताओं का संघर्ष छिड़ गया था। यह समय जर्मनी में यहूदियों (Jews) के लिए भयंकर संकटकाल था। काफ़्का की तीन बहिनों की हत्या की जा चुकी थी। काफ़्का का मस्तिष्क जाति के हृदय-विदारक अपमान और जीवन-रक्षा के प्रश्न से सदा उद्विग्न रहता था।

आलोचकों का कथन है कि उसका जीवन "In a situation suffocated by Bureaucratic chicanery, ruthless dogmatism and the tyranny of dehumanisation" में बीता।

अर्थात् काफ़्का के बाल्यकाल में जर्मन नौकरशाही शासक वर्ग के प्रवंचनापूर्ण, वाक्छलमय व्यवहार, कठोर निर्देश, कट्टरता, पाशविक अत्याचार से सर्वत्र दमघुटन

की स्थिति पैदा हो गई थी। ऐसे वातावरण में पला काफ़्का तत्कालीन सारी मान्यताओं का जन्मजात विरोधी बन गया। काफ़्का से प्रभावित सेमुअल वेकेट के नाटकों में जो दो विरोधी सामाजिक मान्यताओं का संघर्ष पाया जाता है, जिसे पीछे चलकर विरोधाभासी मान्यता (Paradoxical) से अभिहित किया गया है, वह 'दी ट्रायल', 'दी कैसल' और 'अमेरिका' के नए विचारों का परिणाम है। काफ़्का की एक कहानी 'मेटामॉर फासिस' (Metamorphosis) में एक पात्र ग्रीगार सामस (Gregor Samas) ऐसा है, जिसकी प्रगाढ़ परित्याग भाव से जीवन यात्रा प्रारम्भ होकर निष्ठुर प्रतिशोध में समाप्त हो जाती है। इस कहानी में मानव के असली रूप और नकली रूप (True Self और Untrue Self) में अन्तर क्यों और कैसे आ जाता है, इसका स्पष्टीकरण मिलता है। इस व्यक्ति का प्रतीक है, रीढ़ का हड्डी-रहित वह कीड़ा, जिसमें काटने की शक्ति है ही नहीं। इस कारण सारी क्रूर घटनाएँ किसी प्रकार की वह करुणा जगा ही नहीं पातीं जो अरस्तू के सिद्धान्त का मूलमंत्र था।

इन सारी घटनाओं के पीछे काफका का उद्देश्य रिलिजन अर्थात् धर्म के मूल-सिद्धान्त की खोज रहा है। काफ़्का नास्तिक नहीं था, पर वह रिलिजन और सेल्फ़ का असली रूप पहचानना चाहता था। उसकी इस खोज की शैली से कुछ आलोचकों ने निष्कर्ष निकाला कि उसका मस्तिष्क असंतुलित था। अतः विचारों में कहीं कोई संगति बैठती ही नहीं। पर आगे चलकर सार्त्र, कामु, वेकेट ने इसी विसंगति को नव-नाट्य-चिन्तन नाम देकर एब्सर्ड ड्रामा (Absurd Drama) की नई पद्धति चलाई। इस नव नाट्यान्दोलन के जीवन-दर्शन को इस प्रकार रखा जाता है—

"One of the essential features of his work, taken as a whole, seems to lie in the agonised doubts, his anguished protagonists have...the Divine, which seems to be symbolically or allegorically omnipresent in his work, remains indefined."

अर्थात् काफ़्का ने सर्वप्रथम मानव अस्तित्व के वर्तमान संकट का संकेत किया। वह व्यग्रता और उद्वेग का कवि था?

"अर्थात् काफ़्का की कृतियों का मूल स्वर है—मानव की मानसिक पीड़ा, मन के संशय, तापग्रस्त वेदना के अग्रणी प्रवक्ता को प्रतीक रूप में सर्वत्र सामने रखते हुए भी अपरिभाषित करना।"

काफ़्का के हृदय में पारिवारिक जीवन के प्रति न कहीं प्रेम था न कोई लगाव। जर्मन प्रो. मार्सल रेक (Marcel Reich) का निष्कर्ष है कि काफ़्का व्यग्रता का कवि है—A poet of anxiety, He articulated the existential terrors of mankind.

ब्रेख्त का पृथक्करण सिद्धान्त (सन् 1898 से 1956 तक) : साम्यवादी परिप्रेक्ष्य

हमारे देश पर दूसरे जर्मन साहित्यकार ब्रेख्त का प्रभाव पड़ा। ब्रेख्त जर्मनी में उत्पन्न हुआ और हिटलर के अत्याचारों से विकल होकर अपना देश त्याग फ्रांस, डेनमार्क

से भागते हुए अमेरिका पहुँचा। वहाँ छह वर्ष तक अपनी नयी नाट्य-शैली पर प्रयोग करता। जर्मनी-त्याग से पूर्व बर्लिन में इसकी नई नाट्य-शैली की धूम मच चुकी थी। अगस्त सन् 1928 में इसका 'थ्री पेनी ओपेरा' ('Three penny opera') बर्लिन के प्रसिद्ध थिएटर में अभिनीत होकर विश्वख्याति प्राप्त कर चुका था। सन् 1933 में हिटलर ने इसके नाटकों पर प्रतिबन्ध लगा दिया। किन्तु इसके नाटक लन्दन और न्यूयार्क में विशेष जन-प्रिय हो चुके थे। ब्रेख्त के दो नाटकों—'दि मेजर्स टेकन' और 'दि मदर'—को कम्युनिस्ट ड्रामा कहकर अवैध घोषित कर दिया गया था। इन नाटकों में मार्क्सवादी जीवन दर्शन—विशेषकर साम्यवादी जीवनधारा को व्यक्त किया गया था। यहाँ उसकी स्वल्प चर्चा कर लेनी चाहिए। इसी साम्यवादी विचारधारा के कारण उसे युद्धोपरान्त अमेरिका से भी भागकर जर्मनी लौटना पड़ा। हिटलर की हार के बाद जब कम्युनिस्ट पार्टी में दो वर्ग हो गए तो ब्रेख्त एक पार्टी में सम्मिलित हो गया। उसको पूर्वी बर्लिन में शरण मिली। जनवरी सन् 1949 में इसी नगर के ड्यूचेज थियेटर में (Deutches Theatre) में ब्रेख्त का 'मदर करेज' ('Mother Courage') नाटक (1954) खेला गया और 'काकेशियन चाक सर्किल' 1955 में अभिनीत हुआ। ब्रेख्त और एरीक ने इतने कौशल से इसका प्रदर्शन किया कि सारे विश्व में इस नाटक की धूम मच गई। नई दिल्ली में भी बहुत दिनों तक यह नाटक खेला जाता रहा। ब्रेख्त के इसी नाटक का प्रभाव आधुनिक भारतीय नाटकों पर सबसे अधिक पड़ा। इसमें नाट्य-प्रदर्शन की सर्वथा नई पद्धति 'टोटल थियेटर' अपनायी गई है। रंगमंच की साज-सज्जा और प्रकाश व्यवस्था को देखते ही रंगमंच की प्राचीन पद्धति का पूर्ण बहिष्कार दर्शक की समझ में आने लगता है। प्रकाश में किसी प्रकार की कृत्रिमता और बनावट नहीं। आद्योपान्त केवल श्वेत प्रकाश दिखाई पड़ता है। वेश-भूषा बिलकुल सामान्य नित्य-प्रति पहने जाने वाले परिधान के रूप में दिखाई पड़ती है। ब्रेख्त के सभी नाटकों में इसी प्रकार की व्यवस्था है। साज-सज्जा तो क्या है केवल घर या ऑफ़िस आदि का सामान्य परिवेश सर्वत्र दिखाई पड़ता है। ब्रेख्त का कहना है कि न तो यह प्रकृतिवादी रंगमंच है और न उससे सर्वथा भिन्न शैली का ही है—

"That is neither naturalism nor any of the departures from naturalism that we know about." ('World Drama', page-83).

प्रदर्शन शैली : पारसी थियेटर कम्पनी की तरह रंगमंच की सारी आवश्यक सामग्री रंगकर्मी अपने देश से साथ-साथ लाते हैं और किसी देश के रिक्त रंगमंच पर ऐसे कौशल से सजा देते हैं कि नाटकीय दृश्यों का सम्यक् वातावरण सहज ही निर्मित हो जाता है। इसी कारण ब्रेख्त अपनी प्रदर्शन शैली को प्रकृतिवादी न मानकर यथार्थवादी (Realistic) कहता है और अपनी कृतियों को एपिक थियेटर की संज्ञा देता है।

कभी-कभी साज-सज्जा एवं संगीत शैली प्रसंगानुकूल (Mood) मन:स्थिति

बनाने के स्थान पर उसके सर्वथा प्रतिकूल मनोभाव बनाती हैं, पर सारे प्रतिकूल मनोभाव अन्त में चकित करने वाले ढंग से अभीष्ट नाट्योद्देश्य को ही व्यक्त करते हैं—

साज-सज्जा के उपकरणों का महत्त्व उनके भड़कीले और शोभनीय होने में नहीं, अपितु उनके सजाने के ढंग में है। उपकरणों का डिज़ाइन और उनके सजाने की शैली ऐसी कलात्मक होती है कि दर्शक बिना प्रभावित हुए रह नहीं सकता।

पृथक्करण सिद्धान्त : प्रश्न उठता है कि आखिर प्रभाव किस नए विचार का? ब्रेख्त अपने देश के विश्वविख्यात चिन्तक कार्लमार्क्स का अनुयायी है। उसने कार्लमार्क्स के नूतन सिद्धान्त पृथक्करण (एल्येनेशन) को ग्रहण किया, जिसकी व्याख्या हीगल ने पॉज़िटिव अर्थात् स्थिर एवं सुनिश्चित तथा निगेटिव या निषेधात्मक के मिश्रित अर्थों में की। तात्पर्य यह कि पुरातन चली आती हुई स्वत्व सम्बन्धी मान्यताओं का सर्वथा निषेध करते हुए युगानुरूप स्वत्व-हस्तान्तरण की स्वीकृति ही एल्येनेशन का उद्देश्य होता है। प्रेक्षागृह की सारी तैयारी का उद्देश्य इसी की पूर्ति के लिए दर्शक को तैयार करना है। इसके लिए नैरेशन, समालोचन, प्रदर्शन में दर्शक-सहयोग या सम्मिलन, भाषा-संयोजन, कथावस्तु नियोजन बिलकुल ऐसे नए ढंग से किया जाता है कि दर्शक वर्तमान विषम स्थिति से हटकर नए विचार से सराबोर हो जाए, ताकि नए क्रान्तिकारी विचारों से उसके दिल को ज़ोर का धक्का लगे और वह देश तथा समाज की वर्तमान स्थिति बदलने को कटिबद्ध हो जाए।'

ब्रेख्त अपना नाट्योद्देश्य स्पष्ट करते हुए स्वयं लिखता है—मैं चाहता हूँ कि मेरा नाट्य-दर्शक यह कहे बिना न रहे—

"What this man shows is no creation of his brilliance, it is the real world, which I realise I was a bit out of touch with till he reminded me." ('World Drama', P-83)

अर्थात् रंगमंच का यह नाट्य-जगत् ब्रेख्त की प्रतिभा का चमत्कारिक जगत् नहीं, अपितु सत्यजगत् है जिसे मैं अब तक भूला हुआ था; अब सूझ पड़ा है।

ब्रेख्त की नाट्यानुभूति

ब्रेख्त के नाटक 'मदर करेज' ('Mother courage'), 'हाथी का बच्चा', गैलिलियो ('Galileo') 'खड़िया मिट्टी का घेरा' ('काकेशियन चाक सर्किल') ने आधुनिक नाट्य क्षेत्र में ऐसी क्रान्ति की कि उसका प्रभाव विश्व के प्राय: सभी देशों पर किसी-न-किसी रूप में अवश्य पड़ा। नाट्यानुभूति, अभिव्यक्ति, संप्रेषण, नाट्य-मंचन, नाट्य-लेखन, नाट्योद्देश्य आदि दृष्टियों से पूर्व विरचित नाट्य शैली का सर्वथा विरोध दिखाई पड़ता है। संक्षेप में ब्रेख्त की नाट्य-पद्धति इस प्रकार है। ब्रेख्त से पूर्व रंगमंच को सर्वथा रिक्त रखना नाट्य-दोष माना जाता था किन्तु ब्रेख्त ने इसमें आमूल परिवर्तन किया। उसने यह सिद्धान्त बनाया कि दर्शकों के मानसिक जगत् में एक काव्यमय स्पन्दन उत्पन्न करना इसलिए आवश्यक है ताकि जीवन की रहस्यमयता को समझने में उन्हें आसानी हो। इसी काव्यमय स्पन्दन की प्रधानता

के कारण उसने अपनी नाट्य-विद्या का नाम एपिक थियेटर रखा। उसका विचार है कि कभी-कभी जिज्ञासा तीव्र करने और कुतूहल जगाने के लिए रंगमंच को रिक्त दिखाना सहायक होता है। जिज्ञासा और असमंजस तथा शशोपंज के उपरांत काव्यमय स्पन्दन अधिक प्रभावशाली बन पाता है। (विसंगत नाटक 'एब्सर्ड ड्रामा' में यह आवश्यक नहीं) जैसा कि निर्दिष्ट किया जा चुका है कि 'मदर कैरेज' नई दिल्ली में इसी शैली में अभिनीत भी हुआ था।

दूसरा अन्तर ब्रेख्त और आइवोनेस्को में जीवन सिद्धान्त सम्बन्धी है। केन्नेथ टाइनान (Kenneth Tynan) ने संक्षेप में यह अन्तर इस प्रकार दिखाया है—

"Where lonesca says misery is constant Brecht would argue that some kinds of misery are curable, and after they have been cured there will be time to look at the universal ones."

('Tynanon theatre' 1964 Page 188-91)

अर्थात् "आइवोनेस्का जहाँ जीवन को निरन्तर वेदना और विवशता से लबालब भरा अपरिहार्य मानता है वहाँ ब्रेख्त दुखों का अन्त निश्चित समझता है।" अर्थात् पुरुषार्थ से जीवन में कुछ भी दुर्लभ नहीं।

विसंगत नाट्यकार विपन्नता को जीवन में अनिवार्यत: निरन्तर दुखदायी मानकर खिन्न बना रहता है, किन्तु ब्रेख्त का मत है कि अनेक कठिनाइयों का निवारण किया जा सकता है और विपदायें दूर होने पर व्यक्ति में सामाजिक भाव आविर्भूत हो उठता है।

तीसरा अन्तर लेखक की प्रतिबद्धता का है। प्रतिबद्ध लेखक दो प्रकार के होते हैं जो राजनीतिक अथवा सामाजिक समस्याओं को केवल अपनी नीति प्रचार एवं सत्ता स्थापन का माध्यम बनाकर प्रदर्शित करते हैं। वे कला क्षेत्र से दूर चले जाते हैं पर ब्रेख्त का कथन है कि कोई कलाकार प्रतिबद्धता से बच नहीं सकता। उसके अनुसार—"He has to seek deeprooted value in a valueless world."

अर्थात् "इस मूल्य-विहीन जगत में कोई-न-कोई मूल्य छिपा है, उसे ही ढूंढ़ निकालना नाट्यकार की कलात्मकता का प्रमाण है।"

यहाँ ब्रेख्त की कृतियों का रंगमंचीय प्रभाव समझ लेना चाहिए। देखना है कि ब्रेख्त जो दावा करता है वह रंगमंच पर पूरा कर भी पाता है।

ब्रेख्त का नाटक और रंगमंच पर प्रभाव

हमारे देश के कई नाट्यकार और रंग-निर्देशक इंग्लैंड, जर्मनी, फ्रांस, रूस और अमेरिका की यात्रा करते समय वहाँ की नवीन नाट्यकला से प्रभावित होते रहे। ब्रेख्त के जीवनकाल में सन् 1955 में हबीब तनवीर स्वयं यूरोप गए। वे विभिन्न देशों में ब्रेख्त का नाट्य-प्रदर्शन देखकर अपना अनुभव लिखते हुए कहते हैं—

'मैंने उसके (ब्रेख्त) देश जर्मनी के बर्लिनेर एनसाम्ब्ल थियेटर में ब्रेख्त के नाटकों का प्रदर्शन देखा। ब्रेख्त के निर्देशन का अपना खास ढंग था। वह ऊपर से

देखने में निर्देशन करते समय नज़र नहीं आते थे बल्कि हर अभिनेता से एक ही टुकड़ा बार-बार तरह-तरह से कहलाते थे। लगता था कि वह उसमें कोई ढंग चुनेंगे या संपादित करेंगे। यह सिलसिला हफ़्तों तक चलता था। ऐसा करते-करते किसी दिन अभिनेता की किसी भंगिमा या गति में उन्हें अपने मन चाहे चरित्र का रूप मिल जाता था, जिसे फिर वह अभिनेता से और विकसित करने को कहते थे। एक नाटक तैयार करने में उनको महीनों कभी-कभी साल भी लग जाते थे।''

('नटरंग', अंक 8, पृ.-18)

ब्रेख्त के पृथक्करण सिद्धान्त की व्याख्या करते हुए हबीब तनवीर लिखते हैं--

1. मेरी समझ में पृथक्करण (प्रिंसिपल ऑफ़ एल्येनेशन) का सम्बन्ध अभिनय की ईमानदारी से नहीं, अच्छे-बुरे अभिनय से है। उसमें सचाई के आधार पर ऊँचे दर्जे की रीतिबद्धता—स्टाइलाइज़ेशन—होती है। ब्रेख्त सचाई के किसी पहलू को उनकी नज़र में उस स्थिति या पात्र के सबसे बुनियादी पहलू या तत्त्व को लेकर उसे रीतिबद्ध या अतिरंजित करने को तैयार करते थे।
2. अभिनय का प्रभाव—दर्शक का चरित्र के साथ तादात्म्य, अलगाव और अभिनेता की निजी राय भी—सबकी एक साथ अभिव्यक्ति होती थी। और 'खड़िया का घेरा' में एक तरह की दार्शनिकता है, जो अजदक नामक पात्र के माध्यम से अभिव्यक्त की गई है। उसका चरित्र ही ऐसा है कि दर्शक उसका जीवन दर्शन जानने को आतुर हो जाता है।
3. ब्रेख्त की विशेषता यह है कि अभिनेता न तो पूरी तरह पात्र के साथ तादात्म्य करना चाहता है और न सर्वथा उससे अलग होता है। वह दर्शकों को यह बताना चाहता है कि उसने नाटक के पात्रों को किस रूप में समझा है। वह अपने पात्र की कथा, सजीव चित्रण द्वारा प्रस्तुत करता है और प्रस्तुति में यह ध्यान रखता है कि 'घटनाओं के सारे जोड़ साफ़-साफ़ दिख जाएं।'

   ('नटरंग', अंक 8, पृ.-15)
4. ब्रेख्त केवल भावनावादी नहीं, और न नितांत बुद्धिवादी है। जीवन की जटिल समस्याओं को सुलझाने के क्रम में तो वह बुद्धिवादी है, किन्तु प्रस्तुति में सुगम और सहज बोधगम्य एवं सादगी का मार्ग अपनाता है।
5. पात्र, कथ्य, शिल्प, भाव, विचार, स्थान विशेष से सम्बद्ध होते हुए भी सार्वदेशिक बन जाते हैं। 'गुड ओमेन ऑफ़ सेपजुआन्' नाटक में चीन की एक वीर बालिका गुंडों, शोहदों, विरोधियों का डटकर मुकाबला करती हुई सारी प्रतिकूल परिस्थितियों को अनुकूल बनाने में समर्थ हो जाती है। ब्रेख्त का यह नाटक रूस, अमेरिका, जर्मनी, फ्रांस, इंग्लैंड आदि सभी देशों में सर्वमान्य बना। रूस में तो इसके सहस्त्रों प्रदर्शन हो चुके हैं।
6. ब्रेख्त अपने थियेटर को एपिक थियेटर कहता है। हमारी भारतीय पद्धति की

तरह कथावाचक कथा-सूत्रों को आद्योपान्त जोड़ता चलता है। जगदीशचन्द्र माथुर ने ब्रेख्त की इस पद्धति को भारतीय वातावरण के अनुकूल समझकर अपने सभी नाटकों में समाविष्ट किया। भारतीय नाटकों की तरह नाट्य-प्रयोजन और कथा के क्रमिक विकास का आभास कथावाचक द्वारा प्रारम्भ, मध्य और अन्त में इस रूप में देता चलता है कि दर्शक एक क्षण के लिए उन्हें भूल न जाए। हमारे देश में 'खड़िया मिट्टी का घेरा' सन् 1968 को दिल्ली में खेला गया। जिसका निर्देशन अमेरिका के प्रसिद्ध नाट्य रंगकर्मी एवं नाट्य-निर्देशक मि. कार्ल बेबर ने किया। कार्ल बेबर एपिक थियेटर के कुशल मर्मज्ञ माने जाते हैं। वे ब्रेख्त की रंगमंचीय धारणा का विवेचन इस प्रकार करते हैं—"ब्रेख्त गति विधान को प्रदर्शन की रीढ़ मानते थे। उनका आदर्श उस गति विधान की खोज करना था जो नाटक की मुख्य कहानी और उनके अन्तर्विरोधों को दर्शकों तक सम्प्रेषित कर सके।"

7. ब्रेख्त की सफलता का सबसे बड़ा रहस्य यह था कि वे एक ही नाटक की महीनों रिहर्सल करते हुए कभी किसी रंगकर्मी के मन पर तनाव नहीं आने देते थे। सारा प्रयोग उन्मुक्त वातावरण में हास्य-विनोद के साथ सम्पन्न होता था। इसका कारण यह था कि सभी रंगकर्मी दुनिया को बेहतर बनाने का महत् उद्देश्य सदा अपने सामने रखते थे। जहाँ कहीं तनाव की स्थिति आती कोई-न-कोई संगीत परिहास या काव्यानन्द इस रूप में समाविष्ट किया जाता कि मानसिक तनाव किसी के मन में आने का साहस ही नहीं कर पाता।
8. सामाजिक परिवर्तन के लिए ब्रेख्त कोरे आदर्शवादी रहस्यवादी, असम्भावित पात्रों का चरित्र सामने नहीं रखते थे। दुनिया आज जैसी है वैसा ही दिखाते हुए मानव की सहज दुर्बलताओं के उन्मूलन का ही अपनी अन्तर्दृष्टि से कोई मार्ग निकाल लेते थे। वे प्राचीन महापुरुषों देवी-देवताओं का न खण्डन करते थे न मण्डन, उन्हें बुद्धि की कसौटी पर रखने का मार्ग सुझा देते हैं। कार्ल बेबर लिखते हैं—'उन्होंने मानव व्यवहार, मानव प्रवृत्तियाँ, मानव दुर्बलताएँ, इन सबका अन्वेषण और परीक्षण किया। उनके लिए रंगमंच इसी दुनिया का, जिसमें हम सब जीवित हैं—एक प्रतिरूप था। भारतीय नाट्यचिंतकों ने इसीलिए नाटक का पर्याय 'रूपक' माना है। जीवन का प्रतिरूप रंगमंच पर प्रदर्शित करने वाला ही रूपक कहलाता है।

वेकेट का प्रभाव

ब्रेख्त के अतिरिक्त यूरोपीय नाट्यकारों में से वेकेट का सबसे अधिक प्रभाव विसंगत नाटकों पर पड़ा। वेकेट के दो प्रमुख नाटकों—'गॉडॉट के इन्तजार में' तथा 'आखिरी खेल' का अनुवाद अमेरिका में हिन्दी प्रोफ़ेसर कृष्ण बलदेव ने सन् 1971 में किया। इससे पूर्व दिल्ली के नेशनल स्कूल ऑफ़ ड्रामा ने 'गॉडॉट के इन्तजार में', का मंचन

अलकाजी की देख-रेख में किया। इसकी सफलता से नाट्यकारों पर वेकेट का प्रभाव पड़ना स्वाभाविक था। वेकेट ने फ्रेंच में ये नाटक लिखे, जिनका अंग्रेज़ी अनुवाद यूरोप में लोकप्रिय हुआ। 'गॉडॉट के इन्तज़ार में,' की समीक्षा और इसका प्रभाव हम अन्यत्र दिखा चुके हैं। 'आखिरी खेल' नाटक विसंगत नाटकों की प्रतिनिधि कृति माना जाता है। इसमें केवल चार पात्र : हैम, क्लोव, नेग और नेल हैं। 'हैम' लकवा के कारण चलने-फिरने में सर्वथा असमर्थ है और अन्धा होने से दृष्टिविहीन हो गया है। 'नेग' और 'नेल' वृद्ध एवं पग-विहीन हैं। पिता एक ऐसे पीपे में बन्द हैं, जिसमें भरी हुई रेत ढक्कनों से ढकी है। उनका नौकर क्लोव, आज्ञाकारी, स्वामिभक्त और कर्मनिष्ठ है। वही सारे घर को सँभालता है। 'हैम', 'नेग' और नेल तीनों मृत्यु को समीप आते देख अपने विगत जीवन का पर्यवेक्षण करते हुए अपनी त्रुटियों, अपराधों को स्मरण कर-करके पश्चात्ताप करते हैं। हैम की सबसे बड़ी आकांक्षा कहानीकार बनने की थी, किन्तु जीवन के अन्त तक वह अपनी आकांक्षा-पूर्ति में असफल रहने से दु:खी होता है। केवल इसी क्रूर सन्तोष से मन को आश्वस्त करता रहता है कि दुनिया ही खत्म हो गई या खत्म हो रही है।

एक दिन क्लोव को घर से बाहर एक लड़का दिखाई पड़ता है, जो इस बात का प्रतीक है कि इस घर के बाहर भी जीवन है। उसकी मन:स्थिति बदल जाती है और वह सहसा सारे पुराने संबंधों को तोड़कर बाहर निकल जाना चाहता है। पर दूसरे ही क्षण हैम को देख ठिठक कर रह जाता है। यहाँ उसकी मन:स्थिति का वर्णन नाटककार विस्तार से करता है—वह सोचता है कि मुझे जो कुछ सिखाया गया मैंने सीखा और उस पर चलने का प्रयास किया। लेकिन एक दिन मैत्री-प्रेम सब समाप्त हो जाता है और अब जब रिहाई मिल रही है तब मैं गिरूँगा तो मेरी आँखों में खुशी के आँसू होंगे। हैम समझता है कि क्लोव हम सबको छोड़कर चला गया। अब कोई सहारा नहीं। यह जीवन खेल है। अन्तिम खेल कभी कोई जीत नहीं सकता। जीवन भर चाल चलते जाओ, हारते जाओ। अन्त में सब कुछ यों ही समाप्त—कुछ कहना—करना व्यर्थ है। अब मौन ही अन्तिम उपाय बचा है। नाटक के अन्त में नेग और नेल पीपों में बन्द हैं। हैम मुँह ढाँपे आरामकुर्सी पर लेटा है सोचने की स्थिति में और क्लोव घर छोड़ने के लिए पाँव बढ़ाते हुए। यहीं पटाक्षेप होता है।

असंगत नाटकों में सामान्य अर्थ के साथ एक बुद्धिपरक अर्थ होता है। हैम उस मन का प्रतीक है जो सांसारिक विषयभोगों से सदा अतृप्त ही बना रहता है। नेग और नेल, हैम के बचपन की दमित स्मृतियों के रूप हैं। उसको क्रूर माता-पिता के जिन दुर्व्यवहारों को झेलने के लिए बाध्य होना पड़ा था उनकी स्मृति भूलती नहीं। क्लोव बुद्धि का प्रतीक है, जो हैम रूपी मन को प्रसन्न करने का सदा प्रयास करते हुए यही निश्चित करता है कि मन को कभी पूर्णतया सन्तुष्ट किया ही नहीं जा सकता।

आलोचकों ने नाना प्रकार के अनुमान लगाकर कई तरह से इसकी व्याख्या

की है। विष्णुकान्त शास्त्री के अनुसार यह वास्तव में भोगासक्त पश्चिम की उस मन:स्थिति को प्रकट करता है, जो व्यक्तिगत और समष्टिगत किए गए अन्यायों, अत्याचारों के अपराध के बोझ से जर्जर हैं और भविष्य की आशा खो बैठे हैं। पश्चिम का असंगत नाटक वहाँ के सामाजिक जीवन की आधुनिक प्रवृत्ति एवं जन्म-मरण के रहस्य को समझने का प्रयास करता है।

वेकेट जीवन-मरण की समस्या पर एक नए ढंग से सोचता है। वह बार-बार कहता है—"Nothing is more real than Nothing" अर्थात् सबसे बड़ा सत्य अस्तित्व का अभाव है। सार्त्र और कामु (Camus) ने अपनी कृतियों में जीवन की असारता और आदर्शों के ह्रास पर सन् 1940 से ही बल देना प्रारम्भ कर दिया था, पर समस्या सुलझ नहीं पाई। वेकेट ने निष्कर्ष निकाला कि यह समस्या न सुलझी और न सुलझेगी। 'गॉडॉट के इन्तज़ार में' ईसा के पूर्व से आज तक होता आया है, इसको देखने वाला गड़रिए का बालक कल्पना के बल पर दुःखमय जीवन बिताता है। जीवन की समस्याएँ सदा रही हैं, रहेंगी। यहाँ तक स्थिति आ गई है कि उनसे मुक्ति पाने के लिए आत्महत्या भी उपाय नहीं बचा, क्योंकि उसका साधन रस्सी भी छोटी पड़ रही है। वेकेट का जीवन-सिद्धान्त बादल सरकार के नाटक 'बाकी इतिहास' की आत्महत्याओं के प्रसंग में स्पष्ट झलकता है।

पात्रों के वार्तालाप न कथोपकथन शैली में हैं, न वाद-विवाद या प्रत्युत्तर शैली में; संवाद की तो बात ही क्या! दो-तीन अनजाने से पात्र मनमौजी ढंग से जब, जो जी में आया, बोलते चले जाते हैं। वेक्टे का पृथक्करण (Principal of Alienation) अजनबीपन का ही बोधक है। 'वेटिंग फ़ॉर दी गॉडॉट' में वेकेट की एक अद्भुत कला यह है कि सभी अजनबी पात्र अनोखे ढंग से बातें करते हुए अजीब नतीजा निकालते रहते हैं, पर अन्त आते-आते सब एक ही निष्कर्ष पर पहुँचते हैं कि गॉडाट का इन्तज़ार व्यर्थ है, वह है कहाँ कि दिखाई पड़े।

'वेकेट' और 'ब्रेख्त' से प्रभावित रचनाकार

वेकेट और ब्रेख्त का प्रभाव सन् 1960 के बाद तेज़ी से बढ़ने लगा, ब्रेख्त की रचनाएँ रूस के साम्यवाद की समर्थक और नवयुग की नई संवेदनाओं को आत्मसात् करने के कारण रूस और एशिया में सबसे अधिक सम्मानित हुईं। सन् 65 के उपरान्त भारत रूस के इतना सन्निकट आ गया कि यहाँ के साम्यवादी विचारधारा वाले कलाकार, नाट्यकार, कवि, लेखक रूस में बड़ी संख्या में आमन्त्रित और सम्मानित होने लगे। प्रतिवर्ष सैकड़ों लेखकों को नेहरू रूसी पुरस्कार मिलने से ऐसी साहित्यिक रचना होने लगीं, जिस पर ब्रेख्त का प्रभाव हो, ब्रेख्त और स्टेनोलॉस्की की विचारधारा के अनुरूप हो, भारतीय नाट्य कृतियाँ, रूस-और साम्यवादी यूरोपीय देशों में अनूदित और अभिनीत होने लगीं। हिन्दी के जिन नाट्यकारों ने ब्रेख्त से प्रभावित रचना की उनका यूरोप और रूस में सम्मान होने से भारत में भी उन्हें सम्मानित किया जाने

लगा। देश के महानगरों एवं बड़े नगरों के लेखकों और अभिनेता, अभिनेत्रियों एवं निर्देशकों को चारों ओर से आर्थिक सहायता मिलने लगी। नाट्य अकादमियों की ओर से विसंगति नाटकों के अभिनय के लिए प्रभूत धन मिलने लगा। अत: देश के बड़े-बड़े नगरों, बम्बई, कलकत्ता, लखनऊ, बनारस, कानपुर, दिल्ली, चंडीगढ़, पटियाला, जयपुर, उदयपुर, जबलपुर, भोपाल, नागपुर, अहमदाबाद, हैदराबाद आदि स्थानों पर नाटक नित्य प्रति सरकारी अनुदान प्राप्त नाट्य कर्मियों के द्वारा अभिनीत होने लगे। अत: विगत बीस-पच्चीस वर्ष का इतिहास विसंगति नाटक का इतिहास है। ऐसे नाट्यकारों में रेवतीशरण शर्मा, (दया प्रकाश सिन्हा) मुद्राराक्षस, सुरेन्द्र वर्मा, ज्ञानदेव अग्निहोत्री, बृजमोहन शाह, कमलेशप्रसाद, सर्वेश्वर दयाल, राजेन्द्र अवस्थी हमीदुल्ला, विजय, तेन्दुलकर, बादल सरकार, शंकर शेष, राजकुमार, रमेश मेहता, विनोद रस्तोगी आदि हैं। मोहन राकेश पर अमरीकी नाट्यकार 'ओनील' का प्रभाव है। अत: अमरीकी प्रभाव दिखाया जा रहा है।

हिन्दी नाटकों पर अमेरिकन प्रभाव क्यों और कैसे?

हम पूर्व में स्पष्ट कर आए हैं कि अंग्रेज़ों के भारत से जाने के उपरान्त अमेरिका और रूस का प्रभाव हमारे देश की राजनीति, समाजनीति, संस्कृति, साहित्य, धर्म पर आँधी की तरह आया। कुछ दिनों तक विभाजन से उत्पन्न विभीषिकाओं का चरित्र पृथ्वीराज कपूर के थियेटर में देखा गया पर सार्त्र के अस्तित्ववाद की नई धारा, जो हमारे देश के काव्य में स्वतन्त्रता से पूर्व आ चुकी थी, वह प्रबल होने लगी। इसी के साथ अमेरिकन प्रभाव के कारण मोहन राकेश, लक्ष्मीनारायण लाल, शंकर शेष आदि अमेरिकन नाट्यकार 'ओनील' की शैली पर रचना करने लगे। विदेशी एजेंसियाँ विशेषकर (अमेरिकन एजेन्सी) अपनी संस्कृति और अपने साहित्य का प्रचार बड़े ज़ोरों से इस देश में करने लगीं। कितने ही उत्साही नवयुवक डेलीगेशनों में अमेरिका भेजे गए, जहाँ से वे पूँजीवादी देश के पारिवारिक कलह, मद्य, मांस, मैथुन की प्रबलता, संयम-नियम के तिरस्कार, अर्थ की सर्व प्रधानता, परम्परा से विद्रोह, विविध यौन-सम्बन्ध, जुआ आदि नव अमेरिकन जीवन-पद्धति को साहित्य में समेटकर अपने साथ लाये। जिस नए रोग को अपने देश में फैलते देख अमेरिकन विचारकों ने चिन्ता व्यक्त की थी, वह हमारे देश में 'ओनील' के नाटकों के माध्यम से आ गया। ओनील प्रथम अमेरिकन नाट्यकार है, जिसके विषय में आलोचकों ने कहा था कि "उसने जानबूझकर अवैध यौन-सम्बन्धों, शिशु हत्याओं आदि ग्रीक-भावनाओं का अमेरिकन नाटक में प्रवेश किया।"

'ओनील' के तीन नाटकों—'Strange Interlude', 'Long Days journey into Night,' 'Desire under the Elms' का प्रत्यक्ष प्रभाव मोहन राकेश और लक्ष्मीनारायण लाल के नाटकों पर देखा जाता है। 'ओनील' ने इन नाटकों के माध्यम से अपनी पूरी जीवन-गाथा कह डाली है। प्रोफ़ेसर Philip Waissman लिखते हैं कि 'डिज़ायर

अण्डर-द एल्स' में 'ओनील' अपनी जीवन-गाथा गा जाता है। ओनील को अपने पिता की निर्दयता और फिलॉसफ़ी के कारण कष्ट भोगना पड़ा था। उसके पिता के कार्पण्य से उसकी मद्यप माता ने आत्महत्या की थी। वह पिता से प्रतिशोध लेने के लिए कटिबद्ध हो जाता है। पिता 75 वर्ष की उम्र में नई पत्नी लाता है, जो नाटक के युवा पात्र Eben की ओर झुकती है। दोनों के अवैध सम्बन्ध के कारण परिवार में कलह और अशान्ति बनी रहती है। इस नाटक में गृहस्वामी Ephraim Cabat मानो ओनील का पिता है, जिसकी क्रूरता भरी फिलासफी परिवार में कलह का कारण बनती है। आलोचकों का कहना है—

"Eben (the son) has been dominated crushed by his father's harsh intolerant philosophy of life."

(O'/Neill by Proof Horst Frewze)

इस नाटक की नायिका नीनी जिस प्रेमी के साथ विवाह करना चाहती थी, पिता की अनुमति न मिलने के कारण उससे विवाह न कर सकी। अत: वह भी पिता से रुष्ट रहा करती थी। इस प्रकार पिता की दुर्बलता से सारा परिवार कलहाग्नि में भुन रहा है, हिन्दी में पारिवारिक कलह सम्बन्धी नाटक इसी शैली पर लिखे गए हैं। भारत के युवा नाट्यकार विजय तेन्दुलकर, मोहन राकेश, सुरेन्द्र वर्मा, शंकर शेष, मुद्राराक्षस आदि ने ओनील के एकमात्र स्वानुभूति सिद्धान्त को अन्तिम सत्य माना। ओनील स्वयं स्वीकार करता है—

"My knowledge of the psycho-analysis was unscientific and fragmentary, and that was guided more by intuition than by any theory." (Letter to Martha Sparrow, Oct. 13, 1929)

अर्थात् ''मैंने मनोवैज्ञानिक विश्लेषण शास्त्र का चंचुग्राही ज्ञान अवैज्ञानिक ढंग से प्राप्त किया। अत: मैंने नाटकों में पात्रों का चरित्र अपनी सहज बुद्धि से निर्मित किया है, न कि किसी सिद्धान्त के अनुसार।'' (मारथा स्पैरो को पत्र, 13 अक्टूबर, 1929)

अन्तर्राष्ट्रीय रंगमंचीय प्रभाव

मार्केट-प्लेस नाटक और रंगमंच

व्यापार-प्रधान देश अमेरिका के प्रभाव से मार्केट-प्लेस नाटकों का प्रचार बढ़ा है और रूसी प्रभाव से स्ट्रीट या जनवादी नाटकों का।

आज का नाटक (सिनेमा, रेडियो, टेलिविज़न) केवल देवालय या राजप्रासाद के लिए नहीं है, वह तो मार्केट का बिकाऊ माल बन गया है। सिनेमा, रेडियो के कारण वह व्यावसायिकों का अर्थ-साधन हो गया है; श्रमिकों का सस्ता मनोविनोद बन चुका है; और शासक वर्ग का प्रचार-केन्द्र सिद्ध हो चुका है। इसे मार्केट से तिमुहानी या चौमुहानी पर या खेत-खलिहान में पहुँचाया जा सकता है। पर पुनः

देवालय या राजप्रासाद तक सीमित नहीं रखा जा सकता। यही सोचकर आर्थर मिलर (अमेरिका) और मि. कान्स्टैंटिन चेरनेन्को (Konstantin Chernenko) सोवियत पार्टी पोलिट-ब्यूरो (Soviet Party Politburo) का उद्घोष है—

"Books, plays and films should embody noble goals in life, ideological convinctions, industry and fortitude."

"पुस्तक, नाटक और फ़िल्म में जीवन के मंगलकारी लक्ष्य, आदर्शमय विश्वास, घोर श्रम, सतत् धैर्य एवं सहिष्णुता अनिवार्य है।" (प्रावदा, मास्को, जुलाई, 1983)

धर्मान्धता और संकीर्ण राष्ट्रीयता का दुष्परिणाम मानव समाज भोगता चला जा रहा है, यरुशलम के मुफ़्ती का फ़तवा है कि जो भी सीरिया के प्रेसिडेंट-हाफ़िज अल-अस्साद का वध करेगा वह स्वर्ग का अधिकारी होगा।

पर भारतीय नाट्य-चिन्तन न तो कभी धर्मान्ध रहा है और न संकीर्ण राष्ट्र-प्रेमी। "सर्वे सुखिनः सन्तु" हमारा वैदिक नारा है। भारतीय नाट्य-साहित्य का आदर्श रहा है—मानव-कल्याण। भरत मुनि बार-बार कहते हैं—

"विश्व के सारे शिल्प, सारी विधाएँ, सम्पूर्ण कलाएं मानव-विकास के लिए हैं, मानवता के ह्रास के लिए नहीं।" सत्यानुसन्धान साहित्य का लक्ष्य है। सत्य वही है, जिसका अस्तित्व जगत् हिताय माना जाये।"

सति+यत् से सत्य बना है। यत् हित अर्थ में आता है। जिसका अभिप्राय है जगत् का कल्याण। आज आर्थर मिलर भी यही कह रहे हैं—

'I regard the theatre as a serious business, one that makes or should make man more human, less alone.'

(रूसी पत्रकार से भेंट, जुलाई 1983)

अर्थात् "थियेटर अब नाट्यकर्मियों के लिए जीवन-मरणकारी व्यवसाय बन गया है। वह समाज का निर्माता होकर मानव का कल्याणकारी हो सकता है।" पर-सत्यानुसंधान का मार्ग छोड़ अब हम भारतीय यथायथं निरूपण में लग गए। यथार्थ चित्रण को भूल रहे हैं। यथायथं यथार्थ नहीं है। अनेक यथायथं घटनाओं में से जो चुनी घटना, समाज-कल्याणकारी होगी, वही नाटक के लिए सबसे उपयोगी है। शेष तो फ़ोटोग्राफ़ी है। पेंटिंग यथार्थवादी कला है और फ़ोटोग्राफ़ी 'यथायथं'।

प्रारम्भ में भारतीय फ़िल्म उच्चकोटि के नाट्य-प्रदर्शन का अनुकरण करते हुए सन्तों के प्रेरणादायक गीतों पर अवलम्बित रहती थी। आज मार्केट प्लेस-नाटक सिनेमाई सस्ते-भोंडे गीतों, फ़िल्मी भद्दी नाट्य-स्थितियों, ओछे संवादों, छिछली, घटनाओं, कला रहित नंगे नृत्यों को अपनाते चले जा रहे हैं। फ़िल्म फ़ेयर के सम्पादक विक्रमसिंह का दावा कि "भारत में हमारे सांस्कृतिक जीवन का शायद ही कोई अंग आज ऐसा बचा हो जो सिनेमाई वातावरण से अछूता हो। जन्मोत्सव, विवाह, पब्लिक-मीटिंग, स्कूल-कॉलेज के वार्षिकोत्सव, पवित्र पर्वों के मेला-ठेला आदि के अवसरों पर सिनेमा के चित्र, हास-परिहास, गीत-संगीत के बिना उत्सव सफल माना ही नहीं जाता।" अतः जैसी फ़िल्म या नाटक होगा, वैसा समाज बनेगा।

फ़िल्मी दुनिया नई दिशा में मुड़ रही है। सन् 1983 में गाँधी फ़िल्म ने सभी देशों को नाटक में नया मार्ग दिखाया है। इसकी सफलता से प्रेरित हो रूस और भारत अपने सम्मिलित प्रयास से जीवनोपयोगी फ़िल्मों का निर्माण कर रहे हैं। आशा है कि यह नया प्रयास समाज को नवजीवन प्रदान करेगा।

जनवादी नाटकों में यदि लेखकों ने चेखव, 'टॉल्सटॉय', गोर्की, श्लेगोव और आर्थर मिलर का अनुसरण किया तो उनके रंगमंचीय प्रदर्शनों से कला-विकास के साथ समाज परिश्रमी, ईमानदार एवं विकासोन्मुखी बनेगा, क्योंकि आज के जनवादी नाट्यकार (भीष्म साहनी, सर्वेश्वरदयाल सक्सेना आदि) कथनी और करनी का अन्तर अपने जीवन-व्यवहार में भी बर्दाश्त नहीं करते। ईमानदार कृतिकार की ही कृति ईमानदारी में विश्वास जमा करती है, केवल लफ़्फ़ाजी से समाज या कला विकसित नहीं होती।

तीसरा अध्याय

समसामयिक नाट्यकारों की नाट्य-प्रगति

जगदीशचन्द्र माथुर (1917-1978) की नाट्य-यात्रा
कुल-रीति भंजन से कुल-रीति रंजन तक की नाट्य-यात्रा

कोणार्क के रचयिता ने कुल-रीति प्रभंजक शिल्पी विशु का समयानुसार चरित्र दिखाकर विसंगति नाटककार के रूप में प्रसिद्धि पाई। शिल्पी विशु अविवाहिता माँ के पुत्र का अवैध पिता है। कुल-रीति प्रभंजक विशु अपनी साध्वी विवाहिता पत्नी को त्याग शबर-कन्या सारिका से अवैध यौन-सम्बन्ध स्थापित करता है। सारिका के गर्भवती होने पर वह कुल-मर्यादा के भय से उसे परित्यक्ता छोड़ भाग जाता है। विशु अपने मित्र और मन्दिर के नाट्याचार्य सौम्य श्रीदत्त से इसका रहस्योद्घाटन करते हुए कहता है—''जब मुझे ज्ञात हुआ कि वह माँ बनने वाली है तो कुल और कुटुम्ब (कुल रीति) के भय ने मुझे ग्रस लिया। नदी पर बढ़ती साँझ की तरह उस भय की तन्द्रा मेरी बुद्धि पर छा गई और मैं भाग आया। सारिका और उसकी अज्ञात सन्तान से बहुत दूर भुवनेश्वर में—देव मन्दिर की छाया में कला के आँचल में अपना मुँह छिपाने।''—('कोणार्क', पृष्ठ-32)

सत्रह वर्षों तक जंगल में निरन्तर भटकने वाली निराश्रिता अविवाहिता माँ सारिका और उसके बच्चे की स्मृति उसे एक क्षण भी विस्मृत नहीं होती, पर कुल-रीति भंजन के भय से वह उन अनाश्रितों के लिए कुछ नहीं कर पाता। यह है प्रधान शिल्पी विशु के चरित्र का दुर्बल पक्ष। इस रचना के लगभग 25 वर्षों बाद रघुकुल-रीति रंजक के रूप में राम को वन-वन भटकते दिखाया गया है। सारिका सपुत्र भटकती है। कुल-रीति छोड़कर—राम-सीता जंगल में विचरते हैं, रघुकुल रीति से नाता जोड़कर।

माथुर साहब की नाट्य-यात्रा के आधार पर उनका अन्तिम नाट्य सिद्धान्त स्पष्ट किया जाएगा। 'दशरथ नंदन' और 'रघुकुल-रीति' की रचना के पीछे जीवन के परिपक्व अनुभव हैं। उनका यहाँ विश्लेषण करना आवश्यक है। माथुर साहब

ने 'दशरथ-नंदन' में इनकी ओर संकेत करते हुए लिखा है—'अनास्था की देहरी पर मंडराने वाले युग का प्राणी मैं जो अस्वीकारता और भर्त्सना के युग की पीढ़ी के सामने मानस पर आधार नाटक प्रस्तुत करना चाहता हूँ किस तरह तुलसीदास की यों बार-बार टोकने वाली वाणी को (राम कौन?) नाटकीय ढाँचे में शामिल करूँ?' आगे चलकर उन्होंने अपने संशय का समाधान करते हुए लिखा—'इस दुविधा का समाधान हुआ उस अनुसंधान से, जिसमें कतिपय वर्षों से डॉ. दशरथ और मैं लगे रहे हैं। असम, मिथिला और नेपाल के जिन मध्ययुगीन नाटकों का संग्रह और अध्ययन हम करते रहे हैं, उनमें असम के महापुरुष शंकरदेव और उनके शिष्यों द्वारा रचित नाटकों में बार-बार सूत्रधार दर्शकों के सम्मुख आकर याद दिलाता है कि जिस श्रीकृष्ण की लीलाओं को आप देख रहे हैं, वे और कोई नहीं परब्रह्म चिदानन्द परमेश्वर ही हैं—'

('दशरथ नन्दन', निवेदन, पृष्ठ 6)

प्राचीन भाषा नाटक की रचना करते समय बार-बार हम दोनों के मन में यह प्रश्न उठा करता था कि असम के कृष्ण सम्बन्धी अंकिया नाटकों की तरह क्या राम की लीलाओं का शंकरदेव की शैली में तुलसीदास की ही वाणी के माध्यम से नाट्याभिनय सम्भव नहीं है? पूर्वांचल के मध्यकालीन नाट्य-साहित्य का अध्ययन लगभग दस वर्षों तक चलता रहा। सम्वत् 2031 में मानस चतुशती समारोह की देशव्यापी योजना बन रही थी। अहिन्दी प्रान्तों में भी तुलसीकृत 'रामचरितमानस' का इतना आदर-सम्मान है, रामलीला का इतना प्रचार है कि सारा देश योजना को सफल बनाने में उमड़ पड़ा। एक दिन माथुर साहब से मैंने आग्रह किया कि 'रामचरितमानस' के आधार पर भारतेन्दु की शैली खड़ी बोली में ही आधुनिक युवकों की मनोवृत्ति के अनुरूप नाट्य-संस्करण तैयार होना चाहिए। माथुर साहब का नाट्य-सम्बन्धी अनुभव और उनका 'रामचरितमानस' से प्रेम सन् 34 से ही था। चालीस वर्षों में उन्होंने ऑल इंडिया रेडियो के डायरेक्टर के रूप में अनेक नाट्य-प्रयोग किए। बिहार में विदेशिया नाटक और वैशाली अभिनव नाट्य-प्रयोगों में बड़ी मुस्तैदी से काम किया। इससे लोकनाट्य परंपरा से भी वे विधिवत परिचित हो गए थे। यूनेस्को द्वारा विदेश की नयी सरकारी नियुक्ति से उन्हें यूरोप, अमेरिका, रूस, जापान आदि देशों के नाट्य-प्रयोगों का प्रत्यक्ष ज्ञान हुआ। फ्रांस और जर्मनी में वेकेट और ब्रेख्त की नवीन पुरस्कृत कृतियों का अभिनय देखना सुलभ हुआ। मास्को और लेनिनग्राड की अभिनयशालाओं में विविध नाट्य-प्रयोग देखकर वे बहुत प्रभावित हुए। रूस से लौटकर एक बार कहने लगे—''पहले मेरी धारणा थी कि रूस सारी परम्पराओं को मिटाने में लगा हुआ है, पर वहाँ के नव नाट्य प्रयोगों को देखकर मेरी धारणा बदल गई। रूस के प्रसिद्ध नाट्यकारों और नाट्य-निर्देशकों की मान्यता है कि परम्परा हमारे पूर्वजों के पुष्ट कन्धे के समान है, जिस पर चढ़कर ही आज की पीढ़ी पूर्व पुरुषों से आगे के दृश्य देख सकती है, छोड़कर नहीं। परम्परा की

ज्यों-की-त्यों नकल व्यर्थ है। यदि पुरानी पीढ़ियों के अनुसंधान हमारे अवचेतन मन में सदा विद्यमान होंगे तभी हम आगे प्रगति कर सकते हैं।'' माथुर साहब के मन में यह मान्यता धीरे-धीरे इतनी दृढ़ हो गई कि उन्होंने राम की लीलाओं का आधुनिक युग के अनुरूप रूपान्तर करना ही अनिवार्य समझा।

माथुर साहब के हृदय में देशोन्नति की तीव्र भावना सदा हिलोरें लिया करती थी। आई.सी.एस. अधिकारी होने पर भी जब-जब उन्हें जहाँ कहीं देश के सांस्कृतिक, आर्थिक, राजनैतिक और कृषि सम्बन्धी तथा सामाजिक स्तर ऊँचा करने का अवसर मिला, वहीं वे पूरी लगन से जुट गए। सन् 1950 में ही उनकी यह धारणा बन गई थी कि 'हमें विस्तृत परम्पराओं की धाराओं की टोह भी लगानी है और उनके लिए मार्ग प्रशस्त करने में ही हमारा सांस्कृतिक नव निर्माण सफल हो सकेगा। एक अन्तःसलिल धारा थी संस्कृत नाटक-साहित्य में परिलक्षित रंगमंच की। ऐसा रंगमंच जो अपने उत्कर्ष काल में एक अनुपम सामंजस्यपूर्ण संस्कृति का परिचायक था, जिसके विभिन्न अंगों के संतुलन में नागरिक जीवन की सर्वांगीणता सन्निहित थी और जिसके प्रतिबन्धों में शताब्दियों के अनुभव से अर्जित ज्ञान नियंत्रण था। भारतेन्दु हरिश्चन्द्र ने इस परम्परा को उबारा। सदियों के बाद, उनकी प्रतिभा की प्रचण्ड किरणों ने विस्मृति की अभेद्यकारा को खण्डित किया, और वसन्त के लुभावने समीकरण के स्पर्श से हिन्दी-रंगमंच जाग उठा।'

(पटना कॉलेज में भाषण, 1950)

भारतेन्दु के उपरान्त जीवन्त रंगमंच की नववाटिका यथार्थवादियों के द्वारा सर्वथा उपेक्षित कर दी गई। जहाँ नया उद्यान लगाना था उस भूमि पर दो अतिवादी मल्लयुद्ध करने लगे। युवा वर्ग इब्सन और शा की पुस्तकों से उन्मुक्त भोग के दाव सीखकर मैदान में आया था। दूसरा ग्रुप आदर्शवादी आर्यसमाज का था, जो पूर्ण निग्रह (puritanism) पर बल देता था। प्रथम ग्रुप के मास्टर थे—भुवनेश्वर और उपेन्द्रनाथ अश्क तथा दूसरे ग्रुप के लीडर थे—महावीर प्रसाद द्विवेदी। इस काल में इन दोनों अतिवादियों से बचकर चलने वाले थे पं. लक्ष्मीनारायण मिश्र और जयशंकर प्रसाद, डॉ. रामकुमार वर्मा, प्रेमीजी, सेठ गोविन्द दास। प्रसाद का नाट्य-साहित्य इतना प्रखर सिद्ध हुआ कि कालान्तर में प्रायः सभी नाट्यकारों ने उन्हीं का पदानुसरण करना उचित समझा। पर प्रसाद जैसा न तो किसी का गहन अध्ययन था और न उनकी जैसी मेधा और प्रतिभा। परिणाम यह हुआ कि उस भूमि पर एकमात्र प्रसाद बरगद के विशाल वृक्ष की तरह आज भी अभेद्य रूप से खड़े दिखाई देते हैं।

इस तथ्य का निरूपण भारत स्वातंत्र्य के आस-पास जगदीशचन्द्र माथुर ने बड़ी ही रोचक शैली में इस प्रकार किया है—

''यहाँ संकेत के तौर पर इतना कहना काफी होगा कि विचार-क्षेत्र में उत्तर प्रदेश के आर्यसमाजी, सुधारवादी सिद्धांत, सामाजिक क्षेत्र में हिन्दी-भाषी प्रान्तों के उच्चवर्गीय नेताओं की संस्कृति-शून्यता, राजनीतिक क्षेत्र में स्वतंत्रता-युद्ध के

परिणाम-स्वरूप आदर्शवादी निग्रह भावना और भाषा के क्षेत्र में द्विवेदी जी के नेतृत्व में शुद्धता और इतिवृत्तात्मक अभिव्यंजना का आन्दोलन सभी किसी-न-किसी रूप अथवा परिस्थिति में भारतेन्दु की रस-प्रवाहिनी निर्झरणी के लिए मरुस्थल-तुल्य प्राणान्तक सिद्ध हुए। इस तरह हिन्दी रंगमंच के उत्थान का प्रथम प्रयास जिसका प्राचीन संस्कृत-रंगमंच से लगाव था, अधूरा रह गया। बाद में जो नया दौर चला, उसकी प्रेरणा कहीं और से ही आयी और प्रसाद जी के नाटक तो एक कल्पनाजन्य रंगमंच को आधार मानकर प्रणीत हुए।''

(पटना कॉलेज का भाषण, सन् 1950)

स्वातन्त्र्योत्तर नाट्य साहित्य के वह केवल अध्येता ही नहीं, साहित्य निर्माता और सत्यान्वेषी भी थे। उन्मुक्त यौन-सम्बन्ध एवं निम्न प्रवृत्तियों के उत्तेजक वर्णन को वह समाज के लिए अहानिकारक समझते थे। देश-विदेश में ओडेसी, इलियड के नवीन नाट्य प्रदर्शनों को देखने पर प्राचीन भारतीय महाकाव्यों की अभिनयात्मकता की ओर उनका ध्यान गया। वर्षों तक माथुर साहब उनके प्रदर्शन-योग्य अभिनय-शैली की खोज में रहे। रूस में इलियड का संगीतमय अभिनय देखकर उन्हें असमिया, मैथिल की संगीतक शैली और भी आकृष्ट करने लगी। फलस्वरूप 'दशरथ नंदन' और 'रघुकुल रीति' संगीतकों की उन्होंने रचना की। इस रचना के सम्बन्ध में वह स्वयं लिखते हैं—'दशरथ नन्दन' के प्रकाशन के उपरान्त माथुर साहब की नाट्य-कला-रुचि और मान्यताओं के सम्बन्ध में अनेक विवाद उठे तो कोई इसे परम्परावादी कहता कोई जन-नाटकवादी। कुछ युवक भाषा सम्बन्धी आपत्ति उठाकर 'दशरथ नन्दन' को मध्ययुगीन नाट्यधारा में परिगणित करने लगे। कतिपय अनास्थावादी इसे अस्वाभाविक और सामयिक-संवेदना विरुद्ध सिद्ध करने लगे। माथुर साहब से उक्त सारी आपत्तियों के सम्बन्ध में प्राय: चर्चा होती रहती थी। अत: मैं उन्हीं के आधार पर समाधान प्रस्तुत करने का प्रयत्न करूँगा। परम्परा और प्रगति सम्बन्धी विवाद के मूल को गिलवर्ट कैनान ने तत्कालीन युवा मान्यताओं के आधार पर यह उद्घोषित किया कि—

''अंग्रेज़ी का नाट्यकार यह मानकर चलता है कि नाटक की सन् 1900 से 1930 तक की प्रगति यूरोपीय नाट्य शैली पर ही सम्भव है। यूरोपीय नाट्य प्रगति समस्या नाटकों के द्वारा हुई। पर समस्या नाटक का आधुनिक रूप बिलकुल हल्के-फुल्के नाट्य साहित्य का प्रतिनिधित्व करता है। इतना ही नहीं अंग्रेज़ी का नाट्यकार नाट्य-चिन्तन की उस ऊँचाई तक पहुँचने में भी सर्वथा असमर्थ रहा जिस पर यूरोपीय नाट्यकार बहुत पहले ही पहुँच चुके थे।''

('मॉडर्न ब्रिटिश ड्रामा' 1900-1930, पृ. 120 वाई निकल)

भारत में फ्रेंच, जर्मन, इटैलियन, पुर्चगीज आदि यूरोपीय भाषाओं में विरक्ति मौलिक नाटकों के अंग्रेज़ी अनुवाद का हिन्दी, मराठी, बांग्ला आदि में पुन: अनुवाद हुआ। अत: वे उस ऊँचाई तक भी न पहुँच पाये जहाँ फ्रेंच, जर्मन आदि के अनुवादक

अंग्रेज़ी नाट्यकार पहुँच सके थे। स्वतन्त्र भारत के नाट्येतिहास का यही सबसे सबल या दुर्बल पक्ष रहा है। यह प्राकृतिक नियम है कि नकलची की नकल में मौलिकता आयेगी ही नहीं। इस दुहरे अन्धानुकरण का एक दुखद परिणाम यह हुआ कि यूरोपीय महायुद्धों से त्रस्त फ्रांस, पोलैंड, जर्मनी आदि में मानवीय मूल्यों के प्रति अविश्वास, जीवन में अनास्था, कुंठा, आत्महत्या, पूर्व पुरुषों से घृणा आदि का जो वातावरण उत्पन्न हुआ वह हमारे देश के साहित्य में और भी विकृत रूप से झलकने लगा।

माथुर साहब ने इन सबका विधिवत् अध्ययन तो किया ही था। इन देशों में स्वयं जाकर इन नए जीवन-दर्शनों का जाति और समाज पर पड़े प्रभाव का भी प्रत्यक्ष अनुभव प्राप्त किया था। वह एक बार रूस के गाँवों में कृषि सम्बन्धी प्रयोग के सम्बन्ध में भारत सरकार की ओर से भेजे गए थे। उन्होंने मास्को और लेनिनग्राड के थियेटरों में होने वाले नए प्रयोग पूर्ण प्रदर्शनों को देखा। नाट्यकारों और नाट्य-निर्देशकों से मिले। उन दिनों रूस में एक आन्दोलन चल रहा था—

"Theatre is not of the people, for the people, by the people, but together with the people."

माथुर साहब को यह सिद्धान्त अपने परम्परागत 'रामलीला थियेटर' में दिखाई पड़ा। देहातों में शताब्दियों से यह परम्परा चली आ रही है कि ग्रामीण जनता दस-बीस गाँवों में, कभी-कभी पूरे परगने में सबसे अधिक चरित्रवान, रूपवान् और विद्वान् परिवार के सुकुमारों को राम, लक्ष्मण, भरत, शत्रुघ्न मानकर रामलीला के लिए तैयार करती है। चरित्रवान, विद्वान, संस्कृतज्ञ व्यास का काम करते हैं। इस प्रकार दशहरे से दो-तीन महीने पूर्व ही वाल्मीकि, तुलसी, केशवदास की रचनाओं के आधार पर संवाद रटाए जाते हैं। समाज का धनी वर्ग भी—हिन्दू, मुसलमान, सिख, पारसी, ईसाई—चंदा एकत्र कर खुले मैदान में रामलीला का आयोजन करता हुआ अद्भुत आनन्द का अनुभव करता है। सभी हिन्दू, मुसलमान—राम-लक्ष्मण, सीता, को पुष्पांजलि अर्पित करते हुए कृतकृत्य हो जाते हैं। हमारी देहात की रामलीला का सारा प्रबन्ध हम लोगों के मुसलमान ज़मींदार किया करते थे। सर्वप्रथम वही आरती में भाग लेते हुए मूर्ति को पुष्प चढ़ाते तब लीला आरम्भ होती। देश-विभाजन के उपरान्त उनके कई वंशज पाकिस्तान जाकर बड़े अफ़सर बने। जो बच गए वे आज भी श्रद्धा समन्वित भाव से रामलीला में भाग लेते हैं।

इससे प्रमाणित होता है कि रूस का तथाकथित नया आन्दोलन हमारे देश में शताब्दियों से चला आ रहा है, आवश्यकता इतनी ही है कि उसे आधुनिक युवा वर्ग के लिए आकर्षक बनाया जाये। इसी उद्देश्य से माथुर साहब अन्य आवश्यक कार्यों को छोड़ रामकथा को नाटकीय रूप देने में लग गए।

परम्परावाद के विरोधी भारतीय युवक यदि विश्व के आधुनिक युवा विचारों को समझने का कष्ट करें तो सन् तीस की मान्यताएँ उन्हें बहुत पुरानी और असामयिक प्रतीत होंगी। परम्परावादियों का सबसे बड़ा विरोधी रूसी युवा समाज माना जाता था। पर अक्तूबर सन् 1917 की क्रान्ति के अनंतर पचास वर्षों केजीवन अनुभव से उनके

विचारों में बड़ा परिवर्तन आया है। रूस का प्रसिद्ध नाट्य-निर्देशक टोवस्टोनोगोव परम्परा और प्रगति की संगति बिठाने के लिए कहता है—

"If you like, tradition is the shoulders of your predecessors on which we stand and see farther ahead. In creating something new, the old should be in our subconscious." ('New Ideas', page 55)

अर्थात् परम्परा पूर्वजों के पुष्ट कन्धे के समान है, जिस पर चढ़कर हम उनसे भी दूर का दृश्य देख सकते हैं। अत: नव निर्माण के समय पुरातन अवचेतन में रहना ही चाहिए।

रूसी विचारकों के अतिरिक्त अमेरिका में भी इलियड, ओडेसी, हैमलेट आदि प्राचीन कृतियों का नाट्य-रूपान्तर अभिनय-शालाओं में जनप्रिय बन रहा है। Brooklyn College, अमेरिका के प्रसिद्ध सौन्दर्य-शास्त्र और कला-विभाग के प्रोफ़ेसर लारेंस डब्ल्यू हारमैन (Lawrence W. Hyrman) भौतिक सत्य से दूर रहने वाली इन प्राचीन कृतियों की लोकप्रियता के कारणों पर प्रकाश डालते हुए लिखते हैं—

"They are great because the experiences they depict are too deep and too complex to be reduced to meaning and truth. ('The Journal of Aesthetic and Art Criticism', 1981, p. 157)

अर्थात् शताब्दियों तक आलोचना के प्रबल प्रहार सहने पर भी जो पुरातन कृतियाँ अक्षयवट के समान मान्य बनी हैं, उनमें कोई-न-कोई असाधारण शक्ति होगी ही। उनमें महापुरुषों का ऐसा प्रगाढ़ अनुभव अभिव्यक्त है, जिसका विश्लेषण भौतिक सत्य और सामान्य बुद्धि की परिधि के अन्दर समा सकता ही नहीं। प्रत्येक युग का साहसी लौहपुरुष उस पारसमणि का स्पर्श करते ही कंचन बन जाता है, पर वह मणि निर्लिप्त, निर्विकार भाव से अपने स्वरूप में स्थित रहता है। 'इलियड', 'ओडेसी', 'बाइबिल', 'जेन्दा बेवस्ता', 'रामायण', 'महाभारत' आदि में जीवन के प्रत्येक अंग एवं पहलू को परिपुष्ट करने की क्षमता है। रूसी नाट्यकार टोवस्टोनोगोव (Toustonogou) ने उक्त पुरातन कथानकों पर नया नाट्य-प्रयोग करते हुए इतना ही सावधान किया कि—

"The important thing is to find the contemporary element in the theme he is treating, be it a modern play, classic, a Russian or a foreign play." ('New Ideas', 1881, page 55)

अर्थात् चाहे नया नाटक हो, चाहे क्लासिक, चाहे रूसी हो या विदेशी। किसी भी कृति में प्रदर्शन के समय समसामयिकता का अनुसन्धान ही आवश्यक है। नाट्य-निर्देशक की सफलता इसी पर निर्भर रहती है।

माथुर साहब से इन प्रसंगों पर प्राय: चर्चा होती रहती। वह यही कहते थे कि विराट् रूप रामकृष्ण चरित में प्रत्येक युग, प्रत्येक देश के अनुरूप सामग्री विद्यमान है। पर उस विराट् ब्रह्म को देखने वाली आँखें और अन्तरिक्ष से निरन्तर आने वाले सन्देशों को सुनने वाले कान चाहिए।

इस स्थान पर 'रघुकुल रीति' से मिलने वाले सन्देशों पर विचार कर लेना चाहिए। इस नाटक में कई मार्मिक प्रसंग हैं—(1) तीन विवाह करने वाले राजा दशरथ का अन्तिम जीवन (2) राज्य-मोह में पद-प्राप्ति का प्रयास, जनहित में राजपद त्याग (3) नई रानी की मनोवृत्ति और उसका राजा और राज्य पर प्रभाव (4) विपत्ति काल में पत्नी का पति और सास-श्वसुर के प्रति कर्तव्य (5) समृद्ध परिवार में कूटनीतिज्ञ परिचारिका की भूमिका (6) युवराज चयन में राजा, गुरु, मन्त्री, प्रजा, विरोधी पक्ष का अधिकार एवं दायित्व।

'रघुकुल रीति' में वर्णित उक्त परिस्थितियाँ सभ्य मानव के सामने अतीत में जो थीं, आज भी वैसी ही विकराल रूप में हैं और अनागत में भी बनी रहेंगी। वाल्मीकि और व्यास, कालिदास और तुलसी क्रान्तदर्शी थे। क्रान्तदर्शी कवि वही होता है, जो देश-काल की सीमा को अतिक्रान्त कर जाए। इसीलिए इन कवियों में प्रत्येक देश, प्रत्येक काल के सभी जीवन मूल्यों की पहचान पाई जाती है। यहाँ 'रघुकुल रीति' में वर्णित शाश्वत समस्याओं और उनके चिरन्तन समाधानों पर आधुनिक दृष्टि से विचार कर लेना चाहिए।

हमारे देश का सबसे निकट सम्पर्क विदेशों में रूस के साथ है। जार से मुक्ति पाने पर जो दयनीय स्थिति रूस की थी, वही ब्रिटिश साम्राज्य के जाते समय भारत की थी। पर रूस ने नाट्य-शालाओं एवं रेडियो, टेलीविज़न के द्वारा द्वितीय महासमर के उपरान्त विश्व में अपना कितना महत्त्व बढ़ाया, यह सर्वविदित ही है। माथुर साहब कहते थे कि जन-सम्पर्क माध्यमों के द्वारा रूस व अमेरिका की तरह हम भी देश में अपनी संस्कृति के अनुरूप नव चेतना भरते होते तो डकैती, हत्या, नारी-अपहरण, रिश्वतखोरी, चोर-बाज़ारी, भ्रष्टाचार, राजनीतिक, आर्थिक, धार्मिक प्रदूषण, पद-लोलुपता, खाद्य पदार्थों की मिलावट, हड़ताल, अकर्मण्यता आदि का प्रकोप न सहना पड़ा होता। वह चरित्र बल को जीवन में सर्वप्रथम स्थान देते रहे। उनका विश्वास था कि दुराचारी सत्साहित्य सर्जन में शायद ही सफल हो। चित्तवृत्ति की पावन एकाग्रता के ही क्षणों में सत्साहित्य जन्म लेना चाहता है। राग-द्वेष, काम-क्रोध से जर्जरित मनोभूमि में यह बीज अंकुरित होगा ही नहीं। जब मन परकल्याण की भावना से करुणार्द्र हो जाता है तो समाधि के क्षणों में साहित्य का स्रोत फूट पड़ता है। क्लासिक्स इसी कारण सार्वभौम हैं और सार्वकालिक भी। सन् 1970 के उपरान्त आधुनिक समस्याओं के समाधान के लिए विदेशी साहित्यकारों का भी ध्यान इसी ओर गया है। यहाँ हम रूस के तीन प्रमुख थियेटरों की नाट्य प्रवृत्तियों के आधार पर उक्त सातों समस्याओं का विवेचन करेंगे।

रूसी थियेटरों में Raivic Academic Art Theatre का प्रमुख स्थान है। इसकी स्थापना रूसी क्रान्ति के उपरान्त सन् 1920 में लैटविया (Latvia) में हुई। नाट्य-निर्देशक ई. स्मिलगिस (E. Smilgis) ने 50 वर्षों तक इस थियेटर हॉल में देश के अति प्रसिद्ध रंगकर्मी अभिनेता Emiliza Viesture, Arturs Filipsons, Lilita Berzina Tibatls Edgars Tile आदि के सहयोग से विविध नाट्य-प्रयोग किए।

I. Zake इस थियेटर की विशेषताओं पर प्रकाश डालते हुए लिखते हैं—

"Almost all stage works of the great poet, have been performed." (p. 16) अर्थात् समस्त महाकवियों की कृतियों के आधार पर (Riga theatre (p. 16) नाट्य प्रदर्शन किए गए। इन प्रदर्शनों का उद्देश्य बताते हुए सन् 1971 के प्रधान नाट्य निर्देशक के विषय में वे लिखते हैं—

"Basically preserving the original traditions of the art the atre, under the director the theatre turns more to the analysis of a person's character and the psychological study of our own contemporaries."

('Riga Theatre', page 18, by I. Zake)

अर्थात् इस शताब्दी के आठवें दशक का थियेटर पुरातन पात्रों के चारित्रिक विश्लेषण के आलोक में आधुनिक व्यक्तियों का मनोवैज्ञानिक अध्ययन प्रस्तुत करना चाहता है। इसी उद्देश्य को सामने रखकर माथुर साहब ने 'पहला राजा' 'दशरथ नन्दन' एवं 'रघुकुल रीति' की रचना की।

सन् 1920 से जो परम्परा विरोधी आन्दोलन चल रहा था, वह धीरे-धीरे मिटता जा रहा है। रूस का The Lenin Komsomol Youth Theatre सन् 1940 में स्थापित हुआ। इस थियेटर ने पुरानी और युवा पीढ़ी का भेदभाव मिटा दिया है I. Zake का निष्कर्ष है कि—

"The audience of the Youth Theatre represents people of all generations. They all find satisfaction here because every performance brings something new."

(Riga Theatre, page 30)

रूस ने पीढ़ी विद्रोह की भावना को राष्ट्र-प्रेम-भावना में इस रूप में बदल दिया है कि युवा पीढ़ी सबका सन्तोष करने को लालायित रहती है। इस उद्देश्य की पूर्ति में प्राचीन महाकाव्यों का नए रूप में प्रदर्शन सहायक हुआ।

क्लासिक्स के आधार पर इसी प्रकार का प्रयास द्वितीय महासमर के पूर्व और पश्चात् अमेरिका में भी हुआ। मैक्सवेल एंडरसन, जो स्वयं कवि था और अमेरिकन थियेटर के इतिहास में युग-प्रवर्त्तक माना गया है, उसका कथन है कि—

"All the great plays I can remember were in verse." ('American Drama and its Critics', page 155)

अर्थात् विश्व के समस्त श्रेष्ठ नाटक काव्यमय रहे हैं। एंडरसन ने परम्परा और प्रगति को मिलाने और पुरानी पीढ़ी का विद्रोह मिटाने का नया रास्ता निकाला। प्रसिद्ध आलोचक Vincent Wall एंडरसन के सम्बन्ध में लिखते हैं—

"Anderson brought to the theatre not only the journalist's and editor's awareness of contemporary event's, and the poet's depth of feeling and sense of language but also the scholar's knowledge of the heritage of the theatre from Aeschylus to Ibsen."

(Page 149)

अर्थात् एंडरसन अमेरिका के रंगमंच को केवल पत्रकार व सम्पादक की जागरूकता तक ही सीमित नहीं रखता था, अपितु वह कवियों की गहरी भावानुभूति, भाषा का चमत्कार एस्किलस से इब्सन तक की सम्पूर्ण काव्य-परम्परा के भण्डार को भी समेटता चलता है।

समसामयिकता : आधुनिक नाटकों में सामयिक समस्याओं को समाविष्ट करने पर बड़ा बल दिया जाता है। 'रघुकुल रीति' में राजनैतिक, सामाजिक, आर्थिक, पारिवारिक सभी समस्याएँ विद्यमान हैं। पुरानी पीढ़ी की त्रुटियों के कारण माता-पिता से पुत्र की विद्रोहाग्नि भी इसमें प्रज्जवलित है। राजा दशरथ कैकेयी के सौन्दर्य पर मुग्ध होकर उसके साथ तीसरा विवाह करते हैं, जिसके परिणामस्वरूप राम जैसे शीलवान पुत्र को निरपराध चौदह वर्ष का वनवास भोगना पड़ता है। भरत और लक्ष्मण माता के विरुद्ध विद्रोह करते हैं पर वशिष्ठ और सुमन्त देशहित में इस विद्रोहाग्नि को समझा-बुझाकर शान्त कर देते हैं। राम, पिता और विमाता की अनुचित एवं कठोर आज्ञा को शिरोधार्य कर योगकर्म के द्वारा अपने को सकुशल प्रशासक बनाने में सफल होते हैं और परम्परागत बहुविवाह की कुप्रथा को एक पत्नीव्रत के निजी आचरण द्वारा सुधार लेते हैं। यह है पिता के कंधे पर चढ़कर दूर तक देखना। वाल्मीकि और तुलसी ने पुरानी पीढ़ी के दोष-निवारण का ऐसा मार्ग निकाला जिसमें न कहीं रक्तपात है और न वैमनस्य की गन्ध।

विद्रोही युवा भरत माता कैकेयी पर क्रुद्ध होकर माँ को क्या नहीं कहते? उनका पहला वाक्य है—'पापिनि सबहि भाँति कुल नासा। जनमत काहे न मारेसि मोहीं। वर माँगत मन भई न पीरा। गिरी न जीह मुँह परेउ न कीरा।' भरत पहली उपाधि माँ को पापिनी की देते हैं। फिर माँ के दुष्कृत्यों का विवरण देते हुए कहते हैं—

"पापिनि, सब प्रकार से कुल को विध्वंस करने वाली है। रघुकुल बच गया होता यदि जन्म के समय मेरी ही हत्या कर दी गई होती। हम सबके प्रिय राम को वनवास का वर माँगते समय तेरी जीभ नहीं गिर गई। यदि जीभ नहीं गिर गई तो तेरे मुँह में अभी तक कीड़े भी नहीं पड़ गए।"

पुरानी पीढ़ी के असंतुलित आचरण शरीर का भंजन करके ही कुलरंजन सम्भव है। तदुपरान्त शत्रुघ्न कुबरी के केश पकड़कर भूमि पर घसीटते हुए उसकी ऐसी दुर्गति बना देते हैं, जिससे वह पुनः समाज में आग लगाने योग्य न रह जाए। इस प्रकार राम, लक्ष्मण, भरत और शत्रुघ्न के चरित्र से नई पीढ़ी का प्राचीन पीढ़ी की त्रुटियों के विरुद्ध विद्रोह दिखाते हुए 'रघुकुल रीति' का विश्लेषण किया गया है। यह विश्लेषण आज भी इतना उपयोगी है जितना सहस्त्रों वर्ष पूर्व मान्य हुआ था। आज भी राम और भरत की तरह राजपद त्याग करने वाले लालबहादुर शास्त्री (तत्कालीन रेल मंत्री इसी देश में पैदा हुए। उन्होंने रेल दुर्घटना में अपना दोष स्वीकार कर मंत्रीपद का त्याग कर दिया। प्रधानमंत्री तथा राष्ट्रपति के अनुरोध पर भी राम या भरत की तरह उन्होंने मंत्रीपद स्वीकार नहीं किया।) यह है भारतीय संस्कृति का

वास्तविक रूप, जिसकी झाँकी 'रामायण' में ही देखी जा सकती है। यह है 'रघुकुल रीति' की समसामयिकता और कृति की उपादेयता। अमेरिकन प्रोफ़ेसर लारेन्स हेमैन डब्लू की श्रेष्ठ कृति सम्बन्धी सारी शर्तें इस रचना में पाई जाती हैं। वह कहते हैं कि वही साहित्य स्थायी है जिसमें—

"A balance of fusion and discrimination of interaction and analysis of quality and relations."

('The Journal of Aesthetics and Art Criticism', 1981, p. 155)

अर्थात् "स्थायी साहित्य सम्मिश्रण और विभेदीकरण में अन्त:प्रज्ञा और बाह्य विवेचन में तथा धर्म के स्वभाव और उनसे सम्बन्ध रखने वाले विविध तत्त्वों में सन्तुलन करता चलता है। वाल्मीकि और तुलसी के भरत की समझ में यह नहीं आता कि यह कैसी विलक्षण स्त्री है। आज तक इसका स्वभाव किसी ने क्यों नहीं समझा? भरत, कैकेयी से दु:खी होकर पूछते हैं कि सच बता तू है कौन? "को तू अहसि सत्य कहु मोहीं।" कैकेयी को मौन देख खिन्न होकर कहते हैं—"चाहे तू जो हो—यक्षिणी, पिशाचिनी, राक्षसी, मानवी, दानवी अब तू मुख में कालिख लगाकर दूर चली जा।" "जो हसि साहसि मुख मसि लाई। आँख ओट उठि बैठई जाई।"

ये उदाहरण युवा पीढ़ी के विद्रोह के हैं। अब गोस्वामी जी का कौशल देखिए। भारतीय संस्कृति का मूल मंत्र है कि जगत् की सारी प्रिय, अप्रिय लीला पराशक्ति के द्वारा संचालित होती है। अत: परिछिद्रान्वेषण के स्थान पर आत्म-निरीक्षण करो। भरत आत्म-निरीक्षण करके माता के प्रति अपने कठोर शब्दों की असारता प्रकट करते हुए कहते हैं कि विधाता को मुझे कलंकित करना ही अभीष्ट था। अत: मेरा जन्म राम विरोधी नारी के उदर से हुआ। मैं जन्म से ही पातकी हूँ। माँ की व्यर्थ भर्त्सना कर रहा हूँ।

राम विरोधी हृदय ते, प्रगट कीन्ह विधि मोहि।
मो समान को पातकी, वादि कहौं कछु तोहि॥

(अयोध्या कांड, दोहा-157)

शत्रुघ्न का विद्रोही हृदय इस तर्क को नहीं मानता। वह नवयुवक इस अग्निकांड को सर्वप्रथम सुलगाने वाले का सुराग लगाता है। पता चलता है कि राजकुल में आग लगाने वाली है मन्थरा दासी। मन्थरा कैकेयी के साथ विवाह के समय दासी के रूप में आई, और रानी की मंत्री बन गई। फिर क्या था? पुरानी पीढ़ी के दुष्कर्म के प्रति आक्रोश देखने लायक है। पहला काम शत्रुघ्न करते हैं कुबड़ी के कूबड़ तोड़ने का। कूबड़ प्रतीक है।

यहाँ सम्मिश्रण और विभेदीकरण में पुरानी पीढ़ी और नई पीढ़ी की भावनाओं का ऐसा संतुलन दिखाया है कि वह आज तक सर्वमान्य है। जो युवा पीढ़ी इस सार्वकालिक संतुलन की उपेक्षा करके केवल एक पक्ष को सर्वस्व मानकर चलती है, वह स्वाभाविक प्रगति मार्ग से हट जाने पर कभी पीछे, कभी दाएँ, कभी बाएँ

भटकती रहती है और उस भटकाने वाले मार्ग को ही प्रगति मार्ग मानकर सन्तुष्ट हो जाती है।

मोहन राकेश की नाट्य-यात्रा (8 जनवरी 1925—3 दिसम्बर 1972)

('आषाढ़ का एक दिन' से लेकर 'पैर तले की ज़मीन तक')

'आषाढ़ का एक दिन' मल्लिका की जर्जर छत के नीचे प्रारम्भ होता है। शरविद्ध हरिण शावक को कालिदास गोद में लिए झुला रहा है। सत्ता के कर्मचारी दन्तुल के द्वारा यह आहत हुआ है। इस नाटक में रंगमंच पर विद्यमान उपकरणों के माध्यम से मानव की अन्तर्भावनाओं का उद्घाटन किया गया है। संवाद, भाषा, रंग, शैली, कथावस्तु सब पर अन्तर्राष्ट्रीय प्रभाव स्पष्ट जान पड़ता है।

जर्जर घर का कोना-कोना गृहस्वामिनी विधवा अम्बिका (मल्लिका की माँ) की दयनीय दशा का परिचय देता है। लकड़ी की बनी जर्जर दीवार की कोई गहरी नींव नहीं पर गेरू का स्वस्तिक चिह्न विद्यमान है, अर्थात् घोर दारिद्रय में भी प्राचीन परम्परा का पालन आवश्यक समझा जा रहा है। द्वार के खोलते ही मध्याह्न के समय भी प्रकोष्ठ में अन्धकार, मिट्टी के बुझे दीपक नैराश्यमय भविष्य के परिचायक हैं। पुराने जल घटों पर जमी काई और कालिखमय जल-पात्र जीवन के अन्धकार को प्रकट करते हैं। चूल्हे के समीप मिट्टी और काँसे के बर्तन भोजन के साधनाभाव सूचक हैं।

मल्लिका की छत के तले उसके पड़ोसी गाँववाले और विशेषकर कालिदास अपनी-अपनी भावना का परिचय देते हैं। नाटक के तीनों अंकों में यह स्थान घूम-फिर कर दर्शकों के सामने आ जाता है। कालिदास की सम्पूर्ण रचनाओं की प्रेरणा शक्ति मल्लिका इसी कुटिया में आजीवन रह जाती है। इसी में सम्राट के शासनाधिकारी, बधिक दन्तुल, अनुस्वार, अनुनासिक रंगिणी, संगिनी, सम्राज्ञी, प्रियंशु का आगमन होता है। यहीं से ग्रामीण भावना, शासकीय भावना, प्रेम भावना, समाज भावना एवं राष्ट्रीय भावना की छटपटाहट आहत मृग शावक के माध्यम से प्रस्फुटित होती है।

प्रारम्भ में ही मल्लिका और अम्बिका के संवाद से नाट्योद्देश्य झलकने लगता है। अम्बिका को अपनी आन्तरिक प्रेरणा से यह आभास मिलने लगता है कि जो कोमल प्रेम-भावना मल्लिका को आकांक्षा की तीव्र धारा में बहाये जा रही है, वह सारे परिवार को डुबाकर रहेगी। कालिदास के अपवाद सम्बन्धी माँ का कथन उसकी समझ में उसी प्रकार नहीं बैठता, जैसे अम्बिका के मन में मल्लिका की यह उक्ति नहीं बैठती—'माँ, मैं जानती हूँ अपवाद होता है, फिर भी मुझे अपराध का अनुभव नहीं होता। मैंने भावना में एक भावना का वरण किया है।' अम्बिका इसका उत्तर देते हुए कहती है, "तुम जिसे भावना कहती हो वह केवल छलना और आत्म-प्रवंचना है। भावना में भावना का वरण क्या होता है? उससे जीवन की आवश्यकताएँ किस तरह पूरी होती हैं? सम्पूर्ण नाटक भावना की धुरी पर राष्ट्रीय, सामाजिक, ग्रामीण, पारिवारिक, वैयक्तिक वृत्त बनाता चलता है। नाट्यकार प्रत्येक वृत्त को स्पर्श करता चलता है। यहाँ राकेश जी की राष्ट्रीय भावना पर मूल रूप से विचार करना है।

स्वतन्त्रता के दस वर्षों के बाद भारत में सम्राट चन्द्रगुप्त जैसी अकंटक राज्य-स्थिति बन चुकी थी। पर जनपदीय स्थिति ज्यों-की-त्यों बनी रही। प्रारम्भ में ही प्रकृति उपासक हरिण-शावक बधिक राजपुरुष दन्तुल[1] के बाणों से विद्ध होता है। यही जनपद की सहज प्रकृति भावना का आहत होना है। दूसरे अंक में अनुनासिक और अनुस्वार आते हैं। अर्थात् प्रशासन के अधिकारी प्रत्येक राजा रूपी अक्षर के सिर पर चढ़कर बैठने वाले हैं। अक्षरों की ध्वनि को ये ही बदलने वाले हैं। इनका कोई कुछ बिगाड़ सकता ही नहीं। इनको राह दिखाने वाली हैं रागिणी और संगिनी। दो प्रशासक जनपदीय विकास-योजना में कभी एकमत नहीं हो पाते। अत: ग्रामीण जीवन की दयनीय दशा पहले से भी विकृत हो गई, क्योंकि प्रकृति, जिसमें फिसलन के डर से निवास करना सम्भव नहीं, क्योंकि नगरों के महलों में चिकने फ़र्श पैर तोड़ने वाले होते हैं। (मातुल की गति मुद्रा इस तथ्य का संकेत दे रही है कि फिसलने से उसका पैर टूट चुका है।) नागरिक रहन-सहन का सम्पूर्ण वातावरण ही फिसलन (चारित्रिक स्खलन) उत्पन्न करने वाला है।[2] यदि नगर जैसा वातावरण, रहन-सहन जनपद में भी आ गया तो ग्राम्य-जीवन भी देश का पैर तोड़ने वाला हो जाएगा। कालिदास इसी की पुष्टि करते हुए कहता है—''जिस विशाल जनपदीय मुक्त वातावरण में मुझे रहना चाहिए था, उससे दूर हट आया हूँ। मैं स्वयं ही परिस्थितियों के हाथों बनता और चालित होता रहा हूँ।'' (पृ.—100)

स्वतन्त्र भारत में गरीब ग्रामीण की दशा दीन से दीनतर होती गई। मल्लिका के घर का मिट्टी का जलपात्र एक ओर से टूट चुका है। पवित्रता-सूचक आसन का बाघ-छाल और दीवार का स्वस्तिक लुप्त हो चुके हैं। एक-दो छोड़कर रसोईघर के सारे बर्तन टूट-फूट चुके हैं। वस्त्र प्राय: सब फट चुके हैं। बचे हुए अत्यन्त मलिन हो गए हैं। इन उपकरणों का सांकेतिक अर्थ है कि जनपद में जीवन की अनिवार्य आवश्यकताएँ भी उपलब्ध नहीं हो पा रही हैं। मिट्टी का जल-कलश और भोजन के भांडे नष्ट हो चुके हैं, पवित्रता मिट चुकी है, वस्त्राभाव दिल दहलाने वाला है। जर्जर छत गिरने वाली है। यह है-स्वतन्त्रता के प्रथम युग की ग्रामीण प्रगति का नमूना।

कालिदास स्वयं इसका कारण जनपदीय प्रकृति और संस्कृति की सर्वथा उपेक्षा स्वीकार करता है—''बहुत बार सोचा है मल्लिका, और हर बार इस निष्कर्ष पर पहुँचा हूँ कि अम्बिका ठीक कहती थी।'' (पृ.-99)

---

1. दन्तुल—हिंस्र शूकर वधिक। जिसका कर्तव्य कृषि को नष्ट करने वाले हिंसक पशुओं की हिंसा—दुष्ट विनाश करना था, वह निरपराध हिरण शावक को लक्ष्य बना रहा है। अर्थात् गरीब का रक्त शोषण ही राजपुरुष का मनोविनोद हो गया।
2. मातुल नागरिक और ग्रामीण जीवन की तुलना करते हुए कहता है—''यह जानता कि राजप्रासाद में रहकर पाँव तोड़ बैठूँगा तो कभी ग्राम छोड़कर न जाता। शासन ने पीछे से मेरा घर ऐसा कर दिया कि कहीं पैर टिकता ही नहीं। इन चिकने शिला-खंडों से तो वह मिट्टी ही अच्छी थी जो पैर को पकड़ती तो थी।''—पृ.-88

कालिदास अपनी परिणीता पत्नी के साथ रहते हुए अपनी रचनाओं के प्रेरक तत्त्व-मल्लिका की उपेक्षा करता है। वह स्वयं कहता है—

" 'कुमारसम्भव' की तपस्विनी उमा तुम हो, 'मेघदूत' की विमर्दिता यक्षिणी तुम हो। 'शकुन्तला' के रूप में तुम्हीं मेरे सामने थीं। जब उससे हटकर लिखना चाहा तो रचना प्राणवान् नहीं हुई।"—(पृ.-102)

जनपद-देश विकास रूपी महाकाव्य की रचना का स्रोत रहा, पर वहाँ की जर्जर झोंपड़ी में बड़े यत्न से संजोया 'ग्रंथ' अलिखित ही रह गया। शासक वर्ग ने बड़ी ईमानदारी से जनपद का दैन्य मिटाना चाहा, पर अनुस्वार और अनुनासिक रंगिणी और संगिनी नामक कर्मचारी गाँव की प्रकृति और प्रवृत्ति न समझ पाए। अतः गाँव ज्यों-का-त्यों रह गया। विकास का एक अक्षर भी न लिखा गया।

मल्लिका नाम नहीं, विशेषण बन गई। "मल्लिका की सुगन्ध से आकृष्ट भ्रमर सन्ध्या समय उनकी पंखुड़ियों पर पैर रखकर उनकी गणना मात्र करते हैं।* अर्थात् रस लेकर उड़ जाते हैं।" दूसरा प्रतीक और हो सकता है। मल्लिका कहते हैं दीपक रखने के दीवट को, उस पर बैठकर दीपक दूर-दूर प्रकाश देता है, पर दीवट के आस-पास अन्धकार बना रहता है। यही दशा मल्लिका की रही।

सबसे महत्त्वपूर्ण संकेत मल्लिका के शिशु और उसके रुदन की ओर है— शिशु का पिता कौन? अष्टावक्र शिशु को कालिदास जैसी आकृति का बताता है पर मल्लिका के विवाह का कहीं उल्लेख नहीं। तात्पर्य यह है कि जनपद की अनाथ अबला से जो नई स्थिति रोने-रुलाने वाली—जन्मी है, उसका उत्तरदायी कौन? विलोम या कालिदास? जनपद या शासक? इसका उद्धार कैसे हो?

मल्लिका रूपी ग्राम देवी शासक कालिदास को स्मरण दिलाती है—"तुम कह रहे थे कि तुम फिर अथ से आरम्भ करना चाहते हो।" कालिदास का उत्तर है—"मैंने कहा था, मैं अथ से आरम्भ करना चाहता हूँ। यह सम्भवतः इच्छा का समय के साथ द्वन्द्व था। मैं देख रहा हूँ कि समय अधिक शक्तिशाली है।"—(पृ.-110) ठीक इसी प्रकार का कथन है 'लकी' का। (गॉडॉट के इन्तज़ार में, पृ.-60)

कवि और शासक हार मान गये। हर ग्रामीण विलोम को विश्वास है—"कवि निर्दय नहीं है। उसने औरों को भी सत्ता दी है। औरों को अवसर दिया है। निर्माण किया है।"

सम्भवतः राकेश की यही निजी मान्यता रही। इसी कालचक्र का रहस्य समझने को उन्होंने 'लहरों के राजहंस' की रचना की, जिसका विस्तृत विवेचन किया जा चुका है।

---

* वनेषु सायत्त न मल्लिकानां विजृम्भणोद्गन्धिषु कुदुमलेषु।
प्रत्येक निक्षिप्त पदः सशब्दं संख्याभिवेषां भ्रमरश्चकार॥

('कुमारसम्भव' 17 सर्ग, श्लोक 47)

मोहन राकेश पर वेकेट और ओ'नील का प्रभाव

इस नाटक ('आषाढ़ का एक दिन') में कुटिया, मृग शावक, घड़ा, ग्रंथ, बर्तन आदि प्रतीकात्मक हैं। इसमें संवाद-उपकरण, प्रकृति-छटा की मिलकर भाषा एक बन गई है। 'गॉडॉट के इन्तज़ार में' हार्ड स्टूल, रेती भरा बोरा, जाल; पेड़ की डाली, फाँसी की रस्सी, गड़रिया, पोजो के सिर का बोझा।

दूसरा प्रभाव है कि दोनों में कथावस्तु के स्थान पर स्थितियों पर बल दिया गया है। चरित्र-चित्रण गौण है। समकालीन स्थितियाँ प्रधान हैं।

तीसरा साम्य है एक प्रश्न के उत्तर का सारा प्रयत्न, फिर भी प्रश्न अन्त तक अनुत्तरित। 'आषाढ़ के एक दिन' में शिशु के उत्तरदायी की खोज। 'गॉडॉट के इन्तज़ार में' गॉडॉट को किसने देखा है?

दोनों का उद्देश्य एक है। दोनों चाहते हैं कि दर्शक समस्या साथ लेकर जायें और उत्तर ढूँढ़ने का स्वयं प्रयत्न करें।

इस नाटक की दो विरोधी प्रतिक्रिया दर्शकों पर हुईं। राजस्थान के गवर्नर भारतीय संस्कृति के व्याख्याता बाबू सम्पूर्णानन्द जयपुर में इस नाटक का अभिनय देखकर बहुत ही रुष्ट हुए। एक बार गवर्नर हाउस में हिन्दी के कुछ साहित्यकार जब उनसे मिलने गए तो उन्होंने अपना आक्रोश प्रकट करते हुए कहा—"भारतीय संस्कृति के स्तंभ कालिदास की चिन्तन-धारा और दार्शनिकता में बिना स्नान किए जो लोग उन्हें वारांगना प्रेमी और मल्लिका के घर का वासनावश चक्कर काटने वाला मानते हैं, वे साहित्य, कालिदास और भारतीय संस्कृति के साथ अन्याय करते हैं, क्या हिन्दी साहित्य का इतना स्तर गिर गया?" सम्भवत: बाबू सम्पूर्णानन्द 'आषाढ़ का एक दिन' में कालिदास के जीवन-दर्शन को देखना चाहते थे। 'आषाढ़ का एक दिन' से उनका प्रसिद्ध खण्डकाव्य 'मेघदूत' प्रारम्भ होता है, जिसमें विरही यक्ष अपनी पत्नी यक्षिणी के पास मेघ द्वारा अपनी वेदना का संदेश भेजता है। विरही यक्ष की व्याकुल वेदना सम्पूर्ण जगत् की वेदना से एक होकर सर्वत्र व्याप्त हो जाती है, नरलोक से किन्नर लोक सबमें एक ही व्याकुल अभिलाष भाव उल्लसित हो रहा है। मिलन स्थिति-बिन्दु है, विरह गति वेग है। दोनों के परस्पर आकर्षण से रूप की प्रतीति होती रहती है। विचार मूर्त आकार ग्रहण करते रहते हैं, भावना सौन्दर्य बनती है, विरह में सौभाग्य पनपता है, रूप खिलता है, मन निर्मल होता है, बुद्धि एकता का संधान पाती है।

('द्विवेदी ग्रन्थावली' खण्ड-8, पृ.-133)

कालिदास के जीवन, व्यक्तित्व और दार्शनिकता के अध्येता को खटकने वाली त्रुटि यह जान पड़ती है कि क्या ऋतु-संहार रचना के आधार पर ही कालिदास को सम्राट चन्द्रगुप्त की राजसभा में सम्मानित किया गया था? जिस राजसभा में 'धन्वन्तरि' 'वराहमिहिर' जैसे धाकड़ विद्वान् विद्यमान थे वहाँ क्या 'ऋतुसंहार' के रचयिता को इतना बड़ा सम्मान दिया जा सकता था? क्या इस तरह के मादक रस से परिपूर्ण

किसी भी प्रकार के जीवन-दर्शन से वंचित काव्य का कोई भी अन्य रचयिता उस काल में विद्यमान नहीं था? यदि राजकवि की योग्यता का यही स्वर था तो साहित्य की उन्नति की क्या आशा हो सकती है? जिस कालिदास की रचनाओं पर संसार मुग्ध है, क्या उसका जीवन इसी प्रकार का होगा? क्या प्रमाण है कि कालिदास वारांगनाओं और ग्राम की नव युवतियों के साथ ऐसा व्यवहार करता रहा, जैसा लम्पट व्यवहार इस नाटक में दिखाया गया है। कदाचित् एंटी थियेटर के दिशा परिवर्तन में।

सम्भवत: आधुनिकता के प्रवाह में कालिदास ने इस नाटक की रचना की। एब्सर्ड सिद्धान्त और समसामयिक दशा प्रदर्शन की प्रेरणा से उन्होंने उपर्युक्त तथ्यों की अवहेलना की होगी।

कुछ भी हो, यह नाटक हिन्दी-नाट्य रचना को एक लोक में पहुँचाने में समर्थ हुआ। एक नई दिशा की ओर हिन्दी नाट्य-साहित्य मुड़ गया। यह राकेश की बहुत बड़ी देन है। इस परिवर्तित दिशा में चलते-चलते राकेश जी अन्त में 'पैर तले की ज़मीन', तक पहुँचे, उनकी अंतिम पूर्णकृति 'आधे अधूरे' पर जो अन्तर्राष्ट्रीय प्रभाव पड़ा, उसका विवेचन आगे किया जाएगा।

मोहन राकेश का कृतित्व

मोहन राकेश ने परम्परागत पद्धतियों का त्याग करते हुए सदा यह ध्यान रखा कि— (1) कथावस्तु में एकसूत्रता और क्रमबद्धता हो चाहे न हो, पर वस्तुविन्यास में स्थितियाँ गतिमती होती चलनी चाहिए। (2) संवाद सहज गति से चलते चलें, पर उनमें तीखा व्यंग्य, संवेदना, संघातों के मध्य से फूट पड़ने वाला बौद्धिक प्रकाश चकाचौंध उत्पन्न करने वाला हो। (3) मंचन और सर्जन आत्मीयता उत्पन्न कर दे। (4) ओ'नील, बेकेट की अस्तित्ववादी दृष्टि अतीत के कथानकों से झाँकती दिखाई पड़े। (5) आधुनिक जीवन की आपा-धापी के पीछे लुक-छिपकर चलने वाली सुविधामूलक प्रवृत्तियों का अन्तिम परिणाम कुंठा, निराशा, विघटन, तनावमय अवश्य हो, चाहे पारिवारिक संघर्ष की आग से सारी सुख-सुविधा भले ही भस्म हो जाए।

यदि नाट्यकार इस स्थिति को विष्णु प्रभाकर की तरह कोई नया प्रकाश देकर आशान्वित रूप में सँभाल लेता तो यह नाटक 'आधे अधूरे' अधिक प्रभविष्णु हो जाता।

त्रुटियाँ

सूच्य कथाएँ सहायक होती हैं, पर उन्हें सहजता का मूल्य चुकाना पड़ता है। कहीं-कहीं विशेषकर अन्त के लम्बे संवाद अरुचिकर बन जाते हैं। संवेदनाएँ उखड़ती हुई-सी जान पड़ती हैं। परिस्थितियाँ जहाँ संवेदनाओं को उभारनेवाली सिद्ध होती हैं वहाँ ये दीर्घ संवाद अखरते नहीं। पति का इतना दब्बूपना पत्नी की तेजस्विता को उद्दीप्त करने का काम तो करता है पर जो पति प्रारम्भ से पत्नी के सामने अपने को कीड़ा समझेगा, वह हाथ-पैर साबित रहते इतने दीर्घकाल तक निर्वाह कैसे कर

सकेगा? क्या वह आर्थिक परतंत्रता से बद्ध होने के कारण ऐसा करने को विवश है? पर विवाह के समय भी क्या वह ऐसा ही प्रमादी था? क्या ऐसे प्रमादी के साथ सावित्री जैसी तेजस्विनी उग्र महिला विवाह को तैयार होती? वह कहता है—"मुझे पता है मैं एक कीड़ा हूँ, जिसने अन्दर-ही-अन्दर इस घर को खा लिया है। पर अब पेट भर गया है मेरा। हमेशा के लिए भर गया है और बचा भी क्या है।"

पैर तले की ज़मीन

मोहन राकेश की अन्तिम कृति 'पैर तले की ज़मीन' उनके आजीवन चिन्तन का निष्कर्ष है। जब व्यक्ति का अन्तिम क्षण निकट जानकर शेषनाग अर्थात् जीवन के अंत में बच जाने वाला तत्त्व मृत्यु के समय आयु के पुल को भयंकर वेग से तोड़ने लगता है तो शेषनाग मृत्युनदी के भयानक कोलाहल को सुनते हुए नैराश्य के अन्धकार में जीवन की आशा का प्रकाश ढूँढ़ने निकलता है। उस समय की मन: स्थिति विभिन्न मरणासन्न व्यक्तियों के पृथक-पृथक रूप में मिलती है। नाट्यकार ने भोगायतन शरीर संसार को क्लब के समान माना है। जिसमें लोग अपनी-अपनी रुचि और संस्कार के अनुसार सुख अथवा दु:ख में जीवन बिताते हैं। नाट्यकार ने पात्रों के नामकरण में कौशल से काम लिया है। इस सांसारिक भोग के पदार्थों की ताली, नियामत अर्थात् समृद्धि, धन, सम्पत्ति के पास है। जिसका हिसाब-किताब रखने वाला अब्दुल्ला है। इस क्लब का स्वामी शफाकत देने वाला शफी है, जिसके आदेश को क्लब तक पहुँचाने का साधन टेलीफ़ोन अर्थात् चेतना है। जब मृत्यु की नदी में तूफ़ान आने से परमचेतना से व्यष्टि-चेतना का तार टूटने लगता है तो चारों ओर अन्धकार ही अन्धकार दिखाई पड़ता है। सुरा-सुन्दरी उस क्लब में भोग के सबसे बड़े साधन हैं। मानव स्वभाव है कि वह जो कार्य नित्य प्रति करने लगता है, उसी में उसे सुख मिलता है। पंडित और झुनझुनवाला सुरापान को सुख मानकर इसके ऐसे अभ्यासी हो गए हैं कि मृत्यु के क्षण का आगमन जानते हुए भी नियम विरुद्ध स्टोर का ताला तोड़कर शराब पीने लग जाते हैं। और अयूब तो सुरापान के अतिरिक्त न जाने कितनी स्त्रियाँ रखैल बनाकर भी सन्तुष्ट नहीं होता, अपनी पत्नी सलमा के सामने चौदह वर्ष की कन्या नीरा का कौमार्य बलात् भंग करता है। अयूब की चित्तवृत्ति का पता इन शब्दों से स्पष्ट होता है—'क्या चाहता हूँ कुछ समझ में नहीं आता कि क्या चाहता हूँ। खासतौर से जब रात उतरती है तो क्यों छटपटाने लगता हूँ। जो ज़िन्दगी मैं जी रहा हूँ, वह मेरी अपनी ज़िन्दगी नहीं है। मैं चाहे जितने साल उसे ढोता रहूँ फिर भी उसे अपना नहीं सकूँगा। मन की छटपटाहट और ही बढ़ती गयी। मेरा दोस्त डॉक्टर अपनी बीवी सकीना को पाकर खुश नहीं हो सका, उसी तरह जैसे मैं सलमा से शादी करके। सब एक-दूसरे के खोल से वाकिफ हैं। एक-दूसरे का खोल उतरते देखना चाहते हैं मगर अपना खोल बनाए रखते हुए। वह भ्रम जिसे वे बनाए रखना चाहते हैं, मैंने उसे तोड़ दिया।'

रीता और नीरा के माध्यम से क्लब में आने-जाने वाली दो लड़कियों का चरित्र दिखाया गया है। जिनमें से एक अपने अन्दर के देवत्व को मार चुकी है और दूसरी चौदह वर्ष की नीरा अयूब की काम, वासना का शिकार उसी प्रलय की रात में हुई है। पण्डित और झुनझुनवाला जीवन का अन्तिम क्षण निकट जानकर भिन्न रूप में व्यवहार कर रहे हैं। व्यापारी झुनझुनवाला अभी चैक काटने को उतावला है पर पण्डित अपने ताश फेटने और शराब पीने में व्यस्त हैं। इस प्रलय की रात के पहले भी एक बार ऐसा ही दृश्य बन गया था, अर्थात् जब मनुष्य जीवन में एक बार मौत के मुँह से निकल आता है तो समझता है कि मुझे मरना ही नहीं। फिर ऐश-आराम में पड़ जाता है। पण्डित मृत्यु के क्षण को समीप जानकर भी ज्ञान-विज्ञान की डींग ही मारता रहता है। कहता है "चढ़ती कीमतों को नीचे लाना असम्भव है, वित्तमन्त्री की नयी योजना, दो-दो रुपये के नए नोट, चीफ़ कमिश्नर का बयान, नल के पानी के कीड़े नुकसानदेह नहीं।" पण्डित सबको राह बताने को आतुर है। वह सबकी जान की फ़िक्र करता रहता है। पर ब्रांडी के लिए लालायित होता है। राकेश की आयु रूपी पुल का एक-एक पत्थर टूटते हुए गिर रहा है। सारा पुल ऐसा टूटा कि वे इस नाटक को भी पूरा नहीं कर पाये। राकेश शास्त्र के ज्ञाता, संस्कृत के पण्डित मेधावी कलाकार थे। उन्होंने क्लब का हिसाब करने वाले अयूब के द्वारा पण्डित और झुनझुनवाला का तेरह और सत्रह रुपये का जो बिल बनाया उसमें संख्या सोद्‌देश्य अंकित है। स्थूल शरीर के नाश के उपरान्त सत्रह सूक्ष्म तत्त्वों को लेकर मृत प्राणी संसार से जाता है। यही क्लब से निकलने पर उसका बिल चुकाना है। पंचदशी के तेइसवें श्लोक में इसका विवरण दिया गया है—

बुद्धि कर्मेन्द्रि प्राणपंचकैर्मनाधिया॥
शरीरं सप्तदशभि सूक्ष्मं तल्लिंगमुच्यते।
भोगाय कर्मकर्तुं च भुञ्जते।।
नाट्यांकीटा इवावर्तादावर्तान्तरमाशुते।
व्रजन्तो जन्मनो जन्म लभते नैवं निर्वृतिम्।।

पुल टूटने पर जब क्लब निवासी नदी में घुसते हैं तो उन्हें कीड़े काटते हैं। पंचदशीकार की इसी भावना को नाटकीय ढंग राकेश ने दिया। अब्दुल्ला जब कहता है कि हम लोग पुल के उस पार जाने को छटपटा रहे हैं पर अयूब सलमा के साथ क्लब में आ रहा है। यही है प्राणी का आवागमन। कोई आता है कोई जाता है। वास्तव में बोलचाल की व्यंग्य भरी भाषा के माध्यम से जीवन और मृत्यु का ऐसा हृदयस्पर्शी विवरण हिन्दी के किसी भी नाटक में उपलब्ध नहीं। मुझे ऐसा प्रतीत होता है कि यदि राकेश इसे पूर्ण कर पाते तो यह कृति कालिदास के 'अभिज्ञान शाकुन्तलम्' की शैली पर लोक और परलोक के मिलन का रमणीय दर्शन कराने में समर्थ होती। जिस प्रकार 'पंचदशीकार' में जीवन की सफलता किसी महापुरुष के अवलम्बन पाने से उपलब्ध होती है उसी प्रकार सम्भव है कि राकेश आधुनिक

युग की सुरा-सुन्दरी का भोग करने वाले क्लब-प्रेमियों को सुखी जीवन और शान्त मरण सिखाने का कोई मार्ग उसी प्रकार दिखा पाते जिस प्रकार कालिदास बेचैन सम्राट दुष्यन्त और पति परित्यक्ता उसकी पत्नी शकुन्तला का अन्त में अत्रि ऋषि के यहाँ मिलन दिखाकर दोनों के जीवन को सफल बनाया।

राकेश के लद्दर (लब्धधड़) अर्थात् जन्मनद और शेषनाग अर्थात् जीवन के अन्तनद (यम) के मध्य स्थित भोगायतन (शरीर) है। लद्दर और शेषनाग दोनों में जल वृद्धि का अर्थ है आयु का वार्द्धक्य जो भोगायतन क्लब को दोनों ओर से निगलने को दौड़ रहा है। अर्थात् जन्म से नित्य बढ़ने वाला जल अन्त तक शेषनाग की ओर बढ़ रहा है और आयु का पुल टूट रहा है। अर्थात् जीवन समाप्त होने पर मृत्यु पास आ गई है।

मोहन राकेश का व्यक्तित्व

मोहन राकेश का व्यक्तित्व ऐसा आकर्षक था कि मित्रों, सहयोगियों यहाँ तक कि अधिकारियों को भी उनके जीवन की दिल्ली आगमन से पूर्व की कथा जानने की जिज्ञासा ही नहीं होती थी। मुझे दिल्ली विश्वविद्यालय में उनके साथ काम करने का अवसर मिला। हमारे एम.ए. के छात्रों को जब भी उनके भाषण सुनने का सुअवसर प्राप्त होता तो वे मन्त्रमुग्ध होकर राकेश जी की भूरि-भूरि प्रशंसा करते। सभी प्राध्यापक, अधिकारी वर्ग यहाँ तक कि पूरा विभाग उनकी विद्वत्ता, शालीनता से अपने को गौरवान्वित समझता। किन्तु अपने जिन वैयक्तिक कारणों से उन्होंने अपनी ऊँची नौकरी को ठोकर मारी उनका रहस्य उनकी जीवित अवस्था में नहीं खुल पाया। उनका अल्प संकेत उनकी मृत्यु के उपरान्त उनकी पत्नी अनीता राकेश की पुस्तक 'चन्द सतरें और' के द्वारा मिलता है। उनकी प्रथम पत्नी प्रिंसिपल शीला डवाल की मर्म भरी कहानियों से भी कुछ रहस्य खुलता है। उनके व्यक्तित्व की चर्चा करते हुए उनके मित्र कमलेश्वर अपने लेख 'मेरा हमदम मेरा दोस्त' में लिखते हैं, 'अगर कहीं एक ऐसा शख्स दिखाई पड़े जो सिल्क की निहायत लम्बे कॉलर वाली कमीज़ पहने हो, जिसके कफ़ कोट की बाँहों से छह अंगुल बाहर निकले हों, और उनमें एकदम पुरानी चाल के कफ़ बटन हों, जिसकी टाई की गाँठें ढीली मुट्ठी की तरह गर्दन में बेतरतीबी से कसी हों, कीमती कपड़े की पैंट, पहनने वाले से पनाह माँग रही हो और जो गोल्ड फ़्लेक की सिगरेट जला-जलाकर रख रहा हो और माचिस की तीलियाँ राख और टुकड़े निहायत साफ़-सुथरी और सजी-जगहों में फेंकता जा रहा हो और बात-बात में आसमान फाड़ ठहाके लगाता हो और लेखक के बजाय किसी बार का रईस, पर पहली नज़र में एकदम प्रोपराइटर लगता हो, तो समझ लीजिए कि वह राकेश है।'

उक्त शब्दों से राकेश जी के रहन-सहन, वेश-भूषा, चाल-ढाल का कुछ संकेत मिलता है। कुछ दिन उनके सम्पर्क में रहकर मैंने उनके दुहरे व्यक्तित्व का

अध्ययन करना चाहा तो मुझे ऐसा प्रतीत हुआ कि वे अपनी अन्तर्वेदना को छिपाने के ऐसे अभ्यासी हो गये थे कि मानो उनके मन में कुछ है ही नहीं, उनकी सारी आशा, अभिलाषा का अधखिला फूल असमय में ही झड़ने लग गया था। 'पैर तले की ज़मीन', 'आषाढ़ का एक दिन', 'लहरों के राजहंस', 'आधे अधूरे', तक की रचना तक तो वे अपने अन्तर्द्वन्द्वों के साथ बहादुरी से लड़ रहे थे। पर अपनी आयु के फल को टूटते हुए देखकर 'पैर तले की ज़मीन' में मानो हताश जीवन से एक असहाय हुए यात्री की तरह महाकाल में लपलपाती हुई प्रलय की उत्ताल तरंगों में अपने को समर्पित कर रहे थे। इस विषय में 'पैर तले की ज़मीन' सम्बन्धी लेख में समीक्षा कर आये हैं।

उनके जीवन और कृति के सम्बन्ध में मेरा वैसा ही अनुमान है जैसा विष्णुकान्त शास्त्री ने 'चन्द सतरें और' की समीक्षा करते हुए हिन्दी साहित्याब्द कोश (1975) में लिखा है—"राकेश का जो रूप 'चन्द सतरें और' में झलकता है वह आकर्षक, मोहक युवक का है। आत्मविश्वासी, समर्पित लेखक का है; यारबाश दोस्त का है; एक बड़ी सीमा तक सफल 'पॉलिटीशियन' का है। लेकिन इसी के साथ यह भी लगता है कि आत्म सीमित रहने एवं अतिशय अपेक्षाशील होने के कारण सम्बन्धों का अधिक समय तक निर्वाह वह नहीं कर पाता था; न बीवियों से, न दोस्तों से, न रिश्तेदारों से। बाहर का धाकड़ राकेश भीतर-भीतर कितना थक गया था और थकता सा जा रहा था, इसका आभास भी इसके अन्तिम पृष्ठों में मिलता है। खूबसूरत लड़कियों एवं आरामदेह ज़िन्दगी के प्रति उसकी आसक्ति भी संकेतित है। घर बसाना इसीलिए उसके वास्ते कठिन था कि उसकी नालायकियों पर नाज़ करने वालों की संख्या अधिक न हो पायी। आर्द्रा की प्रतीक उसकी माँ की तरह।"

उक्त उद्धरणों से यह सिद्ध होता है कि वे एक मस्तमौला कलाकार की तरह स्वतन्त्र जीवन बिताने के ऐसे अभिलाषी थे कि उन्हें घर-बाहर कहीं किसी का भी शासन बर्दाश्त नहीं था। उनका चित्त नाट्यभाषा पर स्वयं शासन करने में इतना व्यस्त रहता था कि धर्म, जाति, समाज, परिवार आदि में से किसी अनुशासन में बँधना उनके लिए सम्भव था ही नहीं। वे नई नाट्यभाषा के निर्माता, आधुनिक नाटक के मसीहा, पारिवारिक जीवन की विकृति, विसंगति एवं विशृंखलता के उद्गाता, तत्कालीन युवा पीढ़ी के आदर्श के रूप में अपना जीवन-सन्देश सुनाते। अपनी नाट्य कृति को युवावस्था में विधवा छोड़ सदा के लिए चले गए। राकेश यदि चतुर्थ आश्रम तक पहुँच पाए होते तो अनेक रत्नवत् नाट्यकृतियाँ हिन्दी जगत् को प्राप्त हो गई होतीं।

लहरों के राजहंस (1962-63)

अन्त:करण सरोवर में बुद्धि और भावना के द्वन्द्व से उत्पन्न विविध लहरियों पर झूलने वाली जीवन नौका का एक रूप 'आषाढ़ का एक दिन' में हम देख आए हैं। उसका दूसरा रूप 'लहरों के राजहंस' में नन्द और उसकी पत्नी सुन्दरी की मनोवृत्तियों में

पाया जाता है। यहाँ प्रवृत्ति और निवृत्ति, पार्थिव और अपार्थिव के द्वन्द्व का चित्रण है, सुन्दरी का कामोत्सव और यशोधरा का भिक्षुणी संस्कार अवसर लगभग एक ही समय नियत हो जाता है। अतः सुन्दरी के उत्सव आयोजन में आमंत्रित लोग नहीं आ पाते। इस कारण सुन्दरी को मानसिक चोट पहुँचती है जो आर्य मैत्रेय के इस कथन से, 'कामोत्सव का आयोजन यदि आज स्थगित करके कल रखा जाता।' और भी पीड़ा पहुँचाती है। वह अपने अपमान का कारण नन्द को समझती है। नन्द जिस समय सुन्दरी का शीशे के सामने प्रसाधन करा रहे थे उसी समय भगवान बुद्ध भिक्षा न पाकर राजप्रासाद से लौट जाते हैं। यह समाचार पाकर नन्द भगवान बुद्ध के पास दौड़ते हैं। बुद्ध के वैराग्य-भरे उपदेशों से उन्हें संसार से विरक्ति होने लगती है और उनका मन त्याग तपस्या की उदात्त भावना से तरंगित तरंगों पर राजहंस की तरह दोलायमान होने लगता है। तत्क्षण सुन्दरी का रूप उन्हें घर की ओर खींचता है। पर वैराग्य-भावना भगवान् बुद्ध की ओर प्रेरित करती है। ठीक इसी प्रकार सुन्दरी एक ओर अपने सौन्दर्यपाश में पति को जकड़ना चाहती है दूसरी ओर केश-मुण्डित नन्द को अपने शयन-कक्ष में विलम्ब से आते देखकर उन पर इसलिए क्रुद्ध हो जाती है कि वह (नन्द) पत्नी की कोमल भावना, प्रेममयी आस्था को क्यों नहीं समझते। उसे विरागी गौतम बुद्ध और भिक्षुणी यशोधरा से इसलिए वितृष्णा है कि वे गृहस्थ जीवन का रस जानते ही नहीं। उनके ट्रेजिक जीवन का दोषारोपण वह यशोधरा पर करती है। उसका दृढ़ विश्वास है कि यशोधरा नारी की शक्ति को नहीं पहचानती। ''नारी का आकर्षण पुरुष को पुरुष बनाता है उसका अपकर्षण उसे गौतम बुद्ध बना देता है।''

(पृष्ठ 43)

यदि 'आषाढ़ का एक दिन' की मल्लिका से 'लहरों के राजहंस' की सुन्दरी की तुलना की जाए तो नारी जीवन के दो विभिन्न पक्ष स्पष्ट हो जाते हैं। अविवाहिता मल्लिका अभावग्रस्त ग्रामीण जीवन में रहते हुए भी प्रेमी कालिदास के निरन्तर चिंतन से भाव-विभोर होती रहती है किन्तु विवाहिता सुन्दरी राजप्रासाद के सभी सुख साधनों के मध्य पति के समीप रहते हुए भी अतृप्त जीवन बिता रही है। कदाचित राकेश जी को ग्रामीण निर्धन सुन्दरी के सहिष्णु जीवन का सहज प्रेम राजभवन की कुशल विदुषी राजरानी के पुस्तकीय प्रेम से अधिक आकर्षक जान पड़ता है।

मल्लिका और सुन्दरी की प्रेम-भावना में दूसरा अन्तर यह है कि मल्लिका अपनी माता अम्बिका, पड़ोसी विलोम और प्रेमी कालिदास की अंतरंग भावनाओं और उनकी बाह्य विवशताओं को समझने का प्रयास करती रहती है, किन्तु हठवादिता की पुजारिन सुन्दरी भगवान् बुद्ध देवी यशोधरा और राग-विराग के मध्य जूझने वाले पति नन्द की भी भावना को 'चन्दन की कटोरी की' तरह सदा ठुकराती रहती है। उसे अपने सभी सगे-सम्बन्धी उसकी मनोकामना पूर्ति में बाधक जान पड़ते हैं।

दोनों (मल्लिका, सुन्दरी) की प्रेम-भावना में तीसरा अन्तर यह है कि वे अपने प्रेमी और पति के कृत्यों को अलग-अलग दृष्टिकोण से देखती हैं। मल्लिका

अमात्य कालिदास से उपेक्षिता रहते हुए भी उसे अपने जीवन में सदा विद्यमान पाती है और उसकी काव्य-रचना से अपना जीवन सार्थक समझती है, किन्तु सुन्दरी नन्द की समीपवर्तिनी होते हुए भी उसके प्रत्येक कृत्य की आलोचक रहती है। जहाँ मल्लिका कहती है, "मैं यद्यपि तुम्हारे जीवन में नहीं रही परन्तु तुम मेरे जीवन में सदा वर्तमान रहे हो। तुम रचना करते रहे और मैं समझती हूँ कि मैं सार्थक हूँ।"

('आषाढ़ का एक दिन' पृष्ठ 14)

इसके विरुद्ध सुन्दरी कहती है—"मेरी कामना मेरे अन्तर की है। मेरे अन्तर में उसकी पूर्ति भी हो सकती है।" ('लहरों के राजहंस' पृष्ठ 74)

नन्द जब उसके उद्वेग को शांत करते हुए कहता है—"ठहरो सुन्दरी बात सुनो" तो वह उद्विग्न होकर नन्द से कहती है, "अपने उद्देश्य का कारण मैं स्वयं हूँ और यह किसी अहमन्यता का ही सूचक है, उदारता का नहीं।"

दूसरे अंक में जब नन्द उसे समझाते हुए पूछता है, "सुन्दरी, मैं किस पर अधिक मुग्ध हूँ? तुम्हारी सुन्दरता पर या तुम्हारे चातुर्य पर?" तो उसे यह व्यर्थ की बात समझती है। कारण यह कि वह पति को शंकालु भाव से देखती रहती है। जब वह कोई बात पूछता है तो उसे लगता है कि यह सब बाहरी आडम्बर है। एक स्थान पर नन्द से कहती है, "नहीं इस मन से नहीं, पहले बताइए क्या सोच रहे हो।"

('लहरों के राजहंस' पृष्ठ-120)

इससे सिद्ध होता है कि उसे पति की वाणी और उसकी आन्तरिक भावना एवं वैचारिक पक्ष में अन्तर-ही-अन्तर सूझता है।

नारी की हठवादिता, ईर्ष्या, पति में अविश्वास का सबसे भीषण रूप 'आधे अधूरे' की सावित्री में दिखाई पड़ता है जिसका विस्तृत विवेचन अन्यत्र किया गया है।

शंकर शेष (1933-82)

विसंगत नाट्य शैली से प्रभावित नाट्यकारों में शंकर शेष का ऊँचा स्थान है। रंग-मंच से जुड़े रहने और विविध प्रकार के नाट्य प्रयोग करने का इन्हें अवसर मिला। छात्र जीवन में ही इन्होंने 'रत्नगर्भा', 'विवाह मंडप', 'बेटों वाला बाप 'नामक लघु नाटक लिखे। मध्यप्रदेश की आदिम जातियों पर अनुसन्धान कार्य करते हुए इन्हें लोक नाट्य का प्रत्यक्ष अनुभव हुआ, जो इनके नाट्य शिल्प में योगदान देता रहा। देश के दुर्भाग्यवश वह युवावस्था में संसार से चले गए। इन प्रारम्भिक कृतियों में मिथकों का प्रयोग समसामयिक समस्याओं के स्पष्टीकरण के लिए किया गया है। कृष्ण, ऊधो, धरणी, गगन, द्रोणाचार्य, आदि पौराणिक नामों का उपयोग केवल परम्परा से जुड़े रहने का बहाना मात्र है, वास्तव में उन पात्रों के पौराणिक क्रिया-कलापों से दूर का भी सम्बध नहीं। 'रत्नगर्भा' में कृष्ण अन्याय, अत्याचार से धनार्जन करने वाले मुखौटाधारी पूँजीपतियों का भंडाफोड़ करते दिखाई देते हैं, इसी प्रकार 'एक और द्रोणाचार्य' में आधुनिक युग के मिथ्याचारी एवं शिष्य धन लोभी अध्यापक

वर्ग का पर्दाफाश करता है।

अपेक्षाकृत प्रौढ़ नाटकों में प्रेम, आदर, श्रद्धा, भक्ति, कर्त्तव्य-भावना, सत्य की खोज के विविध पक्ष उठाए गए हैं।

'बन्धन अपने-अपने' में चेतना अनादि से वैवाहिक नाता जोड़ना चाहती है। बीमारी के दिनों उसके मेधावी भाई डॉ. जयन्त की सेवा सुश्रुषा कर्त्तव्य बुद्धि से करती है, जिसका आशय रोगी जयन्त कुछ और ही समझता है। जब वह वाशिंगटन जाते समय चेतना को विवाह सूत्र में बँधने का प्रस्ताव रखता हुआ पत्र लिखता है और अनादि भी चेतना से अपने भाई को पति रूप में ग्रहण करने का अनुरोध करता है तो वह आदर, श्रद्धा और प्रेम का अन्तर इस प्रकार स्पष्ट करती है; "मैंने डॉ. जयन्त से कभी प्रेम नहीं किया। उनकी विद्वत्ता, अखंड साधना के प्रति मेरे मन में अगाध आदर रहा है। मैंने उनमें अपने पिता और बड़े बन्धु की छाया देखी है। उनकी सेवा मैंने भक्ति भावना से प्रेरित होकर की है। पर आदर प्रेम नहीं होता। मेरी भावनाओं की किसी एकान्त मन में गलत व्याख्या हो रही है।" (पृष्ठ-142)

वास्तव में चेतना डॉ. जयन्त के निर्देशन में पी.एच.डी. कर रही है। चेतना तीन वर्षों तक डॉ. जयन्त के घर जाती रही है। दोनों एक-दूसरे से अपने हृदय का रहस्य खोलने लग गए हैं। एक बार डॉ. जयन्त चेतना से पूछते हैं, "मान लो मैं विवाह करने का सोच लूँ पर इस उम्र में मुझ से ब्याह करेगा कौन?" चेतना उत्तर में कहती है "आपकी योग्यता और विद्वत्ता की इतनी ख्याति है कि कोई भी पढ़ी-लिखी लड़की आपसे ब्याह करने में गौरव का अनुभव करेगी।" (पृष्ठ-50)

तीसरा अंक आते-आते फिर दोनों इसी तरह की बातचीत करते हैं। जयन्त अपनी भावी पत्नी के लिए जो साड़ी लाया है, उसे भी चेतना पसन्द करती है और जयन्त उसे चेतना को देते हुए कहता है कि समझ लो मैं तुम्हारे लिए ही लाया हूँ। इन संवादों के कारण जयन्त के मन में चेतना को पत्नी रूप में ग्रहण करना मनोवैज्ञानिक जान पड़ता है पर चेतना की अस्वीकृति भी नितान्त अस्वाभाविक नहीं। अन्त तक निर्णय नहीं हो पाता कि चेतना और डॉ. जयन्त में आखिर क्या सम्बन्ध था, क्या दोनों एक-दूसरे की भावना के प्रति अनजान थे? या चेतना केवल अपनी डिग्री के लिए डॉ. जयन्त की सेवा कर रही थी। यदि चेतना अनादि से प्रेम करती थी तो डॉ. जयन्त के प्रेम पत्र फाड़ देने और वाशिंगटन जाने पर वह अनादि से ब्याह क्यों नहीं करती। सम्भवत: नाट्यकार समस्याओं के पचड़े में न पड़कर डॉ. जयन्त और चेतना की महत्त्वकांक्षा को दोषी बनाना चाहता है पर इसमें पूरी तरह सफल नहीं होता। अत: यह नाटक अन्त में विसंगति नाटक की परिधि में ही आ जाता है।

अध्यापक जीवन को लेकर 'एक और द्रोणाचार्य' (1977) में लिखा गया। इसमें नाट्यकार का मुख्य उद्देश्य है, आधुनिक कॉलेज शिक्षा की दुर्व्यवस्था का उद्धार करना। इसमें 'महाभारत' के चरित्र द्रोणाचार्य, युधिष्ठिर, अर्जुन, भीष्म, अश्वत्थामा और एकलव्य हैं, दूसरी ओर आधुनिक युग के प्राध्यापक अरविन्द, पत्नी ललिता,

शिष्य राजकुमार और चन्दू, कॉलेज के व्यवस्थापक और प्रिंसिपल भी पात्र हैं। अरविन्द ईमानदार, परिश्रमी, निर्लोभी और निर्भय प्राध्यापक है किन्तु द्रोणाचार्य लोभी, भीरू, शिष्यद्रोही के रूप में दिखलाए गए हैं। व्यवस्थापक के आवारा पुत्र राजकुमार की रक्षा के लिए अरविन्द और उनके शिष्य चन्दू को फँसाना चाहते हैं। इसमें द्रोणाचार्य को अन्यायी के रूप में दिखलाकर चन्द्र (चन्दू) नामक शिष्य को एकलव्य की तरह अन्याय का शिकार बनाया जाता है। इस नाटक ने न तो पौराणिक द्रोणाचार्य और एकलव्य के साथ न्याय किया और न अरविन्द और उसके शिष्य के साथ। नाटक का पूरा सांचा हर जगह शिथिल दिखाई पड़ता है। न तो महाभारत -काल की मूल प्रवृत्ति स्पष्ट हो पाती है और न आधुनिक काल की। सबकुछ ऐसा गड्ड-मुड्ड बन गया है कि न तो यह भारतीय शैली का नाटक रहा और न ही पाश्चात्य विसंगत शैली का। 'बन्धन अपने-अपने में' विसंगत नाटकों की जो प्रतिभा उभर रही थी वह इस नाटक में मन्द पड़ गई।

शंकर शेष का प्रसिद्ध नाटक 'अरे मायावी सरोवर' विसंगत नाटक का एक रूप लेना चाहता है। इसमें एक पुरुष मायावी सरोवर में स्नान करके स्त्री बन जाता है। राजा अपनी रानी के साथ रहते हुए सन्तुष्ट नहीं होता। वह नर जीवन को भार समझकर माया सरोवर में डुबकी लगाता है और स्त्री बन जाता है। माता बनकर बच्चों का लालन-पालन करता है और संतुष्ट रहता है। अब उसे पहले जैसा एकाकीपन नहीं अखरता। यह नाटक भी विसंगत नाटक के सांचे में ढलते-ढलते भी ठीक नहीं ढल पाता। नाट्यकार इसमें लोक-नाटयकला, व्यंग्य-हास्य लाने का प्रयास करता है। यह नाटक 19 दिसम्बर सन् 1982 को नई दिल्ली में सफलता के साथ खेला गया।

'मायावी सरोवर' (1980) मय दानव ने युधिष्ठिर के राजसूय यज्ञ के लिए बनाया। यह दानव जलते हुए खांडव वन से अपनी स्थापत्य कला के बल पर बचा लिया गया था। उसने राजसूय यज्ञ के समय ऐसा भवन और सरोवर निर्मित किया था जहाँ थल में जल का और जल में स्थल का आभास होता था। यही है आज का प्रज्ञाभास संशय ज्ञान कराने वाला विसंगत नाटक। यदि वेकेट की तरह प्रज्ञावान् एब्सर्ड नाट्यकार होता तो यह नाटक उच्च कोटि की कृति बन सकता था।

एक और द्रोणाचार्य (प्रथम, अभिनय 1977)

सन् 1970 में नाट्यकारों ने एक नए नाट्य शिल्प का आविष्कार किया, जिसके अनुसार मिथकीय पात्रों के साथ-साथ मंच, आधुनिक युग के चरित्रों को रंगमंच पर लाने का प्रयत्न किया। इस नाटक में जहाँ 'महाभारत' के चरित्र द्रोणाचार्य, युधिष्ठिर, अर्जुन, भीम, अश्वत्थामा ऋषि और एकलव्य आदि हैं वहाँ दूसरी ओर आधुनिक युग के अध्यापक अरविन्द, उनकी पत्नी ललिता, शिष्य चन्द्र, राजकुमार, कॉलेज व्यवस्थापक एवं प्रिंसिपल आदि पात्र हैं। नाट्यकार का मुख्य उद्देश्य कॉलेज शिक्षा की दुर्व्यवस्था का उद्घाटन करना है। सिद्धान्त पर अडिग रहने वाला, अरविन्द किसी

भी प्रलोभन और भय से सतपथ से विचलित नहीं होता। अधिकारी उसे प्रलोभन देकर द्रोणाचार्य की तरह अपने हित के साधन का माध्यम बनाने को बाध्य करना चाहते हैं। कॉलेज की प्रबन्धकारिणी का व्यवस्थापक अपने आवारा पुत्र राजकुमार को निर्दोष सिद्ध कराने के लिए ईमानदार अध्यापक अरविन्द को चंगुल में फँसाना चाहते हैं। वे अरविन्द से दो काम लेना चाहते हैं। उसके निरापराध शिष्य चन्दू (चन्द्र) पर झूठे अपराध लगाकर राजनैतिक अपराधी सिद्ध कराना चाहते हैं और अपराधी राजकुमार को निर्दोष सिद्ध कराके राजनैतिक क्षेत्र में उसकी प्रतिष्ठा बढ़ाना चाहते हैं। अरविन्द इसके लिए तैयार नहीं होता। परन्तु उसकी पत्नी ललिता द्रोणाचार्य की पत्नी कृपी की तरह अपनी सुख-सुविधाओं के लिए अन्याय करने के लिए बाध्य करती है। परिणामस्वरूप वह एक नपुंसक बुद्धिवादी बन जाता है।

वह व्यवस्था और सत्ता के कोड़ों से पिटा हुआ द्रोणाचार्य, इतिहास की धार में लकड़ी की ठूँठ की तरह बहता हुआ, वर्तमान की कारागार से लगा हुआ, सड़ा-गला द्रोणाचार्य व्यवस्था के लाइट हाउस से अपनी दिशा माँगने वाले टूटे जहाज़ सा द्रोणाचार्य नियति के थपेड़ों को सहता हुआ जी रहा है। अरविन्द आज के नपुंसक बुद्धिवाद का प्रतिनिधित्व करता है, जिसे धर्म और न्याय से अपनी सुविधा अधिक प्यारी है।

चन्दू एकलव्य की तरह अन्याय का शिकार बनता है। विमलेन्दु अन्याय का मुकाबला करने के कारण अपने परिवार को नि:सहाय और दुखी छोड़ आत्म-बलिदान करता है। इस प्रकार आधुनिक पात्र पौराणिक पात्रों की तरह व्यवहार करते हैं।

घरौंदा (सन् 1978)

नाट्यकार के शेष नाटकों की तरह इसमें भी मध्य वर्ग के आधुनिक जीवन की विसंगतियों का चित्रण मिलता है। जीवन के चिर-परिचित मानवीय मूल्यों की अवहेलना और नई परिस्थिति के अनुरूप नए मूल्यों की खोज नाट्यकार का लक्ष्य है। महानगर के बड़े व्यापारी मिस्टर मोदी का ऑफ़िस कार्य हैडक्लर्क, सुदीप, सोडाबाला और मिश्रा अभी तक सँभाले चल रहे थे। कार्य बढ़ जाने से छाया नामक एक युवती को ऑफ़िस में और रख लिया जाता है, जिसको सुदीप के समीप बैठने को कुर्सी मिलती है। दोनों में परस्पर मैत्री बढ़ जाती है और विवाह तक नौबत आ जाती है। बम्बई महानगर में सपत्नीक रहने के स्थानाभाव के कारण दोनों विवाह नहीं कर पा रहे हैं। लगातार सात वर्ष तक प्रेम व्यापार चलने पर अन्त में किसी कौशल से कहीं कोई उचित स्थान किराए पर लेने को भी आरूढ़ हो जाते हैं।

पर भाग्य-चक्र एक नई दिशा में मुड़ता है और छाया को आफ़िस के स्वामी मिस्टर मोदी से विवाह करने को बाध्य होना पड़ता है। छाया अपने प्रेमी सुदीप को इस कार्य के लिए यह समझाकर राज़ी कर लेती है कि मैं मिस्टर मोदी के घर से सम्पत्ति प्राप्त कर आभिजात्य वर्ग से प्रतिशोध लेने के लिए पुनः तुमसे आ मिलूँगी।

पर मोदी के महल में प्राप्त विलासिता देखकर छाया की दृष्टि बदल जाती है और वह अर्धांगिनी की तरह उस घर को सँभाल लेती है। पर सुदीप जीवन की नित नई आपदाओं से जकड़ा रहता है। वह प्राचीन मूल्यों की सर्वथा उपेक्षा करते हुए नए सामाजिक मूल्यों की खोज में भटकता ही रह जाता है। बम्बई के सामान्य क्लर्क का स्वप्न यदि समृद्ध व्यक्तियों के जीवन स्तर से होड़ लेने लगता है तो उसे जो ठोकर लगती है उनसे वह तिलमिला उठता है। और यही विसंगतियाँ उसे विवश होकर भोगनी पड़ती हैं। नाट्यकार यह निष्कर्ष निकालता है कि समृद्ध वर्ग के शोषण का सामना व्यक्तिगत धरातल पर होने वाले संघर्ष से नहीं किया जा सकता। इसके लिए तो सामूहिक क्रान्ति का प्रयास ही अपेक्षित है।

भगवतीचरण वर्मा (1903-1981)

भगवतीचरण वर्मा अपने नाटक संकलन 'मेरे नाटक' की भूमिका में लिखते हैं—'मैंने नाटक बहुत कम लिखे हैं, हिन्दी में किसी सुनियोजित रंगमंच के अभाव में नाटक लिखने की प्रेरणा ही नहीं मिली मुझे। मित्रों के और समय-समय पर अपने ही आग्रह, बस कुछ नाटक लिख डाले हैं। जहाँ तक—गद्य में लिखे नाटक हैं वे सबके सब रंगमंच पर प्रस्तुत हो चुके हैं और किए जा सकते हैं। पद्य नाटक मैंने रेडियो के लिए लिखे थे—उनमें नाटकीयता के कवित्व हैं और रंगमंच पर प्रस्तुत करने के लिए उनमें थोड़ा बहुत हेर-फेर किया जा सकता है।'

वर्माजी के सम्पूर्ण नाटक हैं—'रुपया तुम्हें खा गया,' 'दो कलाकार', 'सबसे बड़ा आदमी', 'चौपाल में', 'बुझता दीपक' ये एकांकी हैं तथा 'तारा', 'कर्ण', 'द्रोपदी', 'महाकाल' ये पद्य नाटक हैं।

पूर्ण नाटकों में धन-लिप्सा के कारण समाज में फैली हुई विभीषिका और उसका दुष्परिणाम दिखाने का प्रयास है। धन सम्पत्ति के व्यामोह में पड़ा मानिकचन्द ('रुपया तुम्हें खा गया' का नायक) मक्कारी से अपने आफ़िस के कैशियर किशोरीलाल का दस हजार रुपया चुराकर अपने पाजामे के अन्दर रख लेता है। तलाशी के समय निःसंकोच भाव से झूठ बोलकर मैनेजर, पुलिस, किशोरीलाल को चकमा देकर अपनी पत्नी रानी से कहता है—'नेकी और ईमानदारी, सीधापन और भलाई ये सब अभिशाप हैं अभिशाप। बड़ा वह बन सकता है जिसमें धर्म-कर्म, सच्चाई और ईमानदारी इन सबका नितान्त अभाव हो। जो झूठ बोल सकता है जो धोखा दे सकता है, जो चोरी कर सकता है, जो गला काट सकता है और यह करते हुए उसके मुँह पर शिकन न आये।'

नाट्यकार ने 'सबसे बड़ा आदमी' में भी रामेश्वर प्रसाद ठग से कहलाया है—'बड़ा वह है जो वसूल कर सके—रुपया पैसा, दीन-ईमान सब कुछ आपसे छीन सके।' किन्तु वर्माजी ने अपने नाटकों में यह सिद्ध किया है कि धन का व्यामोह जीवन भर दुःख देता रहता है। जो लोग बेईमानी से दूसरे का धन खा जाते हैं,

अन्त में वही धन उन्हें खा जाता है। इसी निष्कर्ष को 'रुपया तुम्हें खा गया' और 'वसीयतनामा' में दिखाया गया है। नाट्यकार कई मत से धन, मद, शक्ति, जिस व्यक्ति में अहमन्यता पैदा कर देते हैं, उनका अन्त में विनाश अवश्य होता है। 'कर्ण' नाटक में कर्ण प्रतिहिंसा और घृणा का प्रतीक है। जग का कल्याण उसके मरने में है। ऐसे व्यक्ति का दान भी उसकी अहमन्यता का ही सूचक है, उदारता का नहीं।

वर्माजी ने अपनी प्रसिद्ध कहानी 'वसीयत' का नाट्य रूपान्तर सन् 1978 में किया। इस दशक में कहानी, उपन्यास का नाट्य रूपान्तर प्रायः देखने में आता है। उपन्यासों और कहानियों के आधार पर फ़िल्मों का प्रयोग हुआ। अब नाट्य रूपान्तर की ओर नाट्यकारों की प्रवृत्ति बढ़ रही है। काल चक्र से जो कहानियाँ बची रह जाती हैं उनको प्रदर्शित करने का सशक्त माध्यम नाटक माना जा रहा है। वर्माजी सुसम्पन्न परिवार की विभीषिकाओं से भली-भांति परिचित हैं। आचार्य चूड़ामणि ने जीवन में बड़े परिश्रम से सम्पत्ति का अर्जन किया। मृत्यु क्षण समीप आते देख वे अपने धन का बँटवारा कर देना चाहते हैं। धन के लिए विभाजन के उद्देश्य से 'वसीयतनामा' लिखते हैं। वसीयतनामा के लेख से अनभिज्ञ होने के कारण उनके पुत्र-पुत्री, पत्नी, पुत्रवधू, जामाता, भावजों में आक्रोश व्याप्त है। आचार्य जी के जीवन के शेष दिन बड़े संकट में बीतते हैं। उनकी मृत्यु उपरान्त जब वसीयतनामा पढ़ा जाता है तो उसमें परिवार के प्रत्येक व्यक्ति के लिए कुछ-न-कुछ धनराशि लिखी रहती है। अब सभी लोग शोक संतप्त होकर आचार्य की आत्म शान्ति के लिए भगवान से प्रार्थना करने लगते हैं।

नाटक का सबसे बड़ा व्यंग्य 'वसीयतनामा' का वह अंश है जिसके अनुसार उनका सहकर्मी शिष्य जनार्दन जोशी चाँदी के पिंजरे में बन्द उस तोते का उपहार प्राप्त करता है जो सदा चीखता रहता है कि मैं पंडित हूँ तुम बुद्धू हो। इस उपहार से जनार्दन जोशी का मोहभंग होता है और वह तोते को मुक्त कर चाँदी का पिंजरा अपने घर ले जाता है। मैं समझता हूँ कि यह तोता उस व्यक्ति के समान है जो जीवन भर चाँदी के पिंजरे में बन्द रह कर अपनी ही बुद्धि को सर्वश्रेष्ठ मानता हुआ संसार को मूर्ख समझता है। बिना चाँदी के पिंजरे के टूटे एक जीवन की मुक्ति नहीं होती।

सर्वेश्वर दयाल सक्सेना की नाट्य यात्रा (1927-1983)
(बकरी 1974)

गाँधी जी कई कारणों से बकरी का ही दूध पीते थे और जो बकरी गाँधी जी को सत्य, त्याग, तपस्या, अहिंसा की शक्ति प्रदान करती थी वह उन्हीं के जीवन के साथ विलुप्त हो गई। आज की तथाकथित गाँधी बकरी (गाँधी जी के नाम पर कमाने वाली राजनैतिक टोली) स्वार्थपरायणता का साधन बनती है। यहाँ बकरी गरीब जनता की प्रतीक है, जिसका गाँधी के नाम पर उनके अनुयायी दोहन कर रहे हैं। पहले गाँधी स्मृति के नाम पर इन लोगों ने धन इकट्ठा किया। फिर गाँधी दर्शन के नाम पर स्वार्थी

राजनैतिक नेताओं ने मत संकलन किया। जिसके आधार पर राजसत्ता के स्वामी बने। अब वे ही इस गरीब जनता के धन, वर्ग, ईमान, धर्म सबका शोषण कर रहे हैं। गरीब जनता (बकरी) अपने स्वामी अर्थात् सत्ताधारी गाँधी के नाम पर शोषण करने वाले लुटेरों की टोली की बुद्धि, शूरता, विवेक, ईमानदारी आदि को चर रही है।

इस प्रसिद्ध और बहु-चर्चित नाटक में केवल एक स्थल पर दो वाक्य ऐसे हैं जो उक्त भाव बोध में गाँधी के समीपवर्तियों को घात पहुँचाते हैं। गाँधी जी ने कलकत्ते में फूँके के द्वारा गाय, भैंसों का शोषण देख दूध पीना ही बन्द कर दिया तो डॉ. विधान चन्द्र राय के आग्रह पर बकरी का दूध पीने लगे। 'गाँधी' फ़िल्म में भी एटनबरो ने ऐसी बकरी दिखाई है जिसका स्वस्थ प्रभाव पड़ता है, क्योंकि वह गाँधी की सादगी दिखाते हुए उन्हें जन सामान्य के समीप ले जाती है। पर सक्सेना नाटक में गाँधी का बकरी का परिचय देते हुए कहता है; "यह पचपन करोड़ की बकरी है बीस रुपए की नहीं।" (पृ. 22)

सम्भवत: सक्सेना जी के अवचेतन मन में पाकिस्तान को पचपन करोड़ रुपया दिलवाने का गाँधी जी का आग्रह काम कर रहा था। यह तो समझ में आ जाता है पर 'गाँधी की बकरी मेवा और फल खाती थी' (पृ. 21) इसका अभिप्राय समझना कठिन हो जाता है। ऐसा भ्रम होता है कि केवल एकांगी साम्यवादी दृष्टिकोण से गाँधी को देखा जा रहा है।

लड़ाई (1974)

यह नाटक प्रतिबद्ध नाटक है जो वामपंथी विचारों से दर्शकों को परिचित कराता है। यह नाटक दिखाता है कि अकेली लड़ाई समाज और व्यवस्था को तोड़ती नहीं अपितु स्वयं गरिमामय होते हुए भी छूट जाती है। संगठित प्रयास की ओर बढ़ना ही युद्ध सफलता की ओर प्रगति करना है।

सत्यव्रत सत्य की लड़ाई लड़ता है। पत्नी की भी बातें नहीं सुनता। वह अन्त में पिट-पिटाकर अस्पताल में, ज्वर से पीड़ित पड़ा रहता है। पत्नी परिचर्या को पहुँचती है। प्रत्येक स्थान पर लड़ना-भिड़ना ही उसका कार्य है। अन्त में महेश्वरानन्द के यज्ञ-हवन का विरोध करता है। और अपनी असफल लड़ाई का दुष्परिणाम दिखाता हुआ समूचे समाज को एकजुट होकर लड़ने का संकेत देता हुआ अन्तिम श्वास लेता है। इसका परिवार असहाय व्यवस्था में आहें भरता बच जाता है।

सर्वेश्वर दयाल सक्सेना की अन्तिम नाटक कृति 'अब गरीब हटाओ'

अंग्रेज़ों के राजतंत्र और स्वतन्त्र भारत के प्रजातंत्र की क्रूरताओं के स्वयं भुक्तभोगी सर्वेश्वर दयाल सक्सेना शासक वर्ग के हथकंडों, विलासमय कुकृत्यों, चुनावगत अत्याचारों के साथ-साथ शोषितों की मूक वेदनाओं से विधिवत् परिचित हो गए थे। वे इसी निष्कर्ष पर पहुँचे कि उक्त दोनों राजपद्धतियाँ अपना-अपना महत्त्व खो

चुकी हैं। उन्होंने भारतीय प्रजातंत्र की वर्तमान पद्धति को बदलने का एकमात्र यही उपाय सोचा कि शोषित-वर्ग विशेषकर ग्रामीण दलितों को सशस्त्र क्रान्ति के लिए तैयार करना ही होगा। अत्याचारी वर्ग को पहचानकर बाहर से उन्हीं का गुणगान करते हुए—उन्हें गंड़ासे की चमकदार रक्तधारा में डुबाना ही होगा। 'अब गरीबी हटाओ' के नारे को मंत्रियों की मक्कारी सिद्ध कर उन्होंने राजन्य वर्ग, पुलिस, सरपंच, राजमंत्री, प्रधानमन्त्री, न्यायाधीश आदि के दुराचारों का भंडाफोड़ ऐसे कौशल से किया कि घोर से घोर सेक्सीकृत्य कहीं फूहड़ नहीं बन पाए। केवल फब्ती कसने वाले व्यंग्य और सांकेतिक भाषा में दर्शक अनुमान से जान लेता है कि पर्दे के पीछे क्या हो रहा है। गाँव में सरकारी सहायता से प्रधानमन्त्री का पिट्ठू गुंडा 'शर्मा' अपने विरोधी की स्वयं हत्या के उपरान्त वाचाल विरोधी हरिजन को हत्यारा सिद्ध करता है और उसकी पतिव्रता सुन्दर पत्नी पर डोरे डालकर राजा, मंत्री, सिपाही की वासना पूर्ति का उस विपदाग्रस्त अबला को साधन बनाता है। गाँव के ईमानदार वृद्ध व्यक्ति को सब प्रकार से तिरस्कृत करते हुए गरीब ग्रामीणों—विशेषकर महिलाओं पर खुल्लम-खुल्ला जुल्म ढाहा जाता है।

सर्वेश्वर दयाल अत्याचार का चुपचाप सहन कायरता और देश-द्रोह समझते थे। शोषितवर्ग की रक्षा के लिए वह स्वयं संघर्षों में जूझते हुए अपने नाटकों द्वारा ग्रामीण जनता को युद्ध के लिए संगठित करते रहे। उनका अन्तिम उद्घोष है—

पहले फ़ौज करो तैयार,
झलमल झल नेगा चमकाओ, चम-चम चमकाओ तलवार।
एक साथ सब मिलकर कूदौ, गरजौ दुश्मन को ललकार।
सिट्टी-पट्टी गुम हो जाएं, सुनकर नवभेदी हुंकार।
पूँछ दबा ज्यों कुत्ता भागे, भागे त्यों सरमायेदार।
जशन मनाओ, समता लाओ, जन-जन जी में जय-ज्यौनार।

('अब गरीबी हटाओ', (पृ. 61)

उनका दृढ़ विश्वास था कि 'सब गरीब मिलकर ही गरीबी हटा सकते हैं। पूँजीवादी सभ्यता बदलनी ही होगी।'

सम्भवत: उन्होंने विश्व के सबसे बड़े पूँजीवादी देश अमेरिका की उन नाट्य कृतियों का भी अध्ययन किया था, जिनमें अति समृद्ध देशों की मनोवृत्तियों का भंडाफोड़ किया गया है। अमेरिकन जीवन के भ्रष्टाचार को उद्घाटित करने वाला नाटक 'रेड डेविल बैटरी साइन' झूठी अतिशय नैतिकता भरी पतित एवं सड़ी-गली पूँजीवादी सभ्यता की तुलना बनी-ठनी दुराचारिणी नगर वासिनी भटियारिन से करते हुए आज की सुसज्जित अभिजात्यवर्गीय नई कल्चर की खिल्लियाँ उड़ाता है और उसका स्थानापन्न जिस जीवन स्थिति को बनाना चाहता है उसकी समीक्षा करते हुए श्री कह्न (Sy M. Kahn) कहते हैं—

"The play uses a cruder, less poetic symbolism than is customary in williams to show that a genteel but puritanical and decadent cultural order will be replaced by a brutal and davagely instinctual o.e."

('Tennessee' William, by Stephen S. Stanton Page. 11)

अर्थात् यदि बाहर से अति नैतिकतावादी बाँकी, छैली, भ्रष्ट अमेरिकन सभ्यता हटाकर रूसी अति मूलवृत्यात्मक बर्बर क्रूर सभ्यता को स्थानापन्न बनाया जाएगा तो देश का क्या होगा ? आलोचकों की दृष्टि से यह नई जीवन-दृष्टि तो It is a bleaker, more hrightening vision than those percerved previously. (Page 11)

अर्थात् पहले से भी अधिक उजड़ी नैराश्यमयी और भयंकर स्थिति को पैदा करने वाली होगी। भारतीय साहित्यकारों को अपनी भौगोलिक एवं ऐतिहासिक पृष्ठभूमि देखनी है।

वास्तव में अमरीकी और रूसी जीवन पद्धतियों में कोई भी भारतीय वातावरण के अनुरूप नहीं। भारत को तो अपनी ही ईमानदार ग्रामीण धरती से पुनः जोड़ने का उपाय ही ढूँढ़ना होगा। मैं जब-जब सक्सेना से इस विषय में चर्चा करता वह यही कहते—''वर्तमान स्थिति को तलवार से बदलकर फिर सोचा जा सकता है कि भारत को कैसा बनाया जाये। इस सिद्धान्त में उनकी पूर्ण निष्ठा थी। इसी सिद्धान्त के आधार पर वह जिए और इसी की खोज में नाटक देखते-देखते 'श्री राम सेंटर' नई दिल्ली की नाट्यशाला में 23 सितम्बर, 1983 को उनके प्राण-पखेरू उड़ गए।

डॉ. बच्चन ने दिल्ली की शोक-सभा में सर्वेश्वर दयाल की जीवन-दृष्टि पर प्रकाश डालते हुए कहा—''शोषित वर्ग के उद्धार के लिए सर्वेश्वर दयाल के अन्तःकरण में जो करुणा की धारा निरन्तर प्रवाहित होती रही उसमें उनका अहं पूर्णतया विगलित हो गया था। लेखक के जीवन की सफलता का इससे अधिक और क्या प्रमाण हो सकता है।''

विष्णु प्रभाकर (जन्म—1912)

स्वातन्त्र्योत्तर युग में रचे गए इनके प्रमुख नाटक हैं—'युगे युगे क्रान्ति' (1969), 'टूटते परिवेश' (1974), 'कुहासा और किरण' (1975), 'टगर' (1977), 'बन्दिनी' (1979), 'सत्ता के आरपार' (1981), 'अब और नहीं' (1981)।

आज के नाट्यकारों में केवल कुछ ही ऐसे बचे हैं जिन्होंने गाँधी-युग देखा है, भोगा है, तपस्या की अग्नि से निकल कर स्वतन्त्र भारत के निर्माण में लेखनी द्वारा योगदान दिया है। उनमें सबसे जागरूक साहित्य सेवी विष्णु प्रभाकर हैं। गाँधीयुग की सरलता, सहजता, सात्विकता और प्रकृति परायणता को इन्होंने अपने जीवन में घटित कर दिखाया है। अंग्रेज़ी राज्य की निरंकुशता और आधुनिक शासकों की मनस्विता एवं उच्छृंखलता ने इन्हें किसी सरकारी नौकरी में टिकने नहीं दिया। आजीवन संघर्षरत रहकर वे एकमात्र मानव-मन की उथल-पुथल के कारणों की खोज में लगे हुए हैं। सत्य की खोज में न वे परम्परा की रूढ़ियों की शृंखला में बँधते हैं और न आधुनिकता की चकाचौंध में अपनी आँखों को चौंधियाने देते हैं। आवारों में

मसीहा भाव की खोज करने वाले व्यक्ति की दृष्टि संकीर्णता के घेरे में कभी बन्द नहीं रहना चाहती। स्वतन्त्रता के उपरान्त उन्होंने आधुनिक क्रान्ति को युग-युग में होने वाली क्रान्ति से जोड़कर 'युगे-युगे क्रान्ति' नामक नाटक सन् 1969 में लिखा।

आज के युग की उच्छृंखलता, स्वच्छन्द यौनाचार, फ़ैशन की बेचैनी, नई पीढ़ी का पुरानी पीढ़ी के प्रति असंयत आक्रोश आदि समसामयिक विभीषिकाओं का मन्थन कर नवयुवकों की छटपटाहट का कारण दिखाने के लिए उन्होंने 'टूटते परिवेश' की रचना सन् 1974 में की। जहाँ आज के अन्य नाट्यकार सामाजिक, राजनैतिक, पारिवारिक, वैयक्तिक दुर्व्यवस्थाओं का केवल नग्न रूप दिखलाने में लगे हुए हैं वहाँ विष्णुजी विस्खलनों के मूल कारणों का संधान भी करते हैं। यही इनकी सबसे बड़ी विशेषता है। इनका कथन है—''राजनीतिक आज़ादी ने समूचे परिवेश—सामाजिक, पारिवारिक, व्यक्तिगत सभी को स्वाधीनता की पुकार लगाने को प्रोत्साहित किया। इसलिए भावुकता, जो आदर्शों की बैसाखियों पर पनपती थी, उनके खिसक जाने से भराभरा कर गिर पड़ी और उसका स्थान लिया आक्रोश भरे चिन्तन ने। इस प्रकार स्वतन्त्रता पूर्व और स्वतन्त्रता के बाद की दो पीढ़ियों में अन्तर पैदा हो गया। पर नयी पीढ़ी परम्परा से कट सकती है ऐसा संभव नहीं है। लेकिन यह भी सच है कि परम्परा की हर कड़ी वही नहीं होती जो पहले थी। वह अलग भी है और आगे भी।''

गाँधीवादी विश्वजीत स्वतन्त्र भारत का जो स्वप्न देख रहा था वह परिवार, समाज और देश की टूटती हुई स्थिति से मानो ध्वस्त हो गया। उसका अपना ही लड़का स्वदेश छोड़ कर धन के लोभ में विदेश में विलासमय जीवन बिता रहा है। उसकी कन्या इन्दु स्वच्छन्द जीवन बिताने को लालायित है। दूसरा पुत्र दीपक मंत्रीपद के लिए इसलिए जोड़तोड़ कर रहा है कि अगले चुनावों के लिए उसके पास प्रचुर धन-सम्पत्ति हो जाए। उसके मंत्री बन जाने और स्वेच्छाचारी जीवन बिताने से विश्वजीत और उसकी पत्नी करुणा अत्यन्त दुखी और चिन्तित रहते हैं। और तो और, छोटी लड़की मनीषा अपने ही मुसलमान प्राध्यापक असद से विवाह कर लेती है। सबसे छोटी दीप्ति मनोनुकूल प्रेमी की तलाश में भटकती फिरती है।

पवित्र पर्व दीपावली के अवसर पर लक्ष्मी पूजन के समय बूढ़े-बुढ़िया के अतिरिक्त घर का कोई सदस्य उपस्थित नहीं रहता। लक्ष्मी पूजा से अधिक आवश्यक भोग प्रवृत्ति नामक नई देवी की पूजा माता-पिता के अतिरिक्त सबको अधिक प्रिय है।

नई पीढ़ी को गाँधीयुग से इतनी चिढ़ हो गई है कि कोई उस युग की बात सुनना नहीं चाहता। विवेक विश्वजीत से कहता है—''पापा, आपका ज़माना कभी का बीत गया। अब बीते जीवन की धड़कनें सुनने से अच्छा है कि वर्तमान की साँसों की रक्षा की जाए।'' दीप्ति भी पिता को कोसती हुई कहती है, ''कुछ लोग ऐसे हैं जो बीते इतिहास में ही रहना पसन्द करते हैं।''

पुरानी पीढ़ी की वास्तविकता बतलाते हुए यह दिखाया गया है कि आज के देशभक्तों के सामने चारों ओर व्याप्त अन्याय और धोखाधड़ी की बातें आती हैं लेकिन किसी को कोई चिन्ता नहीं। उन्हें चिन्ता केवल इस बात की है कि नई पीढ़ी को कहीं नेतृत्व न मिल जाए।

इस प्रकार नए युग के टूटते हुए परिवेश की मर्मांतक कहानी इस नाटक की सबसे बड़ी शक्ति है। ऐसा गम्भीर चिन्तनयुक्त दूसरा नाटक इस विषय पर देखने में नहीं आया।

'कुहासा और किरण' (सन् 1975)

विष्णु प्रभाकर का सम्पर्क गाँधी युग के नि:स्वार्थ देश सेवी नेताओं से निरन्तर बना रहा। स्वातन्त्र्योत्तर काल में भी वे राष्ट्रीय चेतना के साथ साहित्य-सर्जन में अनासक्त भाव से तल्लीन हैं, अत: स्वतन्त्र चेता होने के कारण उनकी दृष्टि पूर्वा पर संबंधों का समन्वय करते हुए देश का चढ़ाव-उतार देख रही है। उन्होंने इस नाटक में उन कारणों पर विचार किया है जो आधुनिक भ्रष्टाचार फैलाने में सहायक हुए हैं।

दूसरी विशेषता यह है कि जहाँ अन्य नाट्यकार विसंगति नाट्य शैली पर जीवन में चारों ओर नैराश्य, तनाव, वेदना, पीड़ा, संघर्ष, अत्याचार, भ्रष्टाचार के कुहासे का गम्भीर से गम्भीर निर्माण करते दिखाई पड़ते हैं, वहाँ इस नाटक में नैराश्य (कुहासे) के मध्य से फूटने वाली किरण की आशा ज्योति का आभास दिखाया गया है।

सन् 1955-1956 के उपरान्त राजसत्ताधारी, धनिक वर्ग और पत्रकारों में स्वार्थ लोलुपता के कारण जो अभिसन्धि हुई उसी का दुष्परिणाम आज के भ्रष्टाचार के रूप में विषाक्त बन रहा है। जो कृष्ण चैतन्य स्वतन्त्रता से पूर्व मुल्तान षड्यन्त्र के केस में मुखबिर बनकर स्वार्थ सिद्धि के लिए देशद्रोह करता रहा, वही भारत के स्वतन्त्र होने पर राजनीतिक पीड़ित सेनानी बनकर सरकारी पेन्शन पाने लगा। जो व्यक्ति ब्रिटिश सरकार की आर्थिक सहायता पाकर अपने भाइयों का गला कटा रहा था, वही स्वतन्त्र भारत में बड़ा नेता बनकर जनता के शोषण में जुटा हुआ है।

दूसरी ओर मुल्तान षड्यन्त्र केस के बलिदान होने वाले डॉ. चन्द्रशेखर की विधवा पत्नी असहाय अवस्था में पागल बन गई है पर उसकी सुधि लेने वाला देश में कोई नहीं। पूँजीपति उमेशचन्द्र अग्रवाल और पत्रकार विपिन बिहारी भी स्वार्थ वश राजनैतिक नेता कृष्ण चैतन्य के साथ साँठ-गाँठ करके अपनी स्वार्थ सिद्धि कर रहे हैं। देश में भ्रष्टाचार का वीभत्स रूप देखकर नई युवा पीढ़ी के युवा और युवतियों के उत्साही कार्यकर्त्ता अमूल्य, सुनन्दा और प्रभा संगठित होकर विद्रोह का झंडा उठाते हैं। परिणामस्वरूप स्त्रियाँ पुरुषों को सन्मार्ग पर लाने में सफल होती हैं। गायत्री आत्म-बलिदान के द्वारा अपने पति कृष्ण चैतन्य का हृदय परिवर्तन करती है। उत्साही युवकों के सतत् प्रयास से भ्रष्टाचारी एक-एक करके पकड़े जाते हैं। समाज में यह धारणा फैलने लगती है कि देश में ऐसी स्थिति आने वाली है, जब अत्याचारी, भ्रष्टाचारी,

दुश्चरित्र दंड से बच नहीं सकेगा। नाट्यकार का मन्तव्य यह स्पष्ट करना है कि जब तक स्वार्थी, भ्रष्टाचारी, राजसत्ताधिकारी का भण्डाफोड़ नहीं होता, उनके देशद्रोह के कार्य में सहायक पूँजीपतियों और पत्रकारों का वास्तविक रूप सामने नहीं आ सकता। नवयुवक और नवयुवतियों के प्रयास से जब कृष्ण चैतन्य का समाचार में छपा वह चित्र उपलब्ध होता है जो मुखबिर के रूप में कोर्ट में देशद्रोह का बयान करते हुए का प्रमाण देता है, तब सारा रहस्य खुल जाता है। एक स्थान पर उन परिस्थितियों को स्पष्ट करते हुए आम आदमी कहता है, "अगर वे ऐसा न करते तो बड़ी मुसीबत में फँस जाते, मैंने उनके खिलाफ़ सभी ज़रूरी सबूत इकट्ठे कर लिए थे। वे किसी भी तरह नहीं बच सकते थे। सुनन्दा बहन तो उस ज़माने के अखबार तक ढूँढ़ लाई थी, जिनमें वह चित्र छपा था, जिसमें वह मुखबिर के रूप में कोर्ट में बयान दे रहे थे। इसलिए इसे आप केवल हृदय परिवर्तन मानने की गलती न कीजिएगा।"

सत्ता के आर-पार (1981)

भगवान आदिनाथ के द्वितीय पुत्र भगवान बाहुबली के जीवन पर आधृत यह नाटक बाहुबली रास के आधार पर लिखा गया है। प्रथम अंक में बाहुबलि के ज्येष्ठ भ्राता भरत की चक्रवर्ती विजय का कथांश है। भरत के चक्रवर्ती बनने पर भी उनके भाइयों ने अधीनता स्वीकार नहीं की। दूसरे अंक में भरतेश्वर और शेष भाइयों की सेना में भयंकर युद्ध होता है। बाहुबली दूसरे पक्ष का सेनापति है। युद्ध वर्णन में नाट्यकार ने लोकधर्मी तत्त्वों का अनुसरण किया है। बाहुबली की पत्नी महादेवी को सम्पूर्ण युद्ध की कथा उसकी सखी इसी शैली में सुनाती है। भरत के प्रहार के समय बाहुबली कहता है—"पराजय स्वीकार नहीं कर सके भैया, खीझ उठे। कैसी है यह सत्ता, कैसा है यह चक्रवर्तित्व? इस नश्वर राज्य के लिए भैया धर्मयुद्ध की मर्यादा भूल गये। उन्होंने चक्र उठा लिया, मुझे मारने को, यह जानते हुए भी कि चक्र मेरा कुछ नहीं बिगाड़ सकता, धिक्कार है ऐसी सत्ता को, धिक्कार है उसके मोह जाल में फँसने वाले को, क्या मैंने ऐसी रक्तपिपासु मर्यादाहीन सत्ता के लिए युद्ध किया?"

तीसरे अंक में आध्यात्मिक अनुभूति की महत्ता का परिचय इस प्रकार कराया गया है कि बाहुबली तप करने चले जाते हैं, जिसके बल से उन्हें ऐसी अध्यात्म शक्ति प्राप्त हो जाती है कि संसार का सम्पूर्ण वैभव उनके पैरों पर लोटने को तैयार हो जाता है। तब भरत उनके सम्मुख उपस्थित होकर अपना चक्रवर्ती राज्य उनके चरणों में समर्पित करते हैं। बाहुबली भरत को समझाते हुए कहते हैं—"भरत चक्रवर्ती, कौन मैं, कौन तू, सब सबके हैं। यही ज्ञान मुक्ति है, यही कैवल्य है।"

गाँधी के अनासक्त योग का उपासक यह नाट्यकार अपने हृदय के उद्गारों द्वारा मानो आधुनिक सत्ता से चिपके रहने वाले राजनैतिक नेताओं को यह मूक सन्देश सुना रहा है कि समाज और देश की विभीषिकाओं, युवकों की क्रान्तिकारिणी

धारणाओं, सबके मानसिक तनावों आदि रोगों की एकमात्र औषधि अनासक्त भाव से अपने-अपने कर्तव्य पालन में ही निहित है। करुण रस प्रधान इस नाटक में बाह्य और आन्तरिक संघर्षों, एक ही व्यक्ति की विविध मनोवृत्तियों की छीनाझपटी का बड़ा ही मनोहारी दृश्य दिखाया गया है। आधुनिक समस्याओं का मानो इसमें एक प्रकार का समाधान छिपा हुआ है।

अब और नहीं (सन् 1981)

इस नाटक में नारी की अपनी स्वतन्त्र सत्ता की पहचान और उससे जुड़े दर्द का प्रभावशाली चित्रण किया गया है।

शान्ता एक सुखी और समृद्ध परिवार की गृहिणी है। उसके पति वीरेन्द्र प्रताप उससे बहुत प्रेम करते हैं। शान्ता सरल-स्नेहिल और बुद्धिमती है। उनके दोनों लड़के अच्छे पदों पर हैं और दोनों लड़कियाँ अच्छे घरों में गयी हैं। एक दिन शान्ता के विषय में उनकी नौकरानी वीणा कहती है—''एक बात कहूँ सरकार! न जाने कुछ दिनों से उन्हें क्या हो गया है, बड़ी उदास रहने लगी हैं। कुछ पूछो तो गुमसुम ही रहती हैं। लगता है उनकी तबियत कुछ खराब है। न पहले की तरह हँसती हैं, न बातें करती हैं। अन्दर जैसे कोई गम बैठ गया हो।''

इस पर वीरेन्द्र प्रताप चिन्तित होते हैं और परिवार के सब लोग किसी मनोचिकित्सक से इलाज कराने की सलाह देते हैं। मनोचिकित्सक के सामने शान्ता कहती है—''मैं आपको स्पष्ट बता देना चाहती हूँ कि मैं बीमार नहीं हूँ। असल बात तो यह है कि मैं चौंतीस वर्ष तक बीमार रही। मन का दर्द मन में दबा रहा, इतना कि पता नहीं रहा, मन क्या है, दर्द क्या है। अब पता लगा है और मैं ठीक हुई तो ये कहते हैं मैं बीमार हूँ। मैं उनकी गृहस्थी में अब और नहीं रह सकती। मुझे छुट्टी दिला दो। चौंतीस वर्ष उनके लिए थे। उनकी इच्छा के अनुसार जी। अब मुझे अपनी इच्छा के अनुसार जीने दो।''

वीरेन्द्र प्रताप अपना मकान बनवाते हैं और मनोचिकित्सक डॉक्टर मलिक सलाह देते हैं कि गृहप्रवेश के बाद पति-पत्नी दोनों घूमने निकल जाइये। शान्ता अब सब बन्धन छोड़कर अकेली कहीं जाना चाहती है। विवाह से पूर्व शान्ता सितार बजाने में बड़ी निपुण थी, उसे सितार बजाने में अब भी बड़ा आनन्द आता है, पर ससुराल में आकर गृहस्थी के चक्कर में सब छूट गया है। अब वह किसी पर निर्भर नहीं रहना चाहती। अब वह सब चिन्ताएँ छोड़कर सितार बजाने, चित्र बनाने और कविता लिखने में आनन्द अनुभव करती है। वह ऐसे स्थान में जाना चाहती है जहाँ न कोई स्वामी है, न दास। सब एक-दूसरे के प्रति उत्तरदायी हैं।

गृह-प्रवेश के अवसर पर जब सब तैयारी में लगे होते हैं। तभी शान्ता घर से अकेली निकल जाती है—अपने गन्तव्य की तलाश में।

अन्त में वीरेन्द्र प्रताप रंगमंच पर दर्शकों को सम्बोधित करते हुए कहते हैं

कि—"मुझे आपके सामने अपना दोष स्वीकार करने में कोई आपत्ति नहीं है। शान्ता की हत्या मैंने की है लेकिन...उस हत्या में आप भी मेरे सहायक थे।"

पितृगृह के संस्कार और पतिगृह के संस्कारों में जब तारतम्य नहीं बैठता तो पत्नी का दम ससुराल में घुटता रहता है पर उसे परिवार की गाड़ी खींचनी ही पड़ती है। ज्यों ही थोड़ी साँस का अवसर मिलता है तो वह जूआ फेंक कर अपने संस्कार के अनुसार स्वतन्त्र जीवन बिताने को व्यग्र और उतावली हो जाती है।

विष्णु प्रभाकर निरन्तर नाट्य सृजन में लगे रहते हैं। राष्ट्रीय भावना का आधुनिकता के बवंडर में तिरोहित होना उन्हें बहुत ही अखर रहा है। अतः राष्ट्रीयता को केन्द्र में रखकर उन्होंने यशोवर्मन की तेजस्विता और त्याग इस नए नाटक में दिखाया है।

डॉ. लक्ष्मीनारायण लाल

डॉ. लाल उत्तर प्रदेशी भोजपुरी संस्कृति में पैदा हुए, अवधी संस्कार में पले बड़े हुए। बाल्यकाल से ग्रामीण होने के नाते कठिनाइयों को केवल स्वीकारा ही नहीं, खुशी से झेला भी। विपरीत वातावरण का जमकर मुकाबला किया। सच्चे योद्धा की तरह कभी हार नहीं मानी। पक्के पहलवान की तरह कभी पीठ लगने नहीं दी। अतः कठिनाइयों की अग्नि में तपकर स्वर्ण से चमक उठे। उनके जीवन का लक्ष्य प्रारम्भ से ही एक सुरम्य नाट्योद्यान बनाना रहा है, जिसमें वे विधिवत् सफल हुए। इनकी नाट्य वाटिका सबसे अधिक विकसित, विस्तृत और सुरभित दिखाई पड़ रही है। विविध प्रकार के देशी-विदेशी फलदार वृक्ष लगाना इनके जीवन का लक्ष्य रहा है। इन्हें उन लोगों से सहानुभूति नहीं होती जो मल मक्खी की तरह विदेशों से कूड़ा-करकट के स्पर्श द्वारा केवल रोग-कीटाणु लाकर भारतवासियों को विलासिता सिखाने के पक्ष में रहते हैं। ऐसे सस्ते साहित्य से व्यवसाय चलाने वालों के प्रति उन्हें वितृष्णा है। वह मधुमक्खी की तरह विदेशी नाट्योद्यानों से या तो पराग लाते हैं या मधु निर्माण के लिए पुष्प रस। यही कारण है कि इनकी कृतियों में भारतीय संस्कृति और पाश्चात्य आधुनिकता का सुन्दर संगम दिखाई पड़ता है।

डॉ. लाल की कृतियों पर जितनी आलोचनाएँ हुईं, जितने शोध प्रबन्ध तैयार हुए, जितने स्वतन्त्र ग्रन्थ लिखे गए, उतने सम्भवतः जयशंकर प्रसाद, लक्ष्मीनारायण मिश्र और जगदीशचन्द्र माथुर के अतिरिक्त और किसी पर निर्मित नहीं हुए। इसका मूल कारण यह है कि इनकी नाट्य-कृतियों में इतना वैविध्य है, प्रयोगों की इतनी बहुलता है, विचारों का इतना विस्तार है, प्रश्नों की इतनी भरमार है कि जो भी इनके नाटक पढ़ता अथवा रंगमंच पर देखता है वह विचारों, समस्याओं, प्रश्नों की एक लम्बी कतार साथ लेकर घर लौटता है।

हम जैसे ग्रामीणों का बाल्य जीवन सीमित परिमंडल और प्राकृतिक परिवेश में व्यतीत हुआ। अतः परस्पर पूरक भाव से जीवन बिताने, औरों का साथ देने

और दूसरों से सहायता पाने की आशा के साथ सबके सुख-दुख में सहज भाव से सम्मिलित होने में एक प्रकार के सुख का अनुभव होता है। बिना ग्रामीण जीवन बिताए ग्रामवासियों की वकालत करने वाला झूठा वकील नहीं तो क्या है? डॉ. लाल ने प्रयाग में नाट्य संस्था[1] बनायी और विश्वविद्यालय में पढ़ने वाले ग्रामीण बालक-बालिकाओं, युवक-युवतियों के साथ नाटक खेलने का अभ्यास किया। ग्रामीण जीवन से पूर्ण परिचित होने के कारण यह स्वाभाविक था कि गाँव के अंधे कुएँ को प्रतीक बनाकर नायिका सूका और भगौती की दर्द भरी कहानी सुनाते हैं। 'अंधा कुआँ' प्रतीक बना उस विवेकहीन अन्ध व्यक्ति और अन्ध समाज का जो नारी को एक जड़, वस्तु से अधिक सम्मान नहीं देता। नारी रूपी नियति बार-बार इस कुएँ में गिरती है, निकलती है, फिर गिरती है और अन्त में इसी को समर्पित होकर इसी में अपनी आहुति दे देती है। गरीब सूका गंजेड़ी भगौती से ब्याही जाती है—ननदों की चुगली से पिटती-पिटती रोती ही रहती है। इन्दर के साथ भागकर प्राण बचाना चाहती है पर वहाँ पुलिस के भय और अपनी कायरता के कारण इन्दर उसे अपने पास रख नहीं पाता। फिर कसाई भगौती के खूँटे पर आ बँधती है और वहीं नित्य पिटती हुई अन्त में पति का प्राण बचाने के लिए लाठियों की वर्षा में प्राण गवाँ देती है। इस तीन अंक के नाटक में एक ओर मिनकू जैसा ईमानदार और सबका सहायक नारी उद्धर्ता किसान है तो दूसरी ओर मूरत तेजई जैसे गंजेड़ी, चापलूस, नारी-विध्वंसक ग्रामीण भी हैं। ग्रामीण, सीधे-सादे किसान किस प्रकार द्वेष से जर्जरित, प्रतिशोध भावना से आहत, आलस्य प्रमाद से पतनोन्मुखी बनते जा रहे हैं इसकी मर्म भरी कहानी इस छोटे से नाटक में देखने को मिलती है। ग्रामीण नारियाँ स्वयं पुरुषों से पिटती हैं, पर दूसरी नारी पर झूठा दोषारोपण लगा उसे पिटवाती भी रहती हैं। नन्दो बड़ी मक्कार है पर सूका में अतुल धैर्य है। सूका अपने क्रूर, गंजेड़ी पति से नित डंडे खाते हुए भी उसकी सेवा में तन-मन-धन लगा देती है। जब इन्दर भगौती को मारकर सूका को भगाने आता है तो वह गंड़ासा तानकर इन्दर से लड़ पड़ती है। कहती है—''मेरे ज़िन्दा रहते तू उसे मार नहीं सकता। तेरा खून पी लूँगी।'' और जब इन्दर सूका को गंड़ासे से मारने चलता है तो भगौती कहता है—''ले मुझे मार, उस पर हाथ न चलाना। तेरा दुश्मन मैं हूँ। सूका नहीं।''

यह है वास्तविक ग्रामीण जीवन की अविश्वसनीय कहानी। इस नाटक में ग्रामीण-जीवन के अनेक पहलुओं को बड़ी ही सच्चाई, सफ़ाई और कलापूर्ण ढंग से डॉ. लाल ने दिखाया है। इतने उतार-चढ़ावमय चित्र हिन्दी के कतिपय ही नाट्यकार दिखा पाए हैं। मानव जीवन की गहराई नापने का यह प्रयास प्राय: उनके अधिकांश नाटकों में पाया जाता है।

कतिपय आलोचक इनके सम्पूर्ण नाटकों में प्रवृत्ति दमन के कारण उत्पन्न हुई स्थितियों का मनोहारी विवरण पाते हैं। मनोवैज्ञानिक तथ्यों के उद्घाटन में

1. नाट्य केन्द्र (स्कूल ऑफ़ ड्रामेटिक आर्ट)

डॉ. लाल माहिर हैं। इनका विश्वास है कि दमित कामवासना के विस्फोट से जीवन में घुटन, निराशा, संत्रास, क्लेश आदि उत्पन्न होते हैं। जब व्यक्तिगत स्वार्थ सामाजिक हित से जुड़ नहीं पाता तो जीवन में विभीषिका उत्पन्न हो ही जाती है। शोषण की प्रवृत्ति जब तक समाज में बनी रहेगी तब तक अमानवीय शक्ति पैदा होगी ही।

डॉ. लाल में जहाँ साहित्यिकता और रंगमंचीयता का, ग्रामीणता और नागरिकता का, कलात्मकता और व्यावसायिकता का, फक्कड़पन और अक्खड़पन का विनम्रता और दृढ़ धर्मिता का, भारतीय मुमुर्षा (मुक्ति कामना) और पाश्चात्य मुमुर्षा (आत्महत्या), सनातन-निष्ठा और पुरातन-अप्रतिष्ठा का विस्मयकारी सम्मिश्रण पाया जाता है। ये निष्ठावान व्यक्ति हैं। जिस कार्य को हाथ में लेते हैं, पूरी निष्ठा से निभाते हैं। कक्षा में जितने विनोद से अध्यापन करते हैं उतने ही गाम्भीर्य से स्टेज पर सरदार पटेल का पार्ट भी निभाते हैं। अपने सिद्धान्तों के सामने इन्होंने सारे स्वार्थों को ठुकराया, एक से एक सुखद और मानप्रद नौकरियों को लात मार दी। इनकी जीवन कहानी स्वत: बड़ी रोचक है, अत: इनकी सारी कृतियों को पढ़ने और रंगमंच पर देखने में कभी मन ऊबता ही नहीं। रोचकता तो बनी रहती है, पर सहृदय दर्शक कृतियों से पूरा प्रभावित नहीं होता, क्योंकि इनके द्वारा निर्धारित लक्ष्य पूरे नहीं उतरते।[1] आशा है कि इनकी अगली कृतियों में उसी मात्रा में प्रभविष्णुता भी पायी जाएगी। इससे हिन्दी नाट्य साहित्य समृद्ध होगा। यहाँ इनकी कृतियों पर विश्वविद्यालयी आलोचना की एक झाँकी छात्रों और अध्यापकों के लिए हितकारी होगी।

इनके प्राय: सभी नाटक स्वार्थ और परमार्थ के विभिन्न पहलुओं को एक-दूसरे से लड़ते-भिड़ते, पटकते-पटकाते, छीना-झपटी करते-कराते चलते हैं। यद्यपि दाँवपेच के नज़ारे अलग-अलग दिखाई पड़ते हैं, पर हर कुश्ती के पहलवान वही जाने-पहचाने लगते हैं, उन्हीं पहलवानों के अलग-अलग नाम हैं। प्रेम और घृणा (दाम्पत्य जीवन में) वैयक्तिक स्वातन्त्र्य और सामाजिक पारतंत्र्य और आधुनिकता, आस्था और अनास्था का सर्वस्व संघर्ष है। डॉ. लाल अपने नाटकों की भूमिका में जो नाट्योद्देश्य बताते हैं, उनका निर्वाह रचनाओं में नहीं दिखाई पड़ता। उनके बोझिल विचारों को वहन करने की शक्ति कृषकों की कोमल भावनाओं में है ही नहीं, अत: उनका संकल्प पूरा नहीं हो पाता। वह चाहते हैं—"हर क्षण जीनाकर्त्ता और भोक्ता होकर सृजन करना।" जहाँ तक ग्राम्य जीवन का सम्बन्ध है, इनके नाटक आधुनिक कृतियों में सर्वश्रेष्ठ स्थान पाने के अधिकारी हैं।

प्रारम्भिक रचनाओं में 'रातरानी' जयदेव और कुन्तल के दाम्पत्य जीवन को लेकर लिखी गई है। पति शोषक वर्ग का प्रतीक सामंतयुगीन उद्योगपति है। इसके सर्वथा प्रतिकूल चलने वाली पत्नी कुन्तल उदारहृदय, शुद्ध प्रेम उपासिका आदर्श नारी है। दोनों का संघर्ष अन्त तक चलता रहता है। जयदेव पिशाचिनी अर्थ-लिप्सा का पुजारी है। उसके लिए वह अपने वृद्ध माली, प्रेस-कर्मचारी—यहाँ तक कि पत्नी

---

1. प्रमाणों द्वारा इसे आगे स्पष्ट किया जाएगा।

को भी भावनाओं की बलि चढ़ा देता है। कलंकी के विषय में नाट्यकार का कहना है—हमारे जीवन में धर्म-भय, मृत्यु-भय, पाप-भय आदि का कुछ ऐसा दबाव है कि एक ओर तो यह जड़ विश्वास अन्धी आकांक्षाओं को जन्म देता है और दूसरी ओर निरकुंश शक्तियों को। नाटक में तंत्र-साधना, चरिया गीत, बीजाक्षर और मंत्रों का सोद्देश्य प्रतीकात्मक प्रयोग हुआ है। भूमिका—'गंगामारी'

नाट्यकार अन्त में यही सिद्ध करता है कि शासक अपनी अधिकार-लिप्सा से पराजित होकर धर्म-अधर्म, पाप-पुण्य, राग-द्वेष को स्वार्थ सिद्धि का साधन बनाता है और विरोधियों का मुँह पाखंड के जर्जर दंड से तोड़ने को लालायित रहता है। ठीक यही दशा 'रक्त कमल' की भी है। इसमें भी ऐश्वर्य लिप्सा की पिपासा को साम्प्रदायिकता की आग से बुझाने का प्रयास है। 'करफ़्यू' में उन्मुक्त भोग पर लगे हुए सामाजिक करफ़्यू की कृत्रिमता का पर्दाफाश किया गया है, गौतम, कविता, मनीषा, संजय के पारस्परिक सम्बन्धों का वास्तविक रूप उस समय स्पष्ट होता है जब गौतम का मनीषा के साथ और कविता का संजय के साथ सहवास होता है। नाट्यकार का कथन है—सहज निर्वहन और एक प्रकार से उच्छृंखल प्राकृतिक देह सम्बन्धों को स्वीकार करते हुए इस नाटक में तथाकथित वर्जनाओं के विरुद्ध प्राणिमात्र की यौन आवश्यकताओं की साहसपूर्ण स्वीकृति भी है।

उक्त विवेचन से स्पष्ट होता है कि डॉ. लाल व्यक्तिगत स्वार्थ भावना और समाजहित भावना में सामंजस्य स्थापित करना चाहते हैं। ये दोनों प्रधान भावनायें चाहे पारिवारिक, सामाजिक राष्ट्रीय स्तर पर हों धर्म, राजनीति, नीति, शिक्षा, विज्ञान, मानविकी, समाज शास्त्र के तर्कों पर आधृत हों। डॉ. लाल के विचार से सारे अनर्थों का मूल इन दोनों का असन्तुलन है, जहाँ वे अपनी एक कृति में राष्ट्र-विनाशकारी सारी समस्यायें उठा लेते हैं, वहाँ किसी एक प्रधान समस्या पर ध्यान टिकाना कठिन हो जाता है। सिनेमा की रील की तरह एक-एक करके समस्याएँ सहसा सामने आती हैं और सन्न से ओझल हो जाती हैं। सम्भवतः उन पर पिंटर और वेकेट का प्रभाव पड़ा है। पिंटर की कृति 'घर वापसी' ('होम कमिंग') में यह स्थिति दिखाई पड़ती है। इस विषय को अन्तर्राष्ट्रीय परिप्रेक्ष्य: आधुनिक हिन्दी नाटक में विस्तार से स्पष्ट किया गया है।

हारोल्ड पिंटर, अंग्रेज़ी में प्रसिद्ध विसंगत नाट्यकार माना जाता है। उसने स्वीकार किया है कि उस पर अमेरिकन गैंगेस्टर फ़िल्म, फ्रांज काफ़्का और सैमुअल वेकेट का प्रभाव पड़ा। डॉ. लाल पर उक्त तीनों प्रभाव पिंटर के माध्यम से आये। पिंटर की तीन मान्यताएँ हैं : (1) A play has no duty to justify itself in terms other than to own. अर्थात् नाटक का केवल अपना दायित्व है, उसका प्रामाणिक या तर्कसंगत होना आवश्यक नहीं। (2) वह अपने नाट्य निर्देशक से कह गए "We do not know what author's intentions are here" अर्थात् हम नहीं जानते कि नाट्यकार का कृति में उद्देश्य क्या है? (3) पिंटर का कथन है कि दर्शकों में अपनी बात को सुनने-सुनाने की रुचि पहले पैदा करो। अपनी शैली दर्शक की रुचि

के अनुकूल बनाकर उसमें जिज्ञासा उत्पन्न करो, फिर जो चाहो कहते जाओ। डॉ. लाल ने देखा कि दर्शक 'सतुलटी' (पुश्चला) में रुचि रखते हैं तो ऐसी ही स्थिति वाली शैव्या 'एक सत्य हरिश्चन्द्र' में दिखाते हैं। 'अंधा कुआँ' की सूका के रूप में यहाँ ''सतलुटी जोरू मुँह पै आँचर बाँधि कंअन मांड्वि मायौ।'' प्रस्तावना में ही आ जाती है। दर्शक के सामने सूका पुनः नाच उठती है। तब तक लौका आ खड़ा होता है। सूका में प्रश्न था सती पत्नी और आलसी, प्रमादी गंजेड़ी पति की कलह का, तो हरिश्चन्द्र में प्रश्न है भूतपूर्व ज़मींदार एवं आधुनिक नेता देवधर और उसकी प्रजा अछूत लौका का। फिर धार्मिक समस्या सत्यनारायण की कथा के रूप में उठती है। सामाजिक समस्या छूत-अछूत, क्रान्ति-शान्ति के बहाने गरीबी-अमीरी का प्रश्न लेकर सामने आ जाती है। इन सारी समस्याओं को एक साथ समेटने की अकुलाहट में डॉ. लाल केसत्यवादी हरिश्चन्द्र शैव्या, रोहिताश्व, इन्द्र, विश्वामित्र के साथ संगीतज्ञ रंगा को नाटक खेलना पड़ता है, अर्थात् नाटक के अन्दर दूसरा नाटक आ जाता है।

दूसरे नाटक के अन्दर फिर तीसरा नाटक गपोले, देवधर, जीतन भाई और पद्मा के द्वारा खेला जाने लगा है। प्रारम्भ में साँच की खोज करने वाला अछूत नेता लौका स्त्री के जादू में पड़कर मनुष्यता से भी गिर जाता है। उसके पतन का संकेत करते हुए पद्मा (शैव्या) कहती है—''इसके (लौका के) लिए स्त्री जादू है। औरत बिजली है। लौका मनुष्य नहीं, शूद्र है। हुस्न का जादू मारूँगी, जवानी की बिजली गिराऊँगी।''

महाराज हरिश्चन्द्र की सती-साध्वी शैव्या वारवनिता के कोठे पर हुस्न के जादू का खेल दिखा रही है, जवानी की बिजली गिरा रही है। उसी जादू से आकृष्ट भंगेड़ी वेश्या की कोठी से शैव्या को मनमाना उपभोग करने के लिए लेने आता है। साध्वी शैव्या अंधेरी रात में खुशी-खुशी भंगेड़ी छैला के साथ सेजने का साहस डॉ. लाल जैसा कलेजा ही कर सकता है। यह है सत्यनारायण हरिश्चन्द्र की पत्नी का चरित्र चित्रण, डॉ. लाल मानो सत्यनारायण कथा के उपासक के प्रसाद रूप पंचामृत में मुर्गी की यख़नी मिलाकर आधुनिकता का ऐसा स्वाद बिगाड़ देते हैं जो गले के नीचे उतरता ही नहीं।

साम्राज्ञी शैव्या की यह गतिविधि मनोवैज्ञानिक कैसे स्वीकार करे! पति के सत्य संकल्प पर सर्वस्व निछावर करने वाली साम्राज्ञी वेश्यावृत्ति कैसे ग्रहण करेगी? सत्यवादी राजा हरिश्चन्द्र की पत्नी को आश्रय देने वाला क्या कोई सेठ, महाजन, राजा-रईस उस काल में था ही नहीं? मिथक में उसे प्रतिमा पूजन के लिए पुरोहित का खरीदना क्या निष्प्रयोजन था? विचार की दृष्टि से चाहे जैसा स्वाद आए पर आधुनिकता की दृष्टि से नाटक निश्चय ही रोचक है। दर्शक और अभिनेता नाटक के अन्तर्गत नाटक खेलते हुए एक साथ ही दर्शक और रंगकर्मी दोनों की अनुभूति पाता है। इधर दर्शक उसके दोनों मनोभावों को समझने पर तीसरी प्रकार की नाट्यानुभूति करता है। इस प्रकार यह नाटक एक समय कई स्तरों पर नाट्यबोध कराना चाहता है।

नाट्यकार विविध प्रकार का नाट्यबोध कराने के लिए प्रश्न के बाद प्रश्न उठाता रहता है। पर आधुनिक नाट्य-कला के अनुसार एक का भी समाधान सुझाना नहीं चाहता। इस प्रकार दर्शकों को उलझनों में डालकर उन्हें स्वयं सोचने को बाध्य करना आधुनिकता का प्रधान लक्षण माना जाता है। दर्शक नाट्यशाला के भीतर या बाहर कहीं भी चैन से न बैठ सके यही नाट्यकार का उद्देश्य रहता है। इनके कृष्ण सम्बन्धी मिथक नाटक 'सूर्यमुख' पर 'धर्मयुग' समीक्षा और 'नटरंग' में विधिवत् आलोचना प्रकाशित हो चुकी है। जिसका निष्कर्ष है—कृष्ण की एक काल्पनिक पत्नी 'वेणुरती' का निर्माण कर कृष्ण-पुत्र प्रद्युम्न के साथ माँ-बेटे की प्रणय-गाथा शुद्ध प्रेम के नाम पर भारतीय साहित्य में प्रथम बार गाई गई हो। राजनीति, धर्मनीति और समाजनीति की सभी समस्याओं को एक साथ संजोना खेल नहीं। सम्भवत: इसी कारण डॉ. लाल ऐसा सोचने को बाध्य हुए हों, जहाँ एक वर्ग की समस्या पर नाटक है वहाँ उन्हें कोई पछाड़ नहीं सकता—राजनीति पर उनका शक्तिशाली नाटक है—'नरसिंह कथा'। इसमें आपात्कालीन अधिनायकवादी नीति का बड़ा ही मार्मिक चित्रण मिलता है—"राजा का हर कार्य विशेषाधिकार के नाम पर होता है। रक्षा के नाम पर हिंसा—यही है नया धर्म, इस नए राज्य शासन का। राजा ही ईश्वर है, राजा ही देश है। देश ही राजा है। मेरे यश-लाभ-शक्ति के लिए मनोरंजक कथाएँ गढ़कर क्यों नहीं फैलाते?"

नरसिंह कथा

इस उद्धरण में हिरण्यकशिपु काल की पौराणिक स्थिति का आपात्कालीन स्थिति से साम्य दिखाकर—प्रह्लाद के माध्यम से सत्यनिष्ठा और न्याय-आस्था को जिला लेना कलाकार की प्रतिभा का परिचायक है। ऐसी ही नाट्य कृतियाँ देश-समाज और जाति में जिजीविषा जगाती हैं। यदि हिरण्यकशिपु अनास्था और निरंकुश अहंकार का प्रतीक है, तो प्रह्लाद अटूट आस्था और शीलभाव का। अनास्था और अहंकार से सत्ता की लिप्सा का जन्म होता है, जो शासक को निर्बल बना देती है। आस्था और शील से विवेक उपजता है, जो दुर्बल को सबल और अज्ञानी को ज्ञानमय कर देता है। दुरभिसन्धिमयी ढुंढा विषयाग्नि को अहर्निश सुलगाती रहती है। विदूषक नामक पात्र की सृष्टि करके डॉ. लाल ढुंढा का प्रतीकार्थ इस प्रकार समझाते हैं—

"जिस दिन ढुंढा किसी के विषयाधीन होगी और उसे विश्वासघात मिलेगा, उसी दिन अपनी आग में वह खुद जलेगी।" (पृ. 115)

यह नई सूझ है डॉ. लाल की, जिन्होंने मिथकों का मन्थन कर समय-समय पर प्रचुर नवनीत निकाला है, पर आपात्कालीन आँच में तपाकर जिस नवनीत से नाट्य पाक निर्मित किया उसमें सुगन्धि और स्वाद है, पुष्टि और तुष्टि भी। किन्तु आतुरता में जो नवनीत वासना के अपरिमार्जित वासनों (वर्तन) में रखने से सुगन्धि-रहित हो गया उससे बने हुए नाट्य पकवान न तो सुगन्धिमय बन पाए और

न स्वादिष्ट। पौष्टिकता आती कहाँ से? 'सूर्यमुख' और 'एक सत्य हरिश्चन्द्र' इस कोटि के नाटक हैं। पहली कोटि के नाटक हैं—'नरसिंह कथा', 'मिस्टर अभिमन्यु', 'कलंकी', 'यक्ष प्रश्न'।

अब इनके नाटकों में वर्णित दाम्पत्य के स्वरूप पर विचार कर लेना चाहिए।

दाम्पत्य जीवन के विभिन्न रूप : डॉ. लाल सबसे पहले अपने नायक तोता-मैना में पुरुष-स्त्री के कलह सम्बन्धी कारणों पर विचार करते हैं। तोता (पुरुष) मैना (स्त्री) को कलह के लिए दोषी सिद्ध करता है और मैना (स्त्री) तोते (पुरुष) के अधिकार-पद को मूल कारण बताती है, पर विवेकी हंस दोष-गुण अलग करने के स्थान पर दोनों की अनिवार्यता बताकर विवाह करा देता है। 'रातरानी' में विवाहोपरान्त की कलह-कथा के द्वारा तथ्य-निरूपण का प्रयास है। पति पत्नी पर सन्देह और अविश्वास करता है। स्त्री इस सन्देह का कारण पुरुष के स्वार्थाभिमान के अधिकार-भाव में ढूँढ़ती है। पर अन्त में 'कामायनी' की श्रद्धा[1] की तरह हार मानकर कहती है—"तुम मेरे पति हो, पति को पूरा विश्वास है कि वह सब ठीक समझता है।"[2]

प्रासादोत्तर नाटकों में विदेशी प्रभावों की अतिशयता से दाम्पत्य जीवन-धारणा में आमूल परिवर्तन हुआ। इसका नतीजा सबसे ज़्यादा स्त्री-पुरुष सम्बन्धबोध पर पड़ा। डॉ. लाल का निष्कर्ष है कि "बिना किसी रिश्ते में बाँधे स्वतन्त्र रूप से स्त्री-पुरुष को देखा ही नहीं गया।" रिश्तों और सम्बन्धों को डॉ. लाल जब तक दुर्ग मानकर इसकी रक्षा कराते रहे तब तक 'सगुन पंछी' बना और करफ़्यू मानकर तोड़ने लगे तो विवाहिता कविता नामक स्त्री और पर पुरुष संजय के तथा मनीषा और गौतम के स्वच्छन्द सहवास को व्यक्तिगत सत्य से ऊपर उठाकर सामाजिक सत्य की परिधि में रखने लगे। माँ-बेटे के सम्बन्ध को मानकर वेणुरती का विवाह प्रद्युम्न से कराने में सामाजिक सत्य की रक्षा घोषित करने लगे। डॉ. लाल का सामाजिक सत्य समझना सहज नहीं?

डॉ. लाल के नाटकों में उन्हीं के दो विरोधी मतों का सामंजस्य करना कठिन हो जाता है। एक ओर तो वह गृह धर्म पालन को तपस्या मानकर पुरुष-स्त्री के सारे सम्बन्धों की रक्षा को शुद्ध प्रेम मानते हैं। दूसरी ओर माता और पुत्र को प्रेमी-प्रेमिका बनाकर दाम्पत्य जीवन को 'शुद्ध प्रेम की भूमि पर खड़ा' समझते हैं। सम्पूर्ण नाटकों को पढ़ने पर उनके शुद्ध प्रेम का स्वरूप समझना दुष्कर हो जाता है। इनकी नाट्य-यात्रा निरन्तर ऊर्ध्वगामिनी बनती जा रही है। अतः कृतियों का यथार्थ मूल्यांकन सम्भव नहीं।

कदाचित् इन पर फ्रायड की उन मान्यताओं का अत्यधिक प्रभाव रहा है, जो सारे सम्बन्धों (काम) को ही प्रधानता देते हैं। पर आज के पश्चिमी जागरूक

---

1. मैं आज समझ यह पाई हूँ दुर्बलता में नारी हूँ।
   अवयव की कोमलता दुनिया में सबसे हारी हूँ॥ ('कामायनी')
2. 'सगुन पंछी', डॉ. लक्ष्मीनारायण लाल, पृ. 10

नाट्यकार इस मान्यता को स्वीकार न करके शुद्ध दाम्पत्य-प्रेम पर बल दे रहे हैं—आर्थर, मिलर, टी.एस. इलियट, आदि।

शुद्ध प्रेम का स्वरूप

डॉ. लाल स्त्री-पुरुषों के प्रेम-सम्बन्धों की विभिन्न दृष्टियों से छानबीन करते हैं। इसीलिए अलग-अलग दृष्टियों से, नाटकों में प्रेम के पृथक-पृथक रूप दिखाई पड़ते हैं, जो स्वाभाविक भी है। पर जहाँ एक ही दृष्टिकोण से एक ही दम्पति में शुद्ध प्रेम और पुरुष का सन्देह, घृणा, कलह आदि दिखाया जाये, वहाँ क्या वदतोव्याघात दोषपूर्ण विचार नहीं आ जाते हैं? वहाँ क्या मनोविज्ञान कुंठित नहीं होता? 'सूर्यमुख' में एक ओर प्रद्युम्न—वेणुरती में शुद्ध प्रेम है तो दूसरी ओर लिखते हैं—प्रेम उन्हें जितना ही जोड़ता है, परस्पर के सन्देह—उनके (कृष्ण के) व्यक्तित्व की स्मृति उन्हें उतना ही तोड़ रही है। प्रश्न है—"यदि वे आपस में लड़ते हैं, और 'प्रद्युम्न' 'वेणुरती' के चरित्र के खिलाफ़ विष उगलता है, दोनों में मिलन का कोई बिन्दु नहीं"—तो शुद्ध प्रेम का अंकुर जमा कैसे था? 'वेणुरती' 'प्रद्युम्न' से कहती है—"पहले दिन जब मैं तुम्हारे अंक में सोई थी, घृणा से भर गई थी। उस दिन मैं क्रोध से पागल थी।" क्या यह शुद्ध प्रेम भारतीय है या पारसी? या पाश्चात्य देश—रूसी, अमेरिकन, चीनी, जापानी, हब्शी से किसी एक प्रकार का है? इस प्रकार का तथाकथित शुद्ध प्रेम विमाता-सौतेले पुत्र में दिखाकर शुद्ध प्रेम का क्या स्वरूप निर्धारित किया जा रहा है? क्या डॉ. लाल का उद्देश्य दर्शक के मन में केवल इस प्रश्न के द्वारा बेचैनी उत्पन्न करना है? क्या इस बेचैनी को अपर्याप्त मान सैमुअल वेकेट के 'गॉडॉट के इन्तज़ार में' की तरह ईश्वर के अस्तित्व के सम्बन्ध में बेचैनी उत्पन्न करना यहाँ आवश्यक था। वेणुरती और प्रद्युम्न दोनों ईश्वर को घायल बताकर विश्वरक्षा में उन्हें असमर्थ मानते हुए कहते हैं—"हे घायल ईश्वर! हम तुम्हें समझना चाहते हैं। क्यों था हमारा प्रेम इतना आश्चर्यजनक और कठोर? इतने गहरे जल में हम प्यासे क्यों थे?" ('सूर्यमुख')

प्रारम्भ का शुद्ध प्रेम पहले ही दिन घृणोत्पादक और अन्त में उन्मुक्त भोगकाल में भी विलास की प्यास बढ़ाने वाला, जीवन में अनास्थावर्द्धक, निराधार और निष्ठुर बन जाता है। यह पहेली प्रतिवर्ती रंगमंच विसंगत नाटक की तरह अन्त तक सूझ-बूझ से बाहर संशय के भूत की तरह डराती ही रहती है।

नवें दशक की इनकी रचना 'कजरी वन' में ग्रामीण नारी का एक नया समसामयिक रूप निखरकर सामने आया है। डॉ. लाल की कृतियों का इससे पूर्व का ब्यौरा इस प्रकार है—इनकी अपनी प्रारम्भिक नाट्य-यात्रा में स्टेज के लिए महिला का अभिनय करने वाली योग्य नारी की आवश्यकता हुई, उसी के साथ इनके अन्तःकरण के स्टेज पर योग्यतम महिषी के दर्शन करने की तीव्र अभिलाषा भी अनजाने ही जाग उठी। उसी की खोज में 'सूका' ('अंधा कुआँ') 'मैना' ('तोता मैना') 'मीनाक्षी' ('मादा कैक्टस, 'कुंतल' ('रातरानी'), 'भिक्षुणी', 'पूर्वी' ('दर्पन'), 'राजन की पत्नी', ('मिस्टर अभिमन्यु'), 'कविता-मनीषा' ('करफ्यू'), 'शैव्या'

(‘एक सत्य हरिश्चन्द्र’), ‘वेणुरती’ (‘सूर्य-मुख’) ‘गंगा और रानी’ (‘सगुन पंछी’) ‘जिया हो उत्सव की गंगा’ (‘गंगा मारी’) का निर्माण किया। एक से एक रूपवती, गुणवती, समाज सुधारिका, साहसी, परिश्रमी, स्वावलम्बिनी नारियाँ सामने आयीं।

नवीनतम कृति ‘कजरीवन’ में लक्ष्मीबाई जैसी चमत्कारपूर्ण, अनुपम नारी सामने आई है। अब ‘सूका’ जैसी भीरु नारी गाँवों में नहीं जीवित रह सकती। गुंडों, षड्यंत्रियों का जमकर मुकाबला करने वाली स्वावलम्बिनी नारी ‘कजरी’ और उसकी बेटी सीता ही आदर्श ग्रामीण नारी के रूप में दिखाई पड़ रही हैं।

डॉ. लाल ग्रामीण नारी-जीवन की मर्म व्यथा सुनाने में पटु होने के कारण नाट्यकारों की सबसे अगली पंक्ति में हैं। वह भावी ग्रामीण नारी की निर्माण भूमि में पहुँच रहे हैं। ‘कजरी’ का परदेशी पति शंकालु, भीरु, ग्रामीण तिकड़म से अनभिज्ञ होने के कारण धर्मपत्नी के साथ अन्याय पर उतारू है। दुरभिसन्धि में लिप्त सहुआइन, नेताइन, चौधराइन, पंडिताइन, फ़ैमिली प्लानिंग महिला अफ़सर के अतिरिक्त विश्वासघाती, व्यभिचारी अतिथि का भी डटकर मुकाबला करने वाली साहसी कजरी विषम परिस्थितियों पर विजय पाती है और शंकालु पति को भी अपने शौर्यमय सौन्दर्य से वशीभूत कर लेती है। कारण यह है कि उसके कोमल हाथों में ‘हस्त-कौशल के साथ खड्ग धारण की भी क्षमता है। आदर्श ग्रामीण नारी ऐसी ही महिला हो सकती है। आज चीन और रूस में इसी प्रकार का ‘ब्रेख्त’ का नाटक ‘गुड वोमेन’ प्रतिष्ठित हो रहा है।

एक चाइनीज़ महिला केवल अपने शौर्य, सहिष्णुता एवं सौम्य स्वभाव से लम्पटों, सत्ताधारी विरोधियों से जीवन भर संघर्ष करती है। बार-बार पराजित होते हुए भी सत्य धर्म को डिगने नहीं देती। अन्त में सारे शत्रु हार मानकर उसे चीन की आदर्श महिला स्वीकार करते हैं और वह देवी की तरह पूज्य बनती है। यह नाटक चीन की एक लोककथा पर आधृत है जो यूरोप, अमेरिका, चीन में सर्वमान्य बन जाने से सर्वत्र अभिनीत हो रहा है।

ग्रामीण नारी के आमूल परिवर्तित शौर्य रूप को रंगमंच पर प्रदर्शित करने के पीछे एक कारण यह भी हो सकता है कि नारी स्वत: संकोचशील होने से स्टेज पर इस प्रकार प्रदर्शन नहीं कर सकती थी, किन्तु सांस्कृतिक नवोन्मेष के प्रभाव से जब वह स्टेज पर आई तो उसमें ही नहीं, दर्शकों तक के दृष्टिकोण में भी परिवर्तन आया, क्योंकि सन् 1940 से पहले के स्टेज पर पुरुष ही नारी का पार्ट अदा करते थे।

बलराम की तीर्थयात्रा (1983)

‘बलराम की तीर्थयात्रा’ डॉ. लाल की नवीनतम नाट्य रचना है। नाटक का लेखन 1979 में शुरू किया गया और इसके तमाम छोटे-मोटे दृश्य, लेखन और प्रदर्शन रचना तथा प्रयोग की प्रक्रिया से गुज़रते हुए आगे बढ़े। सन् 1983 में नाटक सम्पूर्ण हुआ। यह नाटक इलाहाबाद, कानपुर, लखनऊ, काशी क्षेत्रों में ‘नाट्य-रंग-शिविर’ के माध्यम से प्रस्तुत किया जा रहा है और इसका निर्देशन स्वयं डॉ. लाल ही कर रहे

हैं। इसके पीछे दो कारण हैं—'गत दो दशकों में हिन्दी नाटक और रंगमंच दोनों की एक अजब दुर्गति हुई है। जिस परम्परा की खोज स्वातन्त्र्योत्तर हिन्दी-रंग-आंदोलन में शुरू हुई थी, उस खोज को पथ-भ्रष्ट करने का तमाम प्रयत्न किया गया। और दूसरी ओर विदेशी नाट्य वस्तुओं और रंग तत्त्वों की भरमार समसामयिक नाटकों में की गई। इन दोनों तथ्यों से जो चुनौती उभरी उसी से जूझने में मैं (डॉ. लाल की रंग-यात्रा) 'बलराम की तीर्थ यात्रा' बना पाया।''[1] इस नाटक की कथा पुराण से ली गई है। इसके ऊपर कहीं से भी आधुनिकता का प्रयोग नहीं है। इसी का परिणाम है कि डॉ. लाल के समस्त नाटकों में प्रस्तुत नाटक एक चरम फल के रूप में प्रतिष्ठित होता है, जो अपने शुद्ध रूप में पारंपरिक होते हुए भी अति आधुनिक है।

डॉ. लाल से मेरा लगभग पच्चीस वर्षों का अध्यापकीय सम्बन्ध है। वह सच्चरित्र, ईमानदार, घोर परिश्रमी और मेधावी कलाकार हैं। शैव्या को वेश्या के कोठे पर न बिठाकर पुरोहित के मंदिर में देवाराधना का रहस्य अब वह स्वीकार करते हैं। इस नाटक की भूमिका में डॉ. लाल का कथन है कि ''अब तक मैं अज्ञानवश मिथकीय और पौराणिक कथाओं पर आधुनिकता का आरोपण कर रहा था। इस दोष और सीमा को मैंने उस दिन समझा जब मुझे अपने मिथकों के रहस्यों का पता चला कि वे तो स्वयं अपने नाम में नित्य नए अर्थ को देने वाले हैं। इस तरह 'बलराम की तीर्थयात्रा' में मैंने अपनी तरफ़ से आधुनिक होने, बनने, कहने का कोई लेशमात्र प्रयत्न नहीं किया। इसका फल यह हुआ है कि 'बलराम की तीर्थयात्रा' में वह शक्ति आई है जो मेरे लिए शब्दातीत है।''

अब बताइए, जो आलोचक सन् 1983 से पूर्व विरचित डॉ. लाल की कृतियों के आधार पर आधुनिक भारतीय चिन्तन का इतिहास लिख चुके हैं उनको कितना प्रामाणिक माना जाये? विश्वविद्यालयी प्राध्यापक और छात्र उन्हीं कृतियों के आधार पर डॉ. लाल की जो कृति समीक्षा प्रस्तुत कर चुके हैं उनसे मतिभ्रम फैलने की सम्भावना सहज ही बोधगम्य है। डॉ. लाल सतत् जागरूक निरन्तर अध्ययनरत एवं मेधावी नाट्यकार हैं। वे युवकों को एक नया मार्ग दिखा रहे हैं कि अपनी भूल स्वीकार न करना कायरता है। ओनील, वेकेट और सार्त्र की तरह साहसी नाट्यकार अपनी भूलें स्वीकार करने में लज्जा नहीं, गर्व का अनुभव करते हैं। आशा है कि मिथकों का सही रहस्य समझकर आधुनिक नाट्यकार अपनी त्रुटियाँ सुधारने का प्रयत्न करेंगे। इससे नाट्य-जगत् प्रतिष्ठित और समृद्ध होगा।

समीक्षा

किसी व्यक्ति के बाल्यकाल का संस्कार यदि उत्तरोत्तर विकसित होता जाता है तो एक समय ऐसा आता है कि विरोधी मान्यताओं के साथ जूझते हुए वह सरलता से हार नहीं मानता। ग्राम्य-जीवन में पला, मानव मूल्यों में विश्वास करने वाला ग्रामीण

1. डॉ. लाल से वार्तालाप—20 मई, सन् 1983

अन्याय और अधर्म से प्राप्त होने वाले वैभव को दमिक निर्मित मिट्टी के छत्ते की तरह सरलता से ठुकरा देता है। ग्राम का सरल संस्कारी व्यक्ति कांचन, कामिनी और कादम्ब के प्रलोभन में नहीं फँसाया जा सकता। डॉ. लाल की यह सबसे बड़ी विशेषता है कि वे अपने स्वस्थ संस्कारों को अपनी नाट्य-कृतियों में फौवारे की तरह बरसाते हैं। डॉ. अज्ञेय ने उनके विषय में ठीक ही लिखा है—'यह स्वस्थ मनोभाव स्पृहणीय है और श्रद्धनीय भी। इसी के कारण लाल निरंतर नए-नए कार्यों में ऊर्जा व्यय करते चलते हैं और किसी भीतरी स्रोत से कई नई ऊर्जा पाते चलते हैं। जो काम करते हैं पूरी तरह उसमें डूबकर।'

लक्ष्मीकांत वर्मा : जन्म—सन् 1922, बस्ती (उ.प्र.)

नाट्य कृतियाँ : 'तिन्दुवुलम' (1958), 'सीमांत के बादल' (1963), 'अपना अपना जूता' (1964), 'रोशनी एक नदी है' (1974), 'ठहरी हुई ज़िन्दगी' (1980), आपकी प्रारम्भिक शिक्षा उर्दू और फारसी के माध्यम से हुई। कालान्तर में हिन्दी-अंग्रेज़ी साहित्य का अध्ययन किया। किशोरावस्था से ही राजनीतिक आन्दोलनों में सम्मिलित होने लगे। सन् 1950 से ही स्वतन्त्र साहित्य लेखक के रूप में सेवा कर रहे हैं, विसंगत नाट्यकारों में इनका विशेष स्थान है। जीवन की विसंगतियाँ स्पष्ट करने में ये कुशल हैं। इनका साहित्यिक सिद्धान्त इनके कथन से स्पष्ट है—''मानव जाति केनिखिल इतिहास का यह आधुनिक काल-खण्ड अभूतपूर्व है। अपनी व्यापक विषमताओं और विसंगतियों में अन्याय, शोषण, असन्तोष और हिंसा की उग्रता में इनके रूप अनेक हैं, पर तथ्य वही एक—न, उस धरती की मानवता ही मानवता। बरबस लगता है कि अब शान्ति दुर्लभ है और जिसे सचमुच जीवन कहें उसकी सम्भावना भी दूर हुई।'' निराशा, कुंठा, व्यवस्था आदि इनकी रचना के मूल स्वर हैं।

('तीसरा पक्ष' 1975—भूमिका)

ठहरी हुई ज़िन्दगी (1980) : उनकी नवीन कृति है। नाटककार के अनुसार—''इस नाटक में राम और रावण की लोक शैली की लीला को उसके बीच से उठाकर मैंने सीधे सड़क पर लाकर खड़ा कर दिया है।'' नाटककार आज की भीड़-भाड़ में 'राम' की तलाश करना चाहता है।

इस नाटक में राम 'स्वरूप' रावण, नल नील, रामनामी अखबारवाला, चायवाला, स्टेशन मास्टर, युवक, सूत्रधार, नकाबपोश, मन्दोदरी, सीता पात्र हैं।

इसमें मन्दोदरी रेल की पटरी के नीचे कटने जाती है। आज की स्थिति को राम राज्य पर आरोपित करने का प्रयास है। 'रोशनी एक नदी है' से यह कृति चिन्तन के क्षेत्र में प्रगतिशील बनी है। पूर्व कृतियों में वर्मा जी सुगठित रचना शैली और एब्सर्ड नाट्य-शैली के मध्य रास्ता ढूँढ़ रहे थे। रोशनी की नदी में, प्यास बुझी नहीं, प्रकाश मिला नहीं, पर रामराज्य पर आज की स्थिति आरोपित करके मानो उन्हें मार्ग सूझने लगा है। आशा है वर्मा जी एब्सर्ड का मोह छोड़कर भारतीय चिन्तन धारा की ओर मुड़ेंगे।

रोशनी एक नदी है (1974)

यह नाटक कथानक रहित है। अतः चरित्र वैशिष्ट्य भी नहीं। पूरा नाटक एक अंक में समाप्त होता है। इसमें दृश्य परिवर्तन प्रकाश योजना के द्वारा किया गया है। नाटक का उद्देश्य है समाज और व्यक्ति में सर्वत्र व्याप्त असंगति और बिखराव को अपनी दृष्टि से दिखाना। नाटककार कहता है—"नाटक का संगठन ही ऐसा है कि जिसमें बिखराव के माध्यम से ही कथ्य को प्रस्तुत करने की कोशिश है। जिज्ञासा आद्योपान्त बनी रहे इसका प्रयास है।" सामयिक परिवेश दिखाने को भीड़, जुलूस, हंगामा, शोर, राजनीति, नारे (गरीबी हटाओ), 'मज़दूरों की टोली' का प्रदर्शन पाया जाता है। इसमें समसामयिक जीवन का तमतमाया रूप दिखाई देता है। सामयिक संवेदना की अभिव्यक्ति की दृष्टि से नई श्रेणी का नाटक है। लड़का-लड़की, क्रैक-ब्रैक, ट्रैक नामक पात्रों के वाद-विवाद से लैम्प-पोस्ट की और कूड़े के डिब्बे के प्रतीकों द्वारा गुंडागर्दी, भ्रष्टाचार, जीवन की विसंगतियाँ स्पष्ट की गई हैं। नाटक की अन्तिम स्थिति में न जीना सम्भव होता है, न मरना ही। क्या इस रोशनी की नदी से प्रकाश की एक किरण अन्धकार कम करने वाली है? अंग्रेज़ी में एक नाटक है 'यात्रा का अन्त' ('Journey's End') में प्रथम महायुद्ध का दृश्य ऐसे रूप में दिखाया गया है कि उससे आज के युग में भी प्रकाश मिलता है। युद्ध में कमाण्डर स्केन्होपी (Scanhope) की सारी सेना नष्ट हो जाती है, उसके प्रधान योद्धा रेले (Raleigh) आसबार्न (ossborn) वीरता से लड़कर मरता है, तब भी साहस नहीं छोड़ता और अन्त में लक्ष्य प्राप्ति होती है।

ऐसा प्रतीत होता है कि पक्षधर वर्मा जी के मन से भारतीय जीवन की विकास सम्बन्धी आशाएँ मिटती जा रही हैं, पर अब चुनौती देने लगे हैं। वह अपने कविता-संग्रह में कहते हैं—"कवि कभी भी पक्षहीन नहीं होता। वह हमेशा पक्षधर होता है। वह पीड़ितों, उपेक्षितों, अभिशप्तों के साथ होता है, सत्य के साथ होता है, इसीलिए वह न तो राजकवि बनकर जी सकता है और न केवल अपने तक सीमित रह सकता है। उसके इर्द-गिर्द की समस्त, विकलांग, पीड़ित, शोषित एवं अपमानित दुनिया उसे बार-बार चुनौती देती है। जो उस चुनौती को स्वीकार नहीं करता वह कभी कवि धर्म के साथ भी न्याय नहीं करता।" ('तीसरा पक्ष', भूमिका)।

दयाप्रकाश सिन्हा (2 मई, 1935 ई.)

सिन्हा जी ने भारत एवं पश्चिम के प्राचीन इतिहास में एम.ए. की उच्च डिग्री प्राप्त करके पब्लिक एडमिनिस्ट्रेशन, चित्रकला तथा अन्य ललित कलाओं का नियमित रूप से अध्ययन करके डिप्लोमा की उपाधि प्राप्त की। अंग्रेज़ी के अतिरिक्त पश्चिम की कई भाषाओं में विधिवत ज्ञानार्जन किया। सम्प्रति दिल्ली प्रशासन के कला-परिषद् में सचिव पद पर नाट्यकला की निष्ठापूर्वक उपासना में लगे हुए हैं। देश-विदेश के नाट्य साहित्य का अध्ययन एवं रंगमंचों पर विविध नाटकों का अभिनय देखकर

उन्होंने इस प्रकार निष्कर्ष निकाला है—''मेरी तलाश की दिशा ही उल्टी है। मैं सार्थक, सफल और श्रेष्ठ नाटक की खोज, नाटक और रंगमंच के तत्त्वों में—संवाद, कथानक, दृश्यबंध, संगीत, रूप-सज्जा, समूहन इत्यादि में कर रहा था। जब वह कुछ ज़्यादा पढ़े-लिखे समालोचकों के अनुसार इनमें है ही नहीं, उनके अनुसार श्रेष्ठता और सार्थकता रगमंच में नहीं, अपितु इंग्लैंड और अमेरिका में है, या उन योरोपीय नाटकों में है, जो अंग्रेज़ी के माध्यम से हमें प्राप्त होती है, जो हिन्दी नाटक समकालीन एंग्लो अमेरिकन नाटकों और नाट्य आन्दोलनों को जितना अधिक ग्रहण करता है, वह उतना ही अधिक श्रेष्ठ होता है।

('इतिहास चक्र' और 'ओह अमेरिका'—भूमिका)

कृतियाँ : 'मन के भँवर' (सन् 1968), 'दुश्मन' (1969), 'अपने-अपने दाँव' (सन् 1973), 'इतिहास चक्र' और 'ओह अमेरिका' (1974), 'साँझ सवेरा न. 1' (सन् 1974), 'मेरे भाई मेरे दोस्त' (1974), 'कथा एक कंस की' (सन् 1976), 'सादर आपका' (सन् 1980 ई.)

मन के भँवर (सन् 1968 ई.)

इस सफल अभिनीत नाट्य निर्माण की रचना-प्रक्रिया से प्रकट होता है कि नाट्यकार रंगमंच से पूर्णतया जुड़ा हुआ है। कृतिकार ने नाट्य निर्देशकों को इस नाटक के अभिनय की एक नई दृष्टि भूमिका में दी है।

इस नाटक में चार प्रमुख पात्र हैं—छाया, पूनम, डॉक्टर और देवेन्द्र। इनमें छाया और देवेन्द्र के चरित्रगत चढ़ाव-उतार को नाटकीय ढंग से दिखाया गया है। छाया प्रथम अंक में खलनायिका बनकर आती है जहाँ वह अत्यन्त भावुक, महत्त्वाकांक्षी और संवेदनशील स्त्री है। ऐसा प्रतीत होता है कि परिस्थितियों को पहचान कर अपने जीवन को तद्नुकूल ढालने की उसमें शक्ति नहीं, वह दुर्बल क्षणों में अपने योग्य डॉक्टर पति एवं धर्म परायण सहिष्णु सास को तिरस्कृत कर देवेन्द्र नामक फ़िल्मी हीरो के साथ भाग जाती है। उसके आक्रोश के चार कारण हैं। (1) पति के पास पिता की तरह मोटरकार, बँगला तथा अन्य सुख-साधन का अभाव (2) नाटक और फ़िल्म के द्वारा यश-मान अर्जित करने की महत्त्वाकांक्षा में पति के योगदान की त्रुटि, (3) सास का पूजा-पाठ का दकियानूसीपन (4) पूनम जैसी शोख नवयुवती से पति का सान्निध्य।

छाया के जाते ही डॉक्टर की माता पुत्र और पुत्रवधू के मध्य अपने को बाधक समझ उस ठाकुर जी को लेकर कुएँ में आत्महत्या कर लेती है, जिसको छाया अपने नाटक के रिहर्सल में ले जाना चाहती थी।

बाह्याडम्बर में विश्वास करने वाले देवेन्द्र और छलछद्म और व्यभिचार से दुर्गंधमय फ़िल्मी जगत को छोड़ वह बंगलौर में नौकरी कर लेती है, तब पूर्व पति डॉक्टर को स्मरण करती हुई और अपने को मृत घोषित करके नौ वर्ष तक स्वतन्त्र रूप से जीवनयापन करती है। इसी काल में डॉक्टर चिकित्सा क्षेत्र में सच्ची साधना द्वारा

यूनेस्को के एक लाख डालर के पुरस्कार और पद्मश्री की उपाधि से विभूषित होता है।

समाचार पत्रों में यह समाचार पढ़कर बधाई देने पहुँचती है और अपनी कुकृतियों पर पश्चात्ताप करती हुई पूर्व पति डॉक्टर से क्षमा माँगती है, पर निराश होकर लौटते समय चोट खाकर मूर्छित हो जाती है। डॉक्टर उसकी चिकित्सा से इनकार करता है। उसी समय उसका दिल्ली का मित्र आदित्य उन्हें खरी-खोटी सुनाते हुए कहता है—''मानसिक विश्लेषण पर तुम्हारी योग्यता को मान्यता यूनेस्को और भारत ने दी, किन्तु क्या कभी तुमने अपने आपको जानने की कोशिश की है? अपना ही मानसिक विश्लेषण किया है। तुम्हारा दोहरा व्यक्तित्व है। तुम कहते कुछ हो, किन्तु अपने अचेतन में विश्वास कुछ और करते हो। कहते हो कि मनुष्य को सदैव दूसरों को क्षमा करना चाहिए, उसे न किसी से ज़्यादा प्रेम करना चाहिए और न घृणा। किन्तु तुम छाया से अति प्यार करते थे। लेकिन जब वह देवेन्द्र के साथ भाग गई तो अत्यधिक घृणा करने लगे और अब उसे किसी हालत में क्षमा करने को तैयार नहीं हो। तुम्हारी सारी ऊँची-ऊँची आदर्श की बातें झूठ और आडम्बर हैं। (पृ.-68)

इस प्रकार भर्त्सना करते हुए आदित्य तेज़ी से बाहर चला जाता है और डॉक्टर विषपान कर लेता है। पूनम बधाई देने के लिए डॉक्टर के पास पहुँचकर कहती है—''देखो न डॉक्टर, मेरी शादी हो गई, एक बेबी भी है। हम तुमको धन्यवाद देना चाहते हैं। तुमने मुझको जीवनदान दिया। मैं आत्महत्या करना चाहती थी। तुमने बताया कि यह ज़िन्दगी लड़कर जीने के लिए है। आत्महत्या करना पाप है।'' इसका अन्तिम दृश्य बड़ा ही नाटकीय एवं हृदय विदारक है। गवर्नर, कॉरपोरेशन के मेयर की बधाइयों के टेलीफ़ोन और तार, सारे देश में डॉक्टर की खबरों से भरे अखबार एक ओर छाया और डॉक्टर का शव, दूसरी ओर स्वागत के लिए द्वार पर खड़ा विशाल जुलूस का जन समुदाय गाजे-बाजे के साथ। यह नाटक आधुनिक युग, दोहरे व्यक्तित्व, नारी का निरंकुश महत्त्वाकांक्षी पति के प्रति अकारण सन्देह, पारिवारिक कलह का चित्र खींचता है। दो पतियों को छोड़ने वाली स्वाभिमानिनी छाया की क्षमा-याचना अस्वाभाविक-सी जान पड़ती है। साथ ही यशस्वी डॉक्टर का मृतप्राय छाया का अनुपचार समझ में नहीं आता।

अपने-अपने दाँव (1973)

जनश्रुति के आधार पर इस विशुद्ध हास्य नाटक की रचना हुई है—''एक पुराने रईस की पत्नी हरि की बुआ पति की ऐयाशी के कारण राज-पाट, हाथी-घोड़ा, धन सम्पत्ति गँवाकर विधवा होने पर अपने मैके में दूर के भतीजे हरि के पास आ जाती है। अपने बक्से में तीन-तीन ताले इस उद्देश्य से रखती है ताकि लोग समझें कि इसमें माल-टाल भरा है। इसी धोखे में बाबू जी, पत्नी, उनकी लड़की रानी, दामाद हरि बाबू आदि दिन-रात सेवा में लगे रहते हैं। मृत्यु के उपरान्त बुआ दादी के तथाकथित देवर शहंशाह बहादुर भी बक्से में निहित निधि में हिस्सा बँटाने आ जाते हैं। बक्से की छीना-झपटी तीन ओर से होती है। एक ओर बाबू जी और

उनकी पत्नी, दूसरी ओर रानी और उसका पति, तीसरी ओर शहंशाह बहादुर। अन्त में रहस्य खुलता है कि बक्से में केवल टूटे जूते और फटे-पुराने कपड़े भरे हैं।''

इस हास्य नाटक में खुलकर हँसने के बहुत ही कम अवसर आते हैं। स्पष्ट नहीं होता कि नाट्यकार का उद्देश्य शुद्ध हास्य है या पुरानी पीढ़ी की मक्कारी की खिल्ली उड़ाना। क्या आधुनिक नारी रानी और उसका पति हरि भी इतने मूर्ख हैं कि वर्षों तक बुआ-दादी के बक्से को हिला-डुलाकर देख भी नहीं पाते कि यह सब बुढ़िया की धोखाधड़ी है, या माल-टाल है भी। बुआ-दादी के चरित्र पर विचार किया जाए तो राज परिवार की पतिव्रता नारी बक्से में रखने को क्या बर्तन भी नहीं बचा पाती कि वह जूता रखेगी। जो स्त्री इतनी सावधान है कि राजप्रासाद से टूटे जूते भी ला सकती है उसे वैभवकाल में और कुछ न मिला होगा। ऐसे ही प्रसंग की 'हार की जीत' कहानी में सुदर्शन जी ने डाकू खड्गसिंह का इस वाक्य से हृदय-परिवर्तन दिखाकर कृति में प्राण-प्रतिष्ठा कर दी है—

घोड़े का मालिक बाबा, कपट-वेशधारी अपाहिज डाकू खड्गसिंह से कहता है—''देखना भैया किसी से यह मत कहना कि मैंने अपाहिज बनकर बाबा से घोड़ा ठग लिया है। नहीं तो लोग पंगु और अपाहिज की सहायता करना बन्द कर देंगे, इससे समाज का अहित होगा।''

सिन्हा ने इस कहानी का हास्य वातावरण तो पर्याप्त रूप से निर्मित नहीं किया, पर अनाथ बुढ़ियों के प्रति अनास्था और पैदा कर दी।

फिर भी यह नाटक भाषा, संवाद और रंगमंच की दृष्टि से सफल कृति है।

ओह अमेरिका (सन् 1974)

इस नाटक में मुगल बादशाह जहाँगीर से लेकर आधुनिक काल के भारत पर पाश्चात्य सभ्यता के दुष्प्रभावों को बड़े नाटकीय ढंग से दिखाया गया है। जहाँगीर के समय में चौधरी का लड़का फारसी सीखने पर्शिया जाता है और लौटने पर घर में पानी के स्थान पर आब, गर्मी के स्थान पर्शिया तपिश, अग्नि के स्थान पर आतिश का ऐसे ढंग से प्रयोग करता है कि परिवार में किसी व्यक्ति को उसकी भाषा समझ में नहीं आती। वह आब-आब कहते बिना पानी के मर जाता है। विवेक नामक पात्र लोगों को समझाता है—

आब आब कर गए मुन्ना, खटिया तले था पानी।

फ़ारसी के अन्तिम काल में फिरंगी के प्रतिनिधि सर टॉमस रो के स्वागत से विलायती प्रभाव जमना शुरू हो जाता है। दूसरी स्थिति सन् 1938 की है, जब जयकिशन का भाई श्यामलाल विलायत से लौटता है और पण्डित उसकी शुद्धि के लिए हरिद्वार से गंगाजल मँगाकर विधि-विधान से शुद्धि की तैयारी करता है। श्याम इन सबको पाखण्ड समझकर क्रोध में कहता है—''शेम ओल्ड ब्लडी इंडिया, शेम ओल्ड ब्लडी होम। वह अपनी पत्नी के साथ अमेरिकन मेम की तरह व्यवहार करता है, जो समाज को

असह्य एवं उसकी पत्नी को बड़ा ही लज्जास्पद प्रतीत होता है। श्याम अपने समूचे परिवार के लोगों के नाम का अंग्रेज़ीकरण करता है। जयकिशन, जैक्शन हो जाता है। वह अपनी हिन्दुस्तानी पत्नी से अंग्रेज़ी में ही नहीं, फ्रेंच में इस प्रकार बोलता है—मेक लव तो वार, डिमान्ड्स हिप्पी चिक माई यूटेरस, इज़ नॉट पब्लिक प्रॉपर्टी, लीग लाइज अबोर्शन इत्यादि। पर थोड़े दिनों में उसमें परिवर्तन आता है।

नाटक में दूसरे पात्र समीर और माधुरी हैं, जो विवाह संस्कार में विश्वास नहीं करते। अविवाहिता माधुरी माँ बन जाती है। समीर भी भारत को ब्लडी इंडिया कहकर पुकारता है। समीर अपने को श्याम से भी अधिक सभ्य और आधुनिक समझते हुए कहता है—"अमेरिका कितना ही बुरा क्यों न हो, पर इस ब्लडी इंडिया से अच्छा है।" श्याम इसका विरोध करते हुए कहता है—"अमेरिका ने अपने तीन सौ साल के इतिहास में एक लड़ाई लड़ी और उसमें भी पिटा। लड़ाई से बचने के लिए अमरीकी जवान हिप्पी साधु बन गए। नशा करने लगे।" तीसरी कोटि के पात्र हैं अविवाहित रमेश और जया, जो हिप्पी बनकर 'हरे कृष्ण' को 'हारे कृष्णा' कहकर नाचते हैं। ये सब श्याम और उसकी पत्नी को पिछड़ा हुआ इन्सान मानकर उनका उपहास करते हैं। अन्त में विवेक सारी कहानी का निष्कर्ष निकालते हुए कहता है—"हम क्यों रोते हैं? विदेशों की नकल करना, उसी में अस्वस्थ और गर्वित अनुभव करना, यही तो हमारा राष्ट्रीय चरित्र और राष्ट्रीय विरासत है।"

नाट्यकार का उद्देश्य यह सिद्ध करना है कि भारत के चारित्रिक पतन का कारण विदेशी संस्कृति का अन्धानुकरण मात्र है। पर यदि नाट्य स्थितियों में और संवेदनशीलता आई होती और चरित्रों में उथल-पुथल मचाकर परिवर्तन लाने की व्यग्रता होती तो नाटक अधिक सजीव बन जाता। अंग्रेज़ी और फ्रेंच शब्दों की भरमार से नाट्यानुभूति जगह-जगह खण्डित होती चलती है। ऐसे मार्मिक और आधुनिक विषय के साथ पूरा न्याय नहीं हो पाया है। आशा है कि अब सिन्हा ऐसे महत्त्वपूर्ण विषय को विधिवत नाटकीय बनाकर इसकी प्रभविष्णुता को समयानुकूल बनाएँगे। 'इतिहास चक्र', 'ओह अमेरिका' से कहीं अधिक नाटकीय और रम्य बन गया है। मंच प्रस्तुति की दृष्टि से नए प्रयोग सराहनीय और अनुकरणीय हैं। कहीं-कहीं अतिरंजना से अनुभूति को धक्का पहुँचता है।

सब मिलाकर नाटक इस कारण सराहनीय बन गया है कि इसमें सामाजिक रोग का ठीक-ठीक निदान पाया जाता है। इसकी नाट्यशैली एक नवीन दिशा का संकेत करती है। नाट्यकार की आगामी कृतियाँ बहुत सुलझी और भारतीय भूमि से उद्भूत हुई प्रतीत होती हैं। इस युवा नाट्यकार से नाट्यक्षेत्र के उर्वर बनने की सम्भावना है।

मेरे भाई मेरे दोस्त (सन् 1974)

सम्पूर्ण राष्ट्रहित को दृष्टि में रखकर समसामयिक समस्याओं के विश्लेषण में जागरूक नाट्यकारों में दयाप्रकाश सिन्हा का एक विशिष्ट स्थान बनता जा रहा है। इस नाटक

की भूमिका में उनका यह कथन है—'जो रचनाकार समसामयिक परिस्थितियों से बचकर नारी-मन की ग्रंथियों के विमोचन जैसी वायवी समस्याओं में ही रचना धर्म की इति मानते हैं, वह न अपने प्रति ईमानदार हैं और न समाज के प्रति।' इस नाटक में नाट्यकार की ईमानदारी स्पष्ट रूप से झलकती है। उसका मन लखनऊ में होने वाले हिन्दू, मुसलमान, शिया और सुन्नी के झगड़े के कारण छटपटा उठा है, क्योंकि झगड़े की मनोवृत्ति देश की सुरक्षा में अत्यन्त बाधक हो रही है।

पाकिस्तान इन झगड़ों में होने वाली घटनाओं का इतना अतिशयोक्तिपूर्ण वर्णन अपने रेडियो से प्रसारित करता है जो भारत के मुसलमानों के मन में हिन्दुओं के प्रति घृणा का भाव उत्पन्न करता है। सन् 42 के स्वातन्त्र्य युद्ध में बलिदान होने वाले लखनऊ के अग्रण्य नेता मियां अनवर, पाकिस्तान निवासी पुत्र यासीन, पाकिस्तानी जासूस उस्मान, हिन्दू मुस्लिम मैत्री के उपासक डॉ. मिर्ज़ा और उनके मित्र किशनलाल के परिवार की मार्मिक कहानी है। तिरंगे झंडे की रक्षा में प्राणबलि देने वाले मियां अनवर अपना एक साल का शिशु छोड़ जाते हैं, जो हिन्दू धाय चमेली के स्तनपान से पलता और पाकिस्तान में प्रोफ़ेसर बनता है। डॉ. 'मिर्ज़ा उनकी बेटी गेसू' किशनलाल का परिवार यासीन के भारत आगमन से उत्फुल्ल हो उठता है। डॉ. मिर्ज़ा के प्रयास से यासीन को लखनऊ विश्वविद्यालय में उर्दू शोध-कार्य की पूरी सुविधा मिलती है। वही पाकिस्तानी जासूस उस्मान यासीन को जासूसी के जाल में फँसाने का प्रयास करता है, पर यासीन के विरोध करने पर डॉ. मिर्ज़ा के घर में ही उसे गोली का निशाना बनाता है। किन्तु जागरूक पुलिस कप्तान राम की गोली का उसी समय स्वयं भी शिकार बनता है।

नाट्यकार ने इस कृति में झगड़े का मूल कारण दोनों जातियों के मन की शंकावृत्ति को माना है, जो शंका-वृत्ति शिया सुन्नी में झगड़ा कराती है, वही हिन्दू-मुसलमान के झगड़े की जड़ है। मिर्ज़ा और किशनलाल के संवाद इस तथ्य को बड़े मार्मिक ढंग से उद्घाटित करते हैं। (पृ. 66)

इस कृति में यासीन का अन्तर्द्वन्द्व उन पाकिस्तानी और हिन्दुस्तानी मुसलमानों के अन्तर्द्वन्द्व को स्पष्ट करता है जो राष्ट्रहित और धर्मदृष्टि के विरोध के कारण नित्य प्रति तीव्र होता जा रहा है, यासीन अपनी प्रेम-उपासिका भावी पत्नी गेसू को अपना मानसिक संघर्ष इस प्रकार प्रकट करता है। वह कहता है कि मेरा पाकिस्तानी जासूस मित्र उस्मान चाहता है—हिन्दुस्तान में मज़हबी दंगे कराना ताकि हिन्दुस्तान का दामन दुनिया की निगाहों में बदनाम हो जिससे पाकिस्तानी हुक्मरान अपनी गद्दी बरकरार रख सकें। गेसू उसे समझाती है कि हिन्दुस्तान और पाकिस्तान के विचारों में यह अन्तर है। एक तरफ़ दो मज़हबों के सुकून से रहने की बात है तो दूसरी तरफ़ नफ़रत और खुँरेज़ी की आग है। एक तरफ़ ज़िन्दगी है, मोहब्बत है, दूसरी तरफ़ वीरानगी है, लुटते हुए सुहाग और उजड़े हुए घर हैं।

किशनलाल का एक दंगे में एक मुसलमान की रक्षा करते घायल होना और

अस्पताल में उसकी सेवा के लिए डॉ. मिर्ज़ा और उनके परिवार का तन, मन, धन न्योछावर करना नाटक में प्राण डाल देता है। यह नाटक को प्राणवन्त बना देता है। पर गफूर का बार-बार असमय अंग्रेज़ी शब्दों का बेहूदा प्रयोग बहुत ही खटकता है। नाटक की गतिहीनता रंगमंच पर इसे बहुत आकर्षक नहीं बनने देती। जितना प्रभाव पढ़ते समय पड़ता है, उतना रंगमंच पर नहीं।

कथा एक कंस की (1976) : इस नाटक में दयाप्रकाश सिन्हा ने कंस को प्राचीन पौराणिक कथा के विरुद्ध भावुक, कलाप्रेमी, स्वाभिमानी, महत्त्वाकांक्षी, दिखाया है। पिता उग्रसेन इसके संगीत और कला-प्रेम का उपहास करते हैं। अत: इसके मन में पिता के विरुद्ध विद्रोह की भावना उत्पन्न होती है। कंस अपनी बहिन देवकी का सम्मान करता है, किन्तु अपने भानजे के द्वारा अपनी मृत्यु की आशंका होने से प्रेम के साथ-साथ घृणा—दोनों में द्वन्द्व होने से उसके जीवन में परिवर्तन आता है। एतदर्थ उदात्त गुणों का क्रमश: लोप होता जाता है और क्रूरता, स्वार्थपरता, राज्यलिप्सा का उदय होने से यदुवंशियों के विनाश पर तुल जाता है।

नये शिल्प के अनुसार भयभीत कंस की मनोदशा का आकाशवाणी के रूप में समाज को ज्ञान कराया जाता है। आकाशवाणी कंस के मन की वाणी बन जाती है। पूतना के रूप में स्वाती कृष्ण को स्तनपान कराते समय विषपान के द्वारा स्वयं मृत्यु को प्राप्त होती है। नाटक में कृष्ण का वंशीनाद यादवों का युद्धनाद है। उस नाद में कंस के विरुद्ध युद्ध की घोषणा ध्वनित होती है।

नाटक में कृष्ण को अवतारी व्यक्ति न दिखाकर कंस के क्रूर व्यवहार का विरोधी, विपक्ष का सेनापति प्रदर्शित किया गया है। और कंस की पत्नी स्वाती को दर्पमयी नारी प्रदर्शित कर पति द्वारा उपेक्षित सिद्ध किया गया है। कंस स्वाती के दर्प भरे व्यवहारों को सहन नहीं कर पाता। अत: उसकी उपेक्षा ही नहीं, अवमानना और अवहेलना भी करता है। यद्यपि नाट्यकार इन परिवर्तनों को आधुनिक युग के प्रबुद्ध वर्ग के अनुसार तर्कसंगत सिद्ध करना चाहता है, लेकिन प्रश्न यह है कि 'क्या वर्तमान सन्दर्भ में मिथक के मनमाने अर्थ निकाले जाने की सुविधा नाटककार को है या उसे केवल मिथक के नये अर्थ संकेतित करने का अधिकार है? कंस के एकाकीपन, पत्नी स्वाती के क्रूर व्यवहार, कंस के दो साथी प्रलंभ और प्रद्योत में सद्-असद् बुद्धि का अभाव दिखाकर आधुनिक काल में नाटक की उपादेयता सिद्ध करने का प्रयास किया गया है।

प्रलंभ कंस से कहता है—"कृष्ण के मुख में विष डालने के पहले देवी स्वाती एक क्षण को रुकीं, उनकी आँखों में ममता एवं वात्सल्य का ज्वार उमड़ पड़ा। अचानक कृष्ण को अपने वक्ष से लगाकर वह विष उन्होंने अपने मुख में डाल लिया।"

आपात्कालीन तथा पूर्ववर्ती शासकों की मनोवृत्ति का पता कंस के इस कृत्य से चलता है कि वे स्वयं ही शिशु कृष्ण की स्थायी हत्या करने के लिए स्तनपान के बहाने स्वाती (पूतना) को भेजते हैं और शत्रु की हत्या में असफल रहने पर स्वयं भेजे हुए हत्यारे को दंड देने की घोषणा भी करते हैं—"घोषणा कर दी जाये

कि राक्षसी पूतना के कुकृत्य से भगवान अत्यन्त कुपित हैं। पूतना के शव को कल सूर्योदय के समय चौक में फाँसी पर लटकाया जाए। नागरिक जान लें कि यादव शिशुओं के हर हत्यारे को कठोर दंड दिया जायेगा। ऐसी पापिन राक्षसी के लिए भक्तवत्सल भगवान के पास क्षमा नहीं है।''

नाट्य-शिल्प : नाटक का आरम्भ कंस की चिन्ता भरी मन:स्थिति क्रूर काल की विडम्बनाओं के कारण निद्रा के अभाव से होता है। अनिद्रा की स्थिति में वह अतीत की स्मृतियों को वर्तमान से जोड़ने का प्रयत्न करता है। ये सारी घटनाएँ फ़्लैशबैक में दिखलाई गई हैं। हिन्दी के आठवें दशक में इस शैली का बहुत अधिक प्रयोग मिलता है।

सादर आपका (1980)

यथार्थ सामाजिक चित्रण करने वाला यह नाटक विसंगत नाटकों में विशेष स्थान का अधिकारी है। महानगर और छोटे नगरों की सामाजिक धारणाओं का अन्तर स्पष्ट करने वाली यह कृति आज के नारी जीवन की विसंगतियों के कारणों का स्पष्टीकरण करती है। महानगरों में पति-पत्नी एक घर में रहते हुए भी क्यों एक-दूसरे से अजनबी बन जाते हैं? पत्नी घर में सुख-सुविधा की समग्र सामग्री धन, सन्तान, प्रतिष्ठा, अधिकार आदि से भरपूर होकर भी उदास, दुखी एवं परेशान क्यों रहती है? किशोरियाँ माता-पिता, उच्च शिक्षा, रूप-यौवन के बावजूद घर को क्यों जेल समझ रही हैं? पुरुष नौकरी, घर, धन-सम्पत्ति, पत्नी-सन्तान से भरे घर को छोड़ क्यों सुरा और वेश्याओं से अपने आपको तृप्त करने दौड़ता है? मित्र-संबंधी क्यों इतने चरित्रहीन हो गए हैं कि घर में किशोरियों का जीवन दूभर हो गया है?

इन सबका उत्तर महत्त्वाकांक्षिणी नारी लज्जा की निर्लज्जमयी कामवासना और पदोन्नति के लिए पर पुरुष की शैया संगिनी बनने से स्पष्ट होता है। आज माता लज्जा एवं पुत्री रेखा दोनों एक ही सुन्दर युवक रोहित पर मोहित होकर आधी रात उसके कमरे में चक्कर काटती हैं। पति ब्रह्मानन्द मित्र गोपाल के घर से ऊबकर साथ-साथ मदिरालय और वेश्यालय में राहत ढूँढ़ते हैं। पति-पत्नी टेलीविज़न, एयरकंडीशन आदि के मोह में हैं। बच्ची रेखा को ताले में बन्द कर नौकरी पर जाते हैं। रेखा कभी धनेश और कभी पुलिस इंस्पेक्टर के सुन्दर बेटे सुशील पर आकृष्ट होती है। रोहित की उपेक्षा से परेशान रेखा विवाह तो एक धनी बेवकूफ़ से, पर प्रेम-व्यवहार रोहित के साथ रखने को लालायित है रोहित के मन में रेखा के पतिव्रत में सन्देह उठने से रेखा अपना भविष्य अन्धकारमय समझ जेल सदृश पितृगृह को अधिक सुरक्षित समझती है। इस नाटक में मनोभावों की विविध तरंगों का उठना और गिरना सहज स्वाभाविक एवं नाट्यानुरूप बन गया है। यह सफल कृति नाटकीय मर्यादा का कहीं उल्लंघन नहीं करती। यह नाट्यकार की सच्ची अनुभूति से प्रेरित होने के कारण ही इतनी सफल हो पाई है। सिन्हा से

हिन्दी-नाटय जगत् का भविष्य उज्ज्वल बनने की आशा की जा सकती है। यह नाटक तेंदुलकर के नए नाटकों से उच्चकोटि का है।

ज्ञानदेव अग्निहोत्री (जन्म—कानपुर 11 अगस्त, 1935)

अंग्रेज़ी साहित्य और समाजशास्त्र में एम.ए. उपाधि के उपरान्त कानपुर में प्राध्यापक हुए। नाटक और रंगमंच से जुड़े रहने और पाश्चात्य साहित्य के अध्ययन-मनन से इनकी अनाविल दृष्टि विदेशी आक्रमणों का रहस्य देख पाई। इनकी कृतियाँ राष्ट्रीय भावनाओं, आधुनिक विसंगतियों, चारित्रिक समस्याओं की ग्रन्थियाँ खोलती जाती हैं।

नेफा की शाम : अग्निहोत्रीजी का यह नाटक सन् 1962 के चीनी आक्रमण के सम्बन्ध में जो नाट्य साहित्य बना उसमें प्रमुख स्थान रखता है। यह नाटक विभिन्न रंगमंचों पर सैंकड़ों बार प्रदर्शित किया गया। इस नाटक में चीनी युद्ध काल की सैनिक गतिविधियों का नाटकीय ढंग से चित्रण किया गया है। नेफा के आदिवासियों की झोंपड़ियों के बीच से सीयांग नदी बहती है। टिड्डी दल के समान चीनी सैनिक संहारकारी टैंकों तथा अन्य विध्वंसक अस्त्र-शस्त्रों के साथ भारत पर आक्रमण करते हैं। नीमो, देवल, गोगो, शिकाकाई, माताई नामक पात्रों के माध्यम से युद्ध की विभीषिका दिखाई गई है। गोगो शौर्य का पुजारी, निर्भीक योद्धा, देश की रक्षा के लिए शत्रुओं का डटकर सामना करता है। देवल देश के प्रति अपने कर्तव्य-पालन में पारिवारिक प्रेम को बाधक नहीं बनने देता। नीमो के जीवन में शौर्य, प्रेम और कर्तव्य की त्रिवेणी लहराती दिखाई देती है। चीनी सैनिकों में बांगचू और फुंगशी जैसे रक्त-पिपासु सैनिक हैं। चीनी-महिला अपना छद्मवेषी सुहाली नाम रखकर भारतीय सैनिक देवल के साथ रहती हुई जासूसी करती है और भारतीय सैन्य योजनाओं का चीनी सैनिकों को सूत्र बताती रहती है। भारतीय नारी माताई मुक्त हृदय से सभी का अतिथि सत्कार करती है और शिकाकाई आदर्श पति-प्रेम का निर्वाह करती है। इस प्रकार इस नाटक में युद्धकाल की परिस्थितियों का सम्यक् विवेचन होता है। नाटक की विशेषता यह है कि अंचल विशेष के निवासियों के माध्यम से भारतीय जीवन की युद्धकाल की स्थितियों का निरूपण विशद रूप में मिलता है।
(इनके प्रमुख नाटक हैं—'नेफा की शाम' (सन् 1962), 'माटी जागीर' (सन् 1964), 'वतन की आबरू' (सन् 1966), 'चिराग जल उठा' (सन् 1968), 'शुतुरमुर्ग' (सन् 1968)।

माटी जागीर (सन् 1964)

ग्राम विकास की योजना, उसके कार्यान्वयन तथा ग्राम विकास की प्रगति में बाधक तत्त्वों का विश्लेषण नाटक का उद्देश्य है। इसमें देहात की समस्याएँ बड़ी सावधानी

से अभिव्यक्त की गई हैं। भोला नामक आदर्श किसान अपने बेटे वसंत और मित्र प्रकाश के साथ ग्राम-सुधार का कार्य करता है। ये सब नदी में बाढ़ आने पर दिन-रात परिश्रम करके बांध के द्वारा गाँव की रक्षा कर लेते हैं, किन्तु गाँव का व्यापारी दीन दयाल इनका विरोध करता है। साहू और प्रकाश में आजीवन संघर्ष चलता है, किन्तु सर्प के काटने से साहू की मृत्यु होने पर उसकी बेटी बिन्दिया वसन्त से विवाह करती है और दूसरे विरोधी भोला की बेटी रधिया प्रकाश से विवाह करती है। इसमें नाटकीयता के साथ-साथ प्रचारात्मक दृष्टि विद्यमान है।

वतन की आबरू (सन् 1966)

इस नाटक में पाकिस्तानी आक्रमण से होने वाली विविध संघर्षशील प्रवृत्तियों का मनोवैज्ञानिक चित्रण किया गया है। नाटक में पाकिस्तानी आक्रमण की वास्तविकता पर विचार करते हुए अग्निहोत्री लिखते हैं—'यह युद्ध ज़मीन, मज़हब, फ़िरकापरस्ती, क़ौमपरस्ती की सीमा रेखाओं से आगे एक मान्य नैतिकता, निश्चित मूल्यों, आधुनिकता के संकल्प और मानवता के प्रगतिशील इतिहास के दमन और रक्षा का युद्ध है। नाटक में सत् प्रवृत्ति, दुष्टप्रवृत्ति, राष्ट्रवाद और साम्राज्यवाद, सदाचार और मिथ्याचार का संघर्ष दिखलाया गया है। नाट्यकार ने भारतीय सिद्धान्त "सत्यमेव जयते" की पुष्टि की है।'

भारत के जोरिया ग्राम पर पाकिस्तानी आक्रमणों से विषम स्थिति उत्पन्न हुई। जिसका मुकाबला ग्राम मुखिया इलाहीबख्श और उनकी दो कन्याएँ पश्मीना और रेशमा करती हैं। इलाहीबख्श और पश्मीना युद्ध में मारे जाते हैं। पर रेशमा आक्रमणकारी मेजर जावेद को गोली मारकर देश की रक्षा करती है। नाटक राष्ट्रीय भावना को जाग्रत करता है। यह पाकिस्तानियों की अमानवीय बर्बरता और उनकी निकृष्ट भावनाओं का स्पष्टीकरण करता है।

चिराग जल उठा (सन् 1968)

इस राष्ट्रीय नाटक में टीपू सुलतान और विदेशियों का संघर्ष दिखाया गया है। टीपू का चचेरा भाई अनवर देशद्रोही होकर टीपू की मृत्यु का कारण बनता है। नाना फड़नवीस अपनी नीति-कौशल और बुद्धि चातुर्य से टीपू के दोनों शाहजादों को विदेशी फंदे से मुक्त कराते हैं। अनवर को देशद्रोह के परिणामस्वरूप मृत्यु-दंड भोगना पड़ता है।

यह प्रतीकात्मक नाटक है। चिराग का बुझना टीपू की जीवन-ज्योति के विलीन होने से और चिराग का जलना शाहजादों की मुक्ति से प्रकट किया गया है। ज्योति स्वातन्त्र्य रक्षा की ज्योति है, जो बुझकर भी जल उठती है।

शुतुरमुर्ग (सन् 1968)

भारत स्वतन्त्र होने पर सत्ताधारी देश की आंतरिक और बाह्य समस्याओं का सामना करने के स्थान पर उससे बचने का प्रयास करने लगे। राजा, मंत्री अपनी-अपनी

गद्दी बचाने के लिए विपत्तिग्रस्त प्रजा को झूठे आश्वासन, असम्बद्ध भाषणों एवं सब्ज़बाग दिखलाने के मोह-जाल में फँसाए रखते हैं। शुतुरमुर्ग के प्रतीक द्वारा आँख मूँदकर समस्या से बचने का उपाय राजा ने निकाल लिया है। शुतुरमुर्ग बालू में चोंच गड़ाकर आँख मूँद लेता है। संसार की आँखें आँधी में धूल से करमराती हैं, पर वह तो अपनी रक्षा करने में लगा रहता है, यद्यपि उसकी आँखें बाह्य अंधड़ को नहीं देख रही हैं, पर उसका सचेतन मन अंधड़ से होने वाले सारे उपद्रवों को देखता रहता है। शुतुरमुर्ग की इस वृत्ति को आत्मवंचनामयी पलायन वृत्ति की संज्ञा दी गई है।

शुतुरमुर्ग की तरह अपनी ही सुरक्षा और सुख-सुविधा में आँख-मूँदकर जीवन बिताने वाला राजा विरोधी शक्तियों का सामना करने में असमर्थ रहता है। अतः मन्त्रीपद के प्रलोभन और स्वर्ण मुद्रा के बल पर विरोध-दमन का प्रयास करता है।

इस प्रतीक को और स्पष्ट करने के लिए नाट्यकार ने कागज़ पर शुतुरमुर्ग चित्रित करके उसके मस्तक पर स्वर्ण छत्र की स्थापना की है और इस कथन द्वारा धूर्तता, भय, पाखण्ड और आडम्बर का रहस्योद्घाटन किया है। अन्त में राजा कहता है—"शुतुरमुर्ग की स्थापना न तो हमारा धर्म था, न स्वभाव" और धर्म—वह तो सत्ता सुरक्षित रखने की नीति थी। (पृ.-73)

राजा प्रजा के उत्तरदायित्व से बचने का एक और तर्क निकालता है--"पेट में भूख लगकर मरने का राज्य ज़िम्मेदार है, परन्तु मस्तिष्क में भूख लगने का नहीं? इस प्रकार नाटक में दोहरा संघर्ष दिखाया गया है। एक संघर्ष है राजा और प्रजा का, दूसरा है राजा और मन्त्रीमंडल का। (पृ.-58)

देश की दुर्व्यवस्था, राजा और मन्त्रीमंडल की कायरता, स्वार्थपरता, भ्रष्टाचार, सत्ता लिप्सा का चित्रण करते हुए नाटक सामायिक संवेदनाओं को बड़े नाटकीय कौशल से अभिव्यक्त करता है। यह नाटक अपने युग का सच्चा दस्तावेज़ कहा जा सकता है।

नैशनल स्कूल ऑफ़ ड्रामा-संचालक के रूप में 'शाह'

बृजमोहन शाह (जन्म-1 मई, सन् 1943, नैनीताल)

एम.ए.बी.टी. के उपरान्त आपने 'रुपया', 'पागल की डायरी', 'पोस्ट ग्रेजुएट' के सफल अभिनय के कारण सम्मान प्राप्त किया। नैशनल स्कूल ऑफ़ ड्रामा के द्वितीय सत्र में आपने प्रवेश लिया, और सन् 62 में उपाधि प्राप्त की। सन् 80 में प्रोफ़ेसर हुए और 81 में डायरेक्टर। तत्कालीन निर्देशक श्री ई. अल्का जी ने इनकी प्रतिभा को पहचाना। अल्का जी को सन् 1977-78 में संस्था की कटु आलोचनाओं के कारण त्यागपत्र देना पड़ा। तदुपरान्त उनके शिष्य श्री वी.बी. कारंथ इस संस्था के निर्देशक नियत हुए। डॉ. कारंथ बड़े ही योग्य निर्देशक, कई भाषाओं के ज्ञाता, भारतीय संस्कृति के मर्मज्ञ एवं लोक नाट्य के पुरस्कर्ता माने जाते हैं। इन्होंने तीन वर्षों तक

सुचारू रूप से संस्था का संचालन किया और इसका भार योग्य निर्देशक, अपने साथी बृजमोहन शाह के हाथों में सौंप स्वयं भोपाल चले गए। तब से बृजमोहन शाह नैशनल स्कूल ऑफ़ ड्रामा के निर्देशक के स्थान पर कार्य कर रहे हैं।

दिल्ली के नैशनल स्कूल ऑफ़ ड्रामा की ओर सारे भारत की नाट्य-दृष्टि लगी रहती है। इस संस्था को विश्व की प्राय: सभी प्रमुख नाट्य संस्थाओं से सम्पर्क रखने और अपने नवीन प्रयोगों को राजकीय तथा अन्यान्य नाट्य संस्थाओं का मार्ग प्रदर्शन करने का सुअवसर मिला है। अत: यह संस्था देश की नाट्य प्रगति अथवा अवनति के लिए निश्चय ही उत्तरदायी है।

बृजमोहन शाह को विरासत के रूप में प्रारम्भिक भूल रूपी कर्ज़े भी मिले हैं। श्री अल्काजी को न तो संस्कृत प्रधान भारतीय सांस्कृतिक संस्था की परख थी और न उसको प्राप्त करने की लालसा तथा आकांक्षा। वह मूलत: अमेरिका की ओ'नील परम्परा, फ्रांस की एब्सर्ड नाट्यधारा, ब्रेख्त के एपिक थियेटर को आदर्श मानकर उन दिनों उनका अन्धानुसरण कर रहे थे।

उन्होंने एक अमेरिकन के नाट्य-निर्देशन में ब्रेख्त के नाटक 'खड़िया का घेरा' (काकेशियन चाक सर्किल) का भ्रष्ट अनुवाद बड़ी असफलता के साथ दिल्ली में प्रदर्शित किया, जिसका दुष्परिणाम भारतीय नाट्य-परिवार आज तक भोग रहा है। उन्हीं के निर्देशन में अनेक एब्सर्ड नाटकों का प्रचलन हुआ। भारतीय संस्कृति के मूल रहस्यों को बिना समझे हमारी स्वस्थ परम्पराओं पर कुठाराघात हुआ। किन्तु उनका सबसे बड़ा योगदान यह है कि उन्होंने हमारी संकीर्णताओं की दीवारों को तोड़ हमें विश्व के आधुनिकतम् नाट्यधाराओं से परिचित कराया और नाट्य-प्रदर्शन के अनेक नए प्रयोगों के द्वारा भारतीय लोक नाट्य-परम्परा को कुछ उभारने का प्रयास किया। पर भारत की मूल नाट्यधारा से वे अपने को जोड़ नहीं पाए। परिणाम जो हुआ वह आज सबके सामने है।

ऐसे समय में बृजमोहन शाह को भारत की सर्वोत्कृष्ट संस्था का निर्देशक नियत किया गया है। इनका स्वरचित नाटक 'त्रिशंकु' देश में ख्याति प्राप्त कर चुका है। इनकी अन्य नाट्य कृतियाँ हैं :—'युद्धमन' (1975), 'शह ये मात' (1976)।

इनसे देश को बड़ी आशा है। 'हिन्दुस्तान टाइम्स' के संवाददाता ने इनसे सम्पर्क स्थापित करके यह निष्कर्ष निकाला है—वह न तो डॉ. कारंथ के समाकलन और सुग्रथित सिद्धान्तों पर चलना चाहते हैं और न अल्का जी की विशेषज्ञता (स्पेशलाइजेशन) के युग को दोहराना चाहते हैं। डॉ. कारंथ के सिद्धान्त में इन्हें अन्तिम परिणति (कल्मिनेशन) का भाव दिखाई पड़ता है, जो छात्रों को जीविका का मार्ग दिखाने में असमर्थ है। इसी तरह अल्काजी के विशेषज्ञ सिद्धान्त में उन्हें अनेक त्रुटियां दिखाई पड़ रही हैं, क्योंकि उनमें व्यय के आधिक्य के साथ नाट्योपलब्धि बहुत कम दिखाई पड़ती है। उनके सामने छात्रों की संख्या वृद्धि के कारण अनेक समस्याएँ आ रही हैं। छात्रों को साथ लेकर ही किसी नई योजना में हाथ डालने का इनका संकल्प है।

'त्रिशंकु' (सन् 1973) की भूमिका में नाटक का उद्देश्य बतलाते हुए नाट्यकार लिखता है—'नाटक, रंगस्थल, रंगकर्मियों और प्रेक्षकों के अन्योन्याश्रित मूल्यों और आयामों को जैसा भी मैंने उन्हें समझा और अनुभव किया है, दृष्टि में रखकर मैं लिख रहा हूँ।' इस नाटक का लघु रूप 1959 में अल्मोड़ा कॉलेज में प्रदर्शित किया गया। तब से आज तक नई परिस्थितियों के अनुकूल 'समय के परिप्रेक्ष्य में रंगकर्मियों की समस्याओं, मूल्यों, मान्यताओं और आवश्यकताओं से जीवन्तता प्राप्त करने का इसमें सतत् प्रयत्न किया गया है।' नाट्यकार का कहना है कि 'अभी इस नाटक का लेखन समाप्त नहीं हुआ है। मेरा एक विनम्र परामर्श है कि इसके प्रदर्शन में इसे ज यों का त्यों न करके अपना योगदान अवश्य दें।''

इससे स्पष्ट होता है कि नाट्यकार इसके उत्तरोत्तर विकास में संलग्न है। नाटक के प्रारम्भ में रंगला और रंगली तत्कालीन राजा की मृत्यु के समाचार पर इसलिए विश्वास नहीं करते कि 'अगर उसके कान में धन की, सत्ता या अधिकार की बात कोई फूँक दे तो वह तत्काल जीवित होकर उठ खड़ा होगा।' आगे चलकर गरीब जनता की एक टोली रोटी, कपड़ा और मकान की माँग करते हुए राजमहल के बाहर पहुँचती है तो उन पर लाठीचार्ज होता है और वे जेल में भेज दिए जाते हैं। किसानों के ज़मीन, पानी, बीज और खाद माँगने पर कोई उचित कार्रवाई नहीं की जाती। 'गरीबी हटाओ' का नारा बुलन्द तो होता है पर, उसके लिए कोई प्रयास नहीं। केवल वायदे पर वायदे होते जाते हैं। विद्यार्थी शिक्षा की व्यवस्था और नौकरी की माँग करते हुए इन्कलाब ज़िन्दाबाद का नारा लगाते हैं तो उन्हें गोलियों की बौछार और अश्रुगैस से भगा दिया जाता है। नौकरियों में भाई-भतीजावाद और रिश्वत की ऐसी भरमार है कि योग्य पुरुष ठोकरें खाता है और साधन-सम्पन्न परिवार के अशिक्षित युवक ऊँची-से-ऊँची नौकरियाँ पा जाते हैं। धनी-मानी सत्ताधारी इन्कमटैक्स की चोरी से तो मुक्त हैं, पर सामान्य नौकरीपेशे वालों को बेकार परेशान किया जाता है। नेताओं में एक अवसरवादी ग्रुप है जो धन और पद के लोभ से निरन्तर दलबदल करता रहता है। उन्होंने नेतागीरी का नया अर्थ किया है—नेतागीरी और देशभक्ति का अर्थ है, मिनिस्ट्री। खानदान के नाम पर सिनेमा, फ़ार्म, मिल, फ़ैक्टरियाँ और बड़ी-बड़ी नौकरियाँ, नेता का काम है उद्घाटन करना, भाषण देना, भ्रष्टाचार करना। नवयुवतियों का एक वर्ग फ़ैशन के चक्कर में पड़कर सभी प्रकार के सामाजिक नियमों का खण्डन करते हुए मुक्त यौनाचार का जीवन बिता रहा है। नवयुवकों का एक वर्ग वर्तमान स्थिति से इतना ऊब चुका है कि न तो उसे कोई नौकरी मिलती है और न जीविका का कोई साधन जुटा पाता है। अत: जीवन को भार समझकर या तो हिप्पी बन जाता है या आत्मघाती। जीवन से निराश ऐसे नवयुवकों का समाज में कूटनीतिज्ञों द्वारा जीवन नष्ट किया जा रहा है।

तात्पर्य यह है कि भ्रष्टाचारी समाज के एक-एक अंग पर व्यंग्य करते हुए नाट्यकार यह दिखाना चाहता है कि आज देश, समाज, धर्म, ईमान आदि त्रिशंकु के समान अधर में लटक रहे हैं। 'त्रिशंकु' हिन्दी का आधुनिक युग में पहला, तेज़,

तुर्श और तल्ख़ नाटक है और मंच प्रेमियों के लिए यह बिलकुल नया और अनोखा अनुभव है। लोकनाट्य क्लासिकी तथा अधुनातन नाट्य-शैलियों को मिलाकर एक नई शैली इस नाटक में मिली है।

युद्धमन (1975)

युद्ध की विभीषिका 11 दृश्यों में प्रदर्शित है। 'युद्धमन' काल्पनिक तथा साहित्य या युद्ध विशेष में रत हो रहे मुल्कों की क्रिया-प्रतिक्रिया का मात्र अवलोकन नहीं है वरन् युद्धकाल में मानव कार्य-व्यापारजनित अनुभवों का वह प्रलेख है, जो पिछले कई वर्षों से मेरे मन-मस्तिष्क को साल रहा था। इसमें युद्ध के समय मानव मन की प्रक्रिया व कृत्य के वे वास्तविक शब्द, घटनाएँ, आँकड़े और कारनामे हैं जिन्हें मैंने कतिपय स्रोतों से लिया है। अतः नाटक का हर दृश्य युद्धकाल में विश्व के किसी मुल्क की घटना की तस्वीर पेश करता है। इसमें 20 अभिनेताओं का पाठ केवल 5 पात्रों से रंगमंच पर प्रदर्शित कराया गया है। पंजाब से आए रिफ़्यूजी के माध्यम से देश विभाजन-काल की अमानुषीय करतूतों का वर्णन हृदय विदारक है। बर्बर मुसलमान जवान बहू-बेटियों को नग्न, चित, पट्ट करके उनका चुनाव करते। चुन-चुनकर बुद्धिजीवियों को ले जाते और गोली मार देते।

मेजर और बुढ़िया मोमे के वार्तालाप से दिखाया गया है कि योरोप में स्त्रियों की हत्या, आबरू लूटकर किस प्रकार की जाती है।

ऐसा प्रतीत होता है कि विश्वयुद्ध के मंडराते हुए बादलों को देखकर मानव की अस्तित्व रक्षा के उद्देश्य से यह नाटक लिखा गया है। नाटक के पात्र मेजर और लेफ़्टिनेंट के वार्तालाप से युद्ध सम्बन्धी तीन स्थितियाँ दिखाई गई हैं—युद्ध की विवशता, युद्ध का विरोध, युद्ध से विरक्ति। सम्पूर्ण नाटक के केन्द्र में युद्ध-भावना है। नाट्यकार केवल इतना ही संकेत करता है कि धर्म, अन्य देश-प्रेम, ईर्ष्या, द्वेष, विजयेच्छा, सभ्यता, संस्कृति जीवन-दर्शन आदि के नाम पर आक्रमण करने वाला उतना ही दुःखी होता है जितना दुःखी आक्रमित रहता है। युद्ध से विनाश के अतिरिक्त और कुछ नहीं हो पाता।

भाषा की दृष्टि से एक नया प्रयोग इसमें यह पाया जाता है कि कहीं-कहीं पूरे का पूरा वाक्य अंग्रेज़ी में है। सम्भवतः विश्व युद्ध में ऊँचे अफ़सरों की ऐसी ही भाषा का प्रयोग प्रधान रूप में होते देख शाह के मन में इसकी भावना जगी हो। युद्ध विरोधी नाट्यकृतियों में इसका विशेष स्थान माना जायेगा।

शह ये मात (सन् 1976)

कथाहीन केवल स्थिति प्रधान सुनियोजित संवादों के द्वारा आज की विसंगतियाँ दिखाने वाले एब्सर्ड (विलोम) नाटकों में 'शह ये मात' का विशेष स्थान है, स्थूलता और सूक्ष्मता के मध्य से नाट्य-रचना का मार्ग निकालने में शाह दक्ष हैं। आज का मानव

असंगत परिस्थितियों के मध्य जीता हुआ, अतीत और वर्तमान को कोसता हुआ, परिवार और समाज में रहते हुए भी एकाकीपन का अनुभव करता हुआ प्रतिक्षण उद्विग्न, उत्तेजित क्यों रहता है? इसका उत्तर देते हुए नाट्यकार अपनी भूमिका में लिखता है—'जीवन व्यवहार, इच्छा, आकांक्षाओं, सफलताओं, असफलताओं के तथ्य और कल्पना के मिश्रण की उपज है।' वे आगे चलकर लिखते हैं कि मेरा उद्देश्य दर्शक को यह सोचने के लिए बाध्य करना है कि वह एक एहसास, एक तनाव, एक त्रास-ह्रास, एक तिलमिलाहट, भरकर बेहतर सोचने-करने को विवश हो जाये। शाह इस कृति के द्वारा पूरे समाज की बेचैनी को अभिव्यक्त करना चाहते हैं।

संवादों की तीक्ष्णता के अतिरिक्त बिम्बों की नवसृष्टि इस बेचैनी को अभिव्यक्त करने में सहायक हुई है। शतरंज का खेल जीवन की हार-जीत का खेल है। मुरझाया हुआ पेड़ आधुनिक मानव की मुरझाई हुई आशा-आकांक्षाओं का प्रतीक है, मुर्गी हत्यारे मानव की उग्र आकांक्षाओं का प्रतीक है। इन विसंगतियों के बीच कभी-कभी मानव प्रेम के द्वारा मन बहलाते हुए गा उठता है—''छोटा-सा बलमा मोरे आँगना में...'' अखबार प्रतीक है संसार की विषमता भरी खबरों का। समाज की पूरी विभीषिका दिखाने के लिए मौन बालिका, अल्हड़ लड़का, कप्तान, औरत और आगन्तुक को पात्र बनाया गया है, सारे पात्र अराजकता की स्थिति में विक्षुब्ध जीवन जी रहे हैं। प्रत्येक पात्र मानसिक वेदना मृत्युमय जीवन के रहस्यमयी प्रश्नों से प्रतिक्षण जूझ रहा है। पात्र किसी सुनियोजित कथा का निर्माण नहीं करते, केवल विसंगत स्थितियों का ही सर्जन करते रहते हैं।

सुरेन्द्र वर्मा

भारतीय संस्कृति को समझने का प्रयास करते हुए पाश्चात्य प्रभावों को ग्रहण करना चाहते हैं, किन्तु पौराणिक कथाओं की रहस्यमयता प्रारम्भिक कृतियों में स्पष्ट नहीं कर पाए हैं। भारतीय सौन्दर्य-बोध में अद्वैत-दर्शन का प्रधान सिद्धान्त निहित है। शंकराचार्य की 'सौन्दर्य लहरी' में दृश्य नाम रूप से आच्छादित सौन्दर्य को, पराशक्ति के अदृश्य स्वरूप को समझाया गया है। आठवें सर्ग में उस अदृश्य स्वरूप की झाँकी कालिदास की दृष्टि से देखने का प्रयत्न नहीं पाया जाता। आशा है कि सौन्दर्य-बोध का यह आधुनिक पुजारी अपनी कृतियों में भारतीय जीवन-दर्शन के आलोक में वैज्ञानिक रीति से आधुनिक समस्याओं को रख पायेगा।

द्रौपदी

आज की युवा पीढ़ी की मनोवृत्ति के विश्लेषण का प्रयास जिन नाट्यकारों ने किया है उनमें सुरेन्द्र वर्मा का विशेष स्थान है। इनके 'द्रौपदी' नाटक में सुरेखा के पति मनमोहन की मनोवृत्तियों का पाँच रूपों में वर्गीकरण करके द्रौपदी के पाँच पति के रूप में कल्पना की गई है। मनमोहन के मन पर कभी सफ़ेद नकाब उसकी अन्तरात्मा

के स्वर के प्रतीक के रूप में आता है। कभी काला नकाब उसके अनैतिक भ्रष्ट जीवन को परिलक्षित कराता है। तीसरा नकाब पीले रंग का है जो ऑफ़िस में प्रोमोशन के लिए भागदौड़ करने वाले मनमोहन के मनोभावों का प्रतीक है। तीनों नकाबों को ओढ़कर अपनी महत्त्वाकांक्षा की पूर्ति के लिए पूर्ण प्रयास करने वाला मनमोहन जब अधिकारियों से प्रताड़ित और मित्रों से अपमानित होता है तो मन को शान्ति प्रदान करने के लिए पराई स्त्री अंजना से सहवास करता है। किन्तु वहाँ भी उसे अंतर्द्वन्द्व और मानसिक संघर्ष से मुक्ति नहीं मिलती। कभी-कभी सफ़ेद नकाबवाला उसको चेतावनी देते हुए कहता है—"इस टेक्निकल ज़िन्दगी की घुटन के बजाय मैं तुम्हें एक सारी ज़िन्दगी देता, मगर...एक आदमी पूरा और साबित...।"

अन्त में सबसे निराश होकर वह मदिरापान से अपने तनाव की स्थिति को भूल जाना चाहता है। किन्तु परिवार की चिन्ता, मानसिक द्वन्द्व, असफलता के थपेड़े, चिन्ता साँपिन की फुफकार उसे एक क्षण भी चैन नहीं लेने देती। उसकी मन:स्थिति का स्पष्टीकरण करते हुए अंजना कहती है—"सबको कुछ-न-कुछ चाहिए। एक चीज़ मिल गई तो दूसरी चाहिए। दूसरी मिल गई तो तीसरी चाहिए। इस रफ़्तार का कहीं खात्मा नहीं। इस पागलपन से कहीं छुटकारा नहीं।" मनमोहन के मन की विभीषिकामयी स्थिति की ज्वाला सबसे अधिक उसकी पत्नी सुरेखा को सन्तप्त करती है। उस पर परिवार पोषण का पूरा भार है। पति अपव्ययी, मद्यपी, परस्त्रीगामी, समाज से तिरस्कृत होते हुए भी पत्नी की भर्त्सना जी भर कर करता है। सुरेखा अपनी करुण स्थिति का दिग्दर्शन कराती कहती है—"जैसे अब आदमी एक नहीं एक से ज़्यादा है। जैसे उसके हिस्से हो गये हैं, अलग-अलग। और कभी एक से सामना होता है कभी दूसरे से। कभी दफ़्तर में डूबा रहता है, कभी घर में। कभी-कभी मुझे ऊपर से छूकर ही मन भर जाता है। और कभी वह एक-एक बोटी नोच डालता है मेरी। कभी-कभी उसके बदन से दूसरी औरत की बू आती है।"

नाट्यकार इस दाम्पत्य-जीवन की विसंगतियों को इन शब्दों में व्यक्त करता है—"घर वो हवा रहती है वहाँ जो बसी रहती है। वो अपनापन—वो जुड़े होने के ताने-बाने। वो भरे-पूरे होने का एहसास।—अगर न हो तो वो घर नहीं मकान है।" अर्थात् यदि परिवार में परस्पर स्नेह सहानुभूति एवं प्रेम का सम्बन्ध नहीं है तो गार्हस्थ्य जीवन का सुख स्वप्न हो जाता है और घर का वातावरण उद्विग्नकारी बनकर चेतना को जड़ रूप में परिणत कर देता है। इसी प्रकार मनमोहन के ही प्रतिरूप अनिल राजेश हैं और अलका, वर्षा, अंजना, वंदना, रंजना जीवन में बिना किसी सहारे के परिस्थितियों के थपेड़े सहती हुई इधर से उधर भटकती फिरती हैं। पति-पत्नी के विकृत सम्बन्ध के अतिरिक्त माता और पुत्री, पिता और पुत्र, भाई और बहिन के संवादों में अश्लीलता, विकृति, फूहड़पन, घिनौनापन अपनी सीमा को पहुँच जाता है। ऐसा प्रतीत होता है कि जीवन में सेक्स की प्रवृत्ति ही सब कुछ है। नाट्यकार ने आधुनिक युवक-युवतियों की मनोवृत्तियों को इस प्रकार उद्‌घाटित किया है।

सेतु बन्ध (सन् 1972)

नई प्रतिभाओं में सुरेन्द्र वर्मा का नाम बहुचर्चित है। इन्होंने नारी और पुरुष के प्रेम-सम्बन्धों को आज के नवयुवकों की नई मान्यता के अनुसार व्यक्त किया है। इनका मत है कि जिस प्रकार 'भावना के बिना शारीरिक सम्भोग है' (पृ.-35), उसी प्रकार अनचाहे पति का पत्नी के साथ प्रेम-सम्बन्ध अमान्य है। 'सेतु बन्ध' संस्कृत का पुरातन ग्रन्थ है जिसके रचयिता वाकाटक नरेश प्रवरसेन द्वितीय हैं। उनकी माँ प्रभावती और कालिदास का प्रेममय मधुर सम्बन्ध था। किन्तु अपने पिता चन्द्रगुप्त के दुराग्रह से वह अपने प्रेमी कालिदास के स्थान पर वाकाटक नरेश के साथ पाणिग्रहण को बाध्य होती है। उसका कथन है—"मेरी भावना आज तक कुमारी है। मैं माँ बनी हूँ, पर पत्नी नहीं।" (पृ.-35)। आधुनिक नारी की मनोनुरूप पति सम्बन्धी धारणा प्रभावती के इस वाक्य के माध्यम से नाट्यकार व्यक्त करता है—"क्या कोई स्थिति ऐसी नहीं हो सकती जिसमें पर पुरुष पति बन जाए और पति पर पुरुष?" (पृ.-29)

आधुनिक नारी की प्रेम-सम्बन्धी मनोवृत्ति स्पष्ट करने के लिए प्राचीन कथा को आधार बनाया गया है। प्रभावती का विवाह से पूर्व कालिदास के साथ होने वाले रोमांस का अनुमोदन पुत्र से कराना समझ में नहीं आता। यदि सम्राज्ञी का ऐसा व्यवहार है तो प्रजा का क्या हाल रहा होगा। क्या यह तत्कालीन प्रवृत्ति का परिचय इतिहास सम्मत है?

आधुनिकतावादी कतिपय नाट्यकार पौराणिक-ऐतिहासिक कथानक को ग्रहण करके परम्परागत मूल्यों के प्रतीक संस्थानों और महापुरुषों के प्रति आस्था पैदा करते हैं। परम्परागत मूल्यों को नकारने की प्रक्रिया में नाट्यकार अतीत के महत् आदर्शों के द्योतक सभी महत् संस्थानों और महत् पुरुषों के जीवन को विकृत करके ऐसे रखता है, जिससे आधुनिक अनास्था चेतनात्मक को बल मिले। सुरेन्द्र वर्मा इस धारा के एक प्रखर नाट्यकार माने जाते हैं, अर्थात् वे विघटित मूल्यों के मुखर नाट्यकार हैं।

आठवाँ सर्ग (सन् 1976)

इतिहास पुराण की मार्मिक कहानियों को आधार बनाकर नाट्यकार अपने युग की समसामयिक समस्याओं का विश्लेषण प्रत्येक काल में करता रहा है। सुरेन्द्र वर्मा ने कालिदास के 'कुमारसंभव' काव्य की घटना के आधार पर साहित्य में अश्लीलता की समस्या का निदर्शन करने के लिए 'आठवाँ सर्ग' नामक नाटक लिखा है। नाट्यकार अपने वक्तव्य में स्पष्ट लिखता है—'कुमारसंभव' के व्याज से लिया गया अश्लीलता का पक्ष समकालीन कला के लिए प्रासंगिक तो है ही पर आपातकालीन भारत में लेखकीय अभिव्यक्ति बनाम शासन के रेखांकन की दोहरी सार्थकता प्रतीत न होती तो आत्मान्वेषण के मोह के बावजूद नाटक की प्रस्तुति शुरू नहीं की जाती।'

नाट्यकार का अनुमान है कि—'कुमारसंभव' का आठवाँ सर्ग कालिदास ने अपने विवाहोत्सव के उपरान्त ही लिखना प्रारम्भ किया होगा। अत: उद्दाम शृंगार का

वर्णन स्वाभाविक ही था। सम्राट चन्द्रगुप्त कालिदास के नव-काव्य 'कुमारसंभव' के काव्य पाठ का समारोह राज्यसभा में कराते हैं। शिव-पार्वती के उद्दाम श्रृंगार का वर्णन सुनकर धर्माध्यक्ष रचना पर अश्लीलता का दोषारोपण करते हैं। समारोह स्थगित होने पर कालिदास को अपमानित होना पड़ता है। अश्लीलता के आरोप के सत्यासत्य का निर्णय करने के लिए व्यवसायी दिवाकर, आयुर्वेदाचार्य पुण्डरीक, धर्माध्यक्ष, न्यायाधीश एवं नयी पीढ़ी के प्रतिनिधि सौमित्र की एक समिति बनाई जाती है। समिति निर्णय देती है कि 'इस काव्य का कभी किसी सभा या गोष्ठी में पाठ न हो। इसका विक्रय न हो और जिस नागरिक के यहाँ भी इसकी प्रति पाई जाये उसे नियमानुसार दंड मिले। इस पुस्तक का लेखक न्यायालय में सामाजिक रूप से क्षमा-याचना करे।' कालिदास इस निर्णय के विरोधस्वरूप 'कुमारसम्भव' के अग्रिम सर्गों की रचना का विचार त्याग देता है।

तीसरे अंक में सुरेन्द्र वर्मा ने मदनोत्सव के अवसर पर 'अभिज्ञानशाकुन्तलम्' की स्वर्ण जयन्ती मनाने का आयोजन राजदरबार में होते दिखाया है। सम्राट चन्द्रगुप्त कालिदास से कहते हैं—"तुम्हारे सम्मुख अपने को कभी-कभी अपराधी अनुभव करता हूँ।" धर्माध्यक्ष तथा समिति द्वारा किये गये अपमान को कालिदास फिर भी नहीं भूलता और चन्द्रगुप्त के खेद व्यक्त करने और समारोह में सम्मिलित होने का आग्रह करने पर भी कालिदास राज्यसभा में नहीं जाता। कालिदास प्रियंगुमंजरी के साथ चषक के एकाध घूँट पीता है और मंजूषा से 'कुमारसम्भव' की पाण्डुलिपि निकालकर उसके पन्ने उलटता है। इस नाटक में कालिदास का साथी सौमित्र पति-पत्नी की श्रृंगारिक क्रीड़ाओं के चित्रण का औचित्य सिद्ध करना चाहता है। दूसरा प्रश्न है सत्ता की सहायता की आवश्यकता का। कालिदास चन्द्रगुप्त से कहता है—"जीवन के मोड़ पर सत्ता की सहायता की आवश्यकता थी, अब नहीं है।" इस नाटक में ये दोनों प्रश्न उलझे ही रह गये हैं। अश्लीलता का चित्रण वर्जित है या नहीं यह प्रश्न भले ही अनिर्णीत रहे, पर रंगमंच पर इनका प्रदर्शन कहाँ तक सुसंस्कृत समाज को ग्राह्य होगा, इसमें किसी को सन्देह नहीं। संभवत: ब्रेख्त के 'मदर करेज' के अनुसरण पर नाट्यकार को रंगमंच पर रति क्रीड़ा दिखाने में भी संकोच न हुआ होगा। पर हर देश की एक संस्कृति होती है, उसे विस्मृत नहीं किया जा सकता है। दूसरा प्रश्न है सत्ता की सहायता का। वर्मा जी सम्भवत: सत्ता की सहायता से प्रसिद्धि तो चाहते हैं, पर कार्यसिद्ध हो जाने पर सत्ता से परान्मुख होने में लेखक का कल्याण हो सकता है।

सूर्य की अन्तिम किरण से सूर्य की पहली किरण तक—

सुरेन्द्र वर्मा ने इस नाटक में राजमहिषी शीलवती को सन्तान के लिए नियोग के विधान को उपयुक्त सिद्ध किया है। यह नाटक नारीत्व और मातृत्व की भारतीय और पाश्चात्य भावनाओं के संघर्ष और सामंजस्य को आधुनिक दृष्टि से व्यक्त करता

है। 'जातक कथा' के आधार पर राजपुरुष ओक्काक और राजमहिषी शीलवती के संतान वंचित होने पर उत्तराधिकार का प्रश्न उठता है। पुंसत्वहीन ओक्काक के साथ शीलवती परिस्थितिजन्य विवशता के कारण एक प्रकार का सन्तोषमय जीवन व्यतीत कर रही है। धर्म और समाज की मर्यादाओं में बँधी शीलवती अपने मन का उद्वेग कहे तो किससे कहे? और कहे तो क्या कहे? उसके आन्तरिक द्वन्द्व एवं मानसिक वेदनाओं की सूक्ष्म अभिव्यक्ति मिलती है। अमात्य परिषद् शीलवती को उत्तराधिकारी के जन्म के लिए 'नियोग' प्रक्रिया अपनाने के लिए बाध्य करता है। उसे राजप्रांगण में उपस्थित होकर नियोग के लिए निवेदन करना, वेश्यावृत्ति के समान निर्लज्जतासूचक जान पड़ता है। उसके संकोच को देखकर महामात्य नारी के मातृत्व की ओर संकेत करते हुए कहते हैं—"एक प्रक्रिया में से निकलने भर की बात है—औपचारिकता, एक खानापूरी—उन कुछ क्षणों के लिए अपने-आपको बिलकुल भूल जायें—पलकें मूँद लें, कान बन्द कर लें—बिलकुल ढीला छोड़ दें शरीर को—पाँचों इन्द्रियों को अचेतन करके भावतन्त्र को निर्जीव बना लें और मन की आँखों से लगातार केवल भावी परिणाम की ओर देखें—अबोध मुद्रा, घुँघराली अलकें, दूधिया दाँत, नारीत्व की सार्थकता—मातृत्व की तृप्ति— ।"

प्रारम्भ में पाँच वर्षों तक पुंसत्वहीन पति के साथ शील, संकोच और सन्तोष से जीवन बिताने वाली राजमहिषी का मन उत्तराधिकारी शिशु जन्म की भावना से उद्‌बुद्ध हो उठता है। राजा ओक्काक के बालसखा आर्य प्रतोष के साथ रात्रि व्यतीत करने का प्रस्ताव आने पर वह महामात्य से कहती है—"नारीत्व की सार्थकता मातृत्व में नहीं है, महामात्य! है केवल पुरुष के संयोग के इस सुख में। मातृत्व केवल एक गौण उत्पादन है। जैसे दही से निकलता तो मक्खन है लेकिन तलछट में थोड़ी-सी छाछ भी बच जाती है...शैया पर नारी केवल भोग्या है, मातृत्व की आकांक्षिणी मात्र नहीं।"

ओक्काक राजा होते हुए भी पुंसत्वमय दाम्पत्य जीवन के ऐहिक सुख से वंचित रहने के कारण अपनी परिचारिका महत्तरिका से स्पष्ट करता है। उसके संवादों में उसकी अतृप्त कामवासना मानसिक ग्रंथियों की विवशताओं के कारण उसका मनस्ताप स्पष्ट झलकने लगता है। नाट्यकार का उद्देश्य मातृत्व से महत्तर पत्नी के भोकृत्व को सिद्ध करना प्रतीत होता है। जयशंकर प्रसाद ने पति को त्यागकर अपने सतीत्व के और देश के उद्धारक चन्द्रगुप्त के साथ परिणय करना ध्रुवस्वामिनी के चरित्र की विशेषता बतलाई है।* उनके नाटक में भोकृत्व को सुरेन्द्र वर्मा के नाटकों से कहीं अधिक रमणीयता और मनोवैज्ञानिकता झलकती है। उन्होंने नाटक में संकेत से भोकृत्व की ऐसी मनोरम व्याख्या की है कि कहीं भी मर्यादा का उल्लंघन नहीं होता। उच्चकोटि के नाटकों में अन्त:संघर्ष का वह प्रकाश दिखाया जाता है जिसमें दासता की अपेक्षा ज्योति अधिक होती है, फिर भी आधुनिक वातावरण में सुरेन्द्र

*देखो—महावराह की मूर्ति।

वर्मा का यह नाटक एक नई दिशा का संकेत करता है।

नींद क्यों रात भर नहीं आती है

सुरेन्द्र वर्मा ने इस नाटक में बताया है कि आधुनिक शिक्षित किशोरियाँ और युवतियाँ आधुनिक समाज के अनुकूल जीवन बिताने के लिए यौन-समस्या को सुलझाने में नये-नये मार्ग ढूँढ़ रही हैं। दफ़्तर में काम करने वाली एक युवती हर शनिवार को दफ़्तर की छुट्टी होने के बाद अपराह्न में अपने प्रेमी के साथ नियत स्थान पर चली जाती है। रंग-रेलियों में ही सन्ध्या बिताती है, पर उन दोनों को अपने अवैध काम-संबंधों पर न क्षोभ है, न ग्लानि। इनके सभी नाटकों में आधुनिक युवतियाँ या तो परम्परानुसार संबंध जोड़ती ही नहीं और यदि विवश होकर जोड़ना पड़ा तो उसे एक ही झटके में तोड़कर निःसंकोच होकर नये प्रेमी से नया संबंध जोड़ लेती हैं। समाज में युवक-युवतियों का ऐसा वर्ग उभर रहा है जो परम्परागत विवाह की ओट में अपने स्वच्छन्द विचरण और अपने उच्छृंखल जीवन को छिपा लेने का प्रयास करता है। 'हिंडोल इंगुर' नामक नाटक में निज अर्जन से समृद्ध महिला पति की उपेक्षा करके माँ के साथ रहते हुए भी अपने प्रेमी के साथ विचरण करते हुए कहती है—"कुछ बातें हैं जिन पर मेरा वश नहीं।" आज के युवक-युवतियाँ आधुनिकता के व्यामोह में प्राचीन व्यवस्था से विद्रोह तो कर रहे हैं पर नये मूल्यों का सहारा न मिलने से उनको झुँझलाहट, कटुता, नैराश्य, सूनापन, असन्तोष प्रतिक्षण झकझोरते रहते हैं। काम और अहं दोनों से पीड़ित युवावर्ग नये मूल्यों की खोज में लगा है। सारा जीवन विसंगति के गंदले पानी में डूबता, उतराता हुआ आहें भर रहा है।

छोटे सैयद बड़े सैयद (सन्-1982)

अब्दुल्ला और हुसैन अली नामक बड़े सैयद और छोटे सैयद अन्तिम मुगल सम्राट मुहम्मदशाह के लिए प्राण निछावर करने को तैयार रहते हैं। उनके शौर्य ही से रंगीले बादशाह की रक्षा होती है। लगभग 80 पात्रों की भीड़ में ये ही दोनों सैयद भाई नाटक की प्रमुख भूमिका निभाते हैं। नाट्यकार इनकी प्रसिद्धि की याद बार-बार नक्काल भांड बहुरूपियों के नृत्य संगीत के माध्यम से दिलाते चलते हैं।

इस नाटक में फर्रुख़सियर और मुहम्मदशाहकालीन भारत की राजनीतियाँ दिखाई गई हैं। उस समय का मुगल-दरबार हिन्दुस्तानी उमरा, ईरानी उमरा से भरा पड़ा था। इनके परस्पर संवादों से ज्ञात होता है कि उस समय वजीर बनने का ऐसा षड्यंत्र चल रहा था, जिसमें बेगमों की राजनीति का भी हाथ था। उन सबकी दुर्गन्धमयी राजनीति के कारण मुगल साम्राज्य पतन के कगार पर पहुँच चुका था और केवल एक धक्के की देर थी। इस दुरभिसन्धि में बादशाह फर्रुख़सियर की हत्या की जाती है। मुहम्मदशाह की प्राणपण से रक्षा करने वाला सरदार अब्दुल्ला खाँ दरबारी प्रपंचों से हताश होकर उस समय की स्थिति इस प्रकार प्रकट करता है—

''बेहद थक गया हूँ। परपंच राहें, अमल से गुज़रने का तनाव, सालहासाल के खूँरेज़ फ़ैसलों का बोझ, अपने और गैरों के दिए कितने जख़्मों का दर्द...सिर्फ़ दरकार है—कभी न टूटने वाली नींद।''

अब्दुल्ला खाँ अन्त में भारत-भूमि की एक मुट्ठी धूल हाथ में लेकर मृत्यु के क्षण में सन्देश देता जा रहा है—''सोंधी मुलायम मिट्टी—इसकी नमी मेरे हाथों जज़्ब हो रही है।''

इस नाटक में भारत की आधुनिक राजनीतिक पाखंड और कलह का भी संकेत मिलता है। सुरेन्द्र वर्मा की नाट्य-कला 'आठवाँ सर्ग' से आगे बढ़ती दिखाई पड़ती है।

उनकी यह कृति इस भूमि से जुड़ी हुई होने से भारतीय समुदाय के सबल एवं दुर्बल पक्ष पर प्रकाश डालती है। गिरीश करनाड के 'तुगलक' की छाप इस पर दिखाई पड़ती है। भाषा फारसी शब्दों का प्राधान्य होने से दुरूह बन गई है।

मुद्राराक्षस

मुद्राराक्षस उन नाट्यकारों में से हैं जो नाट्यकला को केवल रसज्ञों तक सीमित नहीं मानते, अपितु उसे जनसाधारण के जीवन से जोड़ना आवश्यक समझते हैं। वे लिखते हैं—'लोगों की ऐसी राय है कि आम आदमी के लिए घटिया सृजनात्मक कथ्य की ज़रूरत होती है। जनसाधारण अशिक्षित है, इसलिए उन्हें अच्छा नाटक नहीं—सस्ते हास्य से मिलता-जुलता अति नाटकीय भोंडा नाटक ही देना होगा, यह गलत है। जनसाधारण न तो सांस्कृतिक दृष्टि से पिछड़ा हुआ होता है और न ये सृजन के प्रति अन्धा। अच्छी नई सृजनात्मक उपलब्धि को तभी स्थायित्व मिलता है जब उसे जनसाधारण की व्यापक स्वीकृति मिलती है और सही सृजनात्मक उपलब्धि को निश्चय ही व्यापक जन समर्थन मिलता है। यहाँ ध्यान रखना होगा कि चमत्कारवादी के प्रति उसमें वैसी ही क्षणिक उत्सुकता भी होती है, जैसी सड़क के किनारे बेहोश लड़के को हवा में उड़ाते बाज़ीगर के प्रति होती है।'

ऐसा प्रतीत होता है कि मुद्राराक्षस वैकेट और ब्रेख्त की नाट्यकला से प्रभावित हैं और वे ब्रेख्त की तरह नाट्य-प्रदर्शन को अनुष्ठान मानते हैं। नाटक का उद्देश्य दर्शक को हँसाना-रुलाना ही नहीं, बल्कि समझाना भी आवश्यक समझते हैं। इन्हीं उद्देश्यों को लेकर उन्होंने जनसामान्य के समझने योग्य भाषा-विषय की सर्जना एक नई शैली में की है। सामान्य जन के जाने-बूझे जीव-जन्तुओं को प्रतीक बनाकर उन्होंने अपने कथ्य का प्रदर्शन किया है। 'तिलचट्टा' और, 'तेंदुआ' इनके प्रमुख नाटकों में हैं।

तिलचट्टा

मुद्राराक्षस नाटककार ने भूमिका (चन्द बातों) में लिखा है—'तिलचट्टा मानवीय नियति की ऐसी त्रासदी है जिसे निरन्तर मानवीय ऐतिहासिक आधार की तलाश है। नाटक में चरित्र नहीं—यह त्रासदी ही प्रमुख है, यह सत्य है। बाकी सब कुछ—पात्र

प्रतीक देशकाल घटनाएँ सब सिर्फ़ उसकी वहाँ मौजूदगी को प्रामाणिकता देने वाले दस्तावेज़ हैं। त्रासदी है देव नामक एक पुंसत्वहीन पुरुष की, जिसकी पत्नी केशी स्वस्थ, सुन्दर, युवती परपुरुष से प्रेम करने वाली है। पति-पत्नी एक ही पलंग पर लेटे हुए हैं। केशी अपने मृतक श्वान के सम्बन्ध में सोच रही है। उसी समय देव की गर्दन पर एक तिलचट्टा चढ़ जाता है। जब वह तिलचट्टे को हटाने लगता है तो वह उसकी अँगुली को कुतर डालता है। दोनों में तिलचट्टा के सम्बन्ध में बात होने लगती है। इसी मध्य बकरे की बोली बोलने वाले काले आदमी की आवाज़ सुनाई देती है।

वार्तालाप के क्रम में दो स्वप्न-दृश्यों का उल्लेख आता है। एक स्वप्न में जंगल में भटकने वाले देव और केशी की मुठभेड़ पिंडारियों से होती है, जिसमें देव के सामने पिंडारी केशी के वस्त्र खींच लेते हैं। दूसरा स्वप्न केशी के ऊपर तिलचट्टे के चिपकने का है। जिससे केशी गर्भवती होती है। और गर्भपात कराने के लिए इन्जेक्शन लेती है। अपने पुंसत्वहीन जीवन की कुंठा से व्यग्र देव, नींद की गोली खाकर सोने का उपक्रम करता है। उक्त कथानक संवाद के तीखेपन, कलापूर्ण परिस्थितियों के सर्जन से, नाट्यकार ने दाम्पत्य-जीवन की विसंगतियों एवं कुंठाओं, स्त्री-पुरुष के सम्बन्ध की विसंगतियों, मानव मन की विकृतियों, तिलचट्टे की तरह अज्ञान के अँधेरे और दुर्गन्धमय जीवन बिताने वाले मानव मन को प्रतीक के रूप में प्रदर्शित किया है। नाट्यकार के अनुसार—"इस नाटक में मनोविज्ञान मुख्य नहीं, मानव की नियति ही मुख्य है—जो विवशताओं की सृष्टि करती है। मध्यवर्ग के आदमी की नियति है कि वह सिर्फ़ सेक्स की भाषा में जिजीविषु होता है, उदार हो जाता है। बीवी गैर मर्द के साथ हो जाये वह बीवी का आत्म-निर्णय नहीं होता। उसे देव की उदारता का भी सबूत बनना पड़ता है।"

नाटक में किसी व्यक्तित्व को उभारने का उतना प्रयास नहीं है जितना पात्रों के चरित्र को संदिग्ध बनाने का। नाट्यकार कहता है—इसीलिए असंदिग्ध कुछ है तो त्रासदी और बाकी सब संदिग्धों का मजमुआ—"केशी गैर मर्द से रिश्ता रखती है, नहीं रखती है। बकरे की बोली बोलने वाला आदमी और डॉक्टर एक ही है, नहीं है। काले आदमी से केशी का अपरिचय है, नहीं है। केशी को गर्भ है, नहीं है, इत्यादि।"

नाट्यकार ने पात्रों के संदिग्ध चरित्रों का निर्माण इस उद्देश्य से किया है कि प्रत्येक दर्शक अपनी-अपनी रुचि, योग्यता के अनुसार उसका चित्र खींच सके। नाटक का यह नया प्रयोग कहाँ तक सफल होगा यह तो भविष्य ही बतायेगा किन्तु इतना तो निश्चित है कि वर्तमान युग में उन्मुक्त यौन-सम्बन्ध से तृप्त होने वाले युवा और युवती का जीवन तिलचट्टे से अधिक कुछ नहीं है। जब तिलचट्टा देव की गर्दन पर सवार होता है और देव उसका विरोध करता है तो केशी कहती है—"इस तिलचट्टे से देव का जितना भी विरोध है, वह बेकार है, क्योंकि आखिरी जीत उसी की होगी। अर्थात् आधुनिक युग की विसंगतियों से पुरुष जितना भी छटपटाए पर परिस्थितियाँ तो उसकी अँगुली खाकर ही रहेंगी। देव, केशी को उत्तर देते हुए कहता

है—''तिलचट्टे बड़े चालाक होते हैं। बत्ती जलाते ही कहीं गायब हो जाते हैं।'' अर्थात् विचार करने पर ये विसंगतियाँ भले ही लुप्त हो जाएँ, पर अँधेरे में इनसे किसी प्रकार बचा नहीं जा सकता। कुंठित, पराजित और रुग्ण मन की विवशता की विलक्षण झाँकी यहाँ देखने को मिलती है।

योअर्स फ़ेथफुली

मुद्राराक्षस के नाटकों में यौन-समस्या के साथ-साथ मानव-जीवन की आधुनिक विसंगतियों के केन्द्र में विद्यमान शासकीय कुकृत्यों, अधिकारी वर्ग की प्रवंचनाओं एवं सत्ताधारियों की क्रूरताओं का खुल्लमखुल्ला वर्णन मिलता है। इस नाटक में सरकार और सरकारी कर्मचारी के मध्य जो संघर्ष सन् 1968 में हड़ताल के समय हुआ था, उसके मूल कारण पर प्रकाश डाला गया है। इसमें पात्रों के दो वर्ग हैं। एक वर्ग में सरकारी अफ़सर, पुलिस के अधिकारी सम्मिलित हैं तथा दूसरे वर्ग में क्लर्क, चपरासी और डिस्पैचर आदि। एक वर्ग शोषकों का है तथा दूसरा वर्ग शोषित है। कंचनरूपा नवयुवती एक स्टेनो का काम करती है, जिसका अफ़सर उसके साथ यौन-सम्बन्ध स्थापित करने को विवश करता है। सरकारी व्यवस्था, पारिवारिक अभावों के नीचे कुचली हुई कंचनरूपा अपने मन-ही-मन घुटन का अनुभव करती रहती है। उसके पति को आत्मग्लानि के कारण आत्महत्या कर लेनी पड़ती है। पति के स्वर्गवासी होने पर कंचनरूपा की स्थिति समाज में और भी दयनीय हो जाती है। नाट्यकार कंचनरूपा से उस नारी वर्ग का प्रतिनिधित्व कराना चाहता है जिसमें सेक्स से पराजित मन का ऐसा अवशिष्ट जीवन-तन्तु है जिसने पात्रों की समझ को भी बीमार कर दिया है। जिन पात्रों ने सभी हथियार डाल दिए हैं या जिन्हें विवश निहत्था कर दिया गया है, वे अपने जननेन्द्रिय में ही जिजीविषा खोजें तो आश्चर्य क्या है?

मुद्राराक्षस को तथाकथित 'मुखौटे' वाली भाषा से बड़ी चिढ़ है। उन्होंने इस नाटक की भूमिका में लिखा है, 'मुखौटे वाली भाषा चुस्त और चुटीले संवाद लिखने के लालच का परिणाम होती है। यह भाषा नए नाटक के विकास में सबमें बड़ी बाधा होती है।' प्राचीन नाटकों की भाषा पर आक्षेप करते हुए मुद्राराक्षस लिखते है—'समूचे क्लासिकी साहित्य से नाटकों की भाषा मुखौटे वाले शब्दों से बनती है। जहाँ नंगे शब्दों की भाषा की ज़रूरत हो वहाँ मुखौटे वाले शब्दों का प्रयोग कितना अपकार करता है इसका उदाहरण है राष्ट्रीय नाट्य विद्यालय द्वारा किए जाने वाले आधुनिक नाटकों के अनुवाद।'

मरजीवा

मुद्राराक्षस ने आजीविका के लिए लालायित युवतियों के सरकारी अफ़सरों के चंगुल में फँसने की बेबसी का बड़ा मार्मिक चित्रण किया है। 'मरजीवा' नाटक में एक ऐसे दम्पत्ति की हृदय विदारक कहानी प्रदर्शित की गई है जिसमें पति-पत्नी दोनों नैतिकता

तो ताक पर रखकर प्लानिंग विज़िटर शिवराज को आत्मसमर्पण करते हैं। शिवराज, भूमिका नामक युवती को नौकरी का आश्वासन देकर यौन-सम्बन्ध के लिए बाध्य करता है। आदर्श और भूमिका इस प्रस्ताव का विरोध करते हुए विषपान को विवश होते हैं। विष की दवा नकली होने से दोनों बच जाते हैं तो आदर्श अपनी पत्नी भूमिका को लोक लज्जा के भय से मुँह पर प्लास्टिक का बैग बाँधकर मार डालता है। एक राजनैतिक नेता के संकेत से पुलिस के चक्कर में पड़ने पर पारस नामक एक व्यक्ति पर पत्नी की हत्या का आरोप लगाता है। वह नेता धन का प्रलोभन देकर अपने शत्रु पारस को फँसाने के लिए आदर्श को षड्यन्त्र द्वारा फँसा लेता है। पुलिस काम निकल जाने पर आदर्श को आत्महत्या के लिए विवश करती है।

इस नाटक में पुलिस की मक्कारियों, राजनैतिक नेताओं की दुरभिसन्धियों, मिनिस्टरों की स्वार्थपरता और कामुकता, नक्सलवादियों की विध्वंसमयी राजनीति के कारण होने वाले डाके, लूटपाट, आतंक आदि का बड़ा वीभत्सकारी चित्रण मिलता है। 'मरजीवा' नाटक में स्थान-स्थान पर मृत्यु, हिंसा, नैराश्य, संत्रास, अन्तर्द्वन्द्व, कुंठा दिखाई पड़ती है। आलोचकों का मत है कि मुद्राराक्षस केवल मानव नियति की गहरी अभिव्यंजना करके रह जाते हैं। चरित्र-सृष्टि वैचारिक आधार पर करने का प्रयास तो करते हैं किन्तु किसी सार्थक मूल्य अथवा गहरी नाट्यानुभूति का परिचय नहीं दे पाते। आदर्श का भूमिका को बलात् मार डालना सामाजिक की समझ में नहीं आता। इसी प्रकार बहुत-सी असम्बद्ध विसंगति आकस्मिक, अतिरंजित घटनाओं की भरमार दिखाई पड़ती है। सम्भवत: एब्सर्ड नाटक की इन्हीं विशेषताओं को ध्यान में रखकर इस कृति का सर्जन किया गया है।

तेन्दुआ

इस नाटक में मानव-मन में छिपी दुरासत—काम को तेन्दुआ के भयावह रूप में प्रदर्शित करने का प्रयास हुआ है। तेन्दुआ प्रतीक है मानव के पाशविक संस्कार समूह का। इस रूप को रेनु राय और मिसेज़ मदान नामक दो नारी पात्रों की काम-विकृति के माध्यम से दिखाया गया है। इन दोनों स्त्रियों को अपने पुरुषों से संतुष्टि प्राप्त नहीं होती। अत: काम-संतुष्टि के लिए अन्य उपायों में संलग्न हो जाती हैं। मिसेज़ मदान अपनी कामतृप्ति के लिए तेन्दुआ के समान आक्रामक बनकर एक पुरुष की हत्या कराती हैं। इस हत्या में शासक वर्ग का भी हाथ होता है।

दूसरी हत्या माली नामक एक ऐसे जनसाधारण की होती है जो शोषक एवं शासक वर्ग का कोपभाजन बनकर मारा जाता है। कामुक एवं स्त्रैण धनी वर्ग अपनी सुविधा के लिए हत्या कराता है। इन हत्याओं के द्वारा तथाकथित सुसंस्कृत उच्च समाज में व्याप्त पशुता का स्पष्टीकरण किया गया है। नाट्यकार आज के शोषक समाज में वन्य संस्कृति, तेन्दुआ जैसी बर्बरता की बढ़ती हुई प्रवृत्ति को दिखाते हुए यह सिद्ध करना चाहता है कि आज का सर्वसाधारण व्यक्ति शोषक वर्ग की कामुकता, लिप्सा का शिकार बनता चला जा रहा है।

लिली के माध्यम से समृद्ध आधुनिक किशोरियों की निराशा, कुंठा, विवशता, जिज्ञासा, अनिश्चितता को स्पष्ट किया गया है और अनन्त के द्वारा बाहर-भीतर सर्वत्र अन्धकार दिखाया गया है।

आज के सम्पन्न वर्ग की ललित-कला-प्रेमी किशोरियाँ जंगली बिल्ली की तरह दूसरों को डरातीं और स्वयं डरती रहती हैं। वे घर में अशान्त, बाहर अशान्त अर्थात् भीतर-बाहर सर्वत्र अशान्ति से उत्पीड़ित हैं। नाट्यकार अशान्ति के मूल कारण को खोज पाया होता तो नाटक और भी समयोपयोगी बन पाता। हर समस्या की केवल ऊपरी सतह पर का प्रयास है, पर समस्याओं के अन्तस्तल की गहराई में नाट्यकार नहीं उतर पाया है। वह समस्याओं के उत्ताल-तरंगों की झाँकी तो दिखाता है पर समाज के जहाज़ को उन उत्ताल-तरंगों से सुरक्षित रखने की कोई दिशा नहीं बता पाता। कदाचित् उसका यह उद्देश्य भी नहीं है। पर पश्चिम का जागरूक नाट्यकार आज उस नई दिशा का संकेत कर रहा है; जो मनोरंजन के साथ नैराश्य अन्धकार से निकलने का मार्ग भी दिखा रही है।

मुद्राराक्षस

"आज के हमारे समाज में मध्यवर्ग के पढ़े-लिखे बेकार युवा वर्ग की स्थिति क्या और क्यों है? यह केवल नाटकीय घटना नहीं एक वृत्तात्मक इतिहास भी है। इसी इतिहास की खूँटी पर है यह नाटक 'मरजीवा'।" भूमिका बेकार युवक आदर्श की पत्नी है। दोनों सत्ताधारियों, भ्रष्टाचारियों के चंगुल में फँसकर संकटों का सामना कैसे करते हैं, यही इसका विषय है।

संतोला (अप्रकाशित)

जीवन के अन्धकार में ऐसे प्रकाश की खोज में है जो सुखमयी सभ्यता का केवल संकेत ही नहीं, निर्माण में पथ मिला सके। वह आज के प्रचलित जीवन मूल्यों के खंडहर पर ही नई सभ्यता का निर्माण करना चाहती है।

सुझाव

विजय चौधरी ने 'नटरंग', अंक 35, सन् 1980 में यह मार्मिक सुझाव दिया है कि मुद्राराक्षस अपने ही तर्कों पर थोड़ा तटस्थ होकर खुद को तोलें और देखें कि क्या कुछ मोह छोड़ देना चाहिए, और क्या कुछ और जोड़ने की ज़रूरत है।

वास्तव में जब विचारों और सर्जन शैली में स्पष्टता नहीं होती तो सर्जक अपने ही विचारों का खंडन एक ही कृति में करने लगता है, तब वह अपनी तथाकथित ईमानदारी प्रभावित नहीं कर पाता।

आला अफ़सर (सन् 1979)

नौटंकी शैली का यह प्रथम सशक्त नाटक है। इसमें सत्ता की असमर्थता, नौकरशाहियों

की कुटिलता और नेताओं की साँठ-गाँठ का संकेत है। चित्तपुर नामक कस्बे में दिल्ली का एक सरकारी आला अफ़सर निरीक्षण करने आता है। एतदर्थ स्वागत के लिए चेयरमैन, उनके गुर्गे, इंस्पेक्टर, हैडमास्टर, पोस्ट मास्टर—पोपट लाल नामक होटल में ठहरे हुए एक सामान्य क्लर्क को ही आला अफ़सर समझकर उसको भेंट-पूजा चढ़ाते हैं। नाटककार भेंट में रुपये-पैसे के अतिरिक्त लड़की तक को होटल में भेजता है, ताकि कस्बे की नगरपालिका में रुपये-पैसे के घोटाले पर पर्दा पड़ जाये और अधिकारियों का भ्रष्टाचार चलता रहे।

नाट्यकार ने देशव्यापी भ्रष्टाचार, नौकरशाही की नृशंसता, समाज का चारित्रिक पतन बड़ी कला कुशलता से प्रकट किया है।

गुफ़ाएँ (1979) : प्रथम प्रस्तुति (1977)

इस नाटक में कालेधन के संचय से एक ओर आधुनिक उद्योगपति की पारिवारिक अशान्ति, जीवन की विसंगति एवं आन्तरिक द्वन्द्व दिखाया गया है और दूसरी ओर न्यूनतम प्रयास के द्वारा शीघ्रातिशीघ्र संपत्तिशाली बनने की कामना से उद्वेलित एक किशोरी अपहर्त्ता उचक्के चोर का समाज से संघर्ष प्रस्तुत किया गया है। लिली का पिता उद्योगपति वर्ग का और अनन्त अपहर्त्ता वर्ग का प्रतिनिधित्व करते हैं। लिली के प्रासाद में विद्युत की जगमगाहट है, पर अनन्त की काली कोठरी में गुहान्तर्गत छिपा अन्धकार है। लिली के महल में प्रकाश पर निवासियों के अन्तःकरण में घोर अन्धकार है। किन्तु अनन्त की काली कोठरी और हृदय में छिपा अन्धकार है।

रमेश बख्शी

पारिवारिक जीवन की विडम्बनाओं, नयी पीढ़ी की क्रान्तियों, आधुनिक युवा-युवतियों की मनोवृत्तियों को आधार बनाकर नया नाटक लिखने वालों में रमेश बख्शी का एक विशिष्ट स्थान बन गया है। 'देवयानी का कहना है' (1972) नामक नाटक में नायिका देवयानी को अपने माता-पिता की पारस्परिक कटुता देखकर वैवाहिक जीवन से वितृष्णा हो जाती है। वह कहती है—''माफ़ करना डैडी आपको और मम्मी को जैसा वैवाहिक जीवन जीते देखा, उसे देखकर मैंने तय किया कि मैं सिलवर जुबली विवाह नहीं करूँगी। (पृष्ठ-34)

अविवाहित रहने के कारणों पर प्रकाश डालते हुए वह तर्क देती है (1) मेरा बाप अव्वल दर्जे का कायर है। (2) मेरी माँ मेरे भागने से प्रसन्न होंगी, उन्हें लगेगा कि दहेज बचेगा। (3) बाप अपनी रिपुटेशन के कारण मेरे भाग जाने पर पुलिसबाज़ी करेगा नहीं। (पृष्ठ-19)

यहाँ प्रश्न यह उठता है कि इन तर्कों के पीछे उसकी मानसिक चेतना क्या काम कर रही है? पूरा नाटक देखने के उपरान्त ऐसा प्रतीत होता है कि ये तर्क पारिवारिक स्थितियों पर ही नहीं, उसकी अवचेतना में छिपी उन्मुक्त काम-वासना

काम कर रही है। उसका यौन-सम्बन्ध कई प्रेमियों के साथ है। वह अपने एक प्रेमी साधन से अपना पूर्व सेक्स अनुभव बताते हुए कहती है कि हमारे पूर्व प्रेमियों के सम्बन्ध-विच्छेद को, ट्रेजेडी क्यों कहते हो, वह तो मज़ा था साधन! (पृष्ठ-20)

आगे चलकर प्रेम-सम्बन्ध की व्याख्या करते हुए देवयानी कहती है—"प्रेम-संबंध नित नये उस खिलने वाले फूल के समान हैं, जो बासी होने पर दुर्गंधमय बन जाता है। पुरानी वासना दुर्गंधपूर्ण होती है—नित्य नए प्रेम वासना को ताज़ा रखते हैं।" (पृष्ठ-98)

देवयानी की आन्तरिक मनोवृत्ति का कुछ परिचय उपर्युक्त उद्धरणों से मिल जाता है। वह किसी की पत्नी बनने से इसलिए भी बचना चाहती है कि उसे किसी बच्चे के पालन-पोषण का दायित्व न उठाना पड़े। वह स्वयं कहती है—"माँ बनने को तुम लोग जो नारी की पूर्णता कहते हो न, वह शायद इसलिए कि उसमें वह पूरी तरह फँस सकती है...पर यह सुखद नहीं भयावह है।" (पृष्ठ-97)

इस स्थल पर उसके नये प्रेमी साधन के प्रति उसकी मनोवृत्ति समझ लेनी चाहिए। जिस साधन को वह प्रेमी बनाती है उसके साथ विवाह करने को पिता तैयार है। वह बेटी के स्वच्छन्द विचारों से समझौता करने को उद्यत है, पर देवयानी तब भी पिता की भर्त्सना करते हुए कहती है—"रुको साधन, वहाँ घर पर मम्मी मर चुकी है। यह डैडी नहीं, उनकी लाश है।" (पृष्ठ-104)

साधन के साथ उसका व्यवहार देखने से देवयानी की आन्तरिक मनोवृत्ति और भी स्पष्ट हो जाती है। साधन के साथ तीन दिन तक होटलों में उन्मुक्त जीवन बिताने वाली देवयानी एक बार साधन से कहती है—"साधन बेवकूफ़, नालायक, सुअर पति कहीं के," देवयानी के ये उद्गार जिन कारणों से बने हैं उनके पीछे साधन का अन्य प्रेयसियों से यौन-सम्बन्ध भी काम कर रहा है। साधन, कुमारी इड़ादास, रेखा, स्वामिनाथन, निशि नायर से अवैध सम्बन्ध रखता है। निशि नायर को साधन उसके घर से पाँच पहलवानों द्वारा चारापाई में बाँधकर अपने घर लाता है। इस स्थिति में यह स्पष्ट नहीं हो पाता कि देवयानी के घर में पारिवारिक कलह का उत्तरदायी मूलत: कौन? व्यक्ति या प्रथा या भावना?

1. पश्चिम के नाट्यालोचक इस बात पर बल दे रहे हैं कि किसी नाट्यकृति से एक विशेष प्रकार का लयात्मक प्रभाव पड़ना आवश्यक है।
2. उस प्रभाव का निरन्तर रंग उत्तरोत्तर प्रगाढ़ भी होना चाहिए।
3. नाट्य विवरण तर्कसम्मत एवं विश्वसनीय होना चाहिए।

यदि इस नाट्यकृति में ये तीनों गुण विद्यमान हैं तो यह आठवें दशक का एक नया नाटक माना जा सकता है। पर ऐसा प्रतीत होता है कि नाट्यकार आज की पारिवारिक विद्रूपताओं और कलहपूर्ण वातावरण के उन कारणों का ठीक-ठीक पता नहीं लगा पाया है जो प्रेमी-प्रेमिका के मिलन और बिछुड़न के लिए उत्तरदायी हैं। उन्होंने यही पारिवारिक समस्या, 'तीसरे हाथी' (सन् 1975) में

उठाई है, जिसकी समीक्षा आगे की जा रही है। देवयानी और साधन के उच्छृंखल प्रेम के विरुद्ध तिवारिन और उसके पति का परस्पर विश्वासमय जीवन गरीबी में भी सुखी दिखाई पड़ता है। यदि परिवार में कभी मतभेद के कारण कलह का वातावरण कुछ समय के लिए बन भी जाता है तो भी वैवाहिक जीवन में ऐसे विवादों की अनिवार्यता मानकर दोनों पति-पत्नी उसमें (विवाद में) रस ही लेते हैं इस कारण उनकी गृहस्थी पूरी तरह जीवन का रस लेती हुई आनन्दपूर्वक चलती रहती है। तीसरा प्रेमी वर्ग 'शकुन्तला' और 'पटोडिया' का है, जिसमें शकुन्तला विधिवत् विवाह करके सुखमय गृहस्थी चलाना चाहती है, किन्तु पटोडिया उसके विरुद्ध स्वच्छन्द भोग का पक्षपाती है, अतः वैवाहिक बन्धन से बचना चाहता है। इस प्रकार से रमेश बख्शी ने आज के प्रेमी-प्रेमिका की विभिन्न जीवन स्थितियाँ दिखाकर आधुनिक समाज का सजीव चित्र खींचने का प्रयास किया है, पर इन विभिन्न स्थितियों से आज की नयी उभरती हुई प्रवृत्ति का स्पष्टीकरण न देख उन्होंने 'तीसरा हाथी', में एक नया प्रयोग किया।

तीसरा हाथी (सन् 1975)

तीन वर्ष के अन्तराल में बख्शी जी को पारिवारिक अशान्ति का मूल कारण स्पष्ट होता दिखाई पड़ रहा है, तीन हाथी तीन पीढ़ियों के प्रतीक हैं। (1) जीवन्त हाथी सामन्तयुगीन मुरारीलाल के प्रांगण में झोंकता है जो ब्रिटिश युग के समृद्धिशाली परिवार का सूचक है, ज़मींदारी और सामन्तशाही के उन्मूलन पर वह विशालकाय हाथी भवन की मीनार पर चित्रित सीमेन्ट का हाथी बन जाता है। मुरारीलाल की वृद्धावस्था में म्युनिस्पैलिटी उस हाथी को भी गिरा रही है और अब सामन्त-युग का अवशेष वृद्ध, रुग्ण, मरणासन्न मुरालीलाल छत पर कराह रहा है, जिसके बोझ से वह छत भी गिरने वाली है।

आधुनिक युग की पारिवारिक स्थिति का परिचय मुरारीलाल की सन्तान मोहन, सोहन, रोशन, शुभा, विभा की विचार-पद्धति से अधिक स्पष्ट हो जाता है। सामन्त-युगीन वैभव मिट जाने पर भी मुरारीलाल शर्मा की मनोवृत्ति ज्यों की त्यों बनी रहती है। वह अपने को परिवर्तित वातावरण के अनुकूल बना नहीं पाता अतः सन्तान की नई आशा-आकांक्षाओं को समझ नहीं सकता। उसके मन में सामन्त-युग की अधिकार-भावना इतनी गहरी बैठी हुई है कि वह सारे परिवार को केवल दण्डवत् से अपनी इच्छा के अनुसार पुराने ढर्रे पर चलाना चाहता है। इस कारण नई पीढ़ी विद्रोह कर बैठती है। नाट्यकार ने मुरारीलाल के कक्ष में कुर्सी, पीकदान और वजर और प्रतीक बनाकर स्थिति को स्पष्ट करने का प्रयास किया है। कुर्सी सत्ता-सूचक प्रतीक है। जहाँ से परिवार को कठोर आदेश मिलते रहते हैं। पीकदान मुरारीलाल के प्राचीन चिन्तन-अनुचिन्तन का उगलदान है। वजर पक्षपात से जर्जरित मुरारीलाल की गूँगी वाणी का सूचक है। मुरारीलाल की दयनीय दशा उनकी अपनी

ही क्रोधाग्नि का परिणाम है। रोशन को पिता मनोनुकूल शादी करने नहीं देता। अतः वह आत्महत्या करने को उद्यत है। रोशन अपने पिता से कहता है—''ऐसी की तैसी आपके उत्तराधिकार की वह मेरे जूते के नीचे...।'' (पृष्ठ-41)

उससे भी उसको सन्तोष नहीं होता तो आगे कहता है—''जो बाप कसाई है उसका खून कर दिया जाये, नीच नालायक कुत्ते की औलाद पापा आप पर थूकता हूँ।'' (पृष्ठ-42) मोहन दिन में ही जमादारिन और मिस मैसी को भी अपने कमरे में बन्द करके व्यभिचार करना चाहता है, पर पिता के भय के कारण सम्भव नहीं हो पाता। यही मोहन के आक्रोश का कारण है। तीसरा लड़का सोहन छात्र नेता और क्रान्तिकारी युवक है। वह सारे परिवार पर अपना वर्चस्व स्थापित करना चाहता है, पर न तो उसमें नेता बनने की शक्ति है और न साहस। अतः वह अपने आक्रोश की अग्नि परिवार पर ही फेंकता रहता है। विभा मनमाना विवाह करना चाहती है, पर पिता को बाधक समझ क्रुद्ध होकर कहती है—''मैं उनकी (मुरारीलाल) तेरहवीं से पूर्व शादी कर लूँगी। इस घर का सामान ताक में रख दूँगी।'' (पृष्ठ-40)। वह समझती है कि इस घर की छत पर जीवित लाश के रूप में पड़ा पिता हाथी का बोझ बन गया है, जिसके भार से किसी भी समय छत गिर सकती है। तात्पर्य यह कि मुरारीलाल पूरे परिवार को मारकर ही मरेगा। विभा के चरित्र में प्रायः वे सभी दुर्बलताएँ पायी जाती हैं जो मानसिक रोगी (फोबिया) में होती हैं, वह कहती है—''जिस क्षण ज़ोर से हँस रही होती हूँ तो ऐसा लगता है उसी क्षण मकान ढहकर गिर जायेगा। बस में खड़ी होती हूँ तो लगता है कि किसी ट्रक से कुचली जा रही हूँ, किसी प्रकार का प्रलाप उसमें दिखाई पड़ता है।''

शुभा को सारा परिवार पापा का प्रतिरूप मानता है, क्योंकि वह पिता के साथ सहानुभूति दिखाती है। यहाँ तक कि भाई कहते हैं कि तुम इसी तरह सेक्सुअल फ्रेस्टेशन में पड़ी रही और आग में सुलगती रहीं तो किसी दिन तुम्हारे मेनसिज़ बन्द हो जायेंगे।'' (पृष्ठ-60)

इन उद्धरणों से प्रमाणित होता है कि आज की पारिवारिक विशृंखलता का कारण पुरानी पीढ़ी के गृहपति का आधुनिक युग की युवा-युवतियों की मनोवृत्ति से अनभिज्ञ रहना है। आठवें दशक के नाटकों में इसी सन्देश की प्रधानता दिखाई पड़ती है।

आठवें दशक नें दो नई प्रवृत्तियाँ और उभरती हुई दिखाई पड़ती हैं (1) सच्ची समाधि संभोग के माध्यम से, (2) साहित्य में श्लीलता और अश्लीलता के प्रश्न पर विवाद। बख्शी जी के नाटक 'वामाचार' (1977) आपातकालीन स्थिति के कारण उपस्थित इन दोनों प्रश्नों पर विचार किया गया है।

वामाचार (सन् 1977)

नाट्यकार इस कृति के प्रेरणा-स्रोत के बारे में लिखता है—'वामाचार एक भ्रष्ट युग की कल्पना है। आपातकाल में मेरे नाटक को जनता तक पहुँचाने पर रोक लगा दी

गई थी। अब वक्त है कि इसे प्रकाशित देखकर खुशी हो।' स्पष्ट है कि नाट्यकार तत्कालीन शासकों का सत्ता-मोह, बेरोज़गारी और नियुक्तियों में भ्रष्टाचार, धार्मिक विश्वासों के प्रति विद्रोह, मुक्त यौनाचार, राजनीतिक एवं सामाजिक परिस्थितियों की विभीषिका इस रूप में दिखाना चाहता है जिसमें श्लीलता और अश्लीलता के बीच की रेखा गायब हो। नाट्यकार स्वयं स्वीकार करता है—'दर्शक और पाठक इसमें अश्लीलता न ढूँढ़ें।'

नाटक में पॉज़ीटिव और निगेटिव दो पात्र हैं। उनके सामने स्वामी रजनीश का सिद्धान्त—''सच्ची-समाधि सम्भोग के माध्यम से ही प्राप्त हो सकती है।''—सदा सामने रहा है। कुमारी यामिनी और उसके अंकल पॉज़ीटिव की करतूतों और पॉज़ीटिव और उसकी पत्नी के टूटते हुए सम्बन्धों—पूरी तरह अंग प्रदर्शन करने वाली लड़कियों के हाव-भावों, शराब और चरस में मग्न होकर हिरोइन बनने के स्वप्न में निकले हुए इन उद्‌गारों से कि 'एक-आध बार सोना ही पड़ेगा' नाटक के नाम की सार्थकता सिद्ध होती है। वामाचारी प्रतिमा से यह प्रार्थना करते हैं—ओ माँ! मदिरा दे, मदिरा दे, मदिरा दे! अन्त में पॉज़ीटिव को कूड़ेदान में फेंक दिया जाता है।

यद्यपि नाटक की भाषा भाव के अनुकूल है पर गालियों की बौछार, अंग्रेज़ी शब्दों की भरमार स्थान-स्थान पर चौंका देने वाली स्थितियों का समावेश नाटक की गरिमा-वृद्धि के स्थान पर नाट्य प्रभाव को कम करने वाली ही सिद्ध होती हैं। आपात्काल की स्थिति लाने के कारणों और उनके कुप्रभावों की झाँकी कहीं भी नहीं मिलती, जिसकी अपेक्षा ऐसे नाटकों में की जाती है।

'वामाचार' के उपरान्त जनता सरकार से स्थिति सुधार की आशा की गई थी, पर जब दो वर्षों के बाद भी नई सरकार परिवर्तन में असफल रही तो नाट्यकार का ध्यान इतिहास की ओर गया। उसने मालवा के इतिहास का आधार लेकर बीन के तार कसने की आवश्यकता पर बल दिया।

('कसे हुए तार', दो अंकीय 1979)

इतिहास के गड़े मुर्दों में इतनी ताकत है कि वे समय-समय पर रंगमंच पर नाटकों के माध्यम से जीवित होकर युद्ध तक करने लगते हैं। सन् 1979 में शासन के शैथिल्य से इस प्रकार के नाटक फिर लिखे जाने लगे। रमेश बख्शी ने सन् 1581 के मांडू (मालवा) के युद्ध के माध्यम से इसी शैथिल्य को दिखाने का प्रयास किया है। अकबर ने आदम खाँ को मालवा विजय के लिए भेजा, पर वह रूपवती (वायजीद की प्रेमिका) को अपनी भोगवासना की तृप्ति का साधन मात्र बनाने को उत्सुक है अन्यथा उसे दीवाल में चुनवा देना चाहता है। पूरा प्रबन्ध न होते देख सखी सुलाजानी-संगीतज्ञ मांडू रायचन्द को समझाती है कि—''बीन बजाने से दुश्मन नहीं भागते।''—रायचन्द संगीतज्ञ है। वह अपने गान से वीरों को उत्साहित करके राज्य बचा लेता है। वह गाता है—

याद करो अर्जुन ने भोज के
चुड़लारी मत राख
मरद हुई चुड़ला नी पेरो
चुड़लारी गत राख॥

रूप को रक्षा के लिए फूल बेचने वाली मालिन बनकर रहना पड़ा। पर वह स्वतन्त्रता के बीन तार को कभी शिथिल नहीं रखती।

मांडू राज्य को आदम खाँ शादियाबाद बनाने का प्रयास करता है पर रायचन्द के प्रयास से आदम खाँ से मांडू राज्य बच जाता है। अब अकबर के दो बड़े सेनापति अब्दुल्ला खाँ उजबेग और मुनीम खाँ पुनः सारंगपुर आ धमकते हैं।

जिस तार को रूप ने कसा था वह ढीले न हों तो किसी काल में ये कसे तार बज उठेंगे। वह रूप की बीन पर फूल चढ़ाते हुए कहता है—"ये तार रूप ने कसे थे। वह इसे न बजा सकी। बीन के तार कसे हुए हैं तो कोई भी सदी इसे बजा सकेगी।"

इस प्रकार अत्याचारी से जूझते हुए मरकर भी अत्याचार से निरन्तर संघर्ष करते रहने का आशामय सन्देश देना नाटक का उद्देश्य है।

ऐसा प्रतीत होता है कि बख्शी जी पर ब्रेख्त के गुड़ ओमेन और फ्रेंच अनावोल्ड के एंटिगॉन (Antigon) का प्रभाव का प्रभाव पड़ा होगा। अतः सत्य और न्याय के लिए निरन्तर संघर्ष करते हुए मृत्यु का आह्वान ही जीवन की सफलता है।

कृतियाँ : 'आज़ादी के बाद' (1953), 'ज़िन्दगी के गीत' (1954), 'नए हाथ' (1958), 'भागीरथी के बेटे' (1965), 'बर्फ़ की मीनार' (1965), 'समय के अन्दर' (1971)

विनोद रस्तोगी (1923)

स्वतन्त्रता से पूर्व देश अथवा समाज विशेष की समस्याओं, परिस्थितियों, मान्यताओं एवं जीवन-मूल्यों का परीक्षण करने के लिए कई परिवारों की सम्बद्ध कथाओं को ढूँढ़ने का प्रयास किया जाता था अर्थात् नाट्यकार की दृष्टि व्यष्टि के स्थान पर समष्टि की तरफ़ अधिक थी, क्योंकि समूचा देश विदेशी सत्ता से संघर्ष करता जूझ रहा था। स्वतन्त्रता के उपरान्त बीस वर्षों में परिस्थिति इतनी बदल गई और समस्याएँ इतनी नई खड़ी हो गईं कि नाट्यकारों को एक नई दृष्टि से सोचने को बाध्य होना पड़ा। पराधीन भारत में सामाजिक विसंगतियों राजनैतिक अधोगतियों और आर्थिक अभावों का मूल कारण विदेशी सत्ता के दुष्परिणामों में ढूँढ़ने का प्रयास किया जाता था पर स्वतन्त्र भारत में हम किस मुँह से विदेशियों को कोसते? और किन कानों से अपनी दुर्बलताओं को छिपाने के लिए विदेशी सत्ता पर लांछन की पदावली सुनते? अब नाट्यकार समाज को भ्रष्ट करने, उस वर्ग की खोज करने निकले जिनके हाथ सत्ता और प्रभुता थी पर चरित्र नहीं। जिनके हाथों में देश की नौका की पतवार

थी पर जो आँधी और तूफ़ान में नाव खेना नहीं जानते थे। परिवार के वे लोग जो मुखिया बने बैठे थे, पर जिनमें कुटुम्ब संचालन की शक्ति नहीं थी। इस प्रकार समाज की विषमताओं के ज़िम्मेदार लोगों की खोज में जो नाट्यकार निकल पड़े उनमें विनोद रस्तोगी का प्रमुख स्थान है। उनके प्रसिद्ध नाटक हैं—'बर्फ़ की मीनार' और 'नये हाथ'।

नये हाथ (सन् 1958)—'नये हाथ' नामक नाटक का अभिनय 'न्यू एम्पायर हॉल' कलकत्ता में 22 अप्रैल, सन् 1956 को हुआ। नाटक का उद्देश्य है—'रहे हैं नये हाथ ललकार, नये हाथों की सुनो पुकार'। इस नाटक में भी उदयशंकर भट्ट के 'नये समाज' नाटक के सदृश्य भूतपूर्व ताल्लुकेदार के परिवार की जीवन गाथा है। सामन्ती ताल्लुकेदार अजयप्रताप अधेड़ व्यक्ति हैं। ताल्लुकेदारी से वंचित रहकर भी वे अपनी शान को पूर्ववत् बनाए रखने का प्रयत्न करते हैं। राजा नरेन्द्रपाल से ऋण लेकर अपने वैभव को पूर्ववत रखने के प्रयास में उनका सारा जीवन बीत रहा है। जब ऋण चुकाने और पुत्री के विवाह का प्रश्न आता है तो वे व्याकुल हो उठते हैं। नरेन्द्रपाल के पुत्र महेन्द्रपाल और पुत्री शालिनी योरोप भ्रमण करने के उपरान्त वैवाहिक जीवन को अनावश्यक समझकर स्वतन्त्र जीवन बिताने के पक्ष में हैं। कंवर महेन्द्रपाल विवाहित पुरुष हैं और स्त्री के गुलाम बने रहते हैं। शालिनी विवाहिता स्त्री को पुरुष की दासी समझकर विवाह से घृणा करती है।

यह नाटक भट्ट जी के 'नया समाज' से अधिक सफल जान पड़ता है। दोनों ने ताल्लुकेदारों की वर्तमान स्थिति का चित्र उपस्थित किया है और विवाह की समस्या को उभारने का प्रयास किया है। समस्या नाटक की दृष्टि से 'नये हाथ' अधिक सफल है। रस्तोगी के नाटक 'नये हाथ' पर इब्सन के नाटक 'सेम्प डेण्ट्स' का प्रभाव दृष्टिगोचर होता है।

बर्फ़ की मीनार (1966)

इस नाटक की नायिका मिसेज़ चार्ल्स ममी का व्यक्तित्व मीनार जैसा ऊँचा है, पर उसका हृदय बर्फ़ की तरह कठोर और ठण्डा है। उसकी इच्छा के विरुद्ध यदि घर में कोई भी कार्य हुआ तो हृदय क्रोध की अग्नि में जलने लगता है। सम्पूर्ण परिवार को वह अपने कठोर शासन से आतंकित रखकर अनुशासित करना चाहती है। वह अपनी पुत्री मोना को, जो विवाह से पूर्व ही प्रेमी के साथ ममी के अवैध सम्बन्ध से उत्पन्न हुई थी—कड़े नियन्त्रण में इस कारण रखना चाहती है कि कहीं वह भी उसी की तरह विवाह से पूर्व ही सन्तानोत्पत्ति न कर बैठे। कहती है—

"मेरी बच्ची है। मैं नहीं चाहती कि वह भी धोखा खाए और ज़िन्दगी भर अपने गुनाह की सज़ा भोगती रहे।" (पृष्ठ–154)

उसके आतंक से घर के पालतू पक्षी भी पर नहीं मारते। मिसेज़ चार्ल्स का भाई विलियम भी बहिन से आतंकित होकर व्यंग्य भाव से हृदय का उद्गार प्रकट

करते हुए कहता है—"मैना नहीं उड़ेगी, वह उड़ना भूल गई है। खुली हवा और नीला आसमान क्या है, उसे नहीं मालूम। उसके पंखों में ताकत नहीं, वह मुर्दा है।" (पृष्ठ-68)

इस मनोवैज्ञानिक नाटक में मिसेज़ चार्ल्स की दुर्बलता से अवैध सन्तानोत्पत्ति के कारण सारे परिवार को कष्ट सहना पड़ता है। ममी के हाथों ही पति चार्ल्स की हत्या होती है। ममी जीवन भर उस भूल के कारण मानसिक रोग से उत्पीड़ित रहकर अपनी दुर्बलता को छिपाने के प्रयास में सबको प्रताड़ित करती रहती है।

नाटक के नामकरण की सार्थकता समझ में नहीं आती। मीनार की तरह उच्च-व्यक्तित्व का कहीं भी कोई प्रयास उसके जीवन में नहीं दिखाई पड़ता।

रेवतीशरण शर्मा

ये भारत सरकार के ऊँचे पदाधिकारी हैं। इनकी कृतियाँ हैं—'चिराग की लौ' (1962), 'अपनी धरती' (1963), 'न धर्म न ईमान' (1970), 'अँधेरे का बेटा' (1969), 'दीपशिखा' (1973)

दीपशिखा

इस नाटक की प्रेरणा दिल्ली के एक प्रोफ़ेसर की प्रेम कहानी के आधार पर हुई है। धार्मिक मान्यताओं के विरोध में इस घटना के कारण जो विचार उत्पन्न हुए, उनके सम्बन्ध में नाट्यकार कहता है—"आज़ादी के 25 वर्ष बाद भी हमारे सोचने के पैमाने नहीं बदले, जिस धर्म को हम केवल इसलिए मानने लगते हैं कि उसमें पैदा हो गए। जिस धर्म की सच्चाई को हमने कभी परखा नहीं, जिसकी अनेक बातों को साइंस झूठा साबित कर चुकी। उसके आधार पर हम क्यों आज भी भेदभाव, नफ़रत और अमानवीयता को दिल में जगह देते हैं।"

"मैंने एक नई टेकनीक अपनाई, ब्रेख्त के नाटकों के Alienation (पृथकीकरण) से काम लिया और ऐसी टेकनीक अपनाई कि दर्शक अपने को नाटक में भाग लेता महसूस करे।"

मुसलमान प्रोफ़ेसर की प्रेमिका बंगाली लड़की रंजना के शब्दों में नाटक का उद्देश्य यह है कि क्या यह नहीं हो सकता कि हम ब्लैक बोर्ड से वह सब मिटा दें जो ऊटपटाँग सदियों ने लिखा है और नए सिरे से वह लिख दें जो हमारी अपनी सदी का है।

यह नाटक पुरस्कृत है। यदि इसकी भाषा में नाटकीय सांकेतिकता हो और वाच्याद की अपेक्षा व्यंग्य के द्वारा थोड़े शब्दों में भाव प्रकट किए गए होते तो नाटक और अधिक संवेदनशील बन गया होता। (पृष्ठ-26 'दीपशिखा') एब्सर्ड नाटकों का प्रभाव देश पर क्या पड रहा है इसे रंजना का पिता इस प्रकार प्रकट करता है—"प्लेज़ ऑफ़ द एब्सर्ड करते-करते खुद भी एब्सर्ड बन गए हों।"

चन्द्रकला से भारती तक लक्ष्मीनारायण मिश्र (1903)

उन्नीसवीं शताब्दी के अन्त में इब्सन समस्या नाटकों की एक नई पद्धति लेकर क्षेत्र में उतरा। रंगमंच पर भी प्रदर्शनों की प्राचीन शैली का विरोध हुआ। बनावट-सजावट, तड़क-भड़क, धूमधाम, शोर-गुल, भारी कृत्रिम संवाद-योजना के स्थान पर सादगी, स्वाभाविकता, शान्त वातावरण, सामान्य बातचीत का स्वर-संधान आदि कृत्रिमतारहित सामाजिक उपायों द्वारा सामाजिक जीवन की विविध समस्याओं का विवेचन नाटक का लक्ष्य बना, यथार्थ-यथार्थता, वास्तविकता-स्वाभाविकता को नाटक और प्रदर्शन में महत्त्व दिया जाने लगा। फ्रांस में आंत्वान, रूस में स्टानिस्लावस्की, इंग्लैंड में बर्नाड शॉ आदि समस्या नाटककार नई धारा के अग्रदूत समझे गए। उन्हीं की शैली पर सर्वप्रथम लक्ष्मीनारायण मिश्र ने 'मुक्ति का रहस्य', 'सिन्दूर की होली' आदि समस्या नाटकों की रचना की। उन्होंने समस्या नाटक और रंगमंच का उद्देश्य इस प्रकार घोषित किया—''इन दिनों हमारे समालोचक साहित्य या कला के भीतर सबसे पहले यह खोजने लगते हैं कि इन चीज़ों में लोकहित का उपदेश या सदाचार की व्याख्या किस रूप में हुई है, किन्तु इन बातों से कला का क्या सम्बन्ध? कलाकार इस तरह का उपदेशक तो नहीं है? वह जो भी कहना चाहता है उसके निजी प्रयोग की बातें होती हैं। क्या होना चाहिए, क्या न होना चाहिए, इन बातों का सवाल तो यहाँ नहीं उठता, यहाँ तो जो है अनन्त सहानुभूति है; जिसकी एक-एक नज़र में कल्याण की दुनिया बसती चलती है, इसलिए ज़िन्दगी की कोई संकीर्ण परिपाटी धर्म या सदाचार की कोई भी निश्चित कसौटी आँख मूँदकर स्वीकार कर लेना विकास में बाधा डालेगा।''

('सिन्दूर की होली', भूमिका, पृष्ठ-8)

मिश्र जी उन दिनों नव युवा थे। आज अठहत्तर वर्ष की अवस्था में वे अपने इन विचारों को युवावस्था का प्रलाप मानते हैं। पर उन्होंने अवश्य अपने समस्या नाटकों के द्वारा रंगमंच और नाट्यकला को एक नई दिशा दी।

'जगद्गुरु शंकराचार्य' की भूमिका में वे अपने विकट भौतिकवादी यथार्थपरक जीवन दर्शन का खंडन करते हुए लिखते हैं—'कवि सत्य एक ही साथ भौतिक और आध्यात्मिक दोनों है और उसकी चरम सिद्धि तो भौतिक और आध्यात्मिक को एक कर देने में है। शंकर चरित के दैवी चमत्कार की बातें पाठकों के भाव-लोक में सत्य बन जायेंगी मुझे इसका विश्वास है।' (भूमिका, पृष्ठ-17)

अब मिश्र जी आचार्य शंकर के सिद्धान्तों को अपने युग के महापुरुष महात्मा गाँधी के जीवन के द्वारा समझने का प्रयास करने लगे हैं। उनकी कृतियाँ प्रारम्भ में परम्पराओं को तोड़ने और अध्यात्मवाद का खण्डन करने के लिए निर्मित हुईं किन्तु विचारों के परिपक्व होने पर वे पुन: पूर्वजों की विचार परम्परा से जुड़ने लगी, वे 'जगद्गुरु शंकराचार्य' नाटक में लिखते हैं—'हिमालय से कन्याकुमारी तक और पश्चिम समुद्र से पूर्व समुद्र तक की भारत भूमि को शंकर ने भगवती पार्वती के रूप

में देखा था। आदि माता और मातृ भूमि के, अभेद दर्शन से अद्वैत दर्शन के प्रतिपादक आचार्य शंकर रससिद्ध कवि बन गए। उन्हीं के प्रयास से जिन भारतवासियों का सम्बन्ध पूर्वजों की परम्परा से हट चुका था, वे फिर उसी में लौट आए। इस प्रकार तर्क की ऊसर भूमि फिर उर्वर बनी। देश की एकता का जो कार्य किसी सम्राट् या राज्य शक्ति से सम्भव न हो सका था, उसे योगी शंकर ने चरितार्थ किया।'

('जगद्‌गुरु शंकराचार्य')

कहने का तात्पर्य यह है कि 'सिन्दूर की होली' खेलने वाली और विवाह की परम्परा तोड़ने वाली उन्मुक्त प्रेम की समर्थक चन्द्रकला का यथार्थ दृष्टिकोण अब मिश्र जी को स्पृहणीय नहीं प्रतीत होता। वे पुनः परम्परा से जुड़ना ही कला का उद्देश्य मानने लगे हैं, उनकी भेद-बुद्धि अभेद दर्शन की ओर बरबस जाने लगी है। स्वामी भगवान् शंकराचार्य ने तत्कालीन बौद्ध धर्म की विकृतियों का खण्डन करते हुए भी गौतम बुद्ध के प्रति अपनी अगाध श्रद्धा प्रकट की है, वे कहते हैं—

य आस्ते कलौ योगिनां चक्रवर्ती।
स बुद्धः प्रबुद्धोऽस्तु मच्चित्तवर्ती॥

अर्थात् हे भगवान बुद्ध, आप कलियुग में योगियों के चक्रवर्ती हैं। आप सदा मेरे चित्तवर्ती होकर मुझे जागरूक करते रहें।

यही भारतीय परम्परा की विशेषता है। किसी महापुरुष के अनुवर्ती पीढ़ियों के उपरान्त जब बिना समझे रूढ़िवादी और चरित्र-भ्रष्ट हो जाते हैं तो पुनः कोई महापुरुष उनका संस्कार करने के लिए अवतरित होता है और वर्तमान को परम्परा से जोड़कर विकास क्रम को अग्रसर करता रहता है।

मिश्र जी ने 'सिन्दूर की होली' में चन्द्रकला के वैवाहिक जीवन की तत्काल वस्तुस्थिति पर बल दिया था और मनोरमा के वैवाहिक विधि-विधान की उपेक्षा कराई थी। काव्य सत्य की खोज में लोकहित और सदाचार को सर्वथा तिरस्कृत किया था। अब वे वस्तुस्थिति के साथ विधि और नियम-पालन पर बल देने लगे हैं। आचार्य शंकर और मंडन मिश्र की पत्नी भारती के संवाद में आचार्य से कहलाते हैं—''वस्तु, विधि और स्थिति जब भाव में सत्य हो उठती हैं, वहीं काव्य का जन्म होता है।''

('जगद्‌गुरु शंकराचार्य', पृष्ठ-70)

केवल समस्या पर बल देने वाले और समाधान की सर्वथा उपेक्षा करने वाले मिश्र जी सन् 1975 में विरचित 'प्रतिज्ञा का भोग' नामक नाटक में नाट्य-रचना का उद्देश्य स्पष्ट करते हुए लिखते हैं—'जब नाटक में वर्णित समस्यायें हमारी बुद्धि को दिशा दृष्टि देती हैं और यह सोचने को बाध्य करती हैं कि जीवन का उज्ज्वलतम पक्ष क्या है? तब नाट्य-कृति सफल बनती है।'

(भूमिका, पृष्ठ-20)

'सिन्दूर की होली' लिखते समय चन्द्रकला के विवाह में काम को ही प्रमुख मानने वाले मिश्र जी 'अपराजित' (1961) में चिन्तन करते-करते चारों पुरुषार्थों

का समान महत्त्व स्वीकार करने लगे। महारथी अश्वत्थामा के जीवन पर आधृत इस नाटक की भूमिका में वे लिखते हैं—'चार पुरुषार्थों के चित्रण में जीवन की नाना विधि परिस्थितियों का अनुभव नव रस के रूप में कवि का लक्ष्य रहा है।' लोकमन का अनुरंजन कवि कर्म का फल है। यह अनुरंजन तभी है जब देही के पुरुषार्थ अर्थ, धर्म, काम कवि कर्म में लोकमन के अंग बन जाते हैं। (पृष्ठ-30)

लक्ष्मीनारायण मिश्र की कृतियों का पृथक्-पृथक् विवेचन हम पूर्व अध्यायों में विस्तार से कर चुके हैं। यहाँ उनकी अद्यतम नाट्य-चिन्तन धारा का सर्वेक्षण ही अभीष्ट है। मिश्र जी आज भी स्वस्थ रहकर साहित्य-सर्जन में संलग्न हैं। उनका नियमित संयम-नियममय जीवन आदर्श रूप बन गया है। नवीन कृतियों के सर्जन से वे युवकों के पथ-प्रदर्शक के रूप में आज भी मान्य हैं। यह हिन्दी नाट्य-साहित्य का सौभाग्य है।

चौथा अध्याय

अनूदित नाटक (1960-81)

द्वितीय महासमर के उपरान्त विदेशियों और पाश्चात्य सभ्यता से प्रभावित भारतीयों की युवा पीढ़ी विवाह को बन्धन मानने लगी और स्वच्छन्द प्रेम को युगानुरूप समझने लगी। पति-पत्नी के स्थान पर अब केवल प्रेमी और प्रेयसी की धारणा बढ़ने लगी। पश्चिम के अधिकांश अनूदित नाटकों में यही प्रवृत्ति प्रधान हो गई। इसका प्रभाव हिन्दी पर पड़ना स्वाभाविक था।

विगत वर्षों में अनेक नये नाट्यकार क्षेत्र में आए जिन्होंने मौलिक नाटकों की रचना की। इनके अतिरिक्त अनेक नाटक हिन्दीतर भाषाओं से अनूदित हुए। विश्व के प्रसिद्ध नाट्यकारों की उत्तमोत्तम कृतियों का हिन्दी अनुवाद रंगमंच पर प्रदर्शित हुआ। ब्रेख्त के नाटक 'काकेशियन चाल सर्कल' का हिन्दी अनुवाद 'खड़िया का घेरा' कार्ल बेवर के निर्देशन में प्रस्तुत किया गया। यह एक प्रतीकात्मक नाटक है जिसका सम्बन्ध 'युद्धोत्तरकालीन जर्मनी में नये सिरे से भूमि के बँटवारे और उसकी वैज्ञानिक देख-रेख के प्रश्न से है।'

भारतीय नाट्यकारों में बादल सरकार के दो नाटक 'एवं इन्द्रजित' तथा 'बाकी इतिहास' बाँग्ला से अनूदित हुए जिनका रंगमंच पर सफल प्रदर्शन हुआ। इस काल के अनूदित नाटकों को देखते हुए ऐसा प्रतीत होता है कि आज हमारा नाट्य-साहित्य विश्व-साहित्य के सम्पर्क में आकर समृद्ध बनने का प्रयास कर रहा है। अब समय आ गया है कि रंगकर्मी रंगमंच के नये नाटकों की खोज कर रहा है। वह युग बीत गया जब हिन्दी का श्रेष्ठ नाट्यकार भी अपनी कृतियों के प्रदर्शन के लिए तरसता था। आज सभी बड़े नगरों में रंगशालाएँ निर्मित हो गई हैं जिनमें प्रदर्शन के लिए अच्छे नाटकों की नित्य आवश्यकता रहती है।

रंगकर्मी को जब रंगमंच के उपयुक्त हिन्दी के मौलिक नाटक नहीं मिलते तो वह हिन्दीतर भाषाओं के अनुवाद की ओर भागता है। इसी का परिणाम है कि अनुवादक विभिन्न भाषाओं के नाटकों का अनुवाद प्रस्तुत करने लगे हैं। आसबोर्न, सार्त्र, ब्रेख्त, वेकेट, जींद, हेनरी मिलर के नाटकों का प्रभाव हमारे देश पर पड़ रहा

है। इनके अतिरिक्त अप्रसिद्ध नाट्यकारों की रंगमंचीय रचनाएँ भी प्रदर्शन के लिए चुनी जा रही हैं। विलियम हैनले के नाटक 'स्लो डांस ऑन ए किलिंग ग्राउण्ड' का हिन्दी अनुवाद 'मकड़ी का जाल' दिल्ली में सफलतापूर्वक प्रदर्शित हुआ। इस नाटक में रैंडल नामक युवक अपनी चरित्रहीन माता की हत्या करता है। गलास यहूदियों का विकराल परिस्थितियों का शिकार बनकर जीवन में भटक रहा है। रोज़ी नामक युवती सुख-शान्ति का कोई मार्ग नहीं पाती। तीनों पात्र एक दुकान में बैठकर अपने अभिशप्त अतीत और दुखद वर्तमान पर विचार करते हुए इस निष्कर्ष पर पहुँचते हैं कि मनुष्य मकड़ी के जाले में फँसी हुई मक्खी के समान है। वह मृत्यु से बचने का जितना ही प्रयत्न करता है उतना ही उसमें उलझता जाता है। इस नाटक में युवा-समाज की बेचैनी, घुटन, कुंठा आदि का परिचय मिलता है।

पिरैंडेलो की रचनाएँ भी इस देश में सम्मानित हो रही हैं। उनके नाटक का अनुवाद प्रतिभा अग्रवाल ने 'मन माने की बात' नाम से किया पर इसका अभिनय अधिक सफल नहीं हुआ।

ब्रेख्त का एकांकी 'हाथी का पिल्ला' दिल्ली के नाट्य विद्यालय द्वारा प्रदर्शित किया गया। इब्सन के नाटक 'घोस्ट्स' का हिन्दी अनुवाद 'प्रेत' सफलतापूर्वक खेला गया।

हिन्दीतर भारतीय नाट्यकारों में शम्भू मित्र व अमित मैत्र का 'कांचनरंग', बादल सरकार के बंगला नाटक 'वल्लभपुर की रूपकथा', कन्नड़ नाट्यकार आद्यरंगाचार्य का 'सुनो जनमेजय' और गिरीश कर्नाड का 'मोहम्मद तुगलक' आदि नाटक इस काल में रंगमंच पर सफलतापूर्वक प्रदर्शित किए गए।

नया नाटक अपने द्वितीय दशक में नया मोड़ ले रहा है। यह परम्परा से सर्वथा विच्छिन्न होने के लिए छटपटा रहा है। अनास्था, कुंठा, तनाव, देहरस की लिप्सा, विवाह बन्धन से मुक्ति और स्वच्छन्द भोगेच्छा के दुर्दमनीय भाव इन नाटकों के वातायन से झाँक रहे हैं। संक्रमणकाल जैसी स्थिति इन नाटकों में दिखाई पड़ रही है। जो स्थिति नई कविता और नई कहानी में है वही स्थिति क्रमशः नाटकों में आ रही है। नाट्यकार समाज की छटपटाहट से स्वयं तड़फड़ा रहा है। उसे ऐसा प्रतीत हो रहा है कि समाज में कहीं कोई त्रुटि है, ऐसा कोई रोग है जो समाज के शरीर को खिन्न, कृश एवं पीड़ित बनाता जा रहा है। पर इस रोग का वह अनुसंधान नहीं कर पा रहा है। ऐन्द्रिय सुख की खोज में भटकता हुआ नाटक का पात्र स्वच्छन्द विलास की ओर तेज़ी से दौड़ रहा है। संयम, शील, मर्यादा, नैतिकता, परम्परा, आस्था आदि को विकास और उन्नति के मार्ग का कंटक समझकर उनसे दूर भागने का प्रयास कर रहा है। वह सीमा में निस्सीम को, क्षणिकता में शाश्वत् को, वासना में तृप्ति को बाँधना चाहता है। इस प्रयास में सर्वत्र नैराश्य का अंधकार दिखाई देने से वह झुँझला रहा है। वह तनाव के प्रदर्शन से शान्ति का, वासना के विवरण से निवृत्ति का, अनास्था के प्रचार से जीवन में आस्था का स्वप्न देख रहा है। वह

नये समाजवादी समाज के निर्माण में रंगमंच को साधन बनाना चाहता है। वह नई पीढ़ी के नये भावबोध को रंगमंच पर उतारने को लालायित है। वह देश-विदेश की नाट्य-कृतियों का मंथन और रंगमंच कला का अनुशीलन कर अवश्य एक नया मार्ग निकाल सकेगा, ऐसी आशा है।

हिन्दीतर नाट्यकारों में बादल सरकार, विजय तेंदुलकर, गिरीश कर्नाड की अधिकांश कृतियाँ अनूदित हुई हैं।

विजय तेन्दुलकर का नाटक 'अमीर' (सन् 1960)

आज सारे देश में वैवाहिक बन्धनों से बचने वाली युवतियों के सामने एक नई समस्या खड़ी है कुमारी माँ बनने की। तेन्दुलकर ने सन् 1960 में सामाजिक स्थिति देखकर यह समस्या अपने नव-निर्मित नाटक 'अमीर' में दिखाई। इस समस्या का दुष्प्रभाव सम्बद्ध व्यक्ति तक ही सीमित नहीं रहता पूरे समाज को झकझोर देता है। व्यक्ति को तो प्रतिक्षण घुटन होती ही है, व्यक्ति से सम्बन्ध रखने वाले नातेदारों, पास पड़ोसियों, परिवारवालों को एक विकट तनावपूर्ण मानसिक स्थिति का कष्ट झेलना पड़ता है। नाटक से यह स्पष्ट हो जाता है ऐसी स्थिति में यदि समाज उदारता, सहृदयता और मानवीय कोमल भावों से काम नहीं लेता तो समाधान न मिलने पर यह जटिल समस्या विकराल रूप धारण करती ही जायेगी।

ऐसा प्रतीत होता है कि दस वर्ष बाद कुमारी माता की समस्या को न हल होते देख तेन्दुलकर ने 'खामोश अदालत जारी है' नाटक में कुमारी वेणारे का जीवन दिखाकर पूरे समाज का ध्यान इस समस्या की ओर आकृष्ट किया है। 'अमीर' और 'खामोश अदालत जारी है' में विजय तेन्दुलकर की नाट्य यात्रा का परिचय मिलता है। 'खामोश अदालत जारी है' में विसंगति नाटक की दृढ़ धारणा की ओर तेन्दुलकर बढ़ते दिखाई देते हैं। वेकेट की तरह जीवन की व्याख्या करते हुए कुमारी माँ वेणारे से कहलाते हैं—''ज़िन्दगी कितनी सारहीन लगती है, मगर प्राण नहीं जाते। लगता है, ज़िन्दगी चौकड़ी भरती हुई मेरे लिए गीत गा रही है। कितना ज़्यादा था आत्महत्या की असफलता का आनन्द। जीवन ऐसा है, जीवन वैसा है, जीवन अमुक है, जीवन तमुक है, स्वयं को डँस जाने वाला एक महा विषधर सर्प है, प्रतारणा है, नशा है, आवारागर्दी है। ऐसा कुछ है, जो कुछ नहीं है, या ऐसा कुछ भी नहीं है, जो सचमुच कुछ हो। इस जीवन का बस एक ही सत्य है शरीर।''

नाट्यकार इसका समाधान इस प्रकार रखता है—कुमारी माँ वेणारे कोर्ट में कहती है—''माई लार्ड, मेरा निजी चरित्र अपनी समस्या है। अपने इस गुनाह का दण्ड क्या भोगना होगा, इसे मैं निश्चित करूँगी। इस पर उँगली उठाने का अधिकार किसी दूसरे को नहीं मिल सकता।'' ''यह सत्य है हर किसी का अपना अलग व्यक्तित्व, मार्ग और फिर अन्त होता है।'' मगर वह सार्वजनिक कैसे हो सकता है।

उसकी जात (1969) : इस नाटक में तेन्दुलकर ने सामाजिक जीवन और

शैक्षणिक संस्थाओं की दुर्व्यवस्थाओं पर व्यंग्य किया है। नंद निम्न जाति का सच्चरित नवयुवक प्राध्यापक चने मुरमुरे खाकर, कुलीगीरी करके, अखबार बेचकर, क्लर्कों की खुशामद करके किसी तरह एम.ए. की डिग्री प्राप्त करता है, जो उसका स्वप्न था। किसी प्रकार वह एक देहात के कॉलेज में—जिसका चेयरमैन अनपढ़ समृद्ध व्यक्ति था—लैक्चरर नियुक्त होता है। ग्रामीण बच्चों की शरारतों का सामना करने और अपनी जड़ जमाने के लिए गाँव के सरपंच के सबसे शरारती लड़के बब्बन तथा उसके साथियों से शराब के प्याले पर दोस्ती करता है। सिगरेट बाँटकर उन्हें अपना मित्र बनाता है। धीरे-धीरे उसका साहस इतना बढ़ जाता है कि कॉलेज की प्राध्यापिका (प्रिंसिपल की भतीजी) उमा पाण्डे से यारी गाँठ लेता है और बब्बन के द्वारा एक दिन बलात् उसे सोते हुए उठाकर अपने घर लाने की योजना बनाता है। किन्तु बब्बन उमा के स्थान पर उसकी बूआ को मुँह में रूमाल ठूँसकर, हाथ-पाँव बाँधकर उठा लाता है। उसे देखकर नंद भविष्य की मुसीबत की आशंका से परेशान होकर कहता है—"शादी तो रही एक तरफ़, ऊपर से यह मुसीबत और चेयरमैन अब अच्छी खबर लेगा हमारी...साला हलाल करेगा हमें अब हलाल।...पुलिस में रिपोर्ट लिखवाएगा अपनी बहिन को उठा ले जाने के जुर्म में...।"

किन्तु अन्त में डटकर वह सारी परिस्थितियों का स्वयं सामना करने को कटिबद्ध होकर कहता है—"मर्द का कवच खुद उसकी मर्दानगी होती है। हम भी अपना कवच खुद हैं। डट के चलो नंद नन्दन पौरीजलाल, खूब डट के चलो। यू हैव नथिंग टु लूज़ नाओ।" पर परिस्थितियाँ उसे धर दबोचती हैं। उमा विवाह अस्वीकार करती हुई कहती है—"आज के बाद मेरी आपकी पहचान खत्म। मेरी शादी पक्की हो चुकी है। माँ-बाबा ने मेरे लिए लड़का भी ढूँढ़ लिया है। वह भी मेरी तरह ऊँचे खानदान का है, ऊँची जात का है और फिर माँ-बाप की तय की हुई शादी स्वीकार करना अच्छी लड़कियों का कर्तव्य होता है।"

तदुपरान्त नंद की पिटाई करते-करते एक जुलूस उसके ऊपर टमाटर, केले के छिलके फेंकता हुआ गाँव से बाहर निकाल देता है। शरारती बब्बन को भी घर से निकाल दिया जाता है।

खामोश अदालत जारी है (1973) : तेन्दुलकर के इस नाटक की गणना इस शताब्दी के सातवें दशक के प्रतिनिध नाटकों में की जाती है। बेड़ारे नामक व्यक्तिगत स्वतन्त्रता का पुजारी सबसे स्नेहपूर्ण सहयोग करने को लालायित है किन्तु उसे समाज में सभी प्रवंचक मिलते हैं। आज की सामाजिक व्यवस्था कोमलता की प्रतिमूर्ति बेणारे को अपराधी इसलिए समझती है कि वह आज के पाखण्ड का समर्थक नहीं बनता। मुकदमे के ढोंग में अदालत उसे दण्ड देती है। कोई उसकी स्वच्छन्दता के पीछे छिपी छटपटाहट को, हँसी के पीछे छिपे हाहाकार को नहीं समझता और न ही समझना चाहता है। इस नाटक में भी मध्यवर्ग की आकांक्षाओं और घुटन की परिस्थितियों, घुटन उत्पन्न करने वाली विकृतियों, न्याय के नाम पर

होने वाले पाखण्डों, समाज के चालबाज़ लोगों के हथकण्डों को नाटकीय ढंग से प्रदर्शित किया गया है।

घासीराम कोतवाल (1974)

लोक नाट्य शैलियों को आधुनिक नाटकों में सम्मिलित करने का श्रेय जिन नाट्यकारों को मिला उनमें बादल सरकार, विजय तेन्दुलकर, डॉ. लक्ष्मीनारायण लाल का नाम प्रमुख है। विजय तेन्दुलकर कृत—'घासीराम कोतवाल' (1974) नामक नाटक भारत की सीमा लाँघकर विदेशों में पहुँच चुका है। इस देश में तो विभिन्न भाषाओं के माध्यम से कितनी रंगशालाओं को ढोल और नगाड़े की ताल से गुँजरित कर चुका है। इसमें अठारहवीं शताब्दी के मराठा राज्य की पतनोन्मुखी समाज और शासन की विसंगतियों को दिखाने का प्रयास किया गया है। नाना फड़नवीस जैसे शान्त चित्त कूटनीतिज्ञ व्यक्ति को विलासिता में डूबते-उतराते दिखाना चाहे इतिहास सम्मत न हो, किन्तु जिस ढंग से वह घासीराम कोतवाल को माध्यम बनाकर अपनी विलासमयी लालसाओं को संतुष्ट करने में सफल होता है, वह आज के सत्ताधारी शासकों की घृणित करतूतों को प्रतिबिम्बित अवश्य करता है। घासीराम की तरह महत्त्वाकांक्षी आज का व्यक्ति राजनीति रूपी शतरंज के खिलाड़ी शासकों का मुहरा बनकर उनकी इच्छाओं की पूर्ति करता है किन्तु अन्त में कानूनी चक्रव्यूह में फँसकर किस प्रकार मारा जाता है, यही दिखाना नाटक का उद्देश्य है। यद्यपि महाराष्ट्र के अनेक आलोचकों ने तेन्दुलकर पर इतिहास की हत्या का दोष लगाया है, पर इससे नाट्यकला की हत्या तो नहीं होती, पर युवकों, विशेषकर विदेशियों को हमारे ऐतिहासिक पुरुषों के प्रति वितृष्णा अवश्य होती है। किन्तु विसंगति नाटक का उद्देश्य तो हमारे इतिहास, पुराण, दर्शन और संस्कृति में जान-बूझकर केवल विसंगति का अनुसंधान और नवनिर्माण करना होता है। वहाँ तो सब प्रकार की विसंगति ही अभीष्ट है।

इस नाटक के प्रदर्शन में ठुमरी, कव्वाली, कीर्तन का प्रयोग किया जाता है जो तत्कालीन परिस्थितियों में पात्रों की मनोवृत्तियों को अभिव्यक्त करने में सहायक सिद्ध होते हैं। यहाँ तक कि घासीराम की मृत्यु के दृश्य में ढोल-नगाड़े की ध्वनि के साथ संगीत का प्रयोग किया गया है।

बेबी (1976) : (1) नये नाट्यकारों ने विजय तेन्दुलकर की मराठी रचनाओं का बहुत अधिक स्वागत किया। कारण यह है कि तेन्दुलकर के प्रमुख पात्र मानव को दानव बनाने वाली शक्तियों से कहीं हारते, कहीं जमकर जूझते हैं। नाट्यकार वर्तमान समाज की बर्बरता से उत्पन्न विवशता को भोगने के लिए जीने वाले दयनीय पात्रों के अन्तर-संघर्ष का मार्मिक चित्रण करता है। 'बेबी' की रक्षा के लिए उसका भाई राघव, शिवाप्पा जैसे गुण्डों से लड़ते-लड़ते पागल घोषित होता है और पागलखाने भेज दिया जाता है। पागल होने की घोषणा में गुण्डे शिवाप्पा की

साज़िश में सहयोग देने वाले पुलिस, मजिस्ट्रेट और सरकारी अफ़सर हैं। 'बेबी' के सतीत्व और प्रतिष्ठा की रक्षा के प्रयत्न में रक्षक राघव को पागलखाने तक का दण्ड भोगना पड़ता है। किन्तु राघव से दूर जाने पर विवश होकर बेबी उसी शिवाप्पा की रखैल बनकर रहने लगती है। शिवाप्पा उससे उचित-अनुचित सब प्रकार का कार्य लेता हुआ, उसके अर्जित धन से अपनी पत्नी का विवाह कराता है। शिवाप्पा उसे बार-बार कुतिया कहकर चिढ़ाता है। बेबी इस बेबसी के जीवन से मुक्ति पाने के लिए सोचती है—'सारी ज़िन्दगी आदमी बोझ तले क्यों कराहता रहे? क्यों कूँथता हुआ जिया करे?...दुनिया में कोई अकेला नहीं रहता। ज़रूरत तो इस चीज़ की है कि हम एक-दूसरे को ढूँढ़ें।' इस प्रयास में वह अपने भाई राघव की शरण लेती है। पर दोनों ऐसे निराश्रित कर दिए जाते हैं कि उन्हें अपना घर छोड़कर असहाय भटकने को बाध्य होना पड़ता है। नाट्यकार ने बेबी और राघव (बहिन-भाई) को ऐसी परिस्थितियों में गुज़रने को बाध्य किया है जो पाठक और दर्शकों के मन में हाहाकार मचा देती है। शिवाप्पा जब बेबी के साथ बलात्कार करता है और भाई तड़पता हुआ बहिन की रक्षा नहीं कर पाता तो वह स्थिति हृदय विदारक बन जाती है। पागलखाने से निकाले जाने पर राघव जब अपनी बहिन के आश्रय में रहने को दौड़ता है, तो बहिन अपनी विषम परिस्थिति का अनुभव करके उसे अपने पास रखने में संकोच करती है और शिवाप्पा का मुँह ताकती है। शिवाप्पा का दुर्व्यवहार राघव के प्रति देखकर आधुनिक गुण्डा राज्य की सहज ही कल्पना होने लगती है। शिल्प की दृष्टि से एक ही दृश्य को एक ही साथ दो स्थलों पर साथ-साथ दिखाने का एक नया प्रयोग उपयोगी और सफल भी रहा है।

गिधाड़े (1976)

एक महाराष्ट्रीय ब्राह्मण परिवार आधुनिक सभ्यता से कैसा छिन्न-भिन्न हो रहा है उसी की कहानी गिधाड़े के प्रतीक से दिखाई गई है।

रजनीनाथ युवावस्था के बाईस साल तक निर्वीय जीवन जी चुकने के बाद एक लम्बे सपाट घिनौने, महाभयानक दिवास्वप्न के बाद...जो अब कहाँ समाप्त होने को है, क्या याद करता है? वह अन्तिम दिनों को याद करता है 'स्मृतियों के कंकाल, अट्टहास सपनों के कपाल, महाशून्य से निगली गई चीखें, फूत्कार, कराहें, सिसकियाँ। अपने नये घर को गिद्धों की बस्ती बताते हुए कहता है—"वह ज़िन्दा भूत-प्रेतों का अखाड़ा, भोजन के अभाव में झुलसती आँतें...आँसुओं की पागल चट्टान, संवेदन शून्य सड़ी आशा की झूलती शाखा पर पंजा जमाए पाँच गिद्ध..."

इसमें एक पात्र रमाकान्त है जो बिना माँ का बच्चा, बचपन से लगातार बाहर रहता आया, किसी ने ममता नहीं दी। अब वह ऐसा मनमौजी हो गया है कि सब पर चीखता-चिल्लाता रहता है। न उसके खाने का समय, न सोने का। रमा उसकी देखभाल करती है पर वह कहता है—"साला मज़ा लूटने को मिले तो कौन फंदे में फँसता है।" (पृष्ठ-98)

तीसरा पात्र रजनीनाथ का पिता है पापा। उसी की बुरी नीयत और लड़कों में फूट डालने की नीति से परिवार की दुर्दशा होती है। वह रजनीनाथ और लड़की माणिक में जायदाद बाँटना चाहता है। शेष बेटे उमाकान्त और रमाकान्त को नहीं देना चाहता। रमाकान्त रमा से ब्याह करता नहीं, उसको गर्भ रह जाता है।

नाटक के अन्तिम दृश्य में सारे घर का भंडाफोड़ रमाकान्त इस प्रकार करता है, ''ब्रदर, हम भी पाजी हैं। हम सब पाजी हैं। एक-से-एक बढ़कर, कोई किसी से कम नहीं साला। ब्रदर, यह भूत बंगला। भूत साला तेरे बस में था हमारा कबाड़ा कर रहा था। हम नरक में जाएँगे। बाप, ब्रदर, सिस्टर, वाइफ़ किडी हरामी की औलाद साला। रखैल लौण्डा...शूर हिम साला'' (शराब की बोतल पकड़ता है)... रमा को मारने जाता है। तब तक बिजली की गाज गिरती है।

एक ज़िद्दी लड़की (1977)

पुरानी पीढ़ी के प्रति विद्रोह का सबसे ऊँचा स्वर सुनाना तेन्दुलकर की विशेषता है। इस नाटक में मध्यवर्गीय परिवार का गृह स्वामी दद्दा ब्रह्मवादी धर्मात्मा का ढोंग करते हुए धन अर्जित करता है और अपने बच्चों को झूठ का पाठ पढ़ाता है। दद्दा अपने परिवार से तंग आ गया है और बेटे-बहू गृह स्वामी से तंग हैं। दद्दा नाटक के प्रारम्भ में परिवारवालों पर बरसता हुआ कहता है—''क्या हंगामा मचा रखा है। मेरी सुनता कौन है। देश में वही, घर में वही, साला मछली बाज़ार मचा रखा है। इस घर में और लोग करते ही क्या हैं। फ़ीस दो, कपड़े बनाओ, किराया दो, साड़ियाँ, हजामत के लिए चाहिए, दूधवाले को दो...पिछले सत्ताईस साल से यही तो चल रहा है...कभी रुका ही नहीं, पैसा-पैसा जोड़कर कम्बख्त सिर के बाल झड़ गए पर तुम लोगों की रट खत्म नहीं हुई।'' ऐसे परिवार में एक ज़िद्दी लड़की बहू बनकर आती है। वह ईमानदारी के साथ जीना चाहती है पर अन्ततः पाखण्डियों के बीच उसे हार माननी पड़ती है। इस परिवार के जीवन के माध्यम से वर्तमान स्वार्थी समाज के प्रायः सभी पाखण्डों, राजनीतिक, सामाजिक, धार्मिक, शैक्षणिक, व्यावसायिक बातों का भंडाफोड़ किया है। व्यापार में झूठा लेबिल लगाकर अनाप-शनाप रुपया पैदा होता है। शासन में भ्रष्टाचार फैला हुआ है। इनके द्वारा समाज के मध्यवर्गीय जीवन की वास्तविकता सामने आती है।

सखाराम बाइंडर (1978)

विजय तेन्दुलकर के नाटक आज की युवा पीढ़ी की मनोवृत्तियों का एक-से-एक बढ़कर चारित्रिक पतन दिखाते जा रहे हैं। अलमस्त फक्कड़ स्वभाव के तेन्दुलकर विकृति प्रदर्शन में माहिर हैं। सखाराम बाइंडर अपनी सात रखैलों के साथ भोग-विलास करने पर अतृप्त होकर लक्ष्मी नामक सती साध्वी से विवाह करता है। लक्ष्मी उसके मनमाने व्यवहार को सहन कर लेती है फिर भी उस सती पतिव्रता को वह

घर से निकाल देता है और एक विवाहिता नारी चम्पा की सुन्दरता पर रीझकर रखैल के रूप में रख लेता है। वह छह पत्नियों को निकाल चुका है। लक्ष्मी ने सखाराम के जिस दुराचारी दोस्त हमीद को भगवान की आरती में सम्मिलित करने से इनकार किया था वही चम्पा के साथ व्यभिचार करता है। ज्ञात होने पर सखाराम चम्पा की हत्या करता है, पर सती लक्ष्मी उसकी हत्या को छिपाने और उसकी प्राण-रक्षा के लिए मृत शरीर को गाड़ने के लिए गड्ढा खोदने लगती है, तो सखाराम मृत्युदंड के भय से अवाक् खड़ा रह जाता है। उसी समय व्यभिचारी हमीद और चम्पा का वास्तविक पति, दोनों द्वार खटखटाने लगते हैं, यहीं अन्तिम पटाक्षेप होता है। इस नाटक में मुंसफ की लड़की लक्ष्मी का चरित्र अद्‌भुत पतिव्रता रूप में दिखाया गया है। इसमें नारी की दुर्दशा, पुरुष की बर्बरता, सुरा-सुन्दरी का कुप्रभाव, समाज का खोखलापन दिखाया जाता है। शोहदे हमीद की नीचता के द्वारा समाज के आधुनिक परिवेश की मर्मान्तक दुर्दशा का प्रदर्शन किया गया है। इसकी भाषा समाज की अत्यन्त निम्न स्तर की पतित व्यक्ति की गालियों से भरी हुई है, सम्भवत: अश्लीलता की ऐसी चरम सीमा अन्यत्र किसी नाटक में देखने को न मिले। फिर भी इस नाटक में अश्लीलता की पवित्रता बताई जाती है। इसका निर्णय प्रत्येक दर्शक अपनी-अपनी रुचि के अनुसार करेंगे।

दंभद्वीप (1979)

यह नाटक आपातकालीन स्थिति में सन् 1975 में लिखा गया, पर सरकार-विरुद्ध समझा जाने के कारण निषिद्ध माना गया। जिस समय केवल भीड़ इकट्ठी करके अपना बहुमत सिद्ध करने का प्रयत्न होता है उस समय शासन-प्रणाली का क्या स्वरूप होता है वही दिखाना नाट्‌यकार का उद्देश्य है। ब्रात्यसोम नामक पात्र मंत्रिगण को समझाता है, ''पिष्टकेशी, अरण्यकेतु, कर्कशीर्ष, मगदंत, आप लोग मेरे इस जनता-दाँव से सहमत हैं न?'' हम लोगों को सिर्फ़ भीड़ इकट्ठी करनी होगी। आक्रोश से बलबलाई भीड़ का रौद्र महासागर शत्रु पर छोड़ देना होगा।''

जनता की भीड़ की उपमा खूंखार सिंह से देते हुए ब्रात्यसोम कहता है—''यह खूंखार सिंह जब सामने आकर खड़ा हो जाता है तो बड़े-बड़े चौड़े कलेजे वालों की घिग्घी बँध जाती है। उसके आगे कल की छोकरी की क्या बिसात।''

किस प्रकार भीड़ एकत्र करने वालों में फूट पड़ जाती है—उसका चित्र ब्रात्यसोम के इन शब्दों से खिंच जाता है—''आप दोनों ने मेरी पीठ में छुरा मारा है।''

कर्क शीर्ष कहता है—''मैं सिर्फ़ सिद्धान्त के लिए विरोध करता था, वैसे मैं पूरी तरह राजनिष्ठ हूँ।''

अरण्य केतु दल छोड़कर रानी सरकार के पास पहुँचकर जय-जयकार मनाता है। वह कहता है—

''विजय का समाचार मिलते ही अपनी जान की परवाह न करके आपके

पास भागा चला आ रहा हूँ। रानी सरकार की विजय हो।'' विजया महारानी को विजय पर प्रसन्नता होती है। कलमधारी कलमों को तुरही की तरह ओठों से लगाकर साथ-साथ विजया रानी की जय-जयकार मनाते हैं। दंभद्वीप में उनका सत्कार होता है प्रसन्नारायण दंभद्वीप की ओर से रानी विजया की समृद्धि के हज़ारों वर्ष की कामना करते हैं। तेन्दुलकर को इस नाटक में इन्दिरा की कांग्रेसी सरकार का 1977 में टूटना और जनता सरकार के भंग होने पर पुनः विजया महारानी का आगमन दिखाना, इष्ट रहा है। हास्य विनोद से भरी इस कृति को आधुनिक राजनीतिक नाटकों में विशिष्ट स्थान दिया जाएगा।

वेणारे से नलिनी तक की नाट्य यात्रा

वेणारे, 'खामोश अदालत जारी है' नामक नाटक की नायिका और नलिनी नवीन नाटक 'जाति ही पूछो साधु की' इस नए नाटक की समीक्षा के अन्त में तुलना की गई है।

जाति ही पूछो साधु की

3 अक्टूबर, 1978 से 12 अक्टूबर 1980 तक इस नाटक के एक सौ प्रदर्शन हुए। निर्देशक का दावा है कि ''इस नाटक की सफलता का कारण इसकी प्रस्तुति और उसके अभिनेता तो हैं ही इसके अलावा नाटक हमारे आज के जीवन और समाज पर एक ऐसा व्यंग्य है कि हर तरह के दर्शक को लुभा लेता है।''

विजय तेन्दुलकर की ख्याति 'खामोश अदालत जारी है' से प्रथम बार फैली, जिसमें वेणारे नाम की कुमारी अध्यापिका को उसके शोध निर्देशक प्रोफ़ेसर के द्वारा मातृत्व प्राप्त हुआ। इस नाटक में कुमारी वेणारे को गर्भधारण के अपराध में न्यायमूर्ति के द्वारा दण्डित किया जाता है। पर वास्तविक अपराधी बुद्धिवादी प्रोफ़ेसर निर्दोष बच जाता है। सरकारी वकील की दलीलों का खण्डन करने वाला पात्र सामन्त समाज का प्रतिनिधि बनकर बहस करता है। समाज के अनेक व्यक्ति कोर्ट के बाहर शोर मचाकर रोष प्रकट करते हैं, किन्तु न्यायमूर्ति जज सामन्त और समाज की कोई बात नहीं सुनता। वेणारे पर यह अभियोग लगता है—''अभियुक्त का चरित्र अत्यन्त लज्जाजनक है। नैतिकता को तो उसने सरे बाज़ार नीलाम कर दिया। अपने पतित आचरण से उसने सामाजिक और नैतिक मूल्यों का गला घोंट दिया। अभियुक्त समाज का प्रबल शत्रु है। अभियुक्त पर आरोप भ्रूण-हत्या का है, किन्तु उसने उससे भी गम्भीर गुनाह किया है, वह है विवाह से पहले माँ बनने का।''

इस नाटक में भ्रूण हत्या की नैतिकता और वैधानिकता पर विवाद उठाया गया है। प्राचीन शास्त्रीय व्यवस्था को आधुनिक वातावरण में परखा गया है। 'न स्त्री स्वातन्त्र्यमर्हति।' स्त्री स्वातन्त्र्य योग्य नहीं। सरकारी वकील सुखात्मे नैतिक मूल्यों की रक्षा के नाम पर वेणारे को कठोर-से-कठोर दंड दिलाना चाहता है। वेणारे न्यायाधीश के निर्णय पर अपने को निर्दोष सिद्ध करती हुई कहती है—''जीवन चिन्दी-चिन्दी

होकर बिखरता हुआ एक ग्रन्थ है, जीवन स्वयं को डँस जाने वाला एक महाविषधर सर्प है। जीवन को फाँसी पर लटका देना चाहिए 'न जीवन जीवनमर्हति'। पर मैंने अपने स्कूल का काम ईमानदारी से किया। अपने काम में मैंने कभी कोई कोर-कसर नहीं की। कौन-सा गुनाह है जिसके आधार पर तुम मेरी नौकरी छीन रहे हो मुझसे? मेरा निजी चरित्र मेरी अपनी समस्या है। अपने इस गुनाह का दण्ड क्या भोगना होगा। इसे मैं निश्चित करूँगी।" न्यायाधीश वेणारे को दंडित करते हुए नौकरी से निकाल देने का फ़ैसला देता है और उसके गर्भ में पल रहे जीव को नष्ट करने की निर्भीक आज्ञा देता है। पर वेणारे डटी रहती है और उद्घोष करती है—"खामोश अभी अदालत जारी है।" मुझे कुछ कहना है, समाज के दो चेहरे कितने जंगली लग रहे हैं। होंठों पर घिसे-पिटे खूबसूरत औपचारिक शब्द हैं। भीतर अतृप्त और विकृत वासनाएँ।

नाटक के प्रारम्भ में वेणारे ने जीवन की यह व्याख्या की थी "ज़िन्दगी किसी के लिए नहीं होती। वह सिर्फ़ अपने लिए होती है। उसका हर क्षण, हर पल अनमोल है।" किन्तु नाटक के अन्त में उसका सारा स्वप्न भंग होता है।

'जाति ही पूछो साधु की' नामक नाटक में भी एक कुमारी अध्यापिका नलिनी है जिसको उसका विभागाध्यक्ष महीपत एक गुंडे लड़के बवना के द्वारा घर से ज़बरदस्ती उठाकर लाने की योजना बनाता है ताकि उससे विवाह करके वह कॉलेज का प्रिंसिपल बन जाये। उस भोली ग्रामीण कन्या को बहकाकर महीपत प्रेम की चिट्ठियाँ लिखवा लेता है, जिसके आधार पर नलिनी की स्वीकृति के बिना उसके परिवारवालों के विरोध करने पर भी उससे ज़बरदस्ती विवाह करना चाहता है। पर नलिनी समय से चेत जाने पर इस अत्याचार से बच जाती है। महीपत दंडित होने पर पुन: दर-दर ठोकरें खाता है : 'खामोश अदालत जारी है' में वेणारे दंड पाती है। पर इस नई कृति में दुष्ट प्रोफ़ेसर उचित दंड पाता है। 'खामोश अदालत जारी है' में सामाजिक नियमों की उपेक्षा करने वाली वेणारे एवं भोली-भाली किशोरियों को दिगभ्रमित करने वाले बुद्धिवादियों के चरित्र-चित्रण से तेन्दुलकर को सन्तोष नहीं हुआ। अत: उन्होंने महीपत को दोषी ठहरा कर और नलिनी को दोषमुक्त करके यह सिद्ध करने का प्रयत्न किया है कि समाज के शत्रु सत्ताधारी एवं बुद्धिवादी हैं, अत: वास्तव में दंडनीय वे ही हैं। यदि समाज के बन्धनों को स्वीकार करते हुए किसी एक व्यक्ति की स्वतन्त्रता को कुछ धक्का भी पहुँचता है तो भी समाज हित में उस उच्छृंखल की स्वतन्त्रता पर रोक लगानी होगी।

'जाति ही पूछो साधु की' नामक नाटक में आधुनिक सामाजिक दुर्व्यवस्था का मूल कारण वर्तमान शिक्षा-पद्धति को सिद्ध किया गया है। समाजोपयोगी शिक्षा-पद्धति के अभाव से शिक्षालयों में गुंडागर्दी फैली, जिस कारण अध्यापक, विद्यार्थी और संचालकों ने नैतिकता की सर्वथा उपेक्षा की। परिणामस्वरूप नयावाद सिफ़ारिशिज़्म सब पर हावी हो गया। अयोग्य का सम्मान होने से योग्यता व्यर्थ हो गई। अत: अयोग्य, सिफ़ारिसी, अशिक्षित, अनैतिक व्यक्ति समाज-प्रमुख बनकर

मनमाना व्यवहार करने लगे। इस प्रकार सारा समाज विशृंखल हो उठा है। वर्तमान दुर्व्यवस्था के मूल में यही विषाक्त कीटाणु रोग बढ़ा रहा है।

नाटक 'अपनी जात' के पात्र नन्द और उमा को 'जाति ही पूछो साधु की' में महीपत और नलिनी बना दिया गया है। सम्पूर्ण कथ्य एवं संवाद समान हैं, केवल भाषा में ब्रज का प्रयोग जोड़ दिया गया है। उमा और नलिनी का विवाह अपनी ही जाति के समृद्ध संस्कारी परिवार में होता है, जिससे वे अपने घोड़ों की लीद उठाने वाली जाति में उत्पन्न कुसंस्कार में परिपालित नंद और महीपत की दुरभिसन्धि से बच जाती है। शोध छात्रा वेणारे के साथ अन्याय करने वाले कामुक प्रोफ़ेसर को 'खामोश अदालत जारी है' में गुमनाम रहने दिया गया है। किन्तु 'जाति ही पूछो साधु की' में वह उजागर ही नहीं अपितु दंडित भी होता है। नाट्यकार दस वर्षों की नाट्ययात्रा में इस निष्कर्ष पर पहुँचा है कि केवल विश्वविद्यालयी उच्च उपाधि विभूषित बुद्धिजीवी वर्ग शुद्ध-संस्कार-रहित होने एवं दुराचारी बनने पर समाज का कहीं अधिक अहित करता है।

यहाँ 'जाति ही पूछो साधु की' के आधार पर जाति का अर्थ है जन्म-कुल के संस्कार वाले वातावरण में परिपालित बुद्धिवादी जन। ऐसे बुद्धिवादी के आचरण से ही साधु, असाधु की पहचान हो सकती है। यदि नलिनी की तरह शुद्धाचारी है तो साधु है। यदि महीपत की तरह मिथ्याचारी है तो असाधु है। अतः साधु-असाधु की परख उचित अनुचित संस्कारों से होने वाले शुद्धाशुद्ध आचरणों से होती है न कि विश्वविद्यालयी डिग्री से।

कमला, (1982) : अनुवादक—वसन्त देव

नाटक का प्रेरणा स्रोत 'इंडिया टुडे' का सनसनीदार समाचार है। पत्रकार जयसिंह पत्र को सनसनी सूचक खबरों से समृद्ध करने के लिए क्या-क्या हथकंडे अपनाते हैं उसी का वर्णन नाटक में है। वह आदिवासी कमला को 250 रुपयों में खरीद लाता है। आदिवासी कमला उसकी पत्नी से पूछती है—"तुमको कितने में खरीदा है।" पत्नी अधिक दाम बताती है। आदिवासी-कमला स्थिति से समझौता कर लेती है। वह प्रेस कॉन्फ्रेंस में नारी विक्रय का रहस्योद्‌घाटन करती है। इस सनसनीखेज खबर से पत्र की लोकप्रियता बढ़ती है।

तेन्दुलकर जयसिंह के पारिवारिक जीवन और बाह्य व्यवहार में घोर विसंगति दिखाते हुए स्पष्ट करना चाहते हैं कि जिन दुष्कर्मों एवं क्रूर व्यवहारों से वह समाज को बचाने का दावा करते हैं, वही अपने निजी परिवार और समाज में स्वयं करते-फिरते हैं। उनका उद्देश्य पुराने पत्रकारों से सर्वथा भिन्न हो गया है। जयसिंह अपने लिए समाज हित को मटियामेट करने को तैयार हैं, उससे कहीं अधिक ईमानदारी आदिवासी नारी कमला में है। जयसिंह अपनी पत्नी और नौकरानी को गुलाम समझकर दुर्व्यवहार करते हैं पर दोनों नारियाँ उनको सदा प्रसन्न रखने का पूर्ण प्रयास करती हैं।

नवें दशक में कई ऐसे नए नाटक विरचित हुए हैं जिनमें पत्रकार नाट्यकारों की चारित्रिक विगर्हता एवं भ्रष्टाचार प्रकट करते हैं और नाट्यकार पत्रकारों का उद्घाटन कर रहे हैं। आए दिन पत्र-पत्रिकाओं में साहित्यकारों, अध्यापकों, नेताओं के द्वारा युवतियों के भगाने एवं क्रय-विक्रय के चौंकाने वाले समाचार प्रकाशित होते रहते हैं।

कस्तूरी मृग (1960) ले.-प.ल. देशपाण्डे

यह आधुनिक सुविधा भोगी समाज पर तीखा व्यंग्य है। आज का सम्पन्न वर्ग किस प्रकार जीवन के सहज धर्म से विमुख होकर कृत्रिम फ़ैशनपरस्त प्रकृति-विरोधी जीवन बिताते हुए कहीं सुख-शान्ति से वंचित हो रहा है। बाहर से आडम्बरमय जीवन बिताता हुआ भीतर से कितना खोखला हो गया है। इसी रहस्य का उद्घाटन इस नाटक में किया गया है। कस्तूरी मृग की तरह वास्तविकता को न समझने के कारण सुख-सुगंधि के लिए वह निरन्तर भटक रहा है।

चारुलता (सन् 1975) : कमलेश्वर
रवि बाबू की बांग्ला कहानी 'नष्टनीड़' का नाट्य रूपान्तर

इस नाटक के काव्यत्व और दृश्यत्व का सुन्दर सामंजस्य है। भूपति और चारुलता पति-पत्नी के रूप में सहज स्वाभाविक जीवन बिता रहे थे। वे समय-चक्र से दुख के महासागर में डूबने-उतराने लगते हैं। अनेक प्रयास करने पर भी वे अपने पूर्व जीवन रूपी रमणीय उद्यान में पुनः नीड़-निर्माण नहीं कर पाते। इस कृति में आधुनिक जीवन की विडम्बनामय स्थिति बड़ी ही आकर्षक बन गई है।

कांचनरंग (1964) : शंभु मित्र (अनुवादक-नेमिचन्द्र जैन)

इसमें धन की महिमा बताने के लिए पाचू नामक एक भोले-भाले नौकर की ज़िन्दगी में उतार-चढ़ाव दिखाया गया है। एक दीनहीन ग्रामीण धनी परिवार में चाकरी करते हुए बच्चे, बूढ़े सबसे अपमानित एवं तिरस्कृत होता रहता है। पर लॉटरी का नम्बर उसके नाम से आते ही दामाद के समान सर्वत्र उसका सम्मान होने लगता है। बदले हुए नम्बर की घोषणा होते ही फिर उसको दुर्भाग्य घेर लेता है। अन्त में लॉटरी का रुपया आते ही वह अपनी प्रेयसी के साथ नौकरी छोड़कर चल देता है। यह है धन की महिमा कांचन का रंग।

बाकी इतिहास (सन् 1969) : बादल सरकार (अनुवादक-नेमिचन्द्र जैन)

नाट्यकार ने अपनी इस कृति में तीन समसामयिक महत्त्वपूर्ण प्रश्न उठाए हैं : 1. आत्महत्या 2. आधुनिक कहानी का स्वरूप 3. अश्लील साहित्य की परिभाषा।

तीनों प्रश्न एक-दूसरे से उलझे और अन्त तक उत्तरहीन रह जाते हैं। सीताराम चक्रवर्ती एक स्कूल के प्रिंसिपल हैं। अश्लील कहानियाँ 'लेडी चैटर उड' को क्लास में पढ़ने वाले छात्र का निष्कासन करने को कटिबद्ध प्रिंसिपल चक्रवर्ती स्वयं

को बारह वर्षीय कन्या गौरी और पार्वती के साथ कदाचित् मानसिक ज़ुल्म करने के कारण आत्मग्लानि से आत्महत्या कर लेते हैं। समाचार पत्रों में इसी के आधार पर उनके एक परिचित बंगाली के प्रोफ़ेसर शरद नाग अपनी पत्नी वासन्ती को मनोवैज्ञानिक कहानी सुनाते हैं।

इस नाटक में वासन्ती शरत्चन्द्र की शैली पर भावुकतापूर्ण कहानी के पक्ष में होती है। किन्तु उसके पति शरद नाग युग के अनुरूप सामयिक सनसनीदार मनोवैज्ञानिक कहानी के पक्ष में हैं। उनके ऊपर पश्चिम का प्रभाव है। उनके विपरीत चक्रवर्ती अश्लीलता के विरोधी और आदर्श के पक्षपाती हैं। इन तीनों व्यक्तियों का इतिहास असमाप्त रह जाने के कारण नाटक का नाम 'बाकी इतिहास' रखा गया। नाटक के अन्दर नाटक नई नाट्य-शैली का द्योतक है, इस मनोवैज्ञानिक नाटक की सारे देश में चर्चा हुई, स्थान-स्थान में खेला गया। यह नाटक आधुनिक नाट्य कला को नया मोड़ देने वाला माना जाता है।

इस नाटक में परामनोविज्ञान (Para Psyhcology) के अनुसार शरद कहानी निर्माणकला में सीतानाथ चक्रवर्ती का ध्यान करते-करते उसको सपने में केवल प्रत्यक्ष देखता ही नहीं, अपितु उससे बातें भी करता है। सीतानाथ आत्महत्या का कारण बताता है। शरद और सीतानाथ अपने-अपने अध्यापन और वैवाहिक जीवन की एकरसता और अनन्त अर्थहीनता की दुखद गाथा गाते हैं। वे आधुनिक संसार के सारे इन्सानों की अर्थहीन ज़िन्दगी का ब्यौरा इस प्रकार देते हैं—

सीतानाथ—"इन्सान बनने का मतलब लिखाई-पढ़ाई करके परीक्षा में सफलता प्राप्त करना...पैरों पर खड़ा होना अर्थात् नौकरी करना। अपने को बाकायदा बेचकर बाकायदा रहने का इन्तज़ाम करना। बस एक ही सवाल—मुसीबत, रुकावट, गरीबी, बदनामी, अपमान—सबसे लड़ने का हथियार। ग्यारह वर्ष से पत्नी कनक का... बेशुमार सैकेंड—मिनट—घंटों में, अनन्त अर्थहीनता में धीरे-धीरे—कनक...डूब गई।"

('बाकी इतिहास', पृष्ठ-92 ए--94)

सीतानाथ के अनुसार हज़ारों-लाखों वर्षों की अनन्त अर्थहीनता ही इतिहास है। शेष हत्या, ज़ुल्म, अत्याचार का इतिहास। हज़ारों वर्षों का। ('बाकी इतिहास', पृष्ठ-98)।

अमेरिका के विद्वानों का एक दूसरा वर्ग कहता है कि जब मनुष्य को आशा होती है कि वह मरकर फिर जी जाएगा तो उसका यह जन्म भी सुखी और दीर्घजीवी होता है।

शरद तीसरे मत का है। उसका विश्वास है कि "तरक्की के लिए पागल ही होना पड़ेगा। इसके सिवाय ज़िन्दा रहने का कोई रास्ता नहीं।" (पृष्ठ-103)

बादल सरकार पर वेकेट का प्रभाव

प्रश्न है आधुनिक समाज में सम्भव-असम्भव का। आज की समालोचना कहानी को केवल अच्छी या बुरी, उससे अच्छी या बुरी कह देने से पूरी नहीं होती। भली, बुरी,

सम्भव-असम्भव, यथार्थ-अयथार्थ, तर्कसम्मत, असली, तर्करहित, नकली, कल्पित, सत्य, सामयिक-असामयिक, अर्वाचीन, प्राचीन, सुसम्बद्ध कथा अथवा स्थितियों की सुबद्धता, मुख्य बात अन्तिम निष्कर्ष की है। इस नाटक की कहानी का निष्कर्ष सच्चाई की खोज है और सच्चाई यह है कि आदमी या तो जीता है, नहीं तो मरता है। जिया न जाए तो मरो।

तीसरा प्रश्न अश्लीलता का है। ''जो साहित्य 12 वर्षीय नोवाकाव की 'लोलिटा' की तरह अस्वाभाविक और विकृत है वह श्लील और जो साहित्य नैतिकता बघारने वाली किताबों से ज़्यादा स्वाभाविक 'लेडी चैटर लीज' की तरह है वह किशोरों के लिए अनुपयोगी होते हुए भी अश्लील नहीं है। अश्लील कहानी वह है जो अस्वाभाविक और विकृत कभी नहीं होती।''

पगला घोड़ा (1974) बादल सरकार

इस नाटक में रंगमंच की सारी नाट्य-शास्त्रीय परम्पराओं के विरुद्ध प्रतिलोम थियेटर का अनुसरण किया गया है। परम्परा के अनुसार रंगमंच पर श्मशान में मृतक के समीप बैठकर रोमांस की बातें करना अस्पृहणीय (नीति-विरुद्ध) माना गया है, उसी प्रकार आत्महत्या दिखाना भी निषिद्ध है। इस नाटक में एक नाई अपने ही कुकृत्यों के कारण आत्महत्या करता है, जिसका शव चार व्यक्ति उठाकर श्मशान पर ले जाते हैं। वहाँ वह पाँचवाँ व्यक्ति भी आ जाता है और पाँचों अपनी युवावस्था में विभिन्न लड़कियों के साथ रोमांस की कहानी सुनाते हैं। वे अपने नैराश्य का भी ऐसे ढंग से वर्णन करते हैं, जिससे जीवन में जिजीविषा और रस भोगने की आकांक्षा पैदा होती है। ऐसा प्रतीत होता है कि एब्सर्ड नाटक और वेकेट की एपिक नाट्यधारा को मिलाने का प्रयास है।

जिस प्रकार प्रेमचन्द ने मृतक व्यक्ति के कफ़न के लिए चन्दा एकत्र करने वालों का मदिरा पान दिखाकर मानव दुर्वृत्तियों का दृश्य उपस्थित किया है, उसी प्रकार बादल सरकार ने श्मशान में शव के चतुर्दिक बैठे हुए उन्मुक्त यौनासक्तों की भोगासक्ति प्रदर्शित की है। परम्परा के सर्वथा विरुद्ध यह आधुनिक विचार आज की मनोवृत्ति का द्योतक है।

हयबदन (सन् 1975)—गिरीश कर्नाड

इसमें आदमी की अपूर्णता और उसके अधूरेपन को मुख्य प्रश्न बनाया गया है। पद्मिनी द्वारा पूर्णता की तलाश में भटकते रहने की प्रक्रिया द्वारा यह प्रतिपादित करने की चेष्टा की गई है कि आज के नारी-जीवन की क्या विडम्बना है? उसके लिए पूर्ण पुरुष का न मिलना ही उस संत्रास, पीड़ा और यातना का कारण है, जिसके परित्राण के लिए उसे तृप्ति की तलाश में दिग्भ्रमित होना पड़ रहा है। इसीलिए इस नाटक की पद्मिनी कभी देवदत्त जैसे कोमल, संवेदनशील हृदय वाले कवि कलाकार में पूर्णता ढूँढ़ना चाहती है, तो कभी कपिल जैसे सुडौल, बलिष्ठ शरीर

वाले पुरुष में। देवदत्त और कपिल क्रमशः स्वस्थ संवेदनशील मन और स्वस्थ मांसल शरीर के प्रतीक हैं, जो पूर्ण पुंसत्व के दो पहलू हैं, जिनके द्वारा हयबदन के प्रसंग को इसी अर्थ में पद्मिनी की कहानी से जोड़ा गया है। इस प्रकार हयबदन का अपनी अपूर्णता पर—आधा घोड़े और आधा मनुष्य होने पर—रोने सिसकने की छटपटाहट द्वारा प्रस्तुत नाटक में नारी-जीवन की इसी विडम्बना और यातना को प्रस्तुत किया गया है। स्त्री और पुरुष के बीच सम्बन्ध को लेकर इस नाटक में जिस द्वन्द्व को उभारने की चेष्टा की गई है वह यह है कि शरीर प्रमुख है या मन। आज की विडम्बना यह है कि नारी सब कुछ एक साथ पा लेने को आतुर है। पर शरीर की आन्तरिक संरचना इस प्रकार की है कि पूर्णता को पा ही नहीं सकती। इसलिए पूर्णता के प्रयास में भटकना विडम्बना नहीं तो क्या है?

इस नाटक के रंग-शिल्प ने यह सिद्ध कर दिया है कि यदि भारतीय लोक-धर्मी और नाट्य-धर्मी विशेषताओं को समझकर युक्त किया जाये तो पश्चिम के शिल्प से हमारा शिल्प किसी प्रकार पिछड़ा हुआ नहीं मिलता।

बैरिस्टर (सन् 1980) : लेखक—जयवन्त दलवी (अनुवादक—विजय बापट)

इस चरित्र प्रधान नाटक में विधवा नारी की विविध समस्याओं को ध्वनित रूप में दिखाया गया है। इंग्लैंड से बैरिस्टरी पास करके बैरिस्टर नामक पात्र भारत लौटता है और पूर्व विलायत में ग्लोरिया नामक युवती के प्रेम प्रस्ताव को ठुकराकर पूर्व प्रतिज्ञा के अनुसार दमयन्ती से विवाह करने को तैयार है। किन्तु दमयन्ती के अस्वीकार करने पर प्रतिक्रियास्वरूप अविवाहित रहने का संकल्प लेता है। पर अपने समीपवर्ती भाऊराव, राधा और उनके सुखी परिवार को देखकर उसके मन में वैवाहिक जीवन के लिए आकर्षण पैदा होता है। इस कारण उसके मन में द्वन्द्व चलता रहता है। दूसरी ओर विधवा मौसी के चरित्र को देखकर, समाज के प्रति उसके मन में आक्रोश उत्पन्न होता है। इन दोनों कहानियों की आपस में संगति ऐसे कलापूर्ण ढंग से बोई गई है कि पाठक और दर्शक की जिज्ञासा अन्त तक कायम रहती है। इसमें विवाह और वैधव्य की प्राचीन समस्या को ऐसे कलापूर्ण शिल्प के साथ दिखाया गया है कि आधुनिक संवेदना और समसामयिक सामाजिक समस्या ज्वलन्त रूप में सामने आ जाती है।

अनूदित गुजराती एकांकी (1974) : सम्पादक—रावल (अनुवादक—शशी शर्मा)

गुजराती एकांकी के विकास की झलक देते हुए यह संकलन संकेत करता है कि किस प्रकार नाटक एवं रंगमंच की दृष्टि से गुजराती एकांकी, लोकनाट्य एवं पाश्चात्य नाट्य साहित्य से प्रभावित होता रहा। अनुवाद की दृष्टि से भी यह संकलन स्पृहणीय है।

पाँचवाँ अध्याय

ऐतिहासिक, सामाजिक एवं इतर नाटकों में नवम् दशक की नाट्य-दृष्टि

आधुनिक ऐतिहासिक नाटक

सन् सत्तावन (1857) की क्रान्ति के इतिहास की स्मृति दिलाने के लिए और न्यूनाधिक सौ वर्ष तक चलने वाले स्वतन्त्रता के यज्ञ की पूर्णाहुति के फलस्वरूप अनेक नाटकों की रचना हुई, जिनमें '1857 की दिल्ली', 'पीरअली', 'आज़माइश', 'कुँवरसिंह की टेक', 'तांत्या टोपे' आदि ध्यान देने योग्य रचनाएँ हैं। इनसे सत्तावन की क्रान्ति की असफलता के कारणों पर प्रकाश पड़ता है। आश्चर्य है कि इस विषय पर कोई भी ऐसा नाटक नहीं विरचित हो पाया जो स्थायी साहित्य में परिगणित हो सके।

भारतीय इतिहास के अन्धकार एवं स्वर्णिम कालों को लेकर अनेक ऐतिहासिक नाटक विरचित हुए। भगवान बुद्ध, अशोक, विक्रमादित्य, शंकराचार्य, रहीम, शिवाजी, हम्मीरदेव, सिराजुद्दौला, भारतेन्दु हरिश्चन्द्र तथा महात्मा गाँधी की जीवनी को आधार बनाकर ऐतिहासिक नाटक लिखे गए। बुद्ध की जीवनी पर आधृत सन् पचपन (1955) में चार अंकों में 'सिद्धार्थ बुद्ध' नामक नाटक लिखा गया। इसमें मैथिलीशरण गुप्त की 'यशोधरा' के आधार पर नारी जीवन की कोमल भावनाओं का प्रदर्शन पाया जाता है।

यह नाटक न तो रंगमंच की दृष्टि से सफल और न साहित्यिकता की ही दृष्टि से पाठ्य बन सका है। सम्राट् अशोक का जीवन बीसवीं शताब्दी के नाट्यकारों को (विशेषत: गाँधी युग में) आकर्षित करता रहा है। आचार्य चतुरसेन ने सन् छप्पन (1956) में अशोक के जीवन की व्याख्या करते हुए 'धर्मराज' नामक नाटक प्रस्तुत किया। इसके सम्बन्ध में वे लिखते हैं—'इस नाटक में अशोक के जीवन का इतिवृत्त नहीं है, उसके जीवन की व्याख्या है। अशोक की निष्ठा, धर्माचार और त्याग-भावना यथावत् वैसी ही रहे, जैसी उसके ज्ञात इतिहास-आधारों में व्यक्त है, इसकी सम्भव चेष्टा की गई है। यह नाटक रंगमंच के लिए नहीं, विद्यार्थियों के लिए लिखा गया है।'

गोमती विहार के संस्थापक कुमारायन नामक प्रकाण्ड पण्डित की जीवनी के आधार पर सेठ गोविन्ददास ने 'भिक्षु से गृहस्थ और गृहस्थ से भिक्षु' नामक नाटक लिखा। इसमें कुमारायन और जीवा के विवाह, पुत्र कुमारजीव की शिक्षा-दीक्षा तथा उसका सन् 383 ई. में भारत के सौगात रूप में चीन देश जाने का वृत्तान्त मिलता है। कुमारजीव संस्कृत और चीनी दोनों भाषाओं का विद्वान् था। उसने महायान के दार्शनिक ग्रन्थों का चीनी भाषा में अनुवाद किया। पाँच अंकों में विरचित इस नाटक में अन्तर्द्वन्द्व का अभाव है तथा छह-छह पृष्ठों के लम्बे भाषण पाए जाते हैं। नाटकीयता से अधिक भारत और चीन के सम्बन्ध की दृढ़ता पर बल दिया गया है। न तो संवादों में आकर्षण है और न भाषा नाटकोपयोगी।

विक्रमादित्य और भर्तृहरि की कथाओं के आधार पर हरिकृष्ण 'प्रेमी' ने 'संवत्-प्रवर्तन' नामक एक नाटक लिखा। इस नाटक के अनुसार विक्रम संवत् के प्रवर्तन का कारण शकों का मालव प्रदेश से उच्छेद और विदेशी सत्ता से मुक्ति पाने का उल्लास-प्रदर्शन मात्र है। इसमें विक्रमादित्य को गर्दभिल्लदर्पण का पुत्र और भर्तृहरि को उसका अनुज दिखाया गया है। नहपाण और भूमक नामक शक क्षत्रियों और आचार्य कालक नामक जैन साधु का उल्लेख पाया जाता है। प्रेम के इस नाटक में नाटकीय तत्वों का पूर्ण परिपाक नहीं हुआ है।

शंकराचार्य के जीवन के आधार पर लक्ष्मीनारायण मिश्र ने 'जगद्‌गुरु' नामक महत्त्वपूर्ण नाटक लिखा है। इसकी भाषा सजीव एवं कथानक हृदयग्राही हैं।

रहीम की जीवनी के आधार पर लक्ष्मीनारायण मिश्र और सेठ गोविन्ददास ने दो नाटक लिखे हैं। नाटकीयता की दृष्टि से लक्ष्मीनारायण मिश्र का नाटक अधिक सफल है।

तुलसीदास की जीवनी पर आधृत 'संत तुलसीदास' नामक एक गीतिनाट्‌य उदयशंकर भट्ट ने लिखा है। इस नाटक की भाषा गीतिनाट्‌य के सर्वथा उपयुक्त है।

'कवि भारतेन्दु' (1955) और 'भारतेन्दु' नामक दो नाटक आधुनिकता में उल्लेखनीय हैं। लक्ष्मीनारायण मिश्र का 'कवि भारतेन्दु' एक सजीव नाटक है। इस नाटक में भारतेन्दुकालीन साहित्यकारों का उल्लेख मिलता है और भारतेन्दु के फक्कड़ जीवन की झाँकी पाई जाती है। भाषा और संवाद की दृष्टि से यह सजीव नाटक है।

गाँधीजी के त्याग और बलिदान को आधार बनाकर दो नाटक—'पगध्वनि' (1952) तथा 'मृत्युञ्जय' (1959) प्रस्तुत किए गए। ये दोनों नाटक गाँधीजी की महत्ता के अनुरूप नहीं बन पाए हैं। सम्भव है कि अभी इस महात्मा के महत्त्व को परखने में कुछ समय लगे और कालान्तर में कोई नाट्‌यकार उच्चकोटि का नाटक विरचित कर सके।

इस काल के ऐतिहासिक नाटकों में जनता को सदाचारी, कर्मठ, देश के गौरव के अनुरूप बनाने का प्रयास पाया जाता है। नाट्‌यकारों का ध्यान देश को विश्व में गौरवशाली बनाने की ओर अधिक रहा है। स्वतन्त्रता से पूर्व विरचित ऐतिहासिक

नाटकों में जहाँ पराधीनता से मुक्ति पाने का प्रयास था वहाँ इन नाटकों में देश को कर्मनिष्ठ, सदाचारी, उद्योगी, भारतीय संस्कृति के द्वारा विश्व-कल्याण की ओर अग्रसर करने का लक्ष्य पाया जाता है। आश्चर्य है कि प्रसाद के 'चन्द्रगुप्त' तथा 'स्कन्दगुप्त' के समान प्रभावशाली एक भी नाटक इस अवधि में क्यों न बन पाया। पर इधर रंगमंच की ओर नाट्यकारों का ध्यान अधिक रहा है। यह एक शुभ लक्षण है।

रंगमंच की कला से पूर्ण परिचित और अंग्रेज़ी तथा भारतीय नाटकों में अभिरुचि रखने वाले जगदीशचन्द्र माथुर के दो ऐतिहासिक नाटक उल्लेखनीय हैं। 'कोणार्क' में स्थापत्य कला-प्रेमी कलाकार विशु के नाटकीय चरित्र पर प्रकाश डाला गया है और 'शारदीया' में एक राजनीतिपटु सैनिक तन्तुवाय की प्रेम-कहानी पाई जाती है। 'कोणार्क' आधुनिक काल के ऐतिहासिक नाटकों में एक नवीन नाट्यशिल्प को लेकर आया है। माथुर के दूसरे नाटक 'शारदीया' में उसी शिल्प का विकास पाया जाता है।

शारदीया (सन् 1960)

इस नाटक का संक्षिप्त परिचय इस प्रकार है :

शरद् पूर्णिमा की ज्योत्स्ना से धवलित महाराष्ट्र के कागल नामक ग्राम में नरसिंह और उसकी प्रेमिका बायजाबाई का दो बार वियोग हुआ, जिसकी स्मृति दोनों को चिरस्मरणीय बन गई है—बायजाबाई की माता ने अपनी बेटी का विवाह नरसिंह के साथ एक शर्त पर करने का वचन दिया था, किन्तु उसकी मृत्यु के उपरांत शर्त पूर्ण होने पर भी बायजा के पिता शर्जेराव घाटगे पुत्री का विवाह उसकी इच्छा के विरुद्ध दौलतराव सिंधिया के साथ करके अपना भाग्योदय चाहते हैं। बायजाबाई और नरसिंहदेव के हृदय में एक-दूसरे के प्रति हार्दिक प्रेम स्थान पा चुका है। निज़ाम और मराठों के युद्ध में नरसिंहदेव गुप्तचर का काम करता है तथा निज़ाम और मराठे दोनों में धार्मिक एवं राजनीतिक शान्ति स्थापित करने का पक्षपाती है। वह निज़ाम की युद्ध-योजनाओं को विफल बनाने में सफल होता है। किन्तु शर्जेराव घाटगे दौलतराव सिंधिया को मद्यादि दुर्व्यसनों में फँसाकर नरसिंहराव जैसे योग्य सैनिक को मृत्युदंड की आज्ञा दिलाता है। पर जिन्सेवाले के प्रयास से राव ग्वालियर के कारागर में बन्द कर दिया जाता है, जहाँ ज्योत्स्ना-दर्शन के लिए तरसता हुआ निज़ामी कारीगरों से सीखी हुई वस्त्र-निर्माण की कला का अभ्यास करता है, और अपनी प्रेयसी की स्मृति के प्रकाश में उस अन्धगुफ़ा में हाथ से पाँच गज़ की ऐसी साड़ी बुनता है जिसका केवल पाँच तोले भार होता है।

घाटगे के षड्यंत्र से बायजाबाई दौलतराव सिंधिया केअन्त:पुर में पहुँच जाती है। घाटगे को नरसिंहदेव के मृत्युदण्ड में परिवर्तन की घटना अज्ञात थी। उसने युद्ध में नरसिंह देव की मृत्यु का मिथ्या संवाद देकर बायजाबाई का विवाह दौलतराव सिंधिया के साथ कर दिया था। किन्तु जिस दिन बायजाबाई को नरसिंह के कारावास की कहानी ज्ञात होती है, वह सिंधिया से उसकी मुक्ति का आदेश प्राप्त करती

है। उस आदेश-पत्र को लेकर शारदीया नरसिंहदेव से उस अन्धगुफ़ा में मिलती है और उससे कारावास से बाहर निकलने का अनुरोध करती है। किन्तु वह अपने हाथ से बुनी साड़ी बायजाबाई को प्रदान कर वहीं रहने का आग्रह करता है। इसमें राजकर्मचारियों की परस्पर ईर्ष्या-भावना घाटगे की कुटिलता के माध्यम से दिखाई गई है। इस नाटक में नाटकीय कौतूहल के अनेक स्थल हैं। प्रमाण के लिए देखिए, नरसिंहदेव जिस दिन फाँसी पर लटकने के क्षण की प्रतीक्षा करता है उसी दिन उसका मित्र जिन्सेवाला उसे आजीवन कारागार की सूचना देता है। इस अप्रत्याशित सन्देश से उसके मन में विलक्षण अन्तर्द्वन्द्व उत्पन्न होता है। वह कहता है, "सरदार, मैं मौत की उम्मीद का सहारा ले रहा था। आपने उसे तोड़ दिया। और अब यह ज़िन्दगी, यह गुफ़ा की घिरी-घिरी ज़िन्दगी, किसके लिए?"

"ठहरिए, सरदार! मैं अँधेरे की ज़िन्दगी में उजाले का ताना-बाना बुनूँगा। शारदीया के लिए!—जब तक ज़िन्दा हूँ तब तक बुनता रहूँगा, रूपहले और सुनहले पल्ले हवा-सी हल्की, कुसुम-सी कोमल, चाँदनी-सी झीनी, चाँदनी! शारदीया—वही तो असली चाँदनी है। मेरी कालकोठरी में उसी की ज्योति बसेगी, शारदीया की ज्योति!"

इस नाटक की चरम परिणति (climax) तृतीय अंक के दूसरे दृश्य में है। जिन्सेवाला से नरसिंहदेव की जीवितावस्था का शुभ समाचार पाते ही महारानी बायजाबाई के मन में अन्तर्द्वन्द्व उत्पन्न होता है। वह सिंधिया से नरसिंहदेव की मुक्ति की अनुमति प्राप्त करके कारावास में पहुँचती है।

गढ़पति को यह रहस्य ज्ञात नहीं कि महारानी बायजाबाई और नरसिंहदेव में परिचय है। वह नरसिंहदेव से निवेदन करता है कि अपने हाथ की बुनी हुई अद्वितीय साड़ी महारानी को उपहार-स्वरूप देकर उनसे मुक्ति की प्रार्थना करे। नरसिंहदेव अपनी प्रेयसी के लिए निर्मित साड़ी देना अस्वीकार कर देता है। उसके मन में द्वन्द्व उठता है। वह कम्पित स्वर में पुकार उठता है :

"यह कपड़ा, यह तुम्हारी स्मृतियों का ताना-बाना। यह महारानी को दूँ? असम्भव! चलो, तुम मुझे यहाँ से ले चलो, अपने चाँदी से जगमगाते अम्बर में। राजाओं और महारानी की चमक-दमक से परे, युद्ध और हलचल से दूर, बहुत दूर, जहाँ तारे गाते हैं। ऐ! तुम कहाँ जा रही हो, शारदीये?"

नरसिंहदेव को जिस समय जिन्सेवाला से ज्ञात होता है कि महारानी स्वयं उसकी शारदीया बायजाबाई है तो उसकी मनोदशा में कैसा विलक्षण कौतूहल उत्पन्न होता है! दोनों का वार्तालाप बड़ा ही मार्मिक है। उपहार में प्राप्त साड़ी देखकर बायजाबाई स्तम्भित रह जाती है। ढरकी का काम देनेवाले नरसिंहदेव की उँगली के छिद्र को देखकर कहती है :

"बायजा—'उफ! नरसिंह, तुमने अपनी उँगली में सुराख कर लिया!"

नरसिंह—"याद है, उस शरद् पूर्णिमा को चलते समय तुमने अपनी उँगली के खून से मुझे टीका किया था!"

बायजा—"एक बूँद खून! लेकिन यह तो..."

नरसिंह—"मैं उस रक्त की बूँद को भूला नहीं था, बायजाबाई! आज तुम्हें बिदा दे रहा हूँ। (बायजाबाई सिसकती है) रोती क्यों हो! तुम्हारे टीके ने मुझे बचाया। यह साड़ी...यह मेरा रक्तदान—यह आँचल...यह तुम्हारे नये जीवन में तुम्हारी रक्षा करे।"

बायजा—"नया जीवन! साँसों की ज़ंजीरें! और तुम...तुम चलो नरसिंह! आज्ञापत्र मेरे पास है।"

नरसिंह—"मैं यहीं रहूँगा। तुम जाओ, महारानी!"

बायजा—"नरसिंह!"

नरसिंह—"मैं यहीं रहूँगा, क्योंकि तुम यहीं हो! महारानी, नहीं बायजाबाई नहीं, लेकिन तुम! तुम मेरी शारदीया! जो मेरी हो, हमेशा थीं, हमेशा रहोगी।"

ऐतिहासिक नाटकों में शुद्ध मानवीय प्रेम की ऐसी दिव्य झलक प्रसाद के उपरान्त यहीं देखने को मिलती है। यह नाटक रंगमंच, नाटकीय भाषा, चरित्र-चित्रण, अंतर्द्वन्द्व, रस, नाटकीय कौतूहल, संवादों की तीव्रता और क्षिप्रता की दृष्टि से सर्वोत्कृष्ट नाटक प्रतीत होता है। हिन्दू-मुसलमानों की धार्मिक सहिष्णुता इसका सन्देश है, जो आज भी उपयोगी सिद्ध हो सकता है।

घाटगे जैसे स्वार्थान्ध राजकर्मचारियों की दुरभिसन्धि से किस प्रकार निरपराध व्यक्ति दंड पाते हैं और राजव्यवस्था भ्रष्ट हो जाती है इसका सुन्दर दृश्य देखने को मिलता है।

इसमें बायजाबाई, शर्जेराव घाटगे, दौलतराव सिंधिया, नाना फड़नवीस, भाऊ फड़के आदि ऐतिहासिक पात्र हैं। घटनाएँ मूलतः ऐतिहासिक हैं, जो कल्पना के सौरभ से सुवासित हैं। नाट्यकार का कथन है कि "तीसरे अंक के प्रथम दृश्य में सभी ऐतिहासिक तथ्यों का उल्लेख हुआ है और दौलतराव सिंधिया और शर्जेराव घाटगे के चरित्रों का इतिहास के अनुसार ही विकास किया गया है।"

नरसिंहदेव कल्पित पात्र है पर उसका चरित्र तत्कालीन दुरभिसन्धियों का इतिहास-सम्मत प्रदर्शन है। अतएव निस्सन्देह इसमें ऐतिहासिकता का पूर्ण निर्वाह पाया जाता है। इसकी घटनाएँ सरदेसाई और ब्राउटन नामक इतिहासवेत्ताओं के मत से समर्थित हैं।

"कोणार्क" और 'शारदीया' नाटक आधुनिक ऐतिहासिक नाटकों के क्षेत्र में एक नये शिल्प का संकेत कर रहे हैं।

ऐतिहासिक नाटकों के दो वर्ग

पृथक्-पृथक् दृष्टिकोण से ऐतिहासिक नाटक रचे गए। यदि सांस्कृतिक दृष्टिकोण से हम इन नाटकों का विभाजन करें तो अधिकांश नाटक दो वर्गों में विभक्त हो

जाते हैं—एक में आध्यात्मिक शक्ति की प्रधानता है, दूसरे में आधिभौतिक की। आध्यात्मिक शक्ति-सम्पन्न नाटकों के पात्रों में ज्ञान और विवेक की सत्ता से इन्द्रियों को कार्यक्षम बनाने की प्रवृत्ति, विकारों पर अधिकार पाने का प्रयास और मानव-कल्याण की भावना का विकास पाया जाता है।

दूसरे वर्ग में आधिभौतिकता की प्रधानता होती है। इस वर्ग के नाटकों के पात्र भौतिक जीवन से प्रगाढ़ सम्बध रखते हैं। नाट्यकार उन्हीं पात्रों में सत्य, न्याय, नीति, सौन्दर्यानुभूति आदि सद्‌गुणों का क्रमिक विकास दिखाने की चेष्टा करता है। पात्रगण देश, धर्म, जाति, समाज आदि की व्यवस्था के योगक्षेम में कष्ट सहन करते हुए पाठकों और दर्शकों की सहानुभूति प्राप्त कर लेते हैं।

दोनों प्रकार के नाटकों में प्रायः दोनों ही शक्तियों का या तो सहयोग पाया जाता है या द्वन्द्व। तथ्य तो यह है कि दोनों प्रकार की संस्कृतियाँ परस्पर एक-दूसरे पर आधारित हैं। ऐसा प्रतीत होता है कि चतुर्दिक् व्याप्त जगत् की आधिभौतिक शक्तियाँ का उपयोग करते ही मनुष्य की गुप्त आन्तरिक शक्तियाँ विकसित होने लगती हैं। प्रसाद के नाटकों में आध्यात्मिक और आधिभौतिक दोनों शक्तियों के सामंजस्य से मानव की गहनतम नैतिकता विकान्सोन्मुख बनती है। प्रसाद ने एक सिद्धहस्त कलाकार के समान इसी नैतिकता के बल से मानवत्व और देवत्व को एकाकार कर दिया है। यह प्रसाद के नाटकों की बहुत बड़ी विशेषता है।

आलोच्यकाल में कतिपय ऐसे ऐतिहासिक नाटक विरचित हुए, जिनमें आध्यात्मिक शक्ति पर बिना बल दिए ही आधिभौतिक संस्कृति के द्वारा देश-प्रेम की भावना भरने का प्रयास पाया जाता है। यह परम्परा बाबू राधाकृष्णदास के 'महाराणा प्रताप' (संवत् 1955 वि.) तथा 'महारानी पद्‌मिनी' (संवत् 1960 वि.) नामक नाटकों में चली। इस परम्परा के सफल नाट्यकार हैं पं. बद्रीनाथ भट्ट, जिन्होंने इसी पद्धति पर 'चन्द्रगुप्त' (संवत् 1972 वि.) और 'दुर्गावती' (संवत् 1980 वि.) की रचना की। इनके अतिरिक्त किशनचन्द जेवा का 'पद्‌मिनी' (संवत् 1980 वि.), दुर्गाप्रसाद गुप्त का 'महामाया' (संवत् 1981 वि.), कन्हैयालाल का 'वीर छत्रसाल' (संवत् 1982 वि.), आरजू का 'झांसी-पतन' (संवत् 1985 वि.), जगन्नाथ प्रसाद 'मिलिन्द' का 'प्रताप प्रतिज्ञा' (संवत् 1985 वि.), जमुनादास मेहरा का 'पंजाब केसरी' (संवत् 1985 वि.), चतुरसेन शास्त्री का 'उत्सर्ग' (संवत् 1986 वि.), उदयशंकर भट्ट का 'चन्द्रगुप्त मौर्य' (संवत् 1988 वि.) और 'दाहर' (संवत् 1991 वि.), द्वारकाप्रसाद मौर्य का 'हैदरअली' (संवत् 1991 वि.), श्यामकान्त पाठक का 'बुन्देलखण्ड-केसरी' (संवत् 1991 वि.), गोविन्दवल्लभ पन्त का 'राजमुकुट' (संवत् 1992 वि.), परिपूर्णानन्द का 'रानी भवानी' (संवत् 1955 वि.), मिश्रबन्धु का 'शिवाजी' (संवत् 1995 वि.), रूपनारायण पाण्डे का 'पद्‌मिनी' (संवत् 1999 वि.) और 'मारवाड़ गौरव' (संवत् 1999 वि.), राधाकृष्ण का 'भारत छोड़ो' (संवत् 2004 वि.), हरिकृष्ण 'प्रेमी' का 'उद्धार' (संवत् 2006 वि.) आदि नाटक इसी वर्ग में परिगणित किए जा सकते हैं।

मोहनलाल महतो का 'अफ़जल वध' (संवत् 2007 वि.) भी इसी वर्ग में गिना जाएगा।

भारतेन्दु ने हिन्दी नाटकों की कथाभूमि में देशभक्ति के जिस स्वरूप की स्थापना की, वह आज की देशभक्ति से कुछ भिन्न था। वह अपने अतीत के आधार पर आश्रित था और उसमें यह भावना निहित थी कि जिसने भी देश पर आक्रमण किया, वह आततायी है। यह उद्‌बोधन-काल था। इसी समय हिन्दू समाज में स्वामी दयानन्द वैदिक धर्म का शंख फूँक रहे थे, जिसने भारतेन्दु द्वारा प्रेरित तत्कालीन साहित्यकारों को देशभक्ति से और भी ओतप्रोत कर दिया। राजपूतों के ओजस्वी जीवन अभी भी ताज़े थे। इसलिए स्वाभाविक रीति से लेखकों की दृष्टि क्षत्रियोचित ओजस्विता की ओर गई। उनका वीरत्व, उत्सर्ग और असाधारण शौर्य उन्हें ऐसा प्रभावित कर गया कि वही देशभक्ति का आदर्श बन गया। श्री राधाकृष्णदास ने जब 'महाराणा प्रताप' नाटक लिखा तो उनमें भी यही भावनाएँ थीं। उनका अनुकरण अन्य लेखकों ने किया। किन्तु सत्य पूछा जाए तो शुद्ध देशभक्ति की प्रतिष्ठा-भूमि हमें तत्कालीन नाटकों में केवल भारतेन्दु के ही नाटकों में मिलती है। राजपूत यदि अपने राज्यों का मोह छोड़ सकते और सच्ची देशभक्ति से पूर्ण होते तो आज भारत का दूसरा ही इतिहास होता। तथ्य तो यह है कि राणा प्रताप एक पीड़ित हिन्दू थे और लेखक की सामर्थ्य से राणा प्रताप की विपत्तियों को पाठकों ने अपने ऊपर आरोपित किया, अत: वह सारी हिन्दू जाति की विपत्ति समझ ली गई और कष्ट-सहिष्णु राणा प्रताप सारी जाति के प्रतीक मान लिए गए।

प्रेमी जी का 'उद्धार' नाटक इस वर्ग के सर्वोत्तम नाटकों में से है। इस नाटक में हमीर* 'देश को जाति, वंश और सभी सांसारिक वस्तुओं से ऊँचा' समझता है।

प्रेमीजी ने ऐतिहासिक नाटकों के माध्यम से हिन्दू-मुस्लिम ऐक्य पर सबसे अधिक बल दिया। उनके अधिकांश नाटक मध्ययुगीन परिप्रेक्ष्य में लिखे गए हैं। बौद्ध काल से गाँधी युग की भारतीय संस्कृति एवं राष्ट्रीयता को उद्‌भाषित करने वाले सबसे अधिक नाटकों के सर्जक डॉ. रामकुमार वर्मा हैं, इन्होंने सम्पूर्ण भारतीय इतिहास को सांस्कृतिक धुरी पर केन्द्रित किया है।

डॉ. रामकुमार वर्मा (1905)

विगत वर्षों में विरचित ऐतिहासिक नाटकों की संख्या अत्यल्प है। डॉ. रामकुमार वर्मा ने 'जौहर की ज्योति' नामक एक नाटक राजपूतों की वीरता के सम्बन्ध में लिखा। इसमें वीरवर दुर्गादास की वीरता, धैर्य, राष्ट्र-प्रेम को अभिव्यक्त किया गया है। कथा संविधान में कौशल दिखाई पड़ता है, किन्तु संवादों में लम्बे भाषण के कारण कहीं-कहीं शैथिल्य पाया जाता है। राजपूताना की शौर्य-गाथा के आधार पर दूसरा ऐतिहासिक नाटक 'महल और झोपड़ी' लिखा गया, जिसमें पर्ण कुटीर निवासी महाराणा प्रताप के तप-त्याग पर मुग्ध होकर अकबर मेवाड़ से अपनी सेना

---

*'उद्धार', हरिकृष्ण 'प्रेमी', संवत् 2006 वि., पृ. 129।

हटा लेता है। इसमें महेशनंद को एक आदर्श संन्यासी के रूप में दिखाया गया है।

तुलसीदास (1983)

जिन कृतिकारों के मन में बाल्यकाल से ही भारतीय संस्कृति और अवतारों--राम, कृष्ण, बुद्ध, महावीर, ईसा मुहम्मद, शंकर, तुलसी, गाँधी के प्रति श्रद्धाभाव जम गया है, वे अपने पात्रों में जगदासक्ति के स्थान पर अनासक्ति और कामासक्ति की जगह भगवद्-प्रेमासक्ति के बीच की रेखा को पार करने का मार्ग सहज ही ढूँढ़ लेते हैं। जगदीशचन्द्र माथुर, डॉ. रामकुमार वर्मा और गोविन्दवल्लभ पन्त ने मानस चतु:शती के अवसर पर महाकवि तुलसी को श्रद्धासुमन के रूप में 'दशरथ नन्दन', और 'तुलसीदास' नामक नाटक विरचित किए। वे तीनों नाटककार गाँधी-युग से सांस्कृतिक नाटकों की रचना करते आ रहे हैं। 'संत तुलसीदास' नामक नाटक के महत्त्व के विषय में सुमित्रानन्दन पन्त लिखते हैं—'महाकवि संत तुलसीदास के जीवन में जैसा संघर्ष रहा है और उनके कृतित्व ने उनके यश:काय को जिस प्रकार जरा-मरण के भय से मुक्त बनाया है, उन जीवन परिस्थितियों तथा प्रतिभा--चेतना के विकट द्वन्द्व को नाटक के रूप में भावों के गम्भीर उत्थान-पतन तथा कला की मितव्ययिता के साथ प्रस्तुत एवं प्रदर्शित करना साहस का कार्य है।'

डॉ. रामकुमार ने पाँच अंकों में तुलसीदास के जन्म से लेकर मानस की वेणी माधव द्वारा आरती तक की कथा नाटक में समाहित की है। यह नाटक सूकरखेत, बदरिया ग्राम, काशी, चित्रकूट की घटनाओं को आधार बनाकर लिखा गया है। सबसे अधिक प्रयास दूसरे अंक की उस घटना के सर्जन में किया गया है, जब तुलसी अपनी पत्नी रत्ना को छोड़कर साधु बन जाते हैं। बदरिया ग्राम की कथा बड़ी ही मार्मिक है।

तीसरे अंक में रहीम खानखाना और तुलसी के मिलन पर भक्ति-रस-परिपूर्ण रचनाएँ एक-दूसरे को सुनाते हैं। रहीम तुलसीदास को 100 मोहरों की थैली भेंट करते हैं, जिसे गोस्वामीजी उस चोर व्यक्ति को दान करते हैं जो डंडे मारता हुआ उनसे छीनकर शैवों के उकसाने पर 'रामचरितमानस' की प्रति भ्रष्ट करने आया है। वह लज्जित होकर क्षमा-याचना करता है और शैव उपद्रवकारियों को कोसता चला जाता है। इसी प्रकार तापस के रूप में तुलसी की कथा और प्रेतादि के प्रसन्न होकर वरदान की घटनाएँ इन नाटकों में समेट ली गयी हैं।

आधुनिक आलोचकों, विशेषकर डॉ. गिरीश रस्तोगी को आपत्ति है कि डॉ. रामकुमार वर्मा, जैसे अनुभवी प्राचीन परम्परा के नाट्यकार अपने को समसामयिक प्रवृत्तियों से जोड़ क्यों नहीं पाते? वे आधुनिक नाट्य संवेदनाओं को समझने का प्रयत्न क्यों नहीं करते? ये प्रश्न बड़े ही मौलिक हैं। इन पर उपसंहार में विचार किया जाएगा।

तुलसीदास (सन् 1899) : गोविन्दवल्लभ पन्त

आठवें दशक में तुलसी कृत 'रामचरितमानस' की चतु:शताब्दी के अवसर पर लिखे नाटकों में गोविन्दवल्लभ पन्त का 'तुलसीदास' (1974) रंगमंचीय दृष्टि से एक सफल कृति है। नाटक के उद्देश्य के सम्बन्ध में पन्त जी का कथन इस प्रकार है—

''नाटक केवल मनोरंजन का साधन नहीं है। उसका चरम उद्देश्य हमारे भीतर उदात्त भावनाओं को जागृत करना है। जिस प्रकार सीधा उपदेश अपनी मान्यता खो देता है और उदाहरण ही अनुकूल होता है, ऐसे ही नाटक में उपदेशों के व्याख्यान के बदले चरित्र द्वारा कर्म की प्रेरणा देना अधिक सार्थक है। सत्य के आग्रह से हमारे मन में नहीं ठोंका जा सकता। वह मूक करनी से हमारी उपचेतना में अंकित हो हमारा स्वभाव बना देता है।''

महापुरुषों के जीवन पर नाटक लिखना इसलिए कठिन हो जाता है कि अनेक किंवदन्तियाँ न तो बुद्धिगम्य बन पाती हैं और न इतिहास का रूप धारण करती, पर उनमें कुछ-न-कुछ तत्त्व अवश्य होता है। ऐसी नाट्य परिकल्पना के सम्बन्ध में पन्त जी का मत है—

''नाटक इतिहास नहीं है; न ही कल्पना, बिलकुल असम्भव मिथ्या। महापुरुषों के जीवन से अनेक किंवदन्तियाँ सम्बद्ध हो जाती हैं, जो इतिहास से अधिक सच जान पड़ती हैं। ऐसी ही कुछ लोककथाओं के सहारे इस नाटक का कथा भाग बुना गया है। महाकवि के चरित्र को स्पष्ट करने के लिए कुछ नये पात्रों की कल्पना की गई है तथा नाटक की पराकाष्ठा (क्लाइमेक्स) को उभारने के लिए कुछ नई घटनाएँ भी। यदि यह अतिचार समझा जाए तो लेखक को क्षमा प्राप्त हो।''

तुलसीदास की जीवनी पर नाटक लिखने वालों ने प्रेत की कथा, शैवों द्वारा 'रामायण' को गंगा में विसर्जन की घटना, तुलसी की दाहिनी भुजा में भयंकर पीड़ा का होना, प्राय: आधुनिक रूप में दिखाने का प्रयास किया है। पन्त जी ने प्रेत के माध्यम से आज की समस्याओं पर प्रकाश डाला है। आधी रात के समय एक स्तम्भ के रूप में प्रेत अपना परिचय देते हुए कहता है—''मैं इसी बरगद की जड़ में रहने वाला प्रेत हूँ। तुम्हारे तर्पण से तृप्त हो तुम्हारी सहायता करने आया हूँ।''

तुलसीदास अपनी बाहु पीड़ा का वर्णन करते हुए प्रेत से रक्षा न पाने पर निराश होकर जब गंगा में शरण लेने को तैयार हो रहे थे तो प्रेत ने उन्हें समझाया कि ''ध्यान ही प्रत्येक वस्तु की जड़ जमाता है। पीड़ा का ध्यान ही न करो, अच्छे हो जाओगे।'' तुलसीदास प्रसन्न होकर बोले—''जिस पीड़ा को मैंने शत्रु समझा था उसकी रास मेरे हाथों में देकर उसे मेरा मित्र बना दिया।'' प्रेत ने तुलसी को समझाया कि ''मन का विश्वास ही शरीर का स्वास्थ्य है, और विश्वास है तुम्हारे स्वास्थ्य की सतत् जागरूक चेतना।'' इस प्रकार पन्त जी ने आधुनिक पीड़ा के निवारण का मार्ग विश्वास और जागरूक चेतना का अनुसरण करना बताया।

आत्मदीप (1979) : गोविन्दवल्लभ पन्त

असत्य और हिंसा प्रधान इस युग में सत्य और अहिंसा के सन्देशवाहक बुद्ध के जीवन पर आधारित यह नाटक क्यों लिखा गया इसका उत्तर नाटककार स्वयं देते हैं—

"वे वसुन्धरा के सबसे पहले साम्यवाद और समाजवाद के उद्‍बोधक थे। इस जाति सम्प्रदायों के द्रोह, शक्ति-संग्रह के संघर्ष एवं हिंसा के समय में बुद्ध का जीवन सन्देश हमारी परम आवश्यकता है।"

कुछ लोग कहते हैं—बौद्ध-दर्शन दुःख, निराशा और नास्तिकवाद का शास्त्र है। यह कथन सत्य से दूर है। बौद्ध-दर्शन प्रज्ञा की प्राप्ति है। उसके मिल जाने पर सारे क्लेशों से मुक्त हो जाते हैं। बौद्ध-दर्शन मध्य मार्ग की वृत्ति है। उसमें न तो वामाचार का अन्धकार है, न दक्षिणाचार का अन्धकार। वह प्रकाश-सन्धि है। वह दोनों ध्रुवों का संकलन है। उसकी दृष्टि में जगत् निस्सारता के साथ ही साथ विशुद्ध सत्य भी है। बुद्ध का सन्देश सारे राष्ट्र को वैराग्य से निष्क्रिय तथा उदासीन बना देना नहीं है। मध्य-मार्ग स्थित व्यक्ति जीवन और जगत् को सर्वथा मिथ्या नहीं मानता, न इसमें विशुद्ध सत्य को ही देखता है।

बौद्ध धर्म को शून्य नदी कहना उचित नहीं। शून्य, अशून्य की भावना करने पर ही स्थिर होता है। इससे विकल्प की उत्पत्ति होती है। दोनों का समन्वय ही बोधिचित् या वज्र सत्व बुद्ध है। यही प्रज्ञा-पारमिता और अन्तश्चक्षु का उद्‍घाटन है। जहाँ जहान को नश्वर समझा जायेगा, उसके साथ ही उसे सत्य और शाश्वत् समझने से मनुष्य अक्रियावादी नहीं, परम कर्मयोगी बना रहेगा।

बौद्ध धर्म वास्तविकता में कोई धर्म नहीं है। वह मन के विकास के लिए एक अभ्यास है। उसका कोई देवता ईश्वर नहीं, तंत्र प्रज्ञा नहीं, जयभास नहीं, विधि-विधान नहीं, उसका स्मृति-उपस्थान चित्त पर अधिकार करने का मनोवैज्ञानिक उपाय है। बुद्ध का योग मुख्यतः ध्यान-योग है। चित्त ही संसार है, चित्त, वृत्ति की एकता से ही शक्तिवान बनता है। उसमें जितने अधिकार-विकार होंगे, उतना ही वह चंचल होकर बलहीन हो जाएगा। विकारों से उसे रिक्त करना ही चरम उद्देश्य है।

द्वितीय विश्व युद्ध के पश्चात् जैन-धर्म ने यूरोप और अमेरिका में बड़ा प्रचार पाया है। जैन-धर्म का उद्‍भव बौद्ध-दर्शन से ही हुआ है। बौद्ध धर्म नामक भिक्षु ने छठी-शती ईस्वी में चीन जाकर इस ध्यान योग का प्रचार किया था।

चीन में ध्यान का रूप 'चान' हो गया और वहाँ से जापान में फैलते-फैलते यह 'जैन' हो गया।

राजनीति और धर्म की एकता हो न हो, पर कला और धर्म का अटूट सम्बन्ध है। कलाओं में नाट्यकला सर्वोपरि है। संस्कृत में काव्य को ही रम्य कहा गया है। यूनान के निवासियों ने इस कला को ईसा से पूर्व की शतियों में चरमोत्कर्ष दिया था। उनका भी यही कथन था। कला की सर्वोच्च और सुन्दरतम अभिव्यक्ति का नाम नाटक है। रूप, रंग, स्वर, भाव-भंगिमा और गतिमय लालित्य के सहकार का नाम नाटक है। सच्चे नाटक को धर्म-अर्थ का साधक माना गया है। वह दुर्विनीतों

को विनय, कायरों को वीरत्व, शूरों को उत्साह, अज्ञानियों को ज्ञान और दु:खान्तों को सुख देने वाला कहा गया।

दिल्ली के बनारसी कृष्णा के थियेटर में जिसे आज मोती सिनेमा कहते हैं, 22 जनवरी, 1929 को 'बुद्ध देव' नामक नाटक का हकीम अजमल खाँ ने उद्‌घाटन किया। लोगों ने उस नाटक के सैकड़ों अभिनय देखकर बुद्ध के कथानक को आत्मसात किया। इसका नायक बुद्धदेव आत्मज्ञान से ही प्रकाशित है, इसीलिए इसका नाम 'आत्मदीप' रखा है।

जनश्रुति इतिहास के तत्त्वों में पौराणिक रंग चढ़ा देती है और कोटि-कोटि जनता के आडम्बर-विहीन मन को अनुरंजन और उपदेश देती हुई काल की स्पर्धा में घटती-बढ़ती रहती है। इतिहास में 'शीलवती' का स्थान 'आम्रपाली' से कुछ कम नहीं, पर वह उसके पृष्ठों में अज्ञात और अश्रुत होकर पड़ी थी। लेखक ने इस नाटक में उसे प्रकाशित किया है, उसे कल्पना का विस्तार देकर जो संघर्ष उत्पन्न किया है, आशा है वह उसकी अनुज्ञप्ति मानी जाएगी।

नाट्‌यकार ने अपनी कृति की प्रासंगिकता के सम्बन्ध में उक्त उद्‌गार प्रकट किए हैं। इससे जान पड़ता है कि प्राचीन पीढ़ी के नाट्‌यकार विसंगति नाटकों के इस युग में अपने स्थान पर अटल खड़े होकर देश और विश्व को वर्तमान अन्धकार से उबरने के लिए मानो दीपक दिखा रहे हैं।

ऐतिहासिक नाट्‌य-शृंखला (थीसिस नाटक)

प्रसाद-युग की शोधपूर्ण ऐतिहासिक नाट्‌य-शृंखला स्वतन्त्र भारत में विसंगत नाट्‌यकारों के हाथों से बार-बार झटके खाकर टूटती रही। विजय तेन्दुलकर ने तो इतिहास प्रसिद्ध राजनीतिक नेता पेशवा के जीवन को बिना किसी ऐतिहासिक प्रमाण के इतना तोड़-मरोड़ डाला कि उसे ऐतिहासिक नाटकों में परिगणित किया ही नहीं जा सकता। नवां दशाब्द आते-आते विष्णु प्रभाकर ने अपने प्राचीन नाटक 'समाधि' (सन् 1952) को बड़े श्रम से समसामयिकता से जोड़ते हुए नया रूप दिया। आठ पृष्ठों की शोधपूर्ण भूमिका से गुप्तकालीन इतिहास की कई गुत्थियाँ सुलझ जाती हैं। इस प्रकार प्रसाद युग के उपरान्त ऐतिहासिक नाटकों की टूटी हुई शृंखला पुन: जुड़ती दिखाई पड़ रही है। इस क्षेत्र में डॉ. रामकुमार वर्मा का 'सम्राट कनिष्क' (1978) और 'सन्त तुलसीदास', नवीन संस्करण (1983), विष्णु प्रभाकर जी का 'गान्धार की भिक्षुणी' (1983) इन्हीं तीनों नाटकों के आधार पर नए ऐतिहासिक नाटकों की प्रवृत्ति का विवेचन किया जाएगा। पहले डॉ. वर्मा के 'सम्राट कनिष्क' और 'सन्त तुलसीदास' नाटकों का विवेचन करना उचित होगा।

सम्राट कनिष्क (1978)

आठ पृष्ठ की लम्बी भूमिका (परिवेश) में डॉ. वर्मा ने डॉ. फ्लीट, भंडारकर, मजुमदार आदि इतिहास लेखकों, सूत्रालंकार, संयुक्त रत्न पिटक आदि धर्मग्रन्थों,

उत्कीर्ण अभिलेखों, चीनी यात्रियों, अश्वघोष, यात्रिचेता, नागार्जुन, आचार्य चरक के ग्रंथों तथा जन-श्रुतियों का प्रमाण देते हुए कथावस्तु का सर्जन किया है। इस शोधपूर्ण ऐतिहासिक नाटक का उद्देश्य बताते हुए वे लिखते हैं—

'शताब्दियों से कनिष्क का सर्वांगीण वृत्त अप्राप्त है और उसके शासन की ऐतिहासिक वास्तविकता का परिचय धूमिल है। कनिष्क की मथुरा में स्थित मूर्ति अपने समय की उत्कृष्ट भावपूर्ण और सशक्त प्रतिकृति है। मस्तक रहित होते हुए भी यह मूर्ति अधिशासी विजेता की मूलभूत प्रतिकृति समझी जा सकती है; जिसमें दृप्त ओज, अप्रशयित चुनौती और अति विशाल आयुध है।'

स्त्री पात्र-रहित इस नाटक में विजयी सम्राट कनिष्क को भारत के योग्य शासक बनने के लिए आचार्य चरक जीवन में त्याग, निरभिमानता और भोग विरक्ति की आवश्यकता का सन्देश देते हुए कहते हैं—"त्याग में जो ऐश्वर्य है सम्राट! वह भोग में नहीं। अन्तःपुर के विलास में पड़ा हुआ नरेश जीवन में ऐश्वर्यशाली नहीं हो सकता।" इसी प्रकार अश्वघोष कनिष्क से कहते हैं—"सम्राट, पाटलिपुत्र के हृदय में क्रन्दन और आक्रोश है। उसे आपकी दया, उदारता, प्रेम की आवश्यकता है।"

('सम्राट कनिष्क'—पृष्ठ-62)

जब चरक के प्रयास से कनिष्क का मृतप्राय पुत्र जीवित हो उठता है तो कनिष्क अपनी क्रूरता छोड़कर धर्म की राजनीति पालन करने लगता है और राजा प्रजा में कोई अन्तर नहीं करता। डॉ. वर्मा इस नाटक के द्वारा आज के विलासी, निर्दय, स्वार्थी शासकों को कनिष्क की तरह संयमी, प्रजावत्सल, उदार बनाना चाहते हैं; यही इसकी समसामयिकता है। यह लघु नाटक अभिनय, रोचक और उत्साहवर्धक होने के कारण ऐतिहासिक नाटकों में शुमार है। भाषा में काव्यमयता डॉ. वर्मा की अपनी विशेषता है, पर आज रंगमंच पर यह भाषा सामान्य दर्शकों को शायद रुचिकर प्रतीत न हो इसी कारण युवा आलोचक इसमें समसामयिकता का अभाव देखता है और डॉ. वर्मा पर युग प्रवृत्ति से अनभिज्ञ होने का दोष लगाता है।

डॉ. वर्मा का दूसरा ऐतिहासिक नाटक 'सन्त तुलसीदास' (नवीन संस्करण 1983) अभी प्रकाशित हुआ है। इसमें कुत्ते से छीना-झपटी कर रोटी का टुकड़ा खाने वाले अभिभावक-परित्यक्त भिखारी रामबोला की राजा सम्राट द्वारा परिपूजित सन्त बनने की प्रक्रिया दिखाई गई है। पत्नी रत्ना का निर्मल चरित्र, सखियों का परिहास तुलसीदास का दृढ़ पत्नी प्रेम, राम में तुलसी की निष्ठा, नरहरिदास की कृपा, हुसैनी जुलाहा की 'राम खुदा' मंत्र जाप से रोग-निवारण, आततायी पीड़क डाकू पर भी तुलसी की अनुकम्पा, रहीम, गंगाराम, वेणीमाधव के ऐतिहासिक प्रसंगों के अन्त में 'रामायण' की आरती के साथ नाटक समाप्त होता है, पर पत्नी रत्ना की दिव्य मूर्ति परोक्ष रूप से सदा विद्यमान रहती है। 'पन्त' जी ने रत्ना के चरित्र की सराहना की है।

नवीं दशाब्दी का प्रारम्भ एक बहुत ही महत्त्वपूर्ण कृति—'गान्धार की भिक्षुणी' (सन् 1983) से हुआ है—इसके रचयिता प्रसिद्ध नाट्यकार विष्णु प्रभाकर हैं। विष्णु

जी की तीस वर्षों की दीर्घ कालीन साधना 'गान्धार की भिक्षुणी' के रूप में मानो सिद्धि बनकर सामने आई है। स्वतन्त्र भारत की सारी राजनैतिक-सामाजिक विषमताएँ मिहिरकुल के अत्याचार के माध्यम से अपने नग्न रूप में प्रकट हो गई हैं। हूण जाति की भारतीयकरण-योजना मिहिरकुल की दुष्प्रवृत्ति और दुर्नीति से गाँधी के रामराज्य की तरह कार्यान्वियन से पूर्व ही ढह जाती है। तूरमाण के उपरान्त भारत की जो दशा मिहिरकुल के राज्य में हुई, उसी का चित्र खींचते हुए आधुनिक भारत के राजनैतिक और सामाजिक चक्रव्यूह से निकलने का विष्णु जी ने बड़े मार्मिक ढंग से संकेत किया है। मिहिरकुल के दुश्चरित्र, अदूरदर्शी, दुरभिमानी स्वार्थान्ध, विलासी चरित्र के माध्यम से आज के गणतंत्र संचालकों की स्वेच्छाचारिता दिखाने का नाटक में प्रयास किया गया है। इसमें निम्नलिखित प्रश्न उठाए गए हैं—

1. दुर्बल मालव महाराज की तरह शासक जब जन-शक्ति से अधिक सम्मान विदेशी शक्ति को देने लगता है तो देश की क्या दुर्दशा होती है?
2. दुर्वृत्त-दुश्चरित्र शासकों की भोग-लिप्सा से जब आनन्दी जैसी सच्चरित्रा भिक्षुणी का बलात् सतीत्व नष्ट हो तो नारी-जाति की रक्षा कैसे सम्भव हो?
3. देश जनशक्ति-संगठन के अभाव में स्वेच्छाचारी शासक वर्ग से दिन-प्रतिदिन क्षीण से क्षीणतर होता जाए तो देश-रक्षा का क्या उपाय है?
4. शत्रुओं से मुक्त होने पर देश को स्वार्थान्धों और पदलोलुपों के हाथों से कैसे बचाया जाए?
5. युद्ध क्षेत्र में बलिदान पर तुली शूरवीर नारियों के सतीत्व की रक्षा का क्या उपाय है?
6. विदेशी जाति को भारतीय संस्कृति में सुसंस्कृत करने का क्या तरीका अपनाया जाए?

इन समस्याओं के समाधान का संकेत अन्त में दिया जा रहा है। इससे पूर्व कृति की अन्तरंग मंचीयता के सम्बन्ध में सोचना चाहता हूँ।

भारतेन्दु-युग से ही नाट्य रचना सम्बन्धी यह धारणा दृढ़ होती जा रही है कि नाट्य-लेखन किसी-न-किसी प्रकार की ऐसी रंगशाला को ध्यान में रखकर तैयार किया जाता है, जिस पर प्रदर्शन के उद्देश्य से नाट्यकार लिख रहा है। अत: रचना-प्रक्रिया और मंचन-पद्धति को एक-दूसरे से हाथ मिलाकर चहना ही होगा। जहाँ दोनों एक-दूसरे से मिल नहीं पाते वहाँ कुशल रंग-निर्देशक अपने ढंग से रचना को तोड़-मरोड़ कर प्रस्तुत करने को बाध्य होता है, क्योंकि उसे तो नाट्यकार की अपेक्षा नाट्य-दर्शक को सन्तुष्ट करना अधिक आवश्यक है। दर्शक अपनी वर्तमान जीवन-समस्याओं से प्रदर्शन को जुड़ा देखना चाहता है। उसे न तो नाट्यकार की परवाह है और न नाट्य-निर्देशक का लिहाज़, वह तो अपने टिकट की सार्थकता चाहता है। वह चाहे नृत्य-गीत द्वारा मनोविनोद से मिले या समस्या-समाधान के लिए विचारों से प्राप्त हो। वह केवल देश, समाज, परिवार में प्रतिदिन घटित होने

वाली विभीषिकाओं को देखने ही नहीं जाता वरन् अपनी भूल-भुलैया के कारणों और उलझनों को समझना भी चाहता है। देश में चारों ओर मची धाँधलेबाज़ी से वह स्वयं और अपने परिवार को बचाने का उपाय ढूँढ़ने आता है और भी अधिक उसमें उलझना नहीं चाहता। वह नाटक की पुस्तक में समाधान खोजने से असन्तुष्ट होकर नाट्य-निर्देशक के पास आता है कि रंगमंच के प्रकाश में शायद उसे मन की उलझनों से निकलने का कोई मार्ग मिल जाए। अत: आज ध्यान न तो कृति की साहित्यिक रमणीयता पर देना आवश्यक है न किसी जीवन-दर्शन या ऐतिहासिकता की रक्षा पर, मूल रूप से देखना यह है कि कोई रचना या मंचन पद्धति हमारी मानसिकता को किधर प्रेरित कर रही है? क्या उस दिशा में जाने से समस्या को समझने या सुलझाने की शक्ति मिल रही है? या केवल नैराश्य या आत्महत्या के लिए मन प्रेरित किया जा रहा है? इसीलिए अब माडर्न इतिहासकार का एक ही इरादा रहता है, जैसा प्रो. एस.एल. स्टेयन (S.L. Styan) कहते हैं—

"The intention is to trace some of the interaction between play-writer and performing artist (all who are involved in production; actors, directors, lighting and scenic designers and the subject of the study is the bearing of theory on practice, and of practice on theory."

वह (इतिहास लेखक) नाट्यकार और नाट्यकर्मी (अभिनेता, निर्देशक, प्रकाश और दृश्य साज-सज्जा संयोजक) की पारस्परिक क्रिया-प्रतिक्रिया एवं नाट्य सिद्धान्त और उसके रंगमंचीय प्रयोग को आधार बनाकर किसी देश की नाट्य प्रगति का इतिहास प्रस्तुत करे।''

नाट्य-सिद्धान्त अब कथार्सिस, रस स्थायी भाव, पंच, संधि, अर्थ प्रकृति, कार्यावस्था-क्लाइमेक्स या डिनाउमेंट आदि प्राचीन मान्यताओं पर आश्रित नहीं है। वह तो जीवन की वर्तमान परिस्थिति में पूर्व मान्यताओं को प्रगति विरोधी मानकर नया जीवन मूल्य स्थापित करने को आतुर है।

विष्णु जी ने इस नई मनोवृत्ति को ध्यान में रखकर आज की समस्याओं पर निम्नलिखित रूप में प्रकाश डाला है—

1. वर्तमान जीवन की उलझन का मूल कारण गणतंत्र और प्रजातंत्र की भ्रष्ट शासन-पद्धति है। जब शासक वर्ग और सत्ताधारी देशहित की उपेक्षा करते हुए अपनी और अपनी सन्तान की स्वार्थपरतावश धर्म और नीति के नियमों को ठुकराने लगता है तो देश शत्रुओं से पद्दलित होकर प्रजा-क्रन्दन का केन्द्र बन जाता है। इससे छुटकारे का एकमात्र उपाय है कि जनशक्ति को ऐसा प्रबल कर दें कि योग्य व्यक्ति ही जनेन्द्र या सत्ताधारी बन सके और वंश परम्परागत स्वत्व राज्याधिकार का निर्णायक न बन सके।
2. नारी जाति पर होने वाले बलात्कार से मुक्ति केवल संगठन-शक्ति और नारी-शौर्य के द्वारा सम्भव है। जब स्त्री जाति आततायी से जूझने की शक्ति संगठित कर लेती है तभी देश का उद्धार सम्भव है।

3. साहित्य कला, संगीत और नाटक जब देशप्रेमी, वसुमित्र और भारती जैसे कलाकारों का जीवन-धर्म बन जाता है तभी देश और समाज आधुनिक उलझनों को सुलझा पाता है, अर्थात् जब यशोधर्मन, नरवर्धन, कीर्ति वर्मा और देशप्रेमी योद्धा आनन्दी जैसी तलवार की धनी युवतियाँ युद्ध-क्षेत्र में कूद पड़ती हैं तो कोई विदेशी सत्ता इस देश को अपने अधीन कर नहीं सकती।
4. जब वसुमित्र जैसा साहित्यकार एक हाथ में शस्त्र और दूसरे में शास्त्र लेकर चल पड़ता है और भारती जैसी देशप्रेमी नाट्य-निर्देशिका गाँव-गाँव घूमकर त्याग-तपस्या और राष्ट्र-प्रेम का नाटक दिखलाती हैं तो जन-शक्ति विदेशी-स्वदेशी अत्याचारियों का मुकाबला करने को स्वतः संगठित हो जाती है। जब माँ जैसी अनुभवी, सूझ-बूझ वाली स्त्रियाँ अपने प्राणों को संकट में डालकर देश-रक्षकों की रक्षा-सुविधा को आतुर हो उठती हैं तो कोई भी विदेशी शक्ति भारतीय योद्धाओं को पराजित नहीं कर सकती।
5. यदि आपत्ति में कोई विदेशी अधिकृत भारतीय नारी का बलात् शील अपहरण कर लेता है तो भ्रूणहत्या और आत्महत्या के द्वारा नारी-जाति की रक्षा नहीं हो पाएगी। उसे तो प्राचीन सामाजिक मान्यताओं से विद्रोह करके उदर स्थित शिशु का पालन करते हुए शत्रु से पूरा प्रतिशोध लेना ही होगा। विष्णु जी ने 'गांधार की भिक्षुणी' (आनन्दी) में आधुनिक युग के अनुरूप आदर्श रूप निर्मित किया है। प्रसाद की नारी पात्र मालविका की तरह वह देश-रक्षक यशोधर्मन की रक्षा में स्वतः शत्रु का प्रहार सहकर प्राण दे देती है और अपने जारज पुत्र को देशहित के लिए यशोधर्मन को सौंप देती है। इस नाटक में जनेन्द्र यशोधर्मन इस कठोर शर्त पर शासन-सूत्र ग्रहण करना स्वीकार करते हैं कि उनका कोई वंशज राजपद का अधिकारी कभी न बनाया जाए। इस प्रकार विष्णु जी ने आज की सभी राजनैतिक, सामाजिक, धार्मिक और आर्थिक समस्याओं के समाधान की ओर संकेत किया है। 'चन्द्रगुप्त', 'स्कंदगुप्त' और 'कोणार्क' की ऐतिहासिक नाट्य-परम्परा को नया मोड़ देकर सांस्कृतिक विकास के लिए मिहिरकुल कन्या शहजादी का आदर्श चरित्र निर्मित किया जो प्रसाद की कार्नेलिया, डी.एल. राय के हेलन की तरह हूण और भारतीय संस्कृति के सम्मिलन में पिता का विरोध करके सफल होती है।

अन्तर्राष्ट्रीय दृष्टि से देखें तो यह नाटक एन्टीयान और ब्रेख्त के गुड ओमेन ऑफ़ चाइना से आगे जाकर प्रगति के पथ पर एक कदम और बढ़ गया है। रंगमंचीय दृष्टि से टोटल थियेटर की विशेषताएँ और भारतीय चिन्तन के सम्मिलन से यह नाटक सब प्रकार से सफल दिखाई पड़ता है। बोलचाल की भाषा में साहित्यिक रस उमड़ पड़ता है।

बाह्य प्रभाव

अपनी आत्मकथा में वह स्वयं लिखते हैं—"मैं शरत्चन्द्र, रवीन्द्रनाथ, टॉलस्टॉय, गोर्की, वेकेट, ब्रेख्त, ओ'नील से प्रभावित रहा हूँ। सारी विसंगतियों के बावजूद मेरी

मनुष्य में आस्था है। मेरा समाजवाद और कुछ नहीं, उदात्त मानवता की खोज का दूसरा नाम है। मेरे लिए साहित्य समाज का दर्पण नहीं, वह समाज को समझने-पहचानने की दृष्टि है। मेरे लिए सत्य शाश्वत् नहीं है, सत्य की तलाश शाश्वत् है।'' गाँधीवाद का समर्थक यह नाट्यकार भारतीयता के आलोक में अन्तर्राष्ट्रीय प्रभावों को आत्मसात करने का सदा प्रयास करता रहा, यही इनकी सबसे बड़ी विशेषता है। ऐतिहासिक नाटकों के विकास के साथ-साथ सामाजिक नाटकों की प्रगति पर दृष्टि डाल लेनी चाहिए। इस प्रजातंत्र-युग में सामाजिक चेतना ही देश के उत्थान या पतन का मूल कारण बनती है। जैसा समाज होगा वैसे ही सामाजिक, राजनैतिक, प्रशासनिक प्रतिनिधि चुने जाएँगे। भ्रष्टाचारी समाज का प्रतिनिधि ईमानदार हो ही नहीं सकता। अत: शासन को भ्रष्टाचार से बचाने के लिए स्वस्थ समाज का निर्माण अनिवार्य है। कोटा-परमिट, लाइसेंस का भूखा समाज भ्रष्टाचारी ही प्रतिनिधि चुनेगा। इसीलिए गाँधी जी ने कहा—''कोटा, परमिट से राशन परम्परा मत चलाओ। देश भ्रष्ट हो जाएगा, देश मर जाएगा।''

'सामाजिक नाटक' की नई दिशा

पिछले दशक में नाट्यकारों ने सबसे अधिक शक्ति आज की सामाजिक समस्याओं को नवीन शिल्प के साथ प्रदर्शित करने में लगाई। उनके सामने समाजवाद का नया सिद्धान्त था। कार्ल मार्क्स का समाज-शास्त्रीय सिद्धान्त है—सामाजिक, राजनीतिक तथा आध्यात्मिक जीवन की व्यवस्था आर्थिक जीवन पर ही आश्रित है, अर्थात् जीवन-निर्वाह के साधनों एवं धन-वितरण की विधियों पर ही सामाजिक उन्नति निर्भर होती है। समाज के सभी सूत्रों का संचालन आर्थिक सूत्र ही करता है। इसी पर न्याय, धर्म, शासन व्यवस्था, शिक्षा, उद्योग, व्यवसाय निर्भर रहते हैं—आर्थिक परिस्थितियों के बदलते ही इन सबका रूप स्वयं बदल जाता है। इस नये समाजशास्त्रीय सिद्धान्त ने सारे यूरोप में क्रान्ति पैदा कर दी। हिन्दी नाटकों पर सन् 1936 से ही सामान्य रूप से इस क्रान्ति का प्रभाव पड़ने लगा था पर सन् 1962 में चीन से पराजित होने पर इस देश के बुद्धिवादियों की दृष्टि विशेष रूप से इस सिद्धान्त की ओर गई और कई नाटक जैसे—'पैसा परमेश्वर', 'पैसा बोलता है', 'पैसा खा गया है' आदि सामाजिक नाटक लिखे जाने लगे। धीरे-धीरे अर्थ के साथ काम से उत्पन्न जटिल समस्यायें भी नाटकों में जुड़ने लगीं और यौन-भ्रष्टाचार का मूल कारण आर्थिक अभाव सिद्ध किया जाने लगा। सन् 1969 के उपरान्त नाटकों में विविध प्रकार के यौन सम्बन्धों की चर्चा बड़े ज़ोर से चलने लगी। मोहन राकेश के नाटक 'आधे-अधूरे' में पारिवारिक विशृंखलता का कारण अर्थजन्य काम सिद्ध किया गया। तब से लगातार सामाजिक नाटकों में सत्ताधारियों एवं धनियों की उच्छृंखल यौन विलासिता का नग्न नृत्य दिखाया जाने लगा। जीविका निर्वाह के साधन धनहीनों को खरीदने के लिए कौमार्य एवं सतीत्व बेचने की व्यवस्था दोष रहित मानी जाने

लगी। विजय तेन्दुलकर के प्राय: सभी नाटक इसी कोटि में आते हैं। हिन्दी के भी अधिकांश नाटकों में ऐसी ही घटना, ऐसी ही स्थितियाँ पाई जाती हैं। यहाँ तक कि न्यायालय, शिक्षालय, देवालय आदि भी इस पापाचरण में लिप्त दिखाई पड़ते हैं।

अब कुछ नाट्यकारों का ध्यान इस विसंगति नाटकों के दुष्परिणाम की ओर भी आकृष्ट हुआ है। अत: अब यह प्रश्न उठने लगा है कि ये नाटक स्वतन्त्र भारत की सामाजिक स्थिति को उन्नत बनाने में साधक बन रहे हैं अथवा बाधक। इस विषय में समाजशास्त्री जान मार्ले के इस सिद्धान्त का हमारे नाट्यकारों पर सबसे अधिक प्रभाव पड़ा है—''उन्नति के विषय में निश्चयात्मक धारणा रखना मूढ़ विचार है—एक अन्धविश्वास है। ऐसी भावना से व्यक्ति और समाज दोनों को ही बड़ी क्षति होती है। हमारा पराक्रम शिथिल हो जाता है और हम अपने उत्तरदायित्व को भूल जाते हैं। समाजशास्त्र की दृष्टि में उन्नति न तो किसी ऊपरी देव अथवा ईश्वर पर आश्रित है और न उसकी स्थिरता का ही कोई निश्चय है। व्यक्ति और समाज दोनों के लिए आवश्यक है कि उत्कट और अनवरत परिश्रम करते रहें।''

('नागरी प्रचारिणी' पत्रिका भाग 10, अंक 2)

स्वतन्त्रता से पूर्व विरचित सामाजिक नाटकों में यदि अनीश्वरवाद था तो अनवरत परिश्रम और प्रयत्न का भी सन्देश था, किन्तु सन् 1950-60 के उपरान्त अनीश्वरवाद के साथ-साथ प्रयत्नवाद भी तिरोहित होने लगा। स्वतन्त्रता और स्वच्छन्दता के भेद को भुला दिया गया। मुक्त स्वच्छन्द यौनाचार समाज को अवनति की ओर ले जाते हैं और आत्म-संयम, नियमित आहार-विहार, राष्ट्र-प्रेम और त्याग से समाज ऊँचा उठता है। सन् 1979 से पड़ोसी देश विध्वंसकारी अस्त्र संचय करने लग गए हैं, तब से नाट्यकारों का ध्यान राष्ट्र प्रेम, त्याग और संयम की ओर जाने लगा है। अब टेलीविज़न और रंगमंच पर कभी-कभी राष्ट्र को उत्थान की ओर ले जाने वाले नाटकों को भी प्रश्रय मिलने लगा है। सन् 80 और 81 में इस प्रकार के नाटक अधिक जनप्रिय बनने लगे हैं। पर अभी तक उस अस्तित्ववादी यथार्थ वाले नाटक के प्रभाव मिलते हैं, जिनका प्रसार सन् 50 के उपरान्त होने लगा।

इसका एक कारण सस्ती रंगमंचप्रियता भी है। रंगमंचों पर विदेशी नाट्य-कम्पनियाँ खुला मैथुन दिखाने लगीं। अत: स्वतन्त्रता के उपरान्त नाटक की समीक्षा में उसके साहित्यिक-पक्ष की अपेक्षा रंगमंचीय नाट्य दृष्टि पर अधिक बल दिया गया। इस शताब्दी के उत्तरार्द्ध में हमारे जीवन-मूल्य बड़ी तेज़ी से बदलने लगे। परतन्त्र भारत की जीवन-अनुभूति स्वतन्त्र भारत से सर्वथा भिन्न थी। उस समय साफल्य का मापदण्ड राष्ट्र के लिए त्याग और तपस्या से निर्मित हुआ था। स्वतन्त्रता के उपरान्त ऊँचा पद, विशाल अट्टालिका, प्रचुर धन, शान-शौकत का वैभवमय जीवन सफलता का मापदण्ड हो गया। उपेन्द्रनाथ अश्क, डॉ. रामकुमार वर्मा और जगदीशचन्द्र माथुर ने इस परिवर्तन को समझकर नई नाट्य दृष्टि हिन्दी जगत् को प्रथम प्रदान की। बदलते परिवेश में मानव के पारस्परिक सम्बन्धों में भी बदलाव

आया। 'अंजो दीदी', 'कैद और उड़ान', 'रीढ़ की हड्डी', 'कोणार्क' प्राचीन मान्यताओं और पुरुष-स्त्री के सम्बन्धों, वैवाहिक समस्याओं को परम्परा-विरोधी नई दृष्टि से देखा गया। नाटक की आन्तरिक शक्ति को रंगमंचीय आवश्यकताओं के साथ जोड़ दिया गया। नाट्यशास्त्रीय प्राचीन नियमों को यंत्रवत् मान कर त्याग दिया गया। तत्कालीन समाज का यथार्थ चित्रण नाटक में अनिवार्य हो गया। राष्ट्र प्रेम के स्थान पर सुशिक्षित नारी की स्वतन्त्रता को नाटक के मूल में रखा गया। अन्तर्द्वन्द्व, कुंठा, निराशा, संशय, धर्म निरपेक्षता, समसामयिकता, आधुनिक संवेदना, व्यक्तिवाद नाटक के प्रमुख वर्ण्य विषय बन गए। हास्य, व्यंग्य, लाक्षणिक प्रयोग, काव्यात्मकता, संगीत को गौण स्थान मिलने लगा। घटना-विकास के स्थान पर नाट्य-स्थितियों का क्रमिक विकास ही नाट्य कला का प्रमुख अंग बन गया। बोलचाल की सामान्य भाषा के माध्यम से सामाजिक, धार्मिक, राजनैतिक, आर्थिक समस्याओं पर विवाद आधुनिकता का प्रमाण बन गया। नैतिकता, दार्शनिकता, सामाजिकता और मनोविज्ञान से धीरे-धीरे नाता तोड़ते हुए नाटक ऐसा व्यक्तिवादी बन गया जिसमें आन्तरिक संघर्ष, समाज से विद्रोह, सूक्ष्म चिन्तन, जीवन की गहनता, कल्पना में यथार्थ की खोज आदि वर्ण्य विषय बन गए। चौंकानेवाली, विस्मय उत्पन्न करने वाली, हृदय पर चोट पहुँचाने वाली घटनाएँ नाटकोपयोगी बन गईं।

यूरोप अमेरिका से चौंकाने वाले नाटकों का क्रम इस देश में आया। स्नायु स्तम्भित नाटक लिखना आधुनिकता का लक्षण बन गया। विजय तेन्दूलकर इसमें माहिर माने गए। 'खामोश अदालत जारी है', 'घासीराम कोतवाल', 'सखाराम बाइंडर' सेक्स प्रधान और स्यानु स्तम्भित सिद्ध हुए। इनमें से सेक्स, हिंसा, आत्महत्या प्रधान है।

स्नायु स्तम्भी नाटक

सन्' 50 के उपरान्त ऐसे नाटकों को मान्यता मिली जिन्हें पश्चिम में कँपा देने वाले 'सॉक्स टू दी नर्व्स' माना जाता था। श्री जॉन वारवेर ने नवें दशक के नाटकों की नवीन प्रवृत्ति पर विचार करते हुए लन्दन में कहा कि ''जिन नाटकों के प्रदर्शन में पहले भीड़ लगा करती थी, उन्हें देखने अब कोई भी नहीं जाता, क्योंकि दिल दहलाने वाले, चौंकाने वाली, अनसुनी, अनहोनी घटनाओं को प्रदर्शित करने वाले 'सॉक्स टू दी नर्व्स' नाटक कला की दृष्टि से निम्नकोटि के समझे जा रहे हैं। कारण यह है कि—"It deals largely in the meretricious injection of thrills in emotionalism, cheap curiosity and surprise." ('Daily Telegraph', London, May 1983)

अर्थात् 'जो नाटक वेश्यावृत्ति या आत्महत्या के इंजेक्शन से रोमांस का भावावेश, घटिया ढंग की उत्सुकता और हीन कोटि की आकस्मिता को प्रोत्साहन देते हैं वे निम्न कोटि के माने जा रहे हैं।'

यूरोप और अमेरिका में स्नायु स्तम्भित नाटक वेकेट और ओ'नील की देन हैं। दोनों ने ईसाई धर्म के प्योरिटिनिज्म (विशुद्धिवाद) को ढकोसला मानकर दु:खी,

उच्छृंखल जीवन से मुक्ति का एकमात्र मार्ग आत्महत्या को माना। ओ'नील मानव जीवन को अस्तित्व की निस्सारता (Existentialist Nothingness) मानकर दुख से छुटकारे के लिए आत्महत्या को मृत्यु का प्रकाश (Vision of Death) मानता है, उसका उद्‌घोष है कि कालुष्य से धर्म द्वारा विशुद्धि हो ही नहीं सकती, क्योंकि यही मैनन (Mannon) का शाप है। वह आजीवन मृत्यु की छाया में नाचता रहा। वह कहता है—"आत्महत्या से मौत लाना ही अन्तिम लक्ष्य है, यही जीवन का अन्तिम परिणाम है।"-"Death is an end, death is absolutely conclusive, not a passage to another world." (Myth and Modern American Drama by Prof. Thomas E. Porter, page 51)

अर्थात् "मृत्यु मानव जीवन की परिसमाप्ति है, पुनर्जन्म का रास्ता नहीं।" इसकी आलोचना करते हुए प्रो. मेनेकेन कहते हैं—"Efforts to combat immorality with the weapons designed for crime."

(Letters of H.L. Mencken, New York, 1961)

"अपराध निर्माणकारी यंत्रों से भ्रष्टाचरण का निवारण कैसे सम्भव है?"

अतः यूरोप और अमेरिका में अब स्नायु स्तम्भी नाटक अपना आकर्षण खो चुके हैं।

नवम् दशक के अन्य आधुनिक नाटककार

मन्नू भंडारी (जन्म 1931)

उच्च शिक्षा प्राप्त प्राध्यापिका हैं। नाट्य जगत् की सबसे अधिक प्रतिभाशालिनी अति विनम्र, चिन्तनशील यह महिला निष्ठापूर्वक कार्यरत हैं। उनका प्रथम नाटक 'बिना दीवारों का घर' है (1968)। मन्नू भंडारी दिल्ली के सामाजिक जीवन से भलीभाँति परिचित होने के कारण मध्यवर्गीय परिवार के वास्तविक रहन-सहन के गुण-दोष को विधिवत् जानती हैं। आज के बुद्धिवादी मध्यवर्गीय समाज के स्त्री-पुरुष का जीवन उस गृह के समान दिखाई पड़ रहा है, जिसकी सामाजिक मान्यता रूपी भित्तियाँ ध्वस्त हो चुकी हैं। अजित और शोभा पति-पत्नी के रूप में अत्यन्त तनावपूर्ण स्थिति के साथ जीवन बिता रहे हैं। नाटक का प्रमुख पात्र 'जयन्त' अजित और शोभा के पारिवारिक जीवन में संघर्ष का कारण बनता है। इसी ने शोभा को प्रिंसिपल बनवाया जो प्रिंसपली गृहकलह का कारण बनी। नाट्य कथानक को नया मोड़ देने में इसी का हाथ होता है। इस परिवार में अप्पी नाम की बच्ची है जिसका यदि और भी कलापूर्ण चित्रण हुआ होता तो नाटक की सफलता बहुत बढ़ जाती। इसी की बीमारी शोभा को पुनः बिछुड़े पति से मिलाती है। यह गृहकलह को सदा के लिए मिटा भी सकती थी। एक आलोचक का कथन है—"नाटक में उस परिकल्पना की मंचीय दृष्टि की व्यापक गहराई का अभाव है जो नाटक के लिए अपेक्षित हुआ

करती है। नाटक में समग्र प्रभाव की एकता, तीव्र गति, पात्रों के प्रवेश-प्रस्थान की सहज स्थिति नहीं है।''

('समकालीन हिन्दी नाटककार', गिरीश रस्तोगी 1983)

मंचीय दृष्टि से यह नाटक दिल्ली में बहुत सफल रहा है और विभिन्न स्थानों पर कई बार मंचित किया जा चुका है। मैं इसका अभिनय 1965 में देखकर स्वयं बहुत प्रभावित हुआ था। इससे भी अधिक प्रभावशाली नाटक मन्नू भंडारी का 'महाभोज' (1982) में प्रस्तुत हुआ। 'बिना दीवारों के घर' में देश की पारिवारिक स्थिति का चित्र खींचा गया था पर इस नाटक में राजनैतिक भ्रष्टाचार का भंडाफोड़ किया गया है। यह नाटक उन्हीं के 'महाभोज' नामक उपन्यास का नाट्य रूपान्तर है। मन्नू भंडारी की 'यही सच है' नामक कहानी की फ़िल्म 'रजनीगंधा' नाम से अत्यंत प्रसिद्ध हुई। इससे प्रमाणित होता है कि मन्नू भंडारी की प्रतिभा रंगमंचीय दृष्टि से भी निखरती जा रही है। 'बिना दीवारों का घर' नाटक चरित्र प्रधान था किन्तु 'महाभोज' स्थिति-प्रधान नाटक है। आज देश की विभीषिका का मूल कारण है राजनैतिक नेता और सत्ताधारियों का भ्रष्टाचार। नाटक में ग्रामीण निवासी हरिजन भूमि रहित है जिसका विविध प्रकार से शोषण करता हुआ राजनैतिक नेता अपनी स्वार्थ सिद्धि करता है। इसमें समाचार पत्र के संपादक की विवशता भी मार्मिक ढंग से दिखाई गई है। इसकी सफलता का प्रमाण देते हुए मन्नू भंडारी कहती हैं—

"At a recent show a politician in the audience red in the face walked out in anger and disgust." अर्थात् ''इसका अभिनय देखने वाला एक राजनैतिक नेता क्रोध से बड़बड़ाता हुआ नाट्यशाला छोड़कर चला गया।''

नाटक की प्रेरणा मन्नू भंडारी को बेलची ग्राम में होने वाले हरिजन अत्याचार से प्राप्त हुई।

इस नाटक पर सार्त्र का प्रभाव स्पष्ट जान पड़ता है। सार्त्र कहते हैं—

''हमारा नया रंगमंच चरित्र प्रधान नाटकों के स्थान पर स्थिति प्रधान नाटक खेलेगा। प्रत्येक पात्र की कोई पृथक सत्ता नहीं होगी। उसका विचार्य विषय ही उसके रूप में प्रतिबिम्बित होगा। अब नाटक नई नैतिकता और नई समस्या को मिलाकर नए साहित्यिक रूप में सामने आएगा।'' ('What is Literature', page-217)

यह घोषणा उसने 1943 में की थी।

मन्नू भंडारी के ये दोनों नाटक एंटी थियेटर और विसंगत नाटक युग की प्रमुख रचनाएँ हैं।

ठहरा हुआ पानी (1975)—शान्ति मेहरोत्रा

पारिवारिक विश्रृंखलता के आधार पर विसंगत नाटकों की शैली अपनाते हुए नाट्य रचना करने वाली नारियों में शान्ति मेहरोत्रा का एक विशेष स्थान है। परिवार का केन्द्र नारी होती है, अतः पारिवारिक जीवन की विभीषिका का कारण वह पुरुष से अधिक समझ सकती है। शान्ति मेहरोत्रा के प्रसिद्ध नाटक हैं—'एक और दिन', 'ठहरा

हुआ पानी'। 'ठहरा हुआ पानी' का सफल मंचन दिल्ली में कई बार हो चुका है।

नगर के निम्न मध्यम वर्ग के एक परिवार की विवशता, घुटन, मूल्यों की टकराहट, संतान के प्रति अभिभावकों की उदासीनता, पुराने विचारों को नई पीढ़ी पर बलात् थोपने की मनोवृत्ति, जीवन की कड़वाहट आदि नवीन जीवन स्थितियों को व्यक्त करने वाला यह नाटक है। इसमें पुराने विचार का पिता बाबू, पति परायण नारी अम्मा, अविवाहिता सीता, देबू भाई, उच्छृंखल रमा, नवयुवक पड़ोसी संजय का चरित्र अंकित किया गया है। 35 वर्षीया सीता शिक्षिका बनकर पूरे परिवार का पालन करती है किन्तु उच्छृंखल रूप से जीवन बिताती है। माता-पिता सीता से घर पर मिलने वालों पर भी संदेह करते हैं किन्तु रमा उनकी अनुपस्थिति में कई-कई दिन घर से गायब रहती है। इसमें समाज की तीन स्थितियाँ हैं—जुड़ती-टूटती और ठहरती। इसमें टूटती और ठहरती स्थितियाँ अधिक हैं जुड़ती हुई नहीं अर्थात् माता और पिता तो घड़ी के समान ठहरी हुई स्थिति में हैं और सीता तथा रमा टूटती हुई स्थिति में हैं। देबू एक पूर्ण टूटते हुए व्यक्तित्व के रूप में चित्रित है।

रमा नई पीढ़ी की उच्छृंखलता की सूचक है। उसका सिद्धान्त सीता के अनुसार यह है—

''किसी के साथ रहने के लिए शादी करना क्या ज़रूरी है। दिल बहलाने के लिए एक विवाहित मर्द के पास जाने में अनुचित क्या है।''

इसमें ऐसे माता-पिता का वर्णन है जिन्हें अपनी संतान के विषय में कोई चिन्ता नहीं। बाबू कहता है—

''चिन्ता की कोई बात नहीं है। इन सबकी साध पूरी होगी। सब सुखी रहेंगे।''

तो अम्मा कहती है—

''हाँ, इनके सुख में ही हमारा सुख है।''

बलराज पंडित

बलराज पंडित अमेरिकन, जापानी और जर्मन नाटकों के अनुवाद कर चुके हैं। यद्यपि इनके कई नाटक अभी प्रकाशित नहीं हुए, किन्तु, ये पाश्चात्य शैली से भली-भाँति परिचित हैं जिसका प्रमाण 'पाँचवाँ सवार' है। इसमें न तो कोई कथा है, न घटनाओं का कोई क्रम, न पात्रों के चरित्र-चित्रण पर ध्यान है और न नाटक को चरम सीमा की ओर ले जाने की उत्कंठा। प्रसंग एक के बाद एक अनायास आते-जाते हैं। प्रारम्भ में चार बूढ़े अखबार पढ़ते दिखाई देते हैं जिनमें आपस में संसार की गतिविधि पर बहस छिड़ जाती है। इनके संवादों के द्वारा विद्यार्थी जीवन की समस्या, युवा पीढ़ी का असन्तोष, राजनैतिक ढोंग और भ्रष्टाचार, दो पीढ़ियों का संघर्ष, बदलते हुए जीवन मूल्य, दाम्पत्य जीवन की नई समस्याएँ, बिना किसी क्रम के एक के बाद एक आती जाती हैं। किसी भी समस्या पर जम कर विचार नहीं किया जाता, केवल उनकी ओर संकेत मात्र पाया जाता है।

इस नाटक पर पश्चिम का प्रभाव है। पश्चिम में एक नाटक ऐसा ही है,

जिसमें होटल के यात्री तौलिया पहनकर, हाथ में अखबार और नोटिस ले आपस में बहस करते हैं। एक-दूसरे से सर्वथा अपरिचित हैं। पर सारे विश्व की सब प्रकार की समस्याएँ एक के बाद एक उठाते हुए घंटों समय बिता देते हैं। उनका उद्देश्य समय काटना है समस्या पर प्रकाश डालना नहीं।

सुशील कुमार सिंह

राजनैतिक व्यंग्य-नाटक रचना की दृष्टि से सुशील कुमार सिंह का नाम, उल्लेखनीय है। सुशील कुमार सिंह ने अपने बहुचर्चित नाटक 'सिंहासन खाली है' के माध्यम से समसामयिक राजनैतिक परिस्थितियों पर तीक्ष्ण व्यंग्य किया है। यह नाटक राजनीति की भयावहता का चित्रण अत्यन्त सुन्दर ढंग से करता है। इस नाटक से पहले नाट्यकार सुशील कुमार सिंह के 'आचार्य रामानुज', 'अन्धेरे के राही' तथा 'बापू की हत्या हज़ारवीं बार' भी चर्चित हो चले थे। इन नाटकों में जनता की पीड़ा का सहज-स्वाभाविक चित्रांकन किया गया है।

सुशील कुमार सिंह का अन्य नाटक 'नागपाश' भी राजनैतिक व्यंग्य का ही चित्रण करता है। नागपाश जनता को कुचक्रों में जकड़े हुए विषमय पाश का प्रतीक है। लेखक का सन् 1977 में प्रकाशित नाटक 'चार यारों की यार' में नारी की अतृप्त वासनाओं का चित्रांकन किया गया है तथा साथ ही उनकी तुष्टि को भी चित्रित किया गया है।

प्रणव कुमार बन्द्योपाध्याय ने अपने नाटक 'फ़ैसले का दिन' (सन् 1979) में राजनीति के क्षेत्र में व्याप्त तानाशाही व्यक्तियों के ज़ोर-जुल्म को प्रस्तुत करते हुए इनसे टक्कर लेने वाले नेताओं में शक्ति संचार करने वाला नेता नाट्यकार को माना है। डॉ. विनय द्वारा रचित 'पहला विद्रोही' नाटक (1979) आपातकालीन मनोवृत्तियों को अत्यन्त कलात्मक रूप से व्यक्त करता है। ज्ञानसिंह मान ने पंजाब में फैले साम्प्रदायिक रोग के निवारण का मार्ग दिखाने हेतु 'काले लिख न लेख' (1980) नामक नाटक की रचना की है। 'चिन्दी मास्टर' (1980) में राजेश जैन ने आज की सामाजिक परिस्थिति और सर्वत्र व्याप्त विसंगति का लेखा-जोखा प्रतीकों के माध्यम से प्रस्तुत किया है। नाट्यकार आर्थिक शक्ति से निर्मित आधुनिक शक्ति पर प्रहार करने का समुचित ढंग नहीं निकाल पाया है। राजेन्द्र अवस्थी द्वारा रचित दो अंकों में बँटा नाटक 'बूची टेरिस' (1980) समय के प्रवाह में टूटते पारंपरिक सामाजिक मूल्यों, विशेषकर विवाह-संस्था की सार्थकता पर एक प्रश्न चिह्न लगाता है। नई दिल्ली में मंचित होने के साथ-साथ यह पंजाबी और मराठी रंगमंच पर भी खेला जा चुका है। व्यंग्यकार शरद जोशी ने अपने दोनों व्यंग्य नाटकों—'एक था गधा' (1980) तथा 'अन्धों का हाथी' (1980) के माध्यम से समकालीन भारतीय राजनीतिक विसंगतियों पर चोट की है। 'काला पहाड़' (1980) नामक नाटक में नाट्यकार सुदर्शन चोपड़ा ने अन्धकार और प्रकाश के संघर्ष के द्वारा आधुनिक जीवन की विसंगति प्रकट की है। नाटक की भाषा यदि और भी नाटकीय हो गई होती तो यह नाटक आधुनिक

युग के श्रेष्ठ नाटकों में परिगणित होता। व्यथित हृदय द्वारा रचित पौराणिक नाटक 'वरदपुत्र' (1980 ई.) कर्ण के जीवन पर आधारित है। भाषा शैली और संवाद में प्राचीनता की झलक मिलती है। रामकुमार भ्रमर ने महाराष्ट्र में प्रचलित तमाशा नामक लोकनाट्य शैली का स्थान-स्थान पर परिशीलन कर 'तमाशा' (1980) नामक नाटक में पर्दे के पीछे होने वाले व्यभिचार का भंडाफोड़ करने के लिए लिखा। दिनेश राय कृत 'यूहन्ना और सलोमी' (1980) नाटक प्राचीन कथा के माध्यम से आधुनिकता का बोध कराने के साथ-साथ हत्या-साजिश द्वारा निरपराध की ट्रेजेडी दिखाती तो है पर नाटकीयता और भाषा की दृष्टि से अति सामान्य रचना है। 'पूर्ण विराम' (1980) वसन्त कुमार परिहार द्वारा रचित एक सामाजिक नाटक है। आधुनिक संवेदना का यह नाटक धनी परिवार की हृदयहीनता का सुन्दर चित्रण करता है। शंकर पुणताम्बेकर द्वारा रचित 'बचाओ मुझे कवियों से बचाओ' (1980) नामक कृति में शीर्षक सहित चार एकांकी हैं—'एक-एक की जेब', 'प्रेत का बयान', तथा 'रंग में भंग' प्रथम नाटक परिहासपूर्ण है। 'रंग में भंग' में कॉलेज के छात्र-छात्राएँ रोमान्स करते दिखाई देते हैं किन्तु वास्तविकता नहीं, यह मात्र रिहर्सल है। गिरिराज किशोर ने 'घास और घोड़ा' (1980) में न्याय की हत्या और कानून पालन की समस्या का चित्रण किया है। डॉ. विभु कुमार का 'तालों में बंद प्रजातंत्र' (1981) कतिपय अनियन्त्रित युवकों और एक विवाहकांक्षिणी युवती के अल्हड़पन को व्यक्त करने वाला तीन अंकों का नाटक है। इसमें कथित समाजवादी नेताओं का भंडाफोड़ भी किया गया है। डॉ. कुसुम कुमार द्वारा रचित 'रावण राज' (1981) नामक विसंगत नाटक में रामलीला खेलने की विविध शैलियों के दुर्बल पक्षों को और भी दुर्बल रीति से प्रदर्शित किया गया है। 'शम्बूक की हत्या' में नरेन्द्र कोहली ने जनचेतना की निर्दयतापूर्वक मृत्यु का उत्तरदायी शासन और सत्ता को सिद्ध करने का प्रयास किया है। डॉ. सुरेशचन्द्र शुक्ल द्वारा रचित 'प्रेरणा' (1981) और 'समवेत' (1981) नाटक 1965 में पाकिस्तान युद्ध के समय राष्ट्रीय भावना जाग्रत करने के उद्देश्य से लिखे गए थे। जि.जे. हरिजीत ने 'उत्तर मृच्छकटिक' (1982) में वर्तमान राजनीति के विदूषकीय चरित्र को व्यंग्य विद्रूप के समस्त तीखेपन को उभारना चाहा है। 'सम्भवामि युगे-युगे' (1980) में लेखक ने पांडवों के अज्ञातवास के बाद होने वाले युद्ध के परिणाम की कथा ग्रहण की है। गिरीश रस्तोगी द्वारा लिखित 'रंगनाथ की वापसी' (1981) श्रीलाल शुक्ल के 'रागदरबारी' का नाट्य रूपान्तर है। अमृतराय के 'चिंदियों की एक झालर' नामक राजनीतिक नाटक में पुरानी पीढ़ी (जिसने देश के लिए त्याग किया है, जिसका अपना आदर्श है) और नई पीढ़ी (जो शॉर्टकट मार्ग से जीवन से बहुत कुछ चाहती है। जिसका कोई आदर्श नहीं है) की टकराहट में पुरानी पीढ़ी के टूट जाने का चित्रण है। 'हम लोग' में अंधेरे बन्द डिब्बे में सफ़र करने वाले यात्रियों के शिकायती रोचक संवाद हैं। 'शताब्दी' में दिग्भ्रमित होने से युवा वर्ग विद्रोही तो बनता है किन्तु सफलता के स्थान पर आत्मघात ही हाथ लगता है।

आत्मघात की कहानी से ऊबा दर्शक भगतसिंह के आत्मबलिदान को श्री राम सेंटर में देखकर मुग्ध रह गया। श्री प्रताप सहगल सफल प्राध्यापक के साथ जागरूक नाट्य रचयिता भी हैं। उनकी अनेक कृतियाँ सामने आ रही हैं। उनका 'रंग वसन्ती' नाटक बड़ा ही मार्मिक और समयोपयोगी है।

रंग बसन्ती (सन् 1981) प्रताप सहगल

प्रताप सहगल के नाटकों में 'रंग बसन्ती' सफल अभिनीत कृति है, 'रंग बसन्ती' भगतसिंह के जीवन पर आधारित तीन अंकीय नाटक है। भगतसिंह को उनके जीवन परिवेश में समझने की कोशिश की गई है। जन्म से लेकर असेम्बली में बम फेंकने और मृत्युदंड तक ही नहीं अपितु ब्रिटिश सरकार द्वारा सूली पर लटकाने तक की बलिदान की कथा रंगमंच पर सफल रीति से दिखाई गई है। इसका मंचन दिसम्बर 1981 को नई दिल्ली में हुआ। इसमें साइड बोर्ड, कोरस, कथा सूत्र योजक (वाचक) के द्वारा भगतसिंह की दृढ़ता, वीरता धीरता की रोमांचकारी गाथा गायी गई है। 'रंग बसन्ती' का कई बार सफलता से मंचन हुआ।

घास और घोड़ा (सन् 1981) गिरिराज किशोर

घोड़े को प्रतीक बनाकर गिरीश कर्नाड ने 'हय वदन' नामक नाटक लिखा। सम्भवत: उसी की सफलता देखकर गिरिराज किशोर ने 'घास और घोड़ा' नामक नाटक लिखा। इस नाटक में न्याय की हत्या और कानून के पालन की समस्या दिखाई गई है। इसके अतिरिक्त नाट्यकारों की अपनी रुचि के विरुद्ध लिखने की विवशता, निर्देशकों की लाचारी, व्यवस्थापकों की रुचि के विरुद्ध नाट्य प्रदर्शन, पात्रों की अपनी रुचि के विरुद्ध पाठ करने की लाचारी, दर्शकों की अप्रिय नाट्याभिनय देखने की बाध्यता आदि का नाटकीय ढंग से विवेचन किया गया है।

शिव धनुष (सन्1982) डॉ. चन्द्रशेखर

डॉ. चन्द्रशेखर की नवीनतम कृति 'शिव धनुष' उनकी नवीन सूझ-बूझ की द्योतक है। इन्होंने कई एकांकी नाटक भी लिखे हैं। यह काव्य नाटक है।

इस काव्य नाटक में राम के जीवन पर आधुनिकता की दृष्टि से विचार किया गया है, प्रतीक इस प्रकार हैं—

सीता : धरती या यथार्थ, जन जीवन का यथार्थ।

राम : समसामयिक समस्याओं को समझने में तत्पर और उनके समाधान में समर्थ।

धनुष : लोकमंगल का प्रतीक।

विश्वामित्र : लोकमंगल कामना का प्रदाता।

परशुराम : बलशास्त्र बल एवं क्षात्र तेज द्वारा समस्या समाधान।

रावण : काल चिन्तन, विदेशी भावना एवं सत्ता शक्ति के द्वारा अधिकार जमाने को उत्कंठित।

हनुमान : चिरजीवी मूल्यान्वेषी, गलित मूल्य के स्थान पर नव मूल्य स्थापना।

ताड़का
सुबाहु } —रावण अभिमान के घटक।
मारीचि

निर्णय : विदेशी भावना के प्रहार का सामना यह देश केवल राम के जीवन के आदर्श पर कर सकता है, यही नाट्यकार का उद्देश्य है।

नाट्यकार का मौलिक चिन्तन विचारणीय है। देखना यह है कि नया प्रतीकार्थ काव्य में ठीक बैठता है या नहीं, प्राचीन आचार्यों द्वारा प्रतिपादित शिवधनुष का प्रतीकार्थ इस प्रकार है—पार्थिव जड़ चेतन मिश्रित भाव रूपी धनुष को जब कोई सुधीन्द्र भक्ति रूपी प्रत्यंचा से आबद्धकर शिवस्मरण रूपी शत्रुओं को जीतकर विजयी बनता है तो राजलक्ष्मी आनन्दविह्वल हो उसको जयमाला पहना देती है। शंकराचार्य कहते हैं—

आरूढ़ भक्तिगुणकुंचितभावचाप—
युक्त: शिवस्मरणबाणगण रमोघै: ।
निर्जित्य किल्विषरिपून्विजयी सुधीन्द्र:
सानन्दमावहति सुस्थिरराजलक्ष्मीम् ।। 71

—'शिवानन्द लहरी'

'रामायण' में सीता राजलक्ष्मी है, राम सुधीन्द्र धनुर्धारी हैं, उन्हें इस भव से उत्पन्न जड़ चेतन ग्रथित भाव रूपी चाप को हाथ में लेने, उसे भक्ति प्रत्यंचा से निबद्ध करके शिव-स्मरण रूपी बाणों से मुक्त करने, प्रत्यंचा खींचकर अहंकारी दैत्य रूपी किल्बिषों को जीतने, जड़ चेतन भावों को पृथक करने (भाव धनुष के भंग करने) में क्षण भर भी विलम्ब नहीं लगा। इसी का वर्णन करते हुए तुलसीदास जी कहते हैं—

लेत चढ़ावत, खैंचत गाढ़े, काहु न लखा रहे सब ठाड़े।

दूसरा प्रतीक व्याल से दिया गया है जिसके लिए गरुड़धारी राम गरुड़ के समान हैं, तीसरा प्रतीक उस जहाज़ का है जिस पर अज्ञानी जीवों का संशय, मन्द राजाओं का अभिमान, परशुधारी का गर्भ, देव मुनियों का कादर्य, सम्पत्तिशालियों का दारुण विषाद मोहवश सवार हो गया था। धनुष रूपी जहाज़ के टूटते ही वे सब राम के बाहुबल सागर में विलीन हो गए।

डॉ. चन्द्रशेखर के 'शिव धनुष' में वदतोव्याघात दोष पाया जा रहा है यदि धनुषलोक मंगल का प्रतीक है तो लोक मंगलदाता विश्वामित्र के अनुसार राम सामयिक समस्याओं के समाधान के लिए लोकमंगल को ही खंडित कैसे करेगा?

दूसरी शंका यह है कि भूमिजा सीता अर्थात् धरती की यथार्थता लोक मंगल के विरोधी का वरण कैसे करेगी?

सर्वेक्षण (सन् 1970-83)

सातवें दशक तक अधिकांश नाटक परम्परा विरोधी और चौंकाने वाले होने के कारण रोचक अधिक हैं पर सुरुचिपूर्ण कम। नई दिशा दिखाने के कारण विचारणीय अधिक हैं, पर अस्पष्ट लक्ष्य के कारण ग्राह्य एवं टिकाऊ कम। कालानुरूप विश्लेषण से आकर्षण अधिक है पर मनोवैज्ञानिक कम। सामाजिक दृष्टि से विदेशी अधिक भारतीय कम। नाट्यकार समाज की त्रुटियाँ दिखाने में निपुण हैं पर अपने अन्तःकरण में पैठकर निजी करतूतों को एक बार भी नहीं देखना चाहते।

नवाँ दशक आते-आते कई नवीन नाट्य-प्रवृत्तियाँ सामने आई हैं। पहली विशेषता यह दिखाई पड़ रही है कि अब पत्रकार नाट्यकार का और नाट्यकार पत्रकार का छिद्रान्वेषण करने लगे हैं। इसका एक शुभ परिणाम यह निकल रहा है कि दोनों अपने वैयक्तिक जीवन में सावधान होने लगे हैं। न्यायालय में इस तरह के अभियोगों से दोनों प्रकार के साहित्यकार अपने असली रूप में सामने आने लगे हैं। तेन्दुलकर का नया नाटक 'कमला' (1982) इसका ज्वलन्त प्रमाण है।

दूसरी विशेषता है कि नैराश्यमय वातावरण में नाटक का समापन करने वाले नाट्यकार अब अन्याय निवारण के लिए संघर्ष का मार्ग दिखाने लगे हैं। युवा सेक्स प्रवृत्ति पर जमकर नाटक लिखने वाले मणि मधुकर अब 'इकतारे की आँख' (1980) लिखने लगे हैं। 'गाँधी और उनकी बकरी' को शोषण का प्रतीक मानकर समाज दुर्दशा से निराश और हताश होने वाले सर्वेश्वर दयाल सक्सेना 'अब गरीबी हटाओ' के माध्यम से संघर्ष का नया मार्ग दिखा रहे थे। अब जनता को राजसत्ताधारी शोषकों से जूझने का नया मार्ग (संगठन) मिल रहा है।

सन् 1980 के उपरान्त कई अभिनव नाट्य शैलियाँ सामने आ रही हैं। नए नाट्यकार अब पुराने नाट्यकारों की नैराश्यमयी नाट्य सृष्टि से ऊबकर नया मार्ग खोज रहे हैं। आज के भ्रष्ट बुद्धिवादियों और अत्याचारी राजसत्ताधारियों से आस्था हटती जा रही है। रमेशचन्द्र शाह का चम्पू नाटक 'मारा जाई खुसरो' (1982) इसका प्रमाण है। इस पर 'नए राजनैतिक नाटक' के प्रसंग में विस्तार से विचार किया गया है।

दूसरी प्रमुख कृति स्वरूप बख्शी की है—'मेरे श्रेष्ठ रंगमंचीय हास्य नाटक' (1981)। इस कृति में वर्तमान राजनीतिक, सामाजिक एवं शैक्षणिक विकृतियों का असली रूप तो झलकता ही है, साथ ही सब अनर्थों के मूल कारणों पर भी तटस्थ भाव से विचार किया गया है। स्वरूपकुमारी रचना का उद्देश्य स्पष्ट करते हुए लिखती हैं—

'यदि नाटक में अन्य विशेषताओं के अतिरिक्त आश्चर्य, कौतूहल या चमत्कार का ऐसा रंग रहे कि यह ज्ञात न हो सके कि अगले दृश्य में क्या होने वाला है। पर जब घटना सामने आए तो यह लगे कि अरे! हम तो जानते थे यही होना था वही हो गया। फिर क्या कहने। इसी में नाटक की सफलता है।'

यह तो शैलीगत विशेषता रही। इन नाटकों का विशेष गुण है सत्यान्वेषण। स्वरूपकुमारी का नाट्योद्देश्य इस प्रकार है—

''हमारा सामाजिक जीवन कितना बनावटी हो गया है कि हम ज़रा से लाभ के लिए, कुर्सी के लिए, पैसे के लिए जो एक दिन मिटने वाला है, शाश्वत सत्य को खो बैठते हैं। यह देखकर हँसी आती है।''

यदि राजनीति और समाज की विद्रूपताओं का 'अंधेर नगरी चौपट राजा' की हास्य-व्यंग्यमयी शैली पर निरूपण किया जा सका तो नाटक और रंगमंच देश और समाज के लिए अवश्य कल्याणकारी बनेगा।

नवम् दशक में एक नई नाट्य-विद्या 'फ़ोटो नाटक' नाम से सामने आई है। अमृतलाल नागर हिन्दी जगत् के सर्वमान्य नाट्यकार हैं। उनकी नवीनतम कृति 'चढ़त न दूजो रंग' में सिनेमा, रेडियो, टेलीविज़न और रंगमंच की प्रमुख विशेषताएँ समेट ली गई हैं। बीसवीं शती के उत्तरार्द्ध में आर्थर मिलर ने इस तरह की कृतियों पर बड़ा बल दिया है। यही कल के विश्व की प्रमुख नाट्य-विधा स्वीकृत होने जा रही है। इंग्लैंड में मिलर से बहुत पूर्व सन् 1897 में 'द ग्रेट ट्रेन रॉबरी' नामक फ़ोटो नाटक प्रदर्शित हुआ पर तत्कालीन रंगमंच के अनुकूल न होने से प्रचारित न हो पाया। अमेरिका और यूरोप के अधिकांश नाट्यकार इसका सफलतापूर्वक प्रयोग अब कर रहे हैं। इस विधा में किसी व्यक्ति का साठ-सत्तर वर्षों का जीवन एक साथ दिखाया जा सकता है। 'फ़ोटो नाटक' में लम्बी अवधि के अन्तराल को विश्वसनीय ढंग से दर्शाने की युक्तियाँ हैं—फ़ेड इन, फ़ेड आउट, डिज़ॉल्व, लैंप डिज़ॉल्व, कट वाइप आदि आवश्यक तकनीकें हैं।

('चढ़त न दूजो रंग' भूमिका पृष्ठ-7)

सूर के बाल्यकाल का ब्रजमंडल आज की तरह सभ्य मानव से अधिक बाघ, बघैर, लक्कड़बग्घे और साँप जैसे समाज विरोधियों का वास-स्थल बन गया था। राजकीय अत्याचार और शासकीय शैथिल्य से प्रजा, जीवन और जीवनदाता भगवान् के प्रति आस्था खो रही थी। राज्याधिकारी ऐसे शोषक बन गए थे कि बच्चे, बुड्ढे सब भूखों मरने लगे। सीही गाँव का गरीब ब्राह्मण परिवार बालक सूर के अभिभावक और मातृगण भिक्षा से भी पेट भर अन्न नहीं जुटा पा रहे थे। उस अनास्था के अन्धकारमय युग को आस्था और विश्वास के प्रकाश में बदलने वाले भविष्य द्रष्टा सूर को कोल्हू में बैल की तरह जोता गया। तेली का जवान ज़बरदस्त बरखुदार (लड़का) बाप के मना करने पर भी अन्धे सूर को कोल्हू में जोत देता है। जवान तेली पुत्र को कोतवाल का भी डर नहीं। वह सूरदास से कहता है, ''साले तंगअली कुतवाल का रौब दिखाता है मुझे। वह यहाँ से पन्द्रह कोस दूर बैठा है। जब तब वह यहाँ आएगा तब तक तो तेरी हड्डियों का भी पता न चलेगा बे।''

आज के गाँवों की भी ऐसी ही दुर्दशा देखने में आती है। इससे बचने का उपाय नाट्यकार के मत से सच्ची कर्म-निष्ठा ही हो सकती है। सूरदास की आराधना वृत्ति

इतनी दृढ़ हो गई है कि उस काल में भी उन्हें 'सर्वं खाल्विदं ब्रह्म' की रट लगी रहती है। इसी समय राधा आती है और दोनों का वार्तालाप कृष्ण लीला का रहस्य प्रकट करता है। राधा कहती है—"तुम बैल बने हो तो मुझे घानी बनना ही पड़ेगा, क्योंकि जो आराधक है वही आराधना भी।" सूरदास को समझाते हुए राधा कहती है—"ज्ञानी का प्रेम-भाव अधूरा होता है और प्रेमी का ज्ञान सम्पूर्ण। तुम कहीं मारग खोजते-खोजते भटक तो नहीं गए सूरश्याम—तुम्हारे अंधेरे मन में उजाला करने वाले (वल्लभाचार्य) आ गए। जाओ आराधक, आज तुम्हारी आराधना फलीभूत होगी।"

वल्लभाचार्य के आदेश से सूरदास श्रीनाथ जी के मन्दिर में जीवन से हताश देशवासियों को कृष्ण लीला के सरस पद गा-गाकर आशान्वित बनाने लगे।

हमारे देश के तमिल नाटककार इस विषय में अधिक सावधान हैं। सम्वत् दो हज़ार चालीस, वैशाखी के आस-पास एक ही दिन दिल्ली में दो सामाजिक नाटक लगभग समान कथानक को लेकर अभिनीत हुए। दोनों की तुलना करने से ज्ञात हो जाता है कि भारत की अन्य भाषायें रंगमंच के लिए मौलिक लेखन पर कितना बल दे रही हैं। पर हिन्दी में अभी तक फ्रांस की अठारहवीं शताब्दी का रोमांस दिखाया जा रहा है। फ्रैंच कॉमेडी का हिन्दी रूपान्तर, 'क्या करेगा काज़ी', के नाम से श्रीराम सेन्टर में विदेशी निर्देशक Barry John की देख-रेख में खेला गया। नाटक का सार यह है—"किसी स्टेट के गृहमन्त्री का लड़का एक सम्पन्न लड़की को अपने प्रेम-पाश में फँसा लेता है। लड़की का अभिभावक एक अधेड़ व्यक्ति स्वयं उस किशोरी से विवाह करके सम्पत्ति और वासना तृप्ति के लिए लालायित है।

गृहमंत्री का बेटा वेष बदलकर परिवार से परिचित अपने नाई मित्र के साथ किसी प्रकार अपनी प्रेमिका के पास पहुँच जाता है। वह परिपालिता किशोरी स्वभावत: धनी एवं युवा गृहमंत्री के पुत्र के वेष परिवर्तन के कौशल और अपने प्रति जोखिम उठाने की हिम्मत देखकर (उसके साथ) विवाह को राज़ी हो जाती है। इस विवाह में अभिभावक और काज़ी का कोई बस नहीं चल पाता। मध्य रात्रि को रजिस्ट्रार नवदम्पत्ति को विवाह के सूत्र में बाँध देता है। हिन्दी में इस प्रकार के अनेक नाटक भारतेन्दु और प्रसाद युग में लिखे जा चुके हैं। आश्चर्य है कि फ्रेंच डायरेक्टर के निर्देशन में पश्चिम की नई प्रवृत्ति के नाटक क्यों नहीं अभिनीत कराए गए? क्या हिन्दी फ़िल्मों की तरह हिन्दी नाटक भी अभी रोमांटिक युग में ही जीना चाहता है।

तमिलनाडु में नए वर्ष का उत्सव मनाते हुए दक्षिण भारतीयों ने भारत, तमिल 'थुरेड़' नामक मौलिक नाटक अभिनीत किया, जिसमें विधान सभाओं के सदस्यों का पार्टी से दल-बदल के पीछे षड्यन्त्र, मुख्यमन्त्रियों का कठपुतली की तरह नाचना। धर्म के नाम पर चुनाव, नेताओं की चारित्रिक एवं वैचारिक दुर्बलताएँ एक सामान्य नौकर के माध्यम से बड़े कौशल के साथ दिखलायी गईं। लघु बहुमत वाली पार्टी के नेता के घर पर मुख्यमन्त्री का चुनाव हो रहा है। उस समय के राजनीतिक हथकंडे, देश के भाग्य विधाताओं की नीचता, स्वार्थान्धता की पराकाष्ठा, नेताओं का चारित्रिक पतन खुलकर सामने आता है। चुनाव के समय दल-बदलू सदस्य भी मंत्रीपद के

लोभ से शामिल हो गए हैं। अपनी पार्टी के कई सदस्य मन्त्रीपद की सम्भावना न देख अन्य पार्टियों में जाने की तैयारी में हैं। पार्टी के सदस्य ऐसे दुर्बल व्यक्ति को मुख्यमन्त्री बनाना चाहते हैं जो उनकी मुट्ठी में रहे ताकि उनके लूट-खसोट और भाई-भतीजावाद में बाधक न बने। प्रत्येक सदस्य कैबिनेट मन्त्री, राज्यमन्त्री, उप-प्रधानमन्त्री बनने के चक्कर में नाच रहा है। हिन्दी में एक ही राजनैतिक समस्या को फ्रेंच निर्देशक की सहायता से जिस रोमांटिक शैली में प्रदर्शित किया गया है उसमें न तो कोई नवीनता है और न आधुनिक समस्या को समझने का संकेत। इसके प्रतिकूल तमिल नाटक में आज की राजनैतिक एवं सामाजिक स्थितियों का यथार्थ वर्णन तो है ही साथ ही साथ आधुनिक समस्याओं का मूल कारण उस अन्धस्वार्थपरता और महत्त्वाकांक्षा को स्पष्ट किया गया है जो नागिन के समान स्वतन्त्र भारत के 35-36 वर्षीय युवा को विषाक्त बनाती चली जा रही है, आशा है कि हिन्दी का जागरूक नाट्यकार देश-विदेश की स्वस्थ नवीन प्रदर्शन शैलियों को भारतीय वातावरण के अनुसार ग्रहण करने का और भी प्रयास करेगा। चिन्ता इसलिए हो रही है कि विदेशी वेश्या प्रवृत्ति को भारत में प्रोत्साहन दिया जा रहा है।

विदेशी अनूदित नाटकों में वेश्या-विवरण और उसका हिन्दी पर प्रभाव

विदेशी अनूदित नाटकों के द्वारा एक नई प्रवृत्ति सामने आई। भारतीय नाट्यकार वेश्या गमन को सृजन का स्रोत मानने लगे, प्रायः सभी देशों में वेश्यावृत्ति के विरुद्ध अब आंदोलन चल पड़ा है। 'फ्री सेक्स' के विश्वासी कई विकसित देश अब वेश्यावृत्ति को अनैतिक, अमानवीय और राष्ट्रीयता के विरुद्ध घोषित कर टेलिविज़न, रंगमंच पर सेक्स उभारने वाले नाटकों का घोर विरोध कर रहे हैं। फ्रांस में नई सरकार ने युद्ध के बादलों को मंडराते देख नैतिकता पर अधिक बल देना प्रारम्भ कर दिया। 2 मई, सन् 1983 को स्पेन सरकार ने पब्लिक स्कैंडल फैलाने वाले नाटकों पर पाबन्दी लगा दी है। रूस ने अपने देश की दो ऐसी नाट्यशालाओं को बन्द करते हुए कार्यकर्ताओं को दण्डित किया है जिनमें सेक्स, हिंसा, अनैतिकता, पारिवारिक कलह को प्रोत्साहन की सम्भावना पाई गई।

हमारे देश में विदेशी प्रभाव-विशेषकर ओ'नील के नाटकों से मोहन राकेश ने कालिदास को भी वेश्यागामी बना दिया। अब तो रामभक्त तुलसी भी वेश्या-कोठे पर आसन जमाने लगे हैं। शैव्या तो वेश्यागृह बिकी ही थी। टेलीविज़न और सिनेमा में सेक्स का खुल्लमखुल्ला प्रदर्शन देखकर भारत की नारियाँ विकम्पित हो उठी हैं। 26 अगस्त 1983 को भारत के महिला प्रतिनिधिमण्डल ने इस प्रकार के प्रदर्शनों के विरुद्ध संसद भवन के सामने पानी में भीगते हुए सारा दिन धरना दिया। अमेरिकन सरकार ने वेश्या व्यापार से करोड़ों रुपये अर्जित करने वाले चकलों को बन्द करने का बीड़ा उठाया है। ऐसे अनैतिक व्यवसायियों को बन्दीगृह में डाल दिया गया

है। आशा है भारतीय नाट्यकार अमेरिका से शिक्षा ग्रहण करके वेश्यावृत्ति विरोधी वातावरण के निर्माण में सहायक होंगे। इस समस्या को भारतीय वातावरण में रखकर समझना होगा। यहाँ विचारणीय यह है कि स्वतन्त्रता के उपरान्त यह समस्या एक नए विकराल रूप में कैसे आ गई? और रंगमंच पर सेक्स का खुल्लमखुल्ला प्रदर्शन क्यों होने लगा। इसे समझने के लिए स्वातन्त्र्योत्तर सामाजिक चेतना में परिवर्तन पर सोचना होगा।

नव सामाजिक चेतना और रंग प्रदर्शन प्रक्रिया

स्वतन्त्रता के बाद सामाजिक चेतना का नया-नया विकास सम्भव हुआ। ज्ञान-विज्ञान एवं आर्थिक राजनीतिक अनुभवों में नए मोड़ दिखलाई पड़ने लगे। सर्वाधिक ध्यान विदेशों के तकनीकी ज्ञान के प्रयोग की ओर था। लेकिन नवीन तकनीकी ज्ञान की प्रक्रिया से रंगमंच अस्पृष्य नहीं रहा। यहाँ के रंगकर्मी विदेशों की रंगमंच सम्बन्धी तकनीकी उपलब्धियों से प्रभावित हुए और अपने नाट्य-सृजन और प्रस्तुतीकरण में उनका प्रयोग करने की ओर अग्रसर हुए। फलतः रंगमंच विषयक एक सर्वथा नई चेतना हिन्दी नाट्य-सृजन में विकसित हुई, जिससे रंग-विधान की निम्नलिखित प्रवृत्तियाँ प्रकट हुईं। पश्चिम में रंगमंच प्रदर्शन के समय सेक्स को पूरी स्वतन्त्रता देते हैं। अतः नाटक जब हमारे यहाँ पश्चिमी शैली पर प्रदर्शित हुए तो किसी-न-किसी आधुनिक रंगमंच पर प्रस्तुत करने के उद्देश्य से रचे जाने लगे। अतः कुछ परिवर्तन आए।

1. नाट्यकार रंगमंच की उपलब्ध सीमाओं और सम्भावनाओं को ध्यान में रखकर ही दृश्यबन्ध और गति संचार के विधान की ओर उन्मुख हुए। नाट्यकार अब नाटकों में एक दृश्यबन्ध को ही रखने को महत्त्व देने लगे। बहुधरातलीय एवं बहुदृश्यीय को नाटक में दिखलाना कम होने लगा। इसका कारण रंगमंच प्रयोग की व्यावहारिक सीमाएँ ही थीं।
2. नाट्याभिनय और दर्शक के बीच में कोई अन्तराल न अनुभव हो, इसलिए अभिनय स्थली और रंगोपवेशन को एक ही भूमि के संश्लिष्ट अंगों के रूप में देखते हुए नाटक लिखने और अभिनय करने की प्रवृत्ति प्रकट हुई। इस प्रकार की रंग-परिकल्पना दर्शक को यह बोध कराने के लिए थी कि नाटक वस्तुतः उसके अपने जीवन का ही यथार्थ है जो वह प्रत्यक्ष देख ही नहीं रहा, उसका सहभागी भी है। दिन-प्रतिदिन जीवन में सेक्स बढ़ रहा है। पर यह रंग-परिकल्पना ब्रेख्त की टोटल थियेटर की रंग-कल्पना से भिन्न है, जिसमें पृथक्करण का सिद्धान्त महत्त्व रखता है। ब्रेख्त ने अभिनेता और दर्शक को अलग-अलग इकाई के रूप में देखा। परन्तु दर्शक और अभिनेता को एक इकाई के रूप में देखने की इस रंग-परिकल्पना में दर्शक और अभिनेता एक होकर रंगानुभव करते हैं। इससे नाट्य-प्रगति की कलात्मकता बढ़ जाती है।

अतः ब्रेख्त ने सेक्स पर नहीं, सामाजिकता पर बल दिया।

3. रंगमंचीय प्रस्तुतीकरण के सन्दर्भ में निर्देशक की भूमिका का नया महत्त्व बढ़ा। आरम्भ में तो कुशल निर्देशकों के न होने के कारण हिन्दी नाटककार लम्बे-लम्बे रंग-संकेत देता था। बाद में क्रमशः अच्छे रंग-निर्देशकों के आगमन के साथ नाटक के रंग-संकेत देने की प्रवृत्ति घटने लगी, नए नाटकों की रचना में रंग-संकेत देने की प्रथा उठने लगी। इससे निर्देशक को कृति के नाट्य-कौशल प्रभावशाली और समीचीन रंग-कल्पना करने में अधिक स्वतन्त्रता प्राप्त हुई। रंग-संकेतों में लक्षित नाटककार का अधकचरा रंग-ज्ञान अब निर्देशक की रंग-कल्पना को बहुत बाधित नहीं करता है।
4. हिन्दी में अब विशेषकर सातवें, आठवें दशक में आकर ऐसे नाटक लिखे जाने लगे, जिन्हें किसी एक ही शैलीबद्ध रंगमंच पर न प्रस्तुत कर रंगमंच की अनेक शैलियों में प्रस्तुत किया जा सकता है। धर्मवीर भारती के 'अंधा युग' को अनेक प्रकार की रंग शैलियों में प्रस्तुत करने के प्रयत्न हुए हैं। इसी प्रकार 'बकरी', 'उत्तर युद्ध' और 'एक गधा' आदि नाटकों को नई-नई रंग शैलियों में अभिनीत करने की सम्भावना अन्तर्निहित है।
5. एक ही नाटक को अनेक रग-शैलियों में प्रदर्शित करने की प्रवृत्ति से नाट्य सृजन को एक नया सन्दर्भ मिला। एक नाटक में नाटककार को एक से अधिक कथ्य के संयोजन को बल मिला। एक ही नाट्यकृति भिन्न-भिन्न धरातलों पर पृथक्-पृथक् अर्थ दे रही है। इसे कृति की महत्ता का द्योतक माना जाता है और पृथक्-पृथक् अर्थ दिखाने वाले नाट्य निर्देशक को महान समझा जाता है।

इस तरह नवम् दशाब्द आते-आते भारतीय नाटक-रंगमंच में आमूल परिवर्तन दिखाई पड़ने लगा है। अब नाटक रचयिता केवल व्यक्ति स्वातन्त्र्य पर ही बल नहीं देता वह समाजगत चेतना को भी महत्त्व देने लगा है। आर्थर मिलर ने सन् 40 से पूर्व विरचित अमेरिकन नाट्यकारों पर यही लांछन लगाया था कि "इनके पात्र अहर्निश सुरा-सुन्दरी के चक्कर में फँसे रहते हैं। क्या इनको जीविकार्जन के लिए कुछ नहीं करना पड़ता। इनके पास इन विलास-उपकरणों के लिए धन आता कहाँ से है? नाटकों में श्रम की तो कोई चर्चा है ही नहीं।"

ठीक यही आपत्ति हिन्दी नाटकों पर भी उठती है। उनमें श्रम की आवश्यकता और उसका महत्त्व कहीं दिखाई नहीं पड़ता था। पर अब स्थिति बदल रही है। केवल महत्त्वाकांक्षा और विलासिता से जीवन चल नहीं सकता। मनोज मित्र की रचना 'राज-दर्शन' को अशोक भट्टाचार्य ने 'नन्द राजा मस्त है' नाम से अनुवाद किया है जिसका प्रदर्शन इस वर्ष अग्रदूत ग्रुप के द्वारा लगभग एक सप्ताह तक श्रीराम सेंटर दिल्ली में हुआ। इस नाटक में हास्य और गम्भीर स्थितियों की आँख मिचौनी दिखाते हुए मृतप्राय नन्द राजा को जीवित करने का प्रयास है। ब्राह्मण, लम्बरदार,

लोहार आदि इसी अभिप्राय से अयोध्या-राज के समीप जा रहे हैं। मार्ग में शनि की सहायता भी संयोग से प्राप्त होती है जो मरणासन्न को जीवित करने की विद्या जानता है। इस कृति में हास्य और विषाद के बार-बार बदलते वातावरण के द्वारा श्रम की महत्ता दिखाने का नाटकीय प्रयोग विचारणीय है। अनुचित पद्धतियों के प्रयोग और श्रम भीरुता का दुष्परिणाम दिखाते हुए नैतिकता के महत्त्व का संकेत किया गया है।

पश्चिम जर्मनी के प्रसिद्ध कलाकार 'वश्च' ने 26 मार्च, 1983 को मैक्समूलर भवन में फ़िल्मों पर आलोचना करते हुए कहा कि विश्व-विश्रुत फ़िल्म 'लिसा' ('Lisa') की विशेषता यह है कि वह स्थापित नियमों की विद्रूपताओं और उनसे समझौता करने वाले व्यक्तियों की आत्मपीड़ा का उद्‌घाटन करती है। फ़िल्म की नायिका अनुभव करती है कि उसका जीवन व्यर्थ ही गया, वह बार-बार अपने मन में प्रश्न करती रहती है कि 'अरी लिसा, तूने जीवन भर किया क्या? सारे कार्यरत जीवन में तू अपने नियुक्तिकर्त्ता अधिकारी की आज्ञानुवर्तिनी बन छाया के सदृश नाचती रही, इससे तेरा अपना व्यक्तित्व मिट सा गया।' अब उसे भयंकर आत्मवेदना हो रही है कि मेरे जीवन का बना क्या? प्रो. वश्च का कथन है—"All her life she has been nothing but a shadow of her boss." यानी "उसको जीवन भर अपने अफ़सर की छाया बनकर रहना पड़ा।"

अब वह आत्म-निरीक्षण करते हुए अपने व्यक्तित्व की खोज करती है— "She begins to suffer from acute crisis of identity ('Statesman', 27 March, 1983.)

आधुनिक नाटक सिनेमा इस प्रयास में है कि नाट्य कला को सामाजिक समस्याओं के साथ ऐसे कौशल से सम्बद्ध किया जाए कि समाज जगद्व्यापी आधुनिक विषमताओं और विद्रूपताओं से सावधान हो जाए और अपने को उनके चंगुल से बचा सके। यदि फ़िल्म निर्माता मेधावी और दूरदर्शी नहीं है तो वह दर्शकों को सावधान करने के स्थान पर उन्हें इन बुराइयों में और भी फँसाता जाएगा। अधिकांश फ़िल्में तथा आज के अधिकतर नाटक फँसाने वाली कोटि के हैं। अत: इनके विरुद्ध आन्दोलन ज़ोर पकड़ रहा है।

आधुनिक नाटक और सिनेमा प्राय: वर्तमान परिस्थितियों से समझौता करने वालों का चित्र खींचते हैं। वे अपनी ही बेबसी की स्थिति में अपने अधिकारी या आश्रयदाता से तो समझौता करते हैं पर अपने घर, समाज या व्यवसाय काल में अपने आश्रितों से किसी प्रकार का समझौता करने को तैयार नहीं होते। जीवन की सबसे बड़ी विडम्बना यही है कि मानव नैतिकता के दो विरोधी मानदंडों से सामाजिक व्यवहारों का लेखा-जोखा उसी छली सौदागर की तरह करता है जो सौदा खरीदने और बेचने का अलग-अलग बाट और तराजू प्रयोग में लाता है। आज का युवा नाट्यकार इसी दोहरे मुखौटे के विरुद्ध जेहाद छेड़ रहा है।

इस जेहाद (युद्ध) में वह प्राचीन शब्दावली से भी लड़ रहा है। समसामयिक बोध को प्रकट करने के लिए नई शब्दावली बन रही है, इस शब्दावली पर विचार

करना चाहिए, क्योंकि वह पश्चिम की नई शब्दावली का हिन्दी का अनुवाद है।

नवीन शब्दावली

सन् 46-47 के बाद हमारा साहित्य चिन्तन उपनिवेशवादी एवं राष्ट्रवादी रचना-पद्धति से हटकर पूँजीवादी (अमेरिकन) और व्यक्तिवादी (फ्रांस) से प्रभावित होने लगा। सन् 1956 तक इसका प्रबल वेग रहा। तदुपरान्त समाजवादी चिन्तन उक्त प्रभावों को धीरे-धीरे पीछे हटाते हुए सन् 1969-70 में हावी हो गया। और भारतीय परम्परा का जितना अधिक उपहास करता गया उतना ही भारतीय चिन्तन की मूलधारा से दूर हटता गया। सन् 1971 के उपरान्त की कृतियों में ब्रेख्त का प्रभाव सबसे अधिक दिखाई पड़ता है। इसके कारणों पर हम विस्तार से विचार कर चुके हैं। परिणामतः यह हुआ कि इस नई धारा का नया नाटक अपनी सार्थकता सिद्ध करने के लिए नई नाट्य समीक्षा विदेशों से अपने साथ लाया। वास्तव में इस दशक की सबसे बड़ी विशेषता है नाट्यालोचन की नई पद्धति की खोज। नई नाट्य-समीक्षा ने एक नवीन शब्दावली भी प्रदान की है जिसमें आधुनिक बोध, समसामयिकता, स्वानुभूति, कृति-निहित दृश्यत्व, विविध आयाम, आत्मबिम्ब, नाट्यानुभूति, नाट्य बोध, सामाजिकता, नाट्य चिन्तन, यथार्थ बोध, आधुनिक संवेदना, नए प्रतिमान, आत्म संवेदन, अस्तित्ववादी-भावधारा, केन्द्रीय-संवेदक, विवेक चेतना, सामाजिक चेतना, क्रान्तिकारी आस्था, सौन्दर्यबोध, प्रतिबद्धता, सामाजिक विघटन, पूँजीवादियों की दलाली, रंग-सन्दर्भ, दृश्यबन्ध, नाटक की रंगलिपि, समूहीकरण, रंगोपकरण आदि-आदि।

आज आधुनिक संवेदना पर सबसे अधिक बल दिया जा रहा है। अतः आधुनिक या सामाजिक संवेदना का स्वरूप समझ लेना चाहिए। क्योंकि यह नई शब्दावली आधुनिक संवेदना को केन्द्र में रखकर तैयार की गई है।

संवेदना का स्वरूप

आज संवेदना का अर्थ जीवन दृष्टि माना जाने लगा है, संवेदना को भारतीय नाट्य साहित्य में स्थायी भाव या भावना का पर्याय माना गया है। किसी भी जीवन दर्शन या जीवन दृष्टि को स्पष्ट करने के लिए तदनुरूप पात्र क्रिया और भावधारा का निर्माण किया जाता है, उनसे उत्पन्न होने वाले प्रबल भावों, भावनाओं को संवेदना की संज्ञा दी जाती रही है। श्रोता या दर्शक उन्हीं के आधार पर नाट्यकार की जीवन दृष्टि से अवगत होता है। नाट्यकार की जीवन दृष्टि ज्यों-ज्यों व्यापक बनती जाती है उसकी अनुभूति की गहराई के साथ-साथ सामाजिक की सहजानुभूति दृढ़ होती रहती है। उसकी दृढ़तम भावानुभूति ही संवेदना कहलाती है, वेदना विद धातु से निकलने के कारण ज्ञान का सूचक है। संवेदना का अर्थ है दृढ़तम, हृद ज्ञान, इसी को स्थायी भाव कहते हैं। अतः आधुनिक संवेदना का अर्थ है नाट्याभिनय से उद्भूत दृढ़तम हृद ज्ञान, प्रत्येक नाट्यकार की अपनी जीवन दृष्टि होती है। जिसकी अनुभूति वह

सामाजिक श्रोता, पाठक को संवेदना के द्वारा कराना चाहता है।

आत्महत्या के अतिरिक्त भ्रूण हत्या का प्रश्न आधुनिक काल में नया रूप धारण कर रहा है। पहले भ्रूणहत्या को पूर्णतया समाज विरोधी और अवैधानिक माना जाता था, किन्तु अब यह क्रिया उस रूप में न सामाजिक लज्जा का कारण रही और न वैधानिक भय का। 'खामोश अदालत जारी है,' 'तिलचट्टा' आदि इसी पक्ष के हैं।

वैवाहिक जीवन की पवित्रता में अनास्था के कारण पति-पत्नी में दिन-रात की उलझन, परिवार में पुरानी और नई पीढ़ी के बीच विचारों की टकराहट, निरन्तर बढ़ती जाती है। व्यक्ति के बाह्य संघर्ष और आन्तरिक संघर्ष की सतत् तीव्रता से समयानुसार अपने को बदलने की अपेक्षा परिवार, समाज तथा देश को अपनी इच्छानुसार बदलने पर बल दिया जाता है। जीवन मूल्यों में घोर परिवर्तन लाने का उतावलापन आधुनिक संवेदना का मूल मंत्र बन गया है।

आज के नाट्यकार समाजव्यापी नैराश्य, कुंठा, पीड़ा, जीवनयापन की कठिनाइयों, हिंसा, बेरोज़गारी का कारण मानते हैं—शासन दुर्व्यवस्था को, भ्रष्टाचार को, न्यायालयों में अन्याय को, प्राचीन रूढ़ियों को, धर्माचार्यों के पाखंडी आचार को, गाँधीवादियों को, गाँधी की बकरी को दुहने वाले राजनैतिकों को देश के पतन का कारण मानते हैं। उनका निष्कर्ष है कि उद्दाम कामोद्वेश और धन-तृष्णा के प्रबल मोह से उद्भूत अंधड़ में शासक और शोषक वर्ग अन्धा हो गया है। वह समाज के रथ को पतन के गहरे से गहरे गर्त में घसीटता अन्धाधुन्ध दिग्भ्रमित बनाता हुआ मनमानी गति से भागता जा रहा है। नाट्यकार दिखाना चाहता है कि शोषित वर्ग भी जब कहीं सत्ताधारी या पूँजीपति बन जाता है तो वह उत्तरोत्तर पदोन्नति या पूँजीवृद्धि के मोह में अधीनस्थ का शोषक बन जाता है। सत्ता या कुर्सी का मोह जवानों से अधिक बूढ़ों में आ जाने से यह विषम भावना स्वाभाविक ढंग से देश की रग-रग में समा गई है।

इस युग में शिल्प की दृष्टि से बड़ा अन्तर आ गया है। नाटक साहित्य की अपेक्षा रंगमंच से अधिक जुड़ गया है और नाट्यकार के कथ्य के काव्यतत्व की अपेक्षा कथ्य दृश्यत्व पर बल देने लगा है। जो कथ्य दृश्य रूप में रमणीय न बन सके वह नाट्यकार और रंग निर्देशक के किस काम का। यह स्थिति न केवल नाट्यकार के लिए अनुपयुक्त है अपितु दर्शक के लिए सर्वथा अनुपयोगी है। इसीलिए नाट्यकार नव समाज की नवीनतम भाव-भावना को ध्यान में रखकर कथ्य का निर्माण करने लगा है।

विश्व का नवनाट्य चिन्तन आर्थर मिलर, टेनेसी विलियम पीटर ब्रुक के नवीन विचारों के अनुसार भारतीय आचार्यों की मानव कल्याण सम्बन्धी मान्यताएँ पुनः ग्राह्य और उपादेय प्रतीत हो रही हैं।

छठा अध्याय

नवीन नाट्यालोचन : प्रवृत्ति और प्रभाव

जब कोई असाधारण मेधावी नाट्यकार और कुशल नाट्य-निर्देशक गठबन्धन करके रंग-मंच पर नया चमत्कार दिखाने में जुट जाते हैं तो धीरे-धीरे नाट्यकृति साहित्य से कतराती हुई केवल प्रदर्शन की ओर अधिकाधिक झुकने लगती है। यह नया सौन्दर्य दर्शकों को जितना मोहित, चकित या स्तम्भित करता हुआ चलता है, उतनी ही कृति-सुन्दरी साहित्य का साथ छोड़कर मंच-सौन्दर्य से लिपटती जाती है। पारसी थियेटर, बाल गन्धर्व नामक अभिनेता के अद्भुत अभिनय से नाटक को एक नई दिशा देने में समर्थ हुआ था। गीत-माधुर्य और अभिनय कला के सम्मिलन से रंगशाला में उसने सम्मोहन पैदा किया। लगभग आठ दशाब्दी उपरान्त जब्बर पटेल ने मराठी नाटकों को नई दिशा में मोड़ा है, अब न गीत-माधुर्य है, न काव्य-कथन। केवल परिस्थितिजन्य अस्मिता प्रधान है। उन्होंने आधुनिक विसंगत नाटकों को अपनी भारतीय नाट्यशैली में दिखाकर पश्चिम में बड़ा यश कमाया है। उनकी सहायता से विजय तेन्दुलकर जैसे विसंगत नाट्यकार इतिहास और पुराण-प्रसिद्ध घटनाओं, चरित्रों एवं उद्देश्यों पर आधुनिक जीवन की प्राय: समस्त विकृतियों को आरोपित कर रहे हैं। इनका प्रभाव सभी भारतीय भाषाओं के नाट्यकारों, अभिनेताओं एवं दर्शकों पर पड़ रहा है। 'घासीराम कोतवाल' की भूमिका में तेन्दुलकर स्पष्ट लिखते हैं—

'यह कहना कि नाटक ऐतिहासिक है या पौराणिक या सामाजिक, सब बेईमानी है। नाटक न इतिहास है, न पुराण, न समाज-शास्त्र। नाटक केवल नाटक है और कुछ नहीं। इसमें पात्र विशिष्ट मनोवृत्ति के प्रतिनिधि बनकर उभरते हैं और विशेष समाज-स्थिति की ओर संकेत होता है।' तेन्दुलकर से पूर्व इतिहास और पुराण की घटनाओं को नाटकीय बनाने के लिए तत्कालीन सामाजिक एवं दार्शनिक भावना को ठेस पहुँचाना भी अनाटकीय माना जाता था। आज का विसंगत नाट्यकार व्यक्ति की अस्मिता और स्वतन्त्रता बचाने के लिए पूर्व निश्चित समस्त मान्यताओं को विखंडित करना अनिवार्य मानता है। ऐतिहासिक और पौराणिक पात्र एवं कथ्य वर्तमान जीवन की विषम विसंगतियों के स्पष्टीकरण के साधन मात्र हैं। उनको आज के परिवेश

में नए रूप में रखकर उनका परिहास करना भी नाट्यकार को अभीष्ट है। विसंगत नाट्यालोचक इसे नाट्यगुण स्वीकार कर चुका है। इस नव नाट्यालोचन की नवीन शब्दावली बन चुकी है। उनसे विसंगत नाट्यालोचन की नवीन पद्धति पर प्रकाश पड़ सकता है। अतः यहाँ संक्षेप में उस शब्दावली का विवरण दिया जा रहा है।

नव नाट्यालोचन अन्तर्राष्ट्रीय परिप्रेक्ष्य में

इस तरह सारे उन्नत देशों में विगत चालीस वर्षों में आधुनिक नाट्यसर्जन और रंगमंच-प्रदर्शन की समीक्षा द्वारा एक नया नाट्य-निष्कर्ष तैयार हो गया है। अमेरिका के आर्थर मिलर के सर्वमान्य नाट्य-निकष पर नवम् दशक की नाट्य-प्रवृत्ति परखिये। मिलर कहते हैं—

1. क्या कृति पूरे मानव जीवन को दृष्टि में रखकर विरचित हुई है या हाथी के एक अवयव को पकड़कर रूप की भ्रांति की गई है?
2. क्या नाट्य-रचना जातीय जीवन को सबल बनाती है या उसे दुर्बलता की ओर घसीट रही है? क्या जन-जीवन से जन्मी है या आज के किसी अनजान परिवार की कहानी है?
3. क्या नाट्यकार स्वार्थी राजनीतिक नेता की भाँति या आज के भ्रष्ट धर्म-ध्वजा-धारियों की तरह देश-सेवा का झूठा डंका पीट रहा है या वास्तव में उसकी रचना दर्शक की मेधा को उद्भासित और हृदय को आलोकित भी करती है?
4. क्या आधुनिकता की खाद से देश-संस्कृति या मानवता का उपवन पल्लवित एवं पुष्पित हो रहा है या उसकी ज्वाला बचे-खुचे हरे-भरे वृक्षों को भी झुलसाती जा रही है?
5. क्या नाट्य-रचना समसामयिकता और रंगमंच से नाता जोड़कर चल रही है, या पिटी-पिटाई लकीर का ही अनुसरण कर रही है? क्या कृति के मध्य से रंगमंच का कोई निश्चित रूप स्पष्ट होता है?
6. क्या फ्रायड, सार्त्र, वेकेट के सिद्धान्त से आगे का चिन्तन है या अभी 'वेटिंग, फ़ॉर गॉडॉट' और 'खड़िया के घेरे' को लाँघ भी नहीं पाया है।

सफल नाट्य-कृति

1. एक उच्चकोटि का नाटक ऐसा न्यायशास्त्र है जो सामाजिक जीवन में सामंजस्य स्थापित करता चलता है। न्यायशास्त्र की तरह नाटक भी तब तक हमसे दूर भागता रहेगा जब तक हम फिर एक बार मानव को एक पूर्ण इकाई के रूप में नहीं देखते, जब तक शक्ति और संवेदना, न्याय और अनिवार्यता एक-दूसरे के आमने-सामने आकर हाथ नहीं मिलाते; जब तक शासन का औचित्य और विद्रोह का औचित्य उस ऊँचाई पर जाकर मिल नहीं जाता है जहाँ सामान्य लेखक की साँस बन्द होने लगती है, और जहाँ सर्वोच्च विचारों की निम्नतम

मनोवृत्तियों से दिल खोलकर बातें करते हुए देख अन्य प्रवृत्तियाँ मौन धारण कर लेती हैं।

(पृष्ठ–194—आर्थर मिलर के थियेटर निबन्ध)

2. उच्चकोटि का नाटक अपने युग की प्रधान भाव-भावनाओं के साथ सदा समझौता करता चलता है। जिस कृति में सामयिक बोध नहीं; जिसमें युग विशेष की प्रवृत्तियों का प्रदर्शन नहीं, वह काल के थपेड़ों से अकाल मृत्यु को प्राप्त होगा ही। प्रकृति का नियम है कि वह किसी स्वर-संगति या स्वर-सामंजस्य को सदा एक रूप में नहीं रहने देती। पूर्व स्वर संगतियों में परिवर्तन की अनुभूति के बल पर नाट्यकार नए ट्रेंड, नई प्रवृत्ति का अनुसंधान करता है, क्योंकि यही स्वर-परिवर्तन वर्तमान को अतीत से पृथक् करता है। जिस नाट्यकार की इस प्रवृत्ति की जितनी गहरी अनुभूति होती है, उसकी कृति अन्य सभी नाटकीय गुणों के रहते हुए भी शीघ्र ही विस्मृति के गर्त में जा छिपती है। सर्वोच्च आसन पर विराजमान प्रवृत्ति की क्रीड़ा दिखाने वाला नाटक ही समसामयिकता से सदा जुड़ता चलता है।

समसामयिक जीवन की जटिलताओं को समझने के लिए पूर्वजों के अनुभव का सहारा लेना ही पड़ता है। वर्तमान व भावी पीढ़ी को अतीत के गहन विचार, जीवन-दर्शन, गहरी अनुभूति से विधिवत् परिचित कराना आधुनिक बोध से कहीं अधिक कठिन है। कारण यह है कि आधुनिक जीवन से तो वर्तमान पीढ़ी दिन-रात परिचित रहती है, किन्तु अतीत व भविष्य का प्रत्यक्ष दर्शन केवल कुशल कलाकार ही करता है। अमेरिका में ओ'नील कुछ वर्षों तक बड़े चमकते रहे, किन्तु अतीत व भविष्य के वर्तमान से सामंजस्य की असमर्थता के कारण अभी केवल अर्थ से जुड़ी हुई कृतियाँ अमान्य बन गई हैं।

लेकिन परिस्थितियाँ बड़ी तेज़ी से बदल रही हैं और भावी पीढ़ी के बोध की बात तो दूर रही, अतीत की विशेषताओं को याद रखने से कठिन और कुछ नहीं है, जो अन्ततः जीवित रहती है। जो कुछ भी जीवित रहता है, वह मूलादर्श चरित्र व उनके सम्बन्ध हैं, जिनको भावी समय के अनुसार बदला जा सके।

3. कभी-कभी यह देखने में आया है कि सफल नाटकों में गुण विद्यमान होने पर भी कोई कृति देश-काल के प्रभाव से प्रभावित नहीं कर पाती। आर्थर मिलर का नाटक 'डेथ ऑफ़ सेल्समैन' फ्रांस में प्रथम प्रदर्शन में असफल प्रतीत हुआ। किन्तु 15 वर्ष के अंदर ऐसा परिवर्तन आया कि इसे देखने के लिए टिकट भी नहीं मिलते थे। जो समाज नये विचारों को प्राचीन से जोड़ नहीं पाता, उसे संसार में रहने का अधिकार ही क्या है? स्वामी रामतीर्थ ने अमेरिका में कहा था—"अगर आप प्राचीन और नये विचारों में सामंजस्य नहीं कर पाते तो अपने पूर्वजों के पास चले जाओ, नहीं तो अतीत को सर्वथा तिरस्कृत करो, अन्यथा जो जाति वर्तमान की पूजा करती है उसे दिग्भ्रम होगा ही।"

जो अतीत को वर्तमान के ढाँचे में ढाल नहीं लेता, जिसमें सामंजस्य करने की सोच नहीं वह जाति उन्नति कर ही नहीं सकती।

4. सारे विश्व में नाट्य-महिमा का प्रभाव उत्तरोत्तर बढ़ता जा रहा है, सभी उन्नत देश राजनीतिक, सामाजिक, आर्थिक, धार्मिक, वैज्ञानिक विकास के लिए सिनेमा, नाटक, रेडियो, टेलीविजन का महान योगदान स्वीकार करने लगे हैं। विसंगत नाटक व Anti-Theatre के दुष्प्रभावों को देख प्रत्येक विचारशील देश नये नाट्य-चिन्तन में लग गये। विलोम-थियेटर (Anti-Theatre) ने परम्परागत रंगमंचीय अनुभवों को सर्वथा तिरस्कृत किया था। अत: उसकी प्रतिक्रिया होनी स्वाभाविक थी। इग्लैंड में T.S. Eliot, जर्मनी में ब्रेख्त, रूस में मेयावस्की व मेअरहोल्ड व ल्यूबीमोव आदि नाट्यकारों व नाट्य-निर्देशकों ने विलोम थियेटर (Anti-Theatre) का खुला विरोध किया। कारण यह था कि इसमें व्याप्त कुंठा, निराशा, भोग-विलास की अमिट पिपासा, अकर्मण्यता, जीवन-निरर्थकता व समाज के प्रति सर्वथा उदासीनता आदि के घोर अन्धकार में आशा की एक भी किरण नहीं दिखाई पड़ती थी। जिजीविषा, देशभक्ति, पारिवारिक प्रेम आदि मानवीय गुणों की हत्या नये नाट्यकारों को असह्य हो उठी। अत: भिन्न-भिन्न देशों में सन् 1960 के बाद नये-नये प्रयोग प्रारम्भ हो गए। किन्तु दुर्भाग्य से हमारे देश में इसी विसंगत थियेटर ने पूरा अधिकार जमाना प्रारम्भ कर दिया। यहाँ प्रमाणों के द्वारा हम उक्त निष्कर्ष का समर्थन करेंगे।

अमेरिका : अमेरिका में ओ'नील के विरुद्ध एण्डरसन, विलियम, आर्थर मिलर आदि ने नवान्दोलन प्रारम्भ किया। उन्होंने घोषित किया—If a civilization... national art.

('अमेरिकन ड्रामा व इसके आलोचक', Page 148)

यदि किसी सभ्यता को जीवित रहना है और सभ्यता का कोई अर्थ है, तो उसे उस देश व जाति की कला व इतिहास में ढूँढ़ना होगा। जिस नाट्य-कला व थियेटर में पूर्वजों की कलागत अनुभूतियों का आधार नहीं लिया जायेगा वह विकासोन्मुख नहीं बन सकती। कवि की अपनी गहन अनुभूति जब पूर्व अनुभूतियों के प्रवाह में मिलकर एक हो जाती है तभी उसकी रचना समयोपयोगी व प्रासंगिक बनती है। इसलिए एण्डरसन ने वर्तमान घटनाओं से उत्पन्न नाट्यानुभूति को एस्किलस से लेकर इब्सन तक की नाट्यानुभूतियों में मिलाकर जीवन को देखा।

इनके प्रथम नाटक की भूमिका और मूल नाटक के आधार पर आलोचकों ने यह निष्कर्ष निकाला कि : In Anderson there has always been a belief... drama grew."

('American Drama and Its Critics', p. 149)

सत्कर्म, सद्धर्म, जिजीविषा, मानवीय, गुणों व परम्परागत अनुभूतियों में सर्वथा अविश्वास करने वालों का खण्डन करते हुए एण्डरसन कहते हैं—

"तर्क युग के पूर्व सदा विश्वास युग बनता आया है, संसार की रहस्यमयता

समझने के लिए कहीं-न-कहीं धार्मिक व्यक्तियों के अनुभव को आधार बनाना ही पड़ेगा।''
('American Drama and Its Critics', p. 149)

इसी मत का समर्थन दूसरे नाट्यकार टेनेसी बिलियम के चरित्रों में पाया जाता है। उनके नाटकों की आलोचना करते हुए आलोचक कहते हैं—

''यदि हम मानते हैं कि परम्परा हमारे पूर्वजों का आधार है, जिस पर खड़े होकर हम प्रगति करते हैं तो समाज को कुछ नया देने के लिए परम्परा हमारे अवचेतन में होनी चाहिए।'' विलियम प्रश्न उठाते हैं कि संसार में अनास्थामयी यह स्थिति आई कैसे?

अमेरिका में जब क्राइस्ट, 'बाइबिल' और ईश्वर का खंडन ज़ोर पकड़ने लगा तो सन् 1945 के उनके नाटक 'The Lady of Larkspur Lotion' में एक पात्र प्रश्न उठता है—'क्या संसार करुणा-शून्य हो गया? पारस्परिक सहानुभूति कहाँ चली गई? ईश्वर (गॉड) कहाँ है? क्राइस्ट कहाँ है? इन सब प्रश्नों का उत्तर अपने पुरुष पात्रों के क्रियाकलाप और चरित्रों को क्राइस्ट से जोड़कर निम्नलिखित रूप में दिखलाते हैं 'बैटल ऑफ़ एन्जील्स' में जेवियर नामक पात्र में क्राइस्ट का विश्व-उद्धारक रूप, 'दी ग्लास मैनेजरी' के पात्र Connor में क्राइस्ट का Unicorn प्रतीक; 'कैमिनो रीयल' (Camino Real) के किलरॉय (Kil Roy) में क्राइस्ट का Calvary रूप; 'सडेनली लॉस्ट' (Suddenly lost) के सेवैस्टियन में क्राइस्ट का पर्वतारोही रूप, 'स्वीटवर्ड ऑफ़ यूथ' के पात्र चार्ल्स में ईस्टर संडे को क्राइस्ट का अवतारी रूप; 'दी नाइट ऑफ़ दी इगुआना' के सैनोन में ईसा का सूली पर चढ़ने का रूप प्रदर्शित किया है।'
('टेनेसी विलियम वाई स्टेन्टॉन', पृष्ठ-149)

इसी प्रकार रूस में भी 'बाइबिल' की चरित्र निर्माण वाली कहानियाँ 'माई मायथालॉजी ऑफ़ दि पीपुल' नाट्यधारा बनाई गई है। कतिपय भ्रान्त पाश्चात्य आलोचक आधुनिक रूसी नाट्य-चिन्तन को केवल योरोपीय यथार्थवाद परम्परा पर आधृत मानते हैं, पर तथ्य यह है कि रूस ने अपनी समृद्ध प्राचीन परम्परा, क्लासिकल और रोमांटिक थियेटर, लोक-नाट्य और लोकोत्सव—धार्मिक (रिलिजस) नाट्यकला, कठपुतली नुक्कड़ नाटक के अतिरिक्त आधुनिक थियेटर की सम्पूर्ण सर्वोत्कृष्ट कला को आत्मसात् किया है। नवीन रूसी नाटकों के आधार पर वहाँ का नव नाट्य-चिन्तन पृथक रूप से दिया जा रहा है। जर्मनी, फ्रांस, इंग्लैंड, अमेरिका की तरह रूस भी रंगमंच को केवल पत्रकार व सम्पादक की सामयिक जागरूकता तक ही सीमित नहीं रखता है अपितु वह नवीन-प्राचीन कवियों की गहरी भावानुभूति, भाषा के चमत्कार को एस्किलस से इब्सन तक की सम्पूर्ण काव्य परम्परा के ज्ञान-भण्डार को भी समेटता चलता है।

सारांश यह है कि विश्व के शुभचिन्तक नाट्यकार प्रत्येक देश में ईश्वर की खोज के स्थान पर मानव जीवन को ईश्वरीय प्रेम से इस प्रकार परिपूरित कर देना चाहते हैं, जिससे हम एक-दूसरे से सहानुभूति कर सकें। अमेरिका का प्रसिद्ध

नाट्य-चिन्तक थामस पी.एडलर (Thomas P. Adler) लिखते हैं कि विश्व के नाट्यकारों को एटम युद्ध की विभीषिका से बचाने के लिए यह सन्देश देना ही है और दिया भी जा रहा है—

"We must be like God to the other, and the other must be like God to us."

('Tennessy Williams', page 148)

अर्थात् ''हमें दूसरों से प्रेममय व्यवहार करना है और दूसरों को भी हमारे साथ प्रेममय व्यवहार की प्रेरणा देनी है, क्योंकि ईश्वर और क्राइस्ट प्रेम और करुणा की प्रति-मूर्ति हैं। इसी कारण 'गाँधी' फ़िल्म प्रिय बनी। उक्त नवीन धारणाओं के आधार पर नव नाट्य-चिन्तन निर्मित हो रहा है।

नया नाट्यान्दोलन मूलत: जीवनीपरक है, अत: जीवनी मूलक नाट्य समीक्षा का प्रचार बढ़ रहा है। सन् 1965-66 में नव नाट्यान्दोलन की नई पद्धति अमेरिका में सर्वमान्य बन गई। प्रो. जीन गोल्ड (Jean Gould) ने 'मॉडर्न अमेरिकन प्ले राइट्स'' नामक महत्त्वपूर्ण ग्रन्थ लिखा, जिसमें बीसवीं शती के अधिकांश जीवित 18 प्रमुख नाट्यकारों की कृति समीक्षा उनकी जीवनी के आलोक में की गई। निर्भीक समीक्षक ने बड़ी लगन से नाट्यकारों के निजी, पारिवारिक, सामाजिक, व्यावसायिक, धार्मिक कृत्यों का आकलन किया। उनकी वर्तमान एवं परित्यक्ता पत्नियों, वयस्क पुत्र-पुत्रियों, घनिष्ठ मित्रों, नाट्यशाला अथवा अन्य व्यवसाय-सम्बन्धी क्रियाकलाप, रहन-सहन, खान-पान, सेक्स के दुर्बल और सबल पक्षों पर प्रकाश डालते हुए प्रत्येक कृति की समीक्षा की। अन्त में मृत नाट्यकारों की नाट्य-यात्रा पर विचार करते हुए उनके जीवन अनुभवों की आधुनिक काल के अनुरूप उपयोगिता खोजने का सफल प्रयत्न किया।*

भारत में विष्णु प्रभाकर ने 'आवारा मसीहा' में शरत्चन्द्र के उपन्यासों की व्याख्या इसी प्रकार की है। पर वह जीवनी-प्रधान हो गया है, आलोचना गौण रह गई है। 'रेत की मछली' और 'चन्दसितारे और' में क्रमश: धर्मवीर भारती और मोहन राकेश के जीवन-परिचय के साथ उनकी साहित्यिक अभिलाषा का उल्लेख मिलता है। पर आलोचना की दृष्टि से इनकी उपयोगिता उतनी नहीं, जितनी उपन्यास के रूप में है।

आज के हिन्दी नाट्यकार बड़ी ईमानदारी से अपने निजी दर्शन के अनुसार भोगे हुए जीवन-सत्य को अभिव्यक्त कर रहे हैं। यदि इनकी कृतियों की समीक्षा भोगते हुए जीवन के आलोक में की जाये तो पाठकों को उनकी सार्थकता और निरर्थकता का यथोचित ज्ञान हो सके। यह शोधकार्य परिश्रम साध्य तो है ही, खतरे से खाली भी नहीं। कितने ही नाट्यकारों के परिवारवाले न्यायालयों में अभियोग चला रहे हैं। परिणीता परित्यक्ता पत्नियाँ और कुमारी माताओं का कोर्ट में द्वन्द्व चल रहा है। फिर भी यह खतरा उठाना ही पड़ेगा।

*'Modern American Playwrights' by Jean Gould, 1966, Indian Edition, 1969

रूसी नाट्यालोचन (1970-80) और समकालीन हिन्दी नाट्य-समीक्षा

द्वितीय महायुद्ध के उपरान्त लगभग 10 वर्षों तक योरोप में बम वर्षा से विध्वस्त वातावरण का प्रभाव साहित्य के क्षेत्र में छाया रहा। पर क्रमशः नई पीढ़ी उसे भूलने लगी और साहित्य विशेषकर नाटक एक नए दौर से गुज़रने लगा। 20-25 वर्षों में अर्थात् 1970 आते-आते नाट्य-क्षेत्र में कतिपय ऐसी परिस्थितियाँ पैदा हुईं कि अनुभवी नाट्य-चिन्तक उभरती हुई आचार-भ्रष्टता की विनाशकारी प्रवृत्ति से चिन्तित हो उठे। रूस में शेग्लोव (Scheglov) ने बड़े कड़े शब्दों में अपने समकालीन नाट्यकार A. Stein के बहुचर्चित एक अति सम्मानित नाटक 'A Personal Affair' के गुणों की चर्चा करते हुए बड़े व्यंग्यपूर्ण कठोर शब्दों में उसकी त्रुटियों की ओर जनता का ध्यान दिलाया। उसने अपने आलोच्यकाल (1970-80) की चार प्रसिद्ध नाट्य कृति-समीक्षा में कहा—

"Plays permeated with politics and journalism are needed, every dramatic fault or miscalculation is especially disturbing because the propagating of communist ideas in such plays does not make use of artistic means."

('Seven Essays on Life & Literature', Boris Pankin-1981, Page-157)

अर्थात् ''राजनीति और पत्रकारिता से ओत-प्रोत नाटकों की आवश्यकता है, पर जब नाट्यकार अपने मिथ्या अनुमानों और कलागत त्रुटियों के आधार पर कम्युनिस्ट विचारों का प्रचार करने लगता है तो उसकी कृति कला से बहुत दूर चली जाती है।''

उसने एक बार दुःखी होकर कहा कि आज के कतिपय नाट्यकार अपने को नव सन्देशवाहक धर्माचार्य या उसके प्रतिनिधि मानने लगे हैं। रूसी साहित्य में नए धर्माध्यक्ष या उसके प्रतिनिधि के लिए स्थान नहीं। जो नाट्यकार नाट्य-शिल्प के विशिष्ट जाति-गुण को समझे बिना पाठक और दर्शक की उपेक्षा करता हुआ रचना करेगा वह न तो साहित्य के प्रति निष्ठावान् रह सकेगा और न अपनी कृति को हृदय-ग्राही एवं उत्साहवर्धक बना पाएगा।

शेग्लोव कृति की संरचना एवं उनकी निर्माणशैली की परीक्षा करते हुए लिखते हैं कि आज की अधिकांश कृतियों में "Genuine (i.e., as in life) human feeling is schematised into an impoverished, primitive system of words and actions."

('Seven Essays', Page-158)

अर्थात् ''जब वास्तविक मानवीय भावना योजनाबद्ध रूप में कंगाल और भिखारिन बना दी जाती है; जब शब्द-चयन और नाट्य कार्य-व्यापार पुरानी चाल का भद्दा और भोंडा कर दिया जाता है तो कृति अशक्त और नकली बन जाती है।'' वोरिस पैनकिन का कथन है कि "Scheglov here demonstrates the art of penetrating into the holiest secrets of the dramatic trade, for he has the same sensibility for mediocrity, poor workmanship and imitation regardless of the form in which it may appear."

('Seven Essays', Page-158)

अर्थात्—''प्रसिद्ध आलोचक शेग्लोव ड्रामाटिक ट्रेड के पावनतम रहस्यों के अन्तरतम में घुसने की कला प्रदर्शित करता है। कारण यह है कि उसमें सामान्य या मध्यम कोटि वाली कृति के दुर्बल नाट्यशिल्प को पहचानने की विलक्षण प्रज्ञा और विवेकशीलता है। चाहे जिस आकर्षक रूप में कृति को विरचित किया गया हो या मौलिक—शेग्लोव की आलोचना से बच नहीं सकती।''

आज का नाट्यालोचन नाटक की प्रकृति परखना चाहता है। आलोचक कहता है कि कतिपय कृतियाँ ऐसी हैं, जिसमें उच्चकोटि का भाव संवेग (lofty emotion) और निर्दोष न्याय निर्धारण (strict judgement) भी मिलता है। उनका शब्द-चयन भी ओजपूर्ण और शानदार (loud & pompous) है, फिर भी वह अति सामान्य कोटि में आती हैं। कारण यह है कि उनमें वर्णित मनोभाव एवं विचार क्षुद्र कोटि के हैं। जिस कृति के मनोभाव और विचार जीवन को समृद्ध एवं विकासोन्मुख बनाने में कुछ सहयोग नहीं दे पाते या मनुष्य को प्रगति की ओर ले जाने की अपेक्षा अगति और दुर्गति के कुत्सित मार्ग पर घसीटते हैं, वह कृति उक्त गुणों के होते हुए भी उच्चकोटि की नहीं बन सकती। चौथी त्रुटि नए नाटकों में यह है कि उनमें प्रतीकों के वास्तविक रहस्यों की उपेक्षा-सी है। पात्र छिटपुट सामान्य व्यक्ति बनकर रह जाते हैं। मानव-समाज के किसी विशेष वर्ग की प्रवृत्तियों के सूचक नहीं बन पाते। कला की दृष्टि से देखें तो व्यक्ति विशेष के द्वारा कोई सर्व सामान्य सिद्धान्त नहीं खोज पाते हैं। कलागत व्यापकता के अभाव के कारण वे क्षण स्थायी ही रह जाते हैं। आज के नए नाट्यकारों में यह सबसे बड़ा दोष है।

शेग्लोव आज के चार प्रमुख नाट्यकारों की आलोचना के प्रसंग में पाठक और दर्शक को सावधान करते हुए कहता है कि जो नाट्यकार जीवनोपयोगी सामग्री की व्याख्या उन सिद्धान्तों के आधार पर नहीं कर पाता जो आप्त व्यक्तियों के द्वारा विहित और समाज के द्वारा प्रामाणिक सिद्ध किए जा चुके हैं, उसकी कृति को पढ़ना और देखना व्यर्थ है। जो नाट्यकार अपनी कृति की संरचना राजनीतिक अर्थ-व्यवस्था से यन्त्रवत् उधार माँगकर अपनी मनमानी थीसिस गढ़ लेता है और उसके आधार पर नाट्य-संरचना करता है, या नायक पर दैवी कृपा दिखाकर चमत्कार दिखाना चाहता है, वह नाट्य-कला के साथ न्याय नहीं कर पाता। वह अपनी समझ से नायक को हृदय-द्रावक परिस्थिति में डालने पर भी दर्शक को तनिक भी जीवन्त नहीं बना पाता, क्योंकि पाठक और दर्शक जानता है कि नाट्य-निर्मित-परिस्थितियाँ बड़ी से बड़ी कठिनाई में भी नायक का बाल बाँका न होने देंगी।

शेग्लोव के शब्दों में, "The canonical means of interpreting material from life."

अर्थात् जीवनोपयोगी सामग्री की व्याख्या आप्त प्रमाणों के आधार पर ही की जा सकती है, मनमाने ढंग से नहीं।

शेग्लोव का आदर्शोन्मुखी कला सम्बन्धी दृष्टिकोण बड़ा स्पष्ट होता है। वह कथ्य, शिल्प के साथ नाट्य-प्रकृति पर बल देता है। उसका मत है—One must speak seriously of serious things, at the top of one's voice.

अर्थात् "सच्ची बात को उच्च स्वर से कहो, गम्भीर विषय गम्भीरता से बोलो।"

शेग्लोव नाट्यकार के यथार्थवादी होने का विरोध करता है। वह नाट्य-लेखक को क्रान्तिकारी रोमांटिक बनने की प्रेरणा देता है। उसके विचार से जो नाट्यकार ट्रेजेडी की ऊँचाई तक पहुँच पाता है वही क्रान्तिकारी बन सकता है। इन्हीं गुणों के कारण उन्होंने विस्नवस्की और पोगोडिन की प्रशंसा की है।

इन दोनों की कृतियों में आधुनिक नाट्यकला का वह नवोन्मेष दिखाई पड़ता है जो हृदय को अपील करने वाली है। शेग्लोव के मतानुसार रीडर और दर्शक का यह जन्मसिद्ध अधिकार है कि कला के उच्च एवं आदर्श प्रतिमान को सामने रखते हुए जीवन की सार्थकता और उसकी वास्तविकता को रंगमंच पर देखने की माँग करे। इसके लिए आवश्यक है कि नाट्यकार और रंग-निर्देशक—"A furious seeking and finding of answer."

अर्थात् "जीवन की असली तलाश और नाट्य प्रेमियों की जिज्ञासा-पूर्ति के लिए सदा तैयार रहें।"

शेग्लोव के मत से और रंगमंच का भविष्य तभी उज्ज्वल होगा जब कभी नाट्य-प्रेमी—"We need bold searches and efforts that draw on classical and revolutionary dramaturgy and which would move our drama away from its frequently false realism and dull repetitions."

—('Seven Essays on Life and Literature', by B. Pankin, Page-158).

अर्थात् "क्लासिकल और क्रान्तिकारी नाट्य-शास्त्र में ऐसे नाट्य-सिद्धान्तों की साहसपूर्ण खोज करनी है, जिसका अनुसरण करने से हमारा नाट्य-साहित्य मिथ्या और कृत्रिम यथार्थवाद तथा नीरस पुनरावृत्ति से ऊपर उठ सके।"

आज इसी उद्देश्य से रूसी सरकार ने निम्नलिखित घोषणा की है—

1. नाट्यकार का यह भी दायित्व है कि वह श्रमिकों और कृषकों को उपज वृद्धि के लिए प्रेरित करता रहे। रूस में सन् 1977 में विरचित नाटक 'फ़्यूजी पहाड़ की चढ़ाई ('Ascent to Mount Fuji') सारे देश में आज भी अति जनप्रिय बन रहा है। इस नाटक में उस कम्युनिस्ट मनोवृत्ति को केन्द्र में रखा गया है जो मिल या मैदान में काम करने वाले श्रमिकों को उपज-वृद्धि के लिए सदा प्रेरणा देती रहे। 'पीपुल्स थियेटर मिको-डेविडो 1977' इस कृति में नाट्यकार चिंगिल ऐटमाटोव का यह लक्ष्य रहा है कि रूसी समाज के उन स्वार्थी, अर्थलोलुप, बेईमान बुद्धिवादियों को इस नाट्य-प्रदर्शन से ऐसा धक्का लगे कि वे स्वयं अपनी भूल स्वीकार कर समाज, कल्याण के लिए त्याग, सहिष्णुता और ईमानदारी का जीवन में व्यवहार करने लगें।

इस नाटक में चार मित्र जीवन में सत्ता, ईमानदारी, साहस, पर कल्याण आदि

नैतिक प्रश्नों पर विचार विनिमय करते हैं। वे ऐसे नैतिक प्रश्नों पर विचार करने वाली लोककथा से मनोरंजन करते हुए यह निष्कर्ष निकालते हैं कि सच्चाई से काम करते हुए समाज-सेवा करना ही जीवन साफल्य है।

देश का इतना ध्यान रखने पर भी कई नाट्यकार विलासिता, उच्छृंखलता, हिंसा को उत्तेजित करने वाले नाटक लिखने लगे। उनका दुष्परिणाम देखकर कम्युनिस्ट पार्टी ने 'प्रावदा' पेपर के द्वारा नाट्यालोचन के सिद्धान्त नियत किए हैं—

"Soviet theatre, books and art critics have been told to crack down harder on signs of Western influence in new creative works and do more to ensure that orthodox communist values were upheld."

('Pravda', Moscow, June 9, 1983)

अर्थात् "सोवियत थियेटर-पुस्तक-लेखक और कला-समीक्षक सावधान कर दिए गए हैं कि वे पाश्चात्य देशों से आये अवांछनीय प्रभावों को अपने देश पर न पड़ने दें, ताकि देश का साम्यवादी जीवन-मूल्य सुरक्षित रह सके।"

इसी प्रकार इंग्लैंड के नाट्यकारों और रंगकर्मियों को अपने देश और अपनी जाति की रक्षा का प्रश्न नैतिकता पर बल देने को बाध्य कर रहा है। चीन और जापान तो सदा से नैतिक जीवन पर बल देते आ रहे हैं। अत: उनके सामने पश्चिमी देशों जैसी समस्या नहीं है। उन देशों के नव नाट्य-चिन्तन पर आज विचार किया जाएगा। यहाँ नाट्यकारों की अपनी भूल स्वीकृति का विश्लेषण करना प्रासंगिक होगा, क्योंकि आज का ईमानदार नाट्यकार अपनी प्रारम्भिक अपरिपक्व कृतियों की विचारगत भूलों पर स्वयं पश्चात्ताप कर रहे हैं।

पाश्चात्य नाट्ककारों द्वारा भूल स्वीकृति

पाश्चात्य नाट्यकार अपनी भूलें इसलिए भी स्वीकार कर रहे हैं, क्योंकि प्रगतिशीलता एवं आधुनिकता की यह विशेषता मानी जा रही है।

व्लादीमिर अब्रज्दसाव (Academician Vladimir Obrajtsov) का पुत्र सर्जी (Sergei) अपनी पुस्तक 'माई प्रोफ़ेशन' (My Profession) में लिखते हैं—

"I have had many failures in my work, and I have written of them. There are various reasons for these failures, but the very thing that I have noticed and which may be the result of a personal trait, is the vitality of an idea once it has been aroused."

('My Profession', by Sergei Obrajtsov, 1979, Page-208)

अर्थात् "मैंने अनेक भूलें कीं, जिनका उल्लेख मैंने अन्यत्र किया है। सबके कारणों का पर्यवेक्षण करने पर यह निष्कर्ष निकला कि अधिकांश भूलों का कारण मेरे विचारों की अपरिपक्वता रही है। (माई प्रोफ़ेशन, लेखक सर्जी अब्रज्दसाव—पृष्ठ-208)

प्रसिद्ध नाट्यकार व्लादीमिर के पुत्र 'अब्रज्दसाव' का एक प्रदर्शन देखकर गोर्की (Gorky) ने कहा था—

"You have done a lot of hard, difficult and quite useless work."
(Page-229)

''तुमने घोर और दुष्कर श्रम किया, पर वह सब एक निरर्थक प्रयोजन के लिए हुआ।'' (पृष्ठ-229)

त्रुटि-सुधार का उपाय पूछने पर गोर्की (Gorky) ने कहा—

"No too concrete advice coming from an outsider can be of any use to you."

अर्थात् ''रंगकर्मियों को कोई भी बाहरी व्यक्ति सुधार का ठोस उपाय नहीं बता सकता।''

सधे नाट्यकार और रंगकर्मी सदा युवा रहते हैं, अतः वे ही सुधार ला सकते हैं।

Sergei लिखते हैं कि स्टानिस्लावस्की (Stainislovsky) अपनी वृद्धावस्था में भी हम सब युवकों से अधिक युवा लगते थे।

30-35 वर्षों के नाट्यानुभव के बाद भी उनमें ताज़गी, उत्साह था, नए-नए संकल्प थे—

"His every phase, every thought was young. He spoke about the theatre as if he had only just started working and the most important and significant work lay ahead, with all that he had done being mere preparation for it." (Page-231)

स्टानिस्लावस्की का निर्णय था कि "One cannot learn to be a genious." अर्थात् ''नाट्य प्रतिभा तो जन्मजात होती है। स्कूल में सीखने से नहीं आती।''

उन्होंने नाट्यकार के लिए आवश्यक गुण बताए—

"Youthfulness in the perception of life, a keen sense of the truth, the will to struggle uncompromisingly for it, and an absolute faith in one's cause. One should be sure your work is necessary...necessary not for yourself but others."

अर्थात्—''नाट्यकार एवं रंगकर्मी को जीवन की धारणाओं और मान्यताओं में सदा जवानी का अनुभव करना, बिना किसी समझौते के निरन्तर संघर्ष का मनोबल रखना और अपने मिशन में पूर्ण विश्वास का होना आवश्यक है। नाट्यकार में सदा यह दृढ़ निश्चय बना रहे कि उसकी कृति केवल निजी हित के लिए नहीं, अपितु समाज के लिए अनिवार्य है।''

किसी नाट्यकार की असफलता तभी मुस्कुराती है, जब वह नाट्यकार अपने ही मिशन में विश्वास खोने लगता है। हँसने लगता है—

"The loss of his faith that what he was doing is needed."
(Page-232)

रूसी विचारधारा से सादृश्य रखने वाला नाट्य-चिन्तन जर्मनी और चीन का

भी है। ब्रेख्त (जर्मन) पर विचार कर चुके हैं। यहाँ चीनी नव नाट्य-चिन्तन का विश्लेषण किया जा रहा है।

आधुनिक चीनी नाट्य-चिन्तन

सन् 1983 में भारतीय बुद्धिवादियों का एक प्रतिनिधिमंडल चीन-यात्रा से लौटा है। उनके अनुसार कम्यून के सिद्धान्तानुसार कथा, कहानी और नाटक विरचित होकर सस्ते दामों में जनता को उपलब्ध कराये गये। रंगशालाओं में चरित्र-निर्माण, श्रम माहात्म्य, राष्ट्र-सेवा, त्याग और संयम की गरिमा पर बल दिया गया। परिणामस्वरूप चीन के कल-कारखानों, विश्वविद्यालयों, सामूहिक कृषि-कार्यों में हड़ताली तत्त्व उभर नहीं पाए।

अब धार्मिक स्वतन्त्रता मिलने से बौद्ध मन्दिरों एवं अन्य देवालयों में धर्म-चर्चा का प्रचार होने लगा है। धार्मिक सहिष्णुता, विचार दृढ़ता, राष्ट्रीयता, सामाजिक समानता की शिक्षा, नाटक एवं रंगमंच के माध्यम से दी जा रही है। ब्रेख्त के 'गुड ओमेन ऑफ़ चाइना' और आर्थर मिलर के 'डेथ ऑफ़ सेल्समैन' आदि उच्चकोटि के नाटक जनप्रिय बन रहे हैं। उच्चकोटि के नाटकों की कसौटी अब लेखक के नाट्य-सिद्धान्त माने जा रहे हैं।

चीन में भी सन् 1970 से ही तृतीय विश्वयुद्ध की विभीषिका आँखों के सामने नाचने लगी है। सभी देश सिनेमा, नाटक, रंगमंच एवं कला और साहित्य के माध्यम से जनता को साहसी, धैर्यवान, आशावादी बनाने की धुन में लग गए हैं। एब्सर्ड ड्रामा के नैराश्य, अनास्था, कुंठा, आत्महत्या, विक्षिप्ति, विलासिता, संशय को मिटाकर नवचेतना लाने का सर्वत्र प्रयास हो रहा है। चीन हमारा पड़ोसी देश है। यहाँ अनास्थावाद ने कन्फ़्यूसियश सिद्धान्तों को हवा में उड़ा दिया था, पर सन् 1970 के उपरान्त अनास्थावाद का समाज-विरोधी प्रभाव देखकर सरकार ने एक नया आन्दोलन चलाया। बीजिंग में 31 मई, 1983 को सरकार ने 'बीजिंग रिव्यू' नामक पत्रिका में एक लेख प्रकाशित कर यह घोषित किया—

"The ideas of Confucius are still valid in Chinese society today. There are still rational elements which we can use today."

अर्थात् ''कनफ़्यूसियश के कितने ही सिद्धान्त आज भी लाभप्रद हैं, क्योंकि वे बुद्धिवाद पर निर्भर हैं।'' चीन में कन्फ़्यूसियश के अनेक देवालय साम्यवाद के प्रचार-स्वरूप नष्ट-भ्रष्ट हो गए थे। चीनी सरकार और जनता उनका पुनरुद्धार सन् 1970 में ही प्रारम्भ कर चुकी। सन् 1977-78 में सभी भग्न देवालय पुनः पूजा योग्य बना दिए गए। पत्रिका के अन्त में लिखा है—

"It was time to reevaluate and restudy the thinking of Confucius."

''समय आ गया है कि कनफ़्यूसियश के सिद्धान्तों पर पुनर्विचार किया जाये

और उनकी उपयोगिता को स्वीकार कर काम में लाए जाएँ।''

इसी प्रकार रूस में नया नाट्य-चिन्तन कहता है कि पारिवारिक जीवन को सुखी बनाने के लिए कुमारी मातृ-पद्धति और डाइवोर्स (तलाक) की प्रथा का उन्मूलन आवश्यक है और रूसी साम्यवादी चारित्रिक मान्यताओं का कठोरतापूर्वक पालन अनिवार्य है। देश को दुर्बल बनाने वाली सामाजिक परिपाटियाँ समाप्त करनी हैं।

योरोपीय देशों में ब्रिटेन भी आगामी युद्ध-विभीषिका से आगाह है।

ब्रिटिश नाट्य-चिन्तन नई दिशा

आज ब्रिटेन की स्थिति देखकर नाट्यकारों एवं रंगकर्मियों को चिन्ता हो रही है—

"Most of the playwrights wonder how long Britain will last; and how long, and in what form the theatre can last."

('The New British Drama', by Oleg Kerensky—1977—Page-265)

अर्थात् ''पता नहीं ब्रिटेन कब तक बचा रहेगा और थियेटर किस रूप में कब तक जीवित रहेगा।''

वर्तमान ब्रिटेन की परेशानियों के कारण ढूँढ़ते हुए लेखक ओलेग इस निष्कर्ष पर पहुँचा है कि इस पतन के लिए नाट्यकार और रंगमंच भी उत्तरदायी है। चारित्रिक शिथिलता, अनुशासनहीनता और पतनोन्मुखी नैतिकता के कारण देश की दशा बिगड़ती जा रही है। फ्रांस की विसंगत नाट्यशैली का अन्धानुसरण नाट्य-स्तर को गिराने वाला सिद्ध हुआ है। नाट्य-विफलता के कारणों में प्रधान है—

"I believe that the lack of definite form and plot, and the absense of any clear conclusion, were among the most significant."

(Page-265)

''अर्थात् इन नाटकों का न तो कोई निश्चित रूप बनता है न कोई कथानक होता है, न इन नाटकों में कोई निष्कर्ष पाया जाता है।'' इस कारण इनका समाज पर कोई स्वस्थ प्रभाव नहीं पड़ पाता।

उच्छृंखलता भरे अनिर्दिष्ट इन नाटकों ने अनुशासनहीनता और चारित्रिक महत्ता समाप्त कर दी। अत: अब आवश्यकता है—

"There are now signs that the national mood is swinging to the right with a backlash against permissiveness and a wish for a return to more rigid and disciplined rules of behaviour and morality."

(Conclusion, 'The New Drama Tomorrow')

अर्थात् ''अब लक्षण ऐसे दिखाई पड़ रहे हैं कि बिटिश सरकार राष्ट्रीय भावना-विरोधी एवं चारित्रिक-शिथिलता की छूट के विरुद्ध कड़ा रुख अपना रही है और अंग्रेज़ जाति को नैतिकता और निर्मल आचार-विचार के कठोर नियमों और

अनुशासन के सिद्धान्तों का कड़ाई से पालन करना होगा।''

अंग्रेज़ जाति और देश के विभिन्न समाज की माँग है कि थियेटर हॉल और नाट्य रचना में प्राचीन शैली का पालन हो। अब आवश्यकता है कि नाट्यकर्मी और नाट्यकार दोनों इस सिद्धान्त का अनुसरण करें—

"This will soon be reflected in the theatre, both the new right wing writers and by plays written in more orthodox styles."

(Conclusion, 'The New British Drama')

अर्थात् ''ब्रिटेन का कल्याण इसी में है कि चरित्र-निर्माणकारी प्राचीन शैली के नाटक लिखे जायें और उनका थियेटरों में अभिनय हो।''

इन उद्धरणों से यह प्रमाणित होता है कि जागरूक देश चारित्रिक गठन पर बल दे रहे हैं, पर हमारे कई नाट्यकार अब भी विसंगत नाटक और ओ'नील की प्रारम्भिक शैली का ही अनुसरण करते जा रहे हैं।

सातवाँ अध्याय

प्रतीक नाटक और मिथक-योजना

काव्य में प्रतीक प्रयोग की आवश्यकता का अनुभव वैदिक ऋषियों एवं ग्रीक ट्रेजिक नाट्यकार एस्किलस (Aeschylus) को सर्वप्रथम हुआ। सूर्योदय देखकर अपनी भावानुभूति को अभिव्यक्त करते हुए वैदिक ऋषि कहता है— ''अन्धकारमय रजनी ने सुन्दर शिशु को जन्म दिया, जो आकाश में विचरण कर रहा है।'' ('ऋग्वेद' प्रथम मंडल)। इस सूक्त में अन्धकार प्रकृति की रहस्यमयता का द्योतक है और सूर्य प्रतीक है ज्ञानरूप प्रकाश एवं तेजस्विता का। कितने विस्मय की बात है कि काली कलूटी (रजनी) माँ के गर्भ से परम तेजस्वी रक्तवर्ण शिशु जन्म ले रहा है। अथवा उपेक्षिता आदिम जाति में देदीप्यमान शिशु पैदा करने वाली प्रकृति का रहस्य कौन समझ सकता है। यह तो आदिम भारतीय प्रतीक योजना का रूप हुआ। ग्रीक के प्रारम्भिक नाट्यकार एस्किलस की ट्रेजेडी का उद्देश्य ही था कि सामाजिक में विस्मय उत्पन्न करने के लिए उनके हृदयों को ज़ोर से धक्का मारना। इस टेकनीक का नाम है—Ekplexis (Shock)। इस टेकनीक में एस्किलस 'रंगीन चित्रों, मंच सज्जा, चबूतरों, वेदी, कब्रों, ढोलादि वाद्यों को भावाभिव्यक्ति के प्रतीक रूप में ग्रहण करता है। ('Life of Aeschylus' by Prof. Artaud)।

इसका दूसरा प्रयोजन और भी हुआ करता था। उस काल में भी ''नाट्यकार का उद्देश्य वैयक्तिक जीवन के उतार-चढ़ाव के माध्यम से ऐसा प्रतीकात्मक अर्थ स्पष्ट करना होता था जो पूरे समाज और जाति के जीवन की व्याख्या कर सके।'' प्रो. हेरिंग्टन कहते हैं : In all the extant tragedies of Asechylus the fates of Communities are as directly involved in the dramatic action as are the fates of any individual visible on the stage.

('World Drama', Page-4)

इस बीसवीं शताब्दी में यह प्रतीकात्मक शैली विकसित होते-होते अंग्रेज़ी में इलियट के 'वेस्टलैंड', 'मर्डर इन दी कैथीडल' में पहुँची तो हिन्दी में 'कामना नाटक' और 'अंधा युग', 'शुतुरमुर्ग', 'तिलचट्टा', 'सूखा सरोवर' आदि में भारतीय

शैली विकसित हई। प्राच्य और प्रतीची नाट्यकारों ने जब प्रतीक प्रयोगों को पौराणिक एवं ऐतिहासिक कथाओं में समेटना प्रारम्भ किया तभी नाटकों में मिथक योजना ज़ोर पकड़ने लगी। यहाँ संक्षेप में प्रतीक नाटक और मिथक योजना का क्रमिक विकास दिखाया जाएगा।

प्रतीक नाट्यशैली का क्रमिक विकास

हम पूर्व में कह आए हैं कि संस्कृत में 'प्रबोधचन्द्रोदय' प्रतीक नाटकों का आदर्श रहा है। कुछ काल तक हिन्दी में भी उसी परम्परा का अनुसरण किया गया, किन्तु आधुनिक काल में हिन्दीतर भाषाओं के प्रचुर अनूदित नाटकों से इस शैली का उत्तरोत्तर विकास होता गया। एक ओर तो अभारतीय नाट्यकारों मेटरलिंक, बर्नार्ड शॉ आदि की कृतियों का अनुवाद हुआ; दूसरी ओर रवीन्द्रनाथ टैगोर के 'राजा', 'अचलायतन', 'डाकघर', 'रक्त करबी' के हिन्दी अनुवाद से हिन्दी में प्रतीक-नाटकों की शैली पर प्रभाव पड़ा।

पाश्चात्त्य नाट्य-साहित्य में पिराण्डेलो के नाटकों से एक नवीन विचारधारा उत्पन्न हुई। उसने इस तथ्य पर बल दिया कि जीवित चरित्रों की अपेक्षा प्रतीकात्मक पात्र नाटकीय तथ्यों का उद्घाटन करने में अधिक समर्थ होते हैं। पिराण्डेलो ने अपने नाटकों में प्रतीकों का प्रयोग किया, पर वह पूर्ण रूप से सफल न हो सका। उसके उपरान्त दो रूसी नाट्यकार—लियोनिड निकोलेविच एण्ड्रीब और निकोलाइविच एवरेनो ने प्रतीक नाटकों की शैली को और भी पुष्ट बनाया। एण्ड्रीब ने अपनी पुस्तक 'लेटर ऑन दि थियेटर' (1913) में मेटरलिंक के समान स्पष्ट घोषित किया कि "रंगमंच पर शारीरिक क्रियाशीलता का निवारण करके नाट्यकारों को आत्मा की क्रियात्मकता पर बल देना चाहिए।"[1] उसने अपने चार नाटकों—'सितारों को', 'मानव का जीवन', 'सम्राट क्षुध्', 'सव्वा' में सामयिक समस्याओं को प्रतीकों के रूप में दर्शकों के सम्मुख रखा।

'सम्राट क्षुध्' नामक नाटक में क्षुध् सम्राट दीन एवं पीड़ित व्यक्तियों के सम्मुख उपस्थित होता है और उसके सिर पर सभी धन-सम्पन्न व्यक्ति आनन्दोल्लास में निरन्तर नृत्य करते हुए दिखाई देते हैं।

रूसी नाट्यकारों के अतिरिक्त स्वीडन के हजालमर बर्गमैन ने गीतिनाट्यों में प्रतीक शैली का प्रयोग किया। उसने अपने नाटकों—'छाया' और 'मिस्टर स्लीमैन आ रहे हैं' में इसी शैली को व्यवहृत किया। इसी प्रकार इटली और स्कैण्डिनेविया आदि देशों में भी यथार्थवाद और प्रतीकवाद का सम्मिश्रण पाया जाता है।

इस क्षेत्र में हिन्दी नाट्यकारों पर सबसे अधिक प्रभाव रवीन्द्रनाथ टैगोर का पड़ा। उनका प्रथम प्रतीक नाटक 'राजा' (दि किंग ऑफ़ डार्क चैम्बर) 1910 में प्रकाशित हुआ। इसकी भूमिका में रवि बाबू ने स्वतः नाटक की प्रतीकात्मकता का

1. Nicolai, 'World Drama', Page-719

विश्लेषण किया है। आधुनिक शैली के प्रतीक नाटकों में इसका एक महत्त्वपूर्ण स्थान रहा है। इसके अंग्रेज़ी रूपान्तर से प्रायः सम्पूर्ण भारतीय भाषाओं का नाट्य-साहित्य प्रभावित हुआ है।

राजा

इस नाटक में ऋतुराज प्रतीक है उस राजा का जिसका बाह्य वैभव वसन्त के समान चतुर्दिक फैला हुआ है, किन्तु जिसके अन्तर में उसी प्रकार वैराग्य है जिस प्रकार ऋतुराज के अन्तःकरण में। ऋतुराज अपने सम्पूर्ण ऐश्वर्य को जगती के कल्याण में अर्पित करके वैशाख में चुपचाप अन्तरिक्ष में विलीन होने चला जाता है। रानी सुदर्शना राजा के बाह्य वैभव पर ही मुग्ध है। उसके आन्तरिक सौन्दर्य तक उसकी दृष्टि पहुँच ही नहीं पाती। किन्तु दासी सुरंगमा की गम्भीरतर दृष्टि है। वह राजा के ऐश्वर्य के अतिरिक्त उसके अन्तःकरण में विराग देखकर उल्लसित होती है। प्रारम्भिक काल में राजा की शक्ति से अनभिज्ञ होने के कारण सुरंगमा राजा से द्वेष करती है किन्तु राजा को पहचान लेने पर वह इतनी श्रद्धा करने लगती है कि उनके चरण-रज को देखकर ही कृतकृत्य हो जाती है।

नाट्यकार ने यह स्पष्ट कर दिया है कि दासी की दृष्टि भी सम्यक् नहीं है। उसमें राजा के प्रति प्रेम-दृष्टि नहीं; अतः वह राजा के यथार्थतम भाव को परख नहीं पाती। इस नाटक में केवल ठाकुरदा राजा के सत्यभाव को समझ पाता है। वह राजा को अपना बन्धु समझता है। वह गाता रहता है—

ये जे वसन्तराज एसेछे आज
बाहेर बाहार उज्जल साज
ओरे अन्तरे तार वैरागी गाय
ताइरे नाइरे नाइरे ना।

इस नाटक का मूल आशय आगे चलकर स्पष्ट होता है। प्रकृति की लीला के सादृश्य से मानवलीला का रहस्योद्घाटन नाट्यकार को अभीष्ट है।

उनका दूसरा प्रसिद्ध प्रतीक-नाटक 'अचलायतन' है। इस नाटक में समाज के बौद्धिक और आत्मिक ह्रास का परिचय है। इसमें वज्रयान का प्रचार करने वाले बौद्ध विहारों की ह्रासोन्मुख दशा का वर्णन मिलता है। उस काल में मंत्र-तंत्र में अत्यधिक विश्वास और गुह्य साधनाओं का प्रचार करने के कारण देश में विकराल स्थिति पैदा हो गई तथा जन-समाज अकर्मण्य बन गया।

उनका सर्वाधिक प्रसिद्ध नाटक 'डाकघर' है। इसके पात्र हैं—माधव, अमल, प्रहरी, बाबा फ़कीर, वैद्य, चौधरी, राजदूत। वैद्य के कथनानुसार माधव अमल को एक कक्ष में बन्द रखता है। अमल खुले मैदान में विचरण करने वाले लोगों का स्वर सुनकर बाहर घूमने के लिए तरसता है। उसका प्रहरी घण्टा बजाते हुए अमल को समझाता है कि समय बराबर चलता ही रहता है; और प्रत्येक मनुष्य को उस

देश में जाना पड़ता है, जो अज्ञात है। उसके घर के सामने एक नया डाकघर बना है। प्रहरी और अमल में डाकघर के सम्बन्ध में इस प्रकार वार्तालाप होता है--

अमल : राजा के डाकघर में कहाँ से चिट्ठी आती है; राजा के यहाँ से?

प्रहरी : हाँ, हाँ, आती क्यों नहीं। देखना किसी दिन तुम्हारे नाम से भी चिट्ठी आएगी।

अमल : मेरे नाम से चिट्ठी आएगी? मैं तो अभी बच्चा हूँ।

प्रहरी : बच्चों को राजा बहुत प्यार करते हैं। उनके लिए वे इतनी-इतनी सी छोटी-छोटी चिट्ठियाँ लिखते हैं।

अमल : तब तो बड़ा मज़ा होगा। मुझे कब चिट्ठी मिलेगी? अच्छा, राजा मुझे भी चिट्ठी लिखेंगे; तुम्हें कैसे मालूम हुआ?

प्रहरी : नहीं तो वे तुम्हारी इस खुली खिड़की के सामने ही इतना बड़ा सुनहरा झण्डा फहराकर डाकघर क्यों खुलवाते? (अपने मन में, बच्चा बड़ा प्यारा मालूम होता है)।

अमल : अच्छा, राजा के यहाँ से जो चिट्ठी आएगी, उसे देने कौन आएगा मुझे?

प्रहरी : राजा के यहाँ बहुत-से डाकिया रहते हैं न! देखा नहीं तुमने, गोल-गोल सोने का तमगा लगाए वे घूमा करते हैं?

इतने में एक चौधरी का प्रवेश होता है। चौधरी और अमल में वार्तालाप चलता है। वह क्रुद्ध होकर कहता है, ''ठहर जा, छोकरे! जल्दी ही इन्तज़ाम करता हूँ जिससे राजा की चिट्ठी तेरे घर आए।'' चौधरी के प्रस्थान के उपरान्त लड़के और लड़कियों का दल आता है। उनमें से एक अमल को डाकघर के डाकियों की पहचान कराते हुए कहता है, ''उनके नाम हैं बादल, शरद आदि।'' इतने में एक फ़कीर के वेश में बाबा का प्रवेश होता है। बाबा और अमल की बातें बड़ी ही रहस्यमयी होती हैं। थोड़ी देर बाद चौधरी और माधव भी आ जाते हैं। बाबा राजा की चिट्ठी दिखाता है जो अमल के नाम आई है। पत्र में लिखा है, 'मैं आज या कल तुम्हारे घर पर आऊँगा। मेरे लिए तुम लोग चूड़ा-चना का भोग तैयार रखना।' केवल अमल को राजा के आगमन-काल की वाद्य-ध्वनि सुनाई पड़ती है। चौधरी कहता है, ''इस लड़के में सचमुच ही भक्ति-श्रद्धा है, बुद्धि नहीं है, पर मन साफ़ है।'' इसी समय चौथे पहर का घण्टा बजता है और कोई द्वार खटखटाता है। राजदूत और राजवैद्य का प्रवेश होता है। वह बन्द दरवाज़े और खिड़कियों को खुलवा देता है। अमल को आकाश-मण्डल दिखलाई पड़ता है। अब वह आनन्द-विभोर होकर चिरनिद्रा ले रहा है। राजवैद्य कहता है, ''आ रही है, आ रही है, नींद आ रही है बच्चे को। मैं इसके सिरहाने बैठूँगा। दीया बुझा दो। अब सिर्फ़ आकाश के तारों का ही प्रकाश आने दो। बच्चे को नींद आ गई, सो गया बेचारा।''

इस नाटक का तात्पर्य है कि परमात्मा का मिलन श्रद्धा-भक्ति सम्पन्न निर्मल हृदय वाले व्यक्ति को ही होता है। अमल निर्मल हृदय बालक है। उसके सिर पर

ज्ञान का बोझा नहीं लदा है। राजा ईश्वर है। डाकघर उसके सन्देश के वितरण का केन्द्र है, जिससे चिट्ठियाँ उन्हीं व्यक्तियों को मिलती हैं जिनका हृदय निर्मल है। राजा का दर्शन (परमात्म-मिलन) तभी सम्भव है जब संकीर्णता के बन्द द्वार का उद्घाटन होता है।

रवीन्द्र बाबू के अन्य प्रतीक-नाटक हैं, 'मुक्ति-धारा' और 'रक्त करबी' (1924)। ये दोनों नाटक उनके श्रेष्ठ प्रतीक-नाटक हैं। 'रक्त-करबी' में अधिकार और धन का प्रलोभन आज के सभ्य मानव-समाज पर स्वच्छन्द शासन कर रहा है, जिससे जनसमाज अपमानित, पीड़ित होकर पशुवत् बन रहा है। इस दु:ख दैन्य से मुक्ति पाने का एकमात्र उपाय यह बताया गया है कि ज्ञान और अधिकार का उपयोग सादगी के साथ प्रकृति और मानव-जीवन का ऐक्य स्थापित होने पर ही सम्भव है।

रवीन्द्रनाथ की इस प्रतीकात्मक शैली का प्रभाव पन्त के अतिरिक्त आचार्य जानकीवल्लभ शास्त्री पर भी पड़ा है। वे 'वासन्ती' के सम्बन्ध में लिखते हैं, 'वासन्ती प्रतीकात्मक गीतिनाट्य की दिशा में मेरा प्रथम प्रयोग है। उसके चरित्रों को गति देने के लिए मैंने शास्त्रीय और लोकसंगीत को समान रूप से प्रश्रय दिया है।' लोकसंगीत रवि बाबू को अति प्रिय रहा है।

रवीन्द्रनाथ ने अनेक गीतिनाट्य, काव्यनाट्य, नृत्यनाट्य और ऋतुनाट्यों का सृजन किया। हिन्दी में भी इन शैलियों पर विविध प्रयोग होते रहे। आज संगीत और नृत्य से नाट्यकला का पुन: गठबन्धन हो रहा है और रंगमंच पर यही शैली सर्वाधिक जनप्रिय बन रही है। हिन्दी के मेधावी नाट्यकार भारतीय और पाश्चात्य दोनों नाट्यशैलियों के सम्मिश्रण से नित्य नए प्रयोग कर रहे हैं।

हम आगे चलकर इस मिश्रित शैली का प्रभाव, आज के प्रतीक नाटकों पर दिखायेंगे। यहाँ यह स्पष्ट करना आवश्यक है कि हिन्दी में यद्यपि रवीन्द्रनाथ टैगोर के सभी नाटक अनूदित हुए, किन्तु उनका प्रतीकात्मक अर्थ पूर्णतया ग्रहण करने में असमर्थ होने के कारण हम उनके पूर्णसत्य को पकड़ नहीं पाए। बाँग्ला साहित्य के मर्मज्ञ और 'रक्त करबी' (लाल कनेर) के अनुवादक आचार्य द्विवेदी जी ने यत्र-तत्र उनके प्रतीक नाटकों का अर्थ समझाया है। प्रतीकात्मक अर्थ समझ में आते ही रवीन्द्रनाथ ठाकुर की कृतियाँ रस विभोर कर देती हैं। यहाँ बहुचर्चित नाटक 'लाल कनेर' का रहस्य समझ लेने से उनके अन्य प्रतीक नाटक बोधगम्य हो सकते हैं।

सोने की खानवाली यक्षपरी में स्वर्ण निकालने वाले श्रमिकों के क्रियाकलाप के साथ नाटक प्रारम्भ होता है। मज़दूर मानव के रूप में खान में जाकर प्रेतरूप में बाहर निकलते हैं। लोभ का आश्रित एवं अत्याचार की मूर्ति राजा सदा ही सुरक्षित घर में बन्द रहता है। उसके बड़े-बड़े व्यवसायी सरदार निर्दय-निर्मम जीवन बिताते हुए दिन-रात कुचक्र में लिप्त दिखाई पड़ते हैं। इस स्वर्णमोहिनी आधुनिक सभ्यता के पोषक हत्यारे दानव प्रकृति के चिर संचित भंडार को लूटते हुए मानवता की हत्या करते रहते हैं। इन दानवों से त्राण दिलाने वाली नन्दिनी 'लाल कनेर' की विद्रोही

ध्वजा फहराती हुई घर-घर अपना नव संगीत सुनाती फिरती है। बीहड़ वन, दुर्गम पर्वत, सूने निर्झर-निर्धन मरुप्रदेश में जहाँ भी जाती है वहीं अधीर, अशान्त एवं दुःखी जनता उसका मधुर संगीत सुनने को टूट पड़ती है। उसके संगीत पर रीझा युवा वर्ग उसी के नेतृत्व में राज्य के विरुद्ध विद्रोह करता है। युवकों का संगठनकर्ता रंजन है। अतः राजा रंजन का वध करा देता है। अब उसका मित्र विशु विद्रोह की ध्वजा फहराता है। रंजन की मृत्यु पर श्रमिक समूह राजा का विद्रोही बनकर नन्दिनी और विशु का साथ देता है। अन्त में पराजित होकर राजा अपनी भूल स्वीकार करता है। विशु संघर्ष करते-करते विक्षिप्त-सा बन जाता है और पुरस्कार रूप में राजा के हाथों से कुछ न लेने की अपनी प्रतिज्ञा भंग करने को विवश हो जाता है। अन्त में 'रक्त करबी' की माला गले में धारण कर ही लेता है।

आचार्य क्षितिमोहन सेन के अनुसार इस प्रतीक नाटक की व्याख्या करते हुए द्विवेदी जी लिखते हैं—'नन्दिनी मनुष्यता का आदर्श है। सौन्दर्य और ऐश्वर्य—रंजन और राजा—उसके मूल में अपने को निछावर कर देते हैं। शक्ति और ज्ञान (युवा शक्ति और विद्यावागीश अध्यापक) इस आदर्श के उपासक हैं। पवित्रता और परिश्रम—विशु और श्रमिक फागुलाल हैं। इस प्रकार व्यवसायवाद से आबद्ध मानव नन्दिनी (मनुष्यता) के उद्धार, युवकों के बलिदान पर ही निर्भर है।'

('द्विवेदी ग्रन्थावली'—8, पृष्ठ-393)

इसी प्रकार 'डाकघर' में जीवन और मृत्यु का रहस्योद्घाटन पाया जाता है। हिन्दी के प्रतीक नाटकों में न तो वह काव्यात्मकता आ पाई और न विचारों की गंभीरता। कारण यह है कि बाँग्ला से अनभिज्ञ हिन्दी नाट्यकार अंग्रेज़ी के विसंगत नाटकों की ओर टूट पड़ा। इस प्रवृत्ति का दुहरा प्रभाव पड़ा, जिस पर आगे विचार किया जाएगा।

इस स्थल पर आज के प्रमुख प्रतीक नाटकों पर विहंगम दृष्टि डाल लेनी है। स्वतन्त्रता के उपरान्त विभिन्न प्रतीकों के आधार पर समसामयिक जीवन की विभीषिकाओं का उद्घाटन करने वालों में डॉ. लक्ष्मीनारायण लाल का प्रमुख स्थान है। उनके प्रमुख नाटकों की यहाँ समीक्षा कर लेनी है। पहले उनके प्रसिद्ध नाटक 'मादा कैक्टस' की प्रतीकात्मकता पर विचार करना है। इसकी प्रतीक-व्यंजना अत्यन्त सघन, गम्भीर एवं मार्मिक है। इसमें क्रमबद्ध घटनाओं का अभाव है। केवल कैक्टस को केन्द्र में रखकर इसके परिपोषक अरविन्द के चतुर्दिक एक अल्पीय सी घटना इस प्रकार घटित होती है—अरविन्द अपनी धर्मपत्नी सुजाता को छोड़ देता है और सहधर्मा आनन्दा के साथ रहकर अपनी कलाकृति का निर्माण करता है। वह विवाह को बच्चों का घरौंदा समझता है जो अति जीर्ण हो चुका है। वैवाहिक जीवन को गतिरोध का कारण घोषित करता हुआ कहता है, "मैं तो उसे बिलकुल ही मिटाना चाहता हूँ। मैं उस रास्ते पर चलकर देख आया हूँ। उसमें गति नहीं है, प्रेरणा नहीं है। सबसे बड़ी चीज़ है आपस की अण्डरस्टैण्डिंग—सिम्पैथी।" वह दद्दा का उपहास

करते हुए कहता है, ''आप अपनी स्त्री को हण्टरों से मारते थे और आपने एक के मरते दूसरा और दूसरी के रहते तीसरा विवाह कर लिया।'' वह पुराने 'मॉरल वेल्यूज' को ठीकरा समझता है और प्राचीन 'सोशल स्ट्रक्चर' का आमूल परिवर्तन चाहता है। वह परम्परा को अन्धविश्वास कहता है। नवयुग की प्रतीक आनन्दा यूनिवर्सिटी में लेक्चरर तथा चित्रकला एवं संगीतकला की पुजारिन है, किन्तु है स्वभाव से बड़ी मनस्विनी। चार साल रुग्णावस्था में अरविन्द के साथ रहने के कारण कृशकाय हो गई है। उसका लक्ष्य है अरविन्द के साथ विवाह से ऊपर उठकर सच्चे दोस्त के समान रहना। कालान्तर में घटनाक्रम से 'मादा कैक्टस' सूख जाती है।

प्राचीन प्रतीक-नाटकों के विषय में हम पूर्व चर्चा कर आए हैं। आज के प्रतीक-नाटक समस्यापरक बनते जा रहे हैं। उनका विस्तृत विवेचन यहाँ आवश्यक है। आज के समस्या-नाट्यकार प्रतीक का अवलम्ब ले रहे हैं। इस प्रतीक-योजना में अरविन्द केवल उपयोगिता-मात्र को चाहने वाला नये युग का प्रतीक है। सुजाता पहले तो सौन्दर्य की प्रतीक है पर बाद में परित्यक्ता हो जाने पर अर्थात् केवल उपयोगिता मात्र के अभ्यर्थी, आधुनिकता के प्रतीक अरविन्द से उपयोगिता के अभाव में परित्यक्ता बनने पर अध्ययन करके यह ज्ञान-समन्वित सौन्दर्य की प्रतीक बन जाती है। मादा कैक्टस नये युग का मूल्य कही जा सकती है और आनन्दा नये मूल्यानुसार जीवन बिताने की इच्छा रखने वाली, सन्तान को अपने मार्ग में बाधक समझने वाली नवयुग की प्रतिच्छाया है। दद्दा पुराने युग के प्रतिरूप हैं। सुधीर अल्हड़पन और मस्ती का ही प्रतिरूप है। उसका विवाह मिस खान से होता है जो सांसारिक सुख या आदर्श-रहित भौतिक सुख-मात्र की आकांक्षिणी है।

सुजाता प्रतीक है कला की सुन्दरता का। जब अरविन्द अर्थात् नया युग आनन्दा अर्थात् उपयोगिता के वश में होकर पारिवारिक स्नेह, दया, माया, ममता आदि को त्याग देता है तो सुजाता—अर्थात् कलागत सुन्दरता साधना के द्वारा दिवाकर अर्थात् शक्ति से नाता जोड़ लेती है। उस दशा में मादा कैक्टस—नवयुग का मूल्य—सूख जाता है अर्थात् समाप्त हो जाता है। आनन्दा के दोनों फेफड़ों का एक्सरे करना मानो उपयोगिता के दोनों पक्षों की अन्तःपरीक्षा है। अरविन्द का आनन्दा को पुकारते हुए गिरना, नए मूल्यों पर आधारित कलाकृति का मूर्छित होना है। सुधीर का मुर्गाबी आदि कोमल पक्षियों को मारने वाली बन्दूक को फेंक देना अपने भौतिक सुख-मात्र में केन्द्रित प्रवृत्ति का परित्याग कर उदात्त वृत्ति धारण करना है।

इसमें तीन कोटि के जीवन की अभिव्यक्ति है। एक कोटि में सुधीर और मिस खान हैं, जिनका लक्ष्य एकमात्र सुख-विहार है, जिन्हें किसी कलाकृति से कोई नाता नहीं, जो अल्हड़पन यौवन बिताते हुए निश्िंचततापूर्वक जीवनयापन कर लेने के पक्ष में हैं। वे इस सिद्धान्त का प्रतिपादन करते हैं कि कोमल वृत्तियों को जीवित रखकर परिपुष्ट करने की कोई आवश्यकता नहीं। यदि उनके हनन से हम भौतिक जीवन को सुखी बना सकते हैं तो उनकी हत्या में कोई दोष नहीं। ये उनके प्रारम्भिक विचार

थे। जब ये पुष्ट होने लगते हैं तो हत्याकारी बन्दूक फेंक देते हैं, अर्थात् विचारों की परिपुष्टता के बाद भौतिकवाद को भी क्रूरता, निर्दयता का त्याग करना पड़ता है।

दूसरा वर्ग जीवन के भौतिक सुख के साथ-साथ कलाकृति के निर्माण के भी पक्ष में है। अरविन्द और आनन्दा का सहधर्मा होना इस बात का सूचक है कि कलाकृतिकार अपनी कला में सहायता करने वाली उपयोगिता को ही अपनी चिरसंगिनी बनाना चाहता है। वह वैवाहिक जीवन को बन्धन समझकर उन्मुक्त प्रेम का अभिलाषी है। वह परम्परागत सुन्दरता के साथ गठबन्धन करने को तैयार नहीं। अत: अपनी धर्मपत्नी सुजाता का परित्याग करता है। किन्तु अन्त में अपने कृत्यों पर पश्चात्ताप करते हुए मूर्च्छित हो जाता है। तात्पर्य यह है कि परम्परागत सुन्दरता का परित्याग कर तात्कालिक उपयोगिता के साथ विचरण करने वाला चिरकाल तक सशक्त नहीं रह सकता, उसकी कृतियाँ शाश्वत् एवं चिरस्थायी नहीं बन सकतीं।

परित्यक्ता सुजाता की अध्येता-रूप में तपस्या और दिवाकर से पुन: गठबन्धन इस तथ्य का प्रतीक है कि स्थायी कला-सृष्टि, परम्परागत सुन्दरता का गठबन्धन दिव्य शक्ति-समन्वित होने पर ही सम्भव है।

डॉ. लक्ष्मीनारायण लाल का दूसरा प्रतीकात्मक एकांकी है 'सुन्दर रस'। इसमें यह दिखाने का प्रयत्न किया गया है कि किस प्रकार आज का मानव सौन्दर्य की मिथ्या भ्रांति में पड़कर अपनी नैसर्गिक सौन्दर्य-गरिमा को दूर छोड़ देता है। एक पण्डितजी 'सुन्दर रस' का आविष्कार करते हैं, जिसका प्रयोग करके उनकी पत्नी अपने सौन्दर्य-दम्भ में व्यर्थ ही अपना मानसिक सन्तुलन खो देती है तथा वह स्वत: अपने ही लिए सौन्दर्य प्रसाधन की एक नई समस्या खड़ी कर लेती है। पण्डितजी भी स्वयं उस 'सुन्दर रस' की विशेषता बताते हुए कहते हैं कि यह रस वस्तुत: किसी को सुन्दर नहीं बनाता, लेकिन मेरे शरीर में तो अवश्य सौन्दर्य आ रहा है। इस प्रकार उनको भी एक मानसिक भ्राँति-सी हो जाती है, क्योंकि वे सदा 'सुन्दर रस' का ही चिन्तन किया करते हैं।

प्रस्तुत नाटक डॉक्टर लाल के पूर्व नाटक 'मादा कैक्टस' के सदृश प्रतीक-व्यंजना में सफल नहीं हो सका है।

डॉ. लाल का 'अन्धा कुआँ' नाटक भी आधुनिक समाज की समस्याओं से भ्राँत मानव की मानसिक द्विविधा, अस्थिरता आदि के स्पष्टीकरण एवं विश्लेषण की नवीन चेतना से प्रभावित एक महत्त्वपूर्ण प्रयत्न है।

'डूबते तारे' अभयकुमार कृत तीन अंकों का नाटक है। इसमें मंगल कवि के स्वाभिमान और धनी लड़की चन्द्रा की यौन-विकृतियों का संघर्ष दिखाया गया है। चन्द्रा अपनी एक सहेली रश्मि से मंगल का विवाह करा देती है। उन दोनों में आपस में विचार-साम्य न होने से हार्दिक प्रणय पनप नहीं पाता और रश्मि चरित्र भ्रष्ट पतितों के चंगुल में पड़कर पतनोन्मुख हो जाती है। केवल चन्द्रा का ही चरित्र आकर्षक बन सका है। पात्रों के हृद्‌गत मनोभावों तक पहुँचकर चित्रण करने में

नाटककार कम ही सफल हो सका है।

'सब चलता है' सुदर्शन बब्बर कृत त्रिअंकीय नाटक है। इसमें हास्य की प्रवृत्ति ही प्रमुख है। साथ ही स्वच्छ प्रेम-विवाह का भी प्रतिपादन किया गया है।

'सूखा सरोवर' लक्ष्मीनारायण लाल का तीन अंकों का एक प्रतीक-नाटक है। इसका कथानक संक्षेप में इस प्रकार है :

एक राज्य में एक सरोवर है। उस राज्य की प्रजा की प्यास बुझाने का वही एकमात्र आश्रय है, जिसके कारण उस सरोवर की बहुत बड़ी महत्ता है और वह पूज्य माना जाता है। उस देश का राजा अपने अनुज की राज्यलोलुपता का शिकार होकर पदच्युत किया जाता है तथा अनुज स्वयं राजा बन बैठता है। उसकी कन्या एक सामान्य युवक से प्रणय कर लेती है। परन्तु पिता के विरोध से अपने प्रेमी से न मिल पाने के कारण वह उसी पूज्य सरोवर में निमग्न होकर आत्महत्या कर लेती है। इस जघन्य कृत्य से सरोवर की मर्यादा भंग हो जाती है और उसका जल सूख जाता है। फलतः समस्त प्रजा तृषार्त होकर व्याकुल हो जाती है। राज्य में त्राहि-त्राहि मच जाती है। इसी समय पदच्युत राजा, जो पदभ्रष्ट किए जाने के पश्चात् ही संन्यासी हो गया था, प्रजा से सरोवर-देवता की आराधना करने का अनुरोध करता है। आर्त्त प्रजा की करुण पुकार से सरोवर का अधिष्ठातृ देवता प्रकट होकर राजकुमारी की आत्महत्या का कारण बताता है। वह एक मनुष्य की बलि माँगता है जिसकी आत्मा सरोवर में पुनः उस प्रकार के जघन्य कार्य से बचाएगी और सदैव एक प्रहरी का कार्य किया करेगी। प्रजा ने राज्य के समस्त जनसमूह के प्रतिनिधि राजा को ही इस बलि के उपयुक्त ठहराया, परन्तु वह समय पाकर भाग निकला। अतः पदच्युत संन्यासी राजा ही आत्मबलिदान को प्रस्तुत होता है। इसके पूर्व ही उस राजकुमारी का प्रमत्त-प्रेमास्पद युवक अचानक सरोवर में कूदकर आत्मबलि कर देता है। सब सोच रहे थे कि पागल व्यक्ति की बलि सरोवर-देवता न स्वीकार करेंगे, अतः संन्यासी राजा अपनी बलि देने चलता है। उसी समय जलाशय में पानी उठता हुआ दिखाई पड़ा। अवश्य ही उस प्रमत्त प्रणयी की बलि को सरोवर-देवता ने सहर्ष स्वीकार किया होगा।

इस नाटक में सरोवर जीवन है और सरोवर का जल जीवन के स्वास्थ्य का प्रतीक है। आधुनिक आडम्बरपूर्ण प्रणयादि की निस्सारता का प्रतीक है राजकुमारी की आत्महत्या, जिसके कारण जीवन की वास्तविक रसमयता समाप्त हो जाती है।

आठवाँ अध्याय

हिन्दी के मिथक नाटक

द्वितीय महासमर के समय योरोप, रूस और अमेरिका में नए-नए नाटक प्रयोग हुए। इनमें सबसे अधिक सफल कृतियाँ मिथकों के आधार पर हुईं। प्राचीन कथाओं के चार रूप मिलते हैं : 1. आख्यायिका 2. लोक-कथा 3. अन्योपदेशिक अथवा अन्योक्ति 4. मिथक या पुराख्यान या पुरा कथा। इन चारों का अन्तर स्पष्ट हो जाने पर मिथक का रहस्य सहजबोध हो जाएगा। आचार्य शंकर ने यम नचिकेता की घटनाओं को कठोपनिषद् में आख्यायिका कहकर इसका रहस्य समझाया है। वे अपने भाष्य में लिखते हैं—'अतस्ता यथाप्रतिमानं व्या चक्ष्महे—तत्राख्यायिका विद्यास्तुस्पर्धा।' अर्थात् 'ऋषि ने साम्पराय विद्या का रहस्य समझाने के लिए यम और नचिकेता के प्रसंग को स्वयं निर्मित किया है।' वास्तव में यह घटना घटी नहीं है। नचिकेता वाजश्रवा के पुत्र वाजश्रवस कृपण का बेटा है। वाजश्रवा अपने यश के लिए अन्न का दान करता रहता है। उसके नामकरण का कारण बताते हुए आचार्य कहते हैं:—"वाजमन्नं तद्दानादिनिमित्तं श्रवो यशो यस्य स वाजश्रवा।" अर्थात् "ऐसा व्यक्ति जो वाज अर्थात् अन्न का दान केवल अपने यश की आकांक्षा से करता है वह वाजश्रवा कहलाता है।" ऐसे व्यक्ति की अगली सन्तान दान का इससे भी अधिक निंद्यरूप में उपयोग करती है। वाजश्रवस विश्व-विजय की आकांक्षा से ऐसी गायों का दान करता है जो न तो कभी दूध दे सकती हैं और न कभी तृण ही खा सकती हैं अर्थात् जो मरणासन्न हैं। वास्तविकता यह थी कि वाजश्रवस अपनी सारी धन-सम्पत्ति—अच्छी गायें, घोड़े, हाथी आदि अपने सम्बन्धियों को पहले ही दे चुका था। वह केवल दिखाने के लिए अपनी सारी सम्पत्ति के नाम पर ऐसी गउएँ दान कर रहा था। कुमार नचिकेता को पिता का यह पाखण्ड अप्रिय प्रतीत हुआ। उसने अपने पिता के पास जाकर पूछा—"हे पिता जी, आप अपना सब कुछ दान कर चुके, अपने इस पुत्र को किसे दान कर रहे हैं?" पिता ने क्रुद्ध होकर कहा—"तुझे यमराज को दे रहा हूँ।" पितृभक्त श्रद्धालु कुमार नचिकेता पिता की कल्याण-कामना से यमराज के पास जाकर अमरत्व विद्या प्राप्त करता है जो वाजश्रवस की तरह

सारे मानव मात्र का कल्याण करती है। यही विद्या साम्पराय अथवा परलोक विद्या अथवा अमरत्व विद्या के नाम से प्रख्यात हुई। जो लोग अपने जीवन को शाश्वत् और अमर बनाना चाहते हैं उनके लिए यम-नचिकेता संवाद आज भी उतना ही उपयोगी है, जितना कठ ऋषि के समय में माना जाता रहा। यही आख्यायिक का उद्देश्य है।

जहाँ आख्यायिका शास्त्रों में जीवन-मरण, सृष्टि-प्रलय, प्रकृति-पुरुष का रहस्य समझाने के लिए निर्मित हुई, वहीं सामाजिक जीवन को सुख समृद्ध बनाने के लिए लोक कथाएँ गढ़ ली गईं। जैसे आख्यायिका में असम्भावित घटनाएँ घटित मान ली जाती हैं वैसे ही लोककथा में जादू, चमत्कार, विस्मयजनक अनहोनी घटनाओं को भी सत्य मान लिया जाता है। आज भी चीन की हज़ारों वर्ष पुरानी सिन्ड्रेला की लोककथा सारे विश्व में प्रसिद्ध है। इस लोककथा में सिन्ड्रेला की माँ उसकी विमाता से सताई हुई बेटी के पास गाय, बकरी के वेश में पहुँचकर आश्वासन देती रहती है। जब कभी वह माँ की समाधि पर पहुँचती है तो वहाँ उसे वृक्षों के मध्य आकाशवाणी सुनाई पड़ती है। इसी विश्वास पर सिन्ड्रेला का विवाह एक राजकुमार के साथ हो जाता है। यह लोककथा अप्सरा, दैवी शक्ति, चमत्कार आदि असम्भावित घटनाओं एवं स्थितियों से परिपूर्ण है, जिन्हें पढ़ते समय सच मान लिया जाता है। इन सबका उद्देश्य मानव के सामाजिक जीवन को सुखी बनाना है।

अन्योक्तिपरक कहानियाँ, जिन्हें एलेगोरी (Allegory) कहते हैं, सामाजिक चेतना के साथ-साथ अध्यात्म-चिंतन का भी ध्यान रखती हैं। लोक-कथा और लोकपरक कथा में यही अन्तर है। हमारे देश में लोककथा और अन्योक्तिपरक कथा के आधार पर अश्वघोष और भास के समय से लेकर आज तक नाट्य-रचना होती आ रही है। हिन्दी में ही नहीं सारी भारतीय भाषाओं में प्राय: नाटक का प्रारम्भ 'प्रबोध चन्द्रोदय' नामक नाटक के अनुवाद से हुआ जिसकी कथा अन्योक्तिपरक है। इस नाटक का उद्देश्य हैं—प्रबोध अर्थात् ज्ञानरूपी चन्द्रमा का उदय कराना। नाटक का नायक ज्ञानस्वरूप एक पुराण पुरुष है, जिसकी स्त्री का नाम माया, पुत्र का नाम सुख्मन—जिसकी दो स्त्रियाँ हैं—प्रवृत्ति और निवृत्ति। प्रवृत्ति से महामोह के कुल की और निवृत्ति से विवेक प्रधान कुल की उत्पत्ति होती है, दोनों कुलों में घोर संघर्ष की तैयारी होती है। महामोह के सहायक हैं—काम, क्रोध, लोभ, दम्भ, अहंकार, मिथ्यादृष्टि, रति, हिंसा, तृष्णा इत्यादि; और विवेक के सहायक हैं—मति, वस्तु-विचार, सन्तोष, श्रद्धा, शान्ति, करुणा, विष्णुभक्ति, उपनिषद् देवी इत्यादि। महामोह के आदेश से उसकी सेना विष्णुभक्ति के विनाश में प्रयत्नशील होती है। अहंकार आस्तिक दर्शनों का परिहास करता है। महामोह आस्तिकता के उन्मूलन के लिए चारवाक को भेजता है। दोनों पक्षों में जमकर युद्ध होता है। विवेक काम को पराजित करने के लिए वस्तुविचार को, क्रोध को जीतने के लिए क्षमा को, लोभ को मारने के लिए सन्तोष को आज्ञा देता है और स्वयं भक्तों के हृदय में बोधोदय कराने के लिए भगवान् से प्रार्थना करता है। अन्त में विष्णुभक्ति सरस्वती को भेजकर

मन को प्रभावित करती है। इस अवसर पर मन के पुत्र यम-नियम, आसन प्राणायाम आदि आठों अमात्य और मैत्री आदि चारों बहनें विद्यमान हैं। जब मन पूर्ण स्वस्थ बन जाता है तो उपनिषद् के उपदेश से पुरुष विचार में लीन होता है। इस प्रकार प्रबोधोदय की प्राप्ति से पुराण-पुरुष कृतकृत्य हो जाता है। इसी प्रकार का दूसरा नाटक मोह पराजय है। इस नाटक में कतिपय पात्र ऐतिहासिक व्यक्ति हैं और शेष कल्पित। आचार्य हेमचन्द्र की कृपा से राजा कुमारपाल का जैनधर्म में दीक्षित होना इसकी प्रमुख घटना है। इसके प्रारम्भ में कुमारपाल का विवाह कृपासुन्दरी के साथ दिखाया गया है। कृपासुन्दरी वास्तविक नाम है, किन्तु इसको नाट्यकार ने मूर्तिमती करुणा के रूप में प्रदर्शित किया है। इस विवाह में निमित्त मंत्री पुण्यकेतु रहा है और आचार्य हेमचन्द्र पुरोहित का कार्य करते हैं। कुमारपाल द्यूत-क्रीड़ा, मांसभक्षण, मद्यपान, जीवहिंसा, चौर्यकर्म, व्यभिचार आदि सप्त दोषों के परित्याग की प्रतिज्ञा लेते हैं। मुनि हेमचन्द्र की सहायता, योगशास्त्र के कवच एवं वीतराग स्तुति के बल से राजा कुमारपाल मोह का व्यूह तोड़ डालते हैं।

इसी प्रकार के नाटक मध्यकाल में प्रायः सभी सभ्य एवं सुसंस्कृत देशों में विरचित हुए। ऐसे नाटकों को योरोप अमेरिका में मोरेलिटी प्ले कहते हैं। अंग्रेज़ी में आज भी सन् 1495 में विरचित एक डच नाटक 'एलकेरलिजस'—मूलतः डच नाटक का अंग्रेज़ी अनुवाद 'एव्रीमैन' सारे विश्व में रंगमंच पर खेला जा रहा है। ऐसे मोरेलिटी या एलेगोरिकल (Allegorical) नाटकों की विशेषता यह है कि एक मुख्य पात्र मानवता का प्रतिनिधित्व करता है जिसकी दो शक्तियाँ—कल्याणकारिणी और विनाशकारिणी आपस में संघर्ष करती हैं। इन शक्तियों की अलग-अलग सेना होती है, जिनके नाम दया, करुणा शान्ति, शौर्य, सौन्दर्य एक पक्ष में हैं और दूसरे पक्ष में हिंसा, क्रूरता, काम, क्रोध, लोभ, मोह आदि सैनिक युद्ध करते हैं। इस नाटक में सारी नाट्यक्रिया एव्रीमैन नामक पात्र के पास मौत के सन्देश के इर्द-गिर्द घूमती फिरती है। एव्रीमैन मौत से कहता है—"तू उस समय मेरे पास आई जब मैं तुझे बिलकुल भूल चुका था," बार-बार मौत के सन्देश से बचने की कोशिश करता है। उसके सामने रिश्वत पेश करता है पर मृत्यु उसे अपने साथ चलने को बाध्य करती है। एव्रीमैन धन, सम्पत्ति, मैत्री, ईर्ष्या, हिंसा आदि चिर साथियों को साथ चलने के लिए गिड़गिड़ाता है पर कोई उसका साथ नहीं देता।

नौवाँ अध्याय

वैदिक मिथक का विकास

मिथ्या मिथक निर्माण से पूर्व वैदिक साहित्य में परमार्थपूरक सिद्धान्तों को समझाने के विविध मार्ग निकाले गए। पहले संवादों में दृष्टांत जोड़े गए। लौकिक उदाहरणों एवं दृष्टांतों के द्वारा अलौकिक अदृश्य जगत् की व्याख्या की गई। यज्ञों की प्रतीकात्मकता का आविष्कार बाद में हुआ। पेड़, पौधे, पशु, पक्षी आदि को यज्ञ में प्रतीक मानकर अध्यात्म तत्व समझाया गया। देवी-देवताओं के वाहन, अस्त्र के द्वारा आधि-दैविक जगत् की व्याख्या की गई। तदुपरान्त देवता सम्बन्धी कहानियाँ निर्मित हुईं। उपनिषद् काल में आते-जाते सिद्धान्त-निरूपण के लिए आख्यान बना लिए गए। नचिकेता और यम की कथा बहुत प्रसिद्ध है।

'रामायण' 'महाभारत' में मिथ का विकास हुआ, इसके विषय में आगे विचार किया जाएगा। यहाँ ब्राह्मण ग्रन्थों के अनुसार दृष्टांत कथा (Parables) अथवा अन्योक्ति का रहस्य समझ लेना चाहिए।

यह पूर्व विवेचन किया जा चुका है कि पुराणों में मिथक का जो विकसित रूप मिलता है वह वेद, ब्राह्मण, उपनिषद्, महाभारत काल में क्रमशः पल्लवित होते हुए निरन्तर विकासोन्मुखी होता रहा है। ब्राह्मण ग्रन्थों में मिथ केवल दृष्टांत कथा या अन्योक्ति के रूप में रहा। यहाँ शतपथ ब्राह्मण के आधार पर वैदिक नीति-कथा का (Parables) का अर्थ स्पष्ट करना अपेक्षित है। हमारे मिथक साहित्य में बार-बार गन्धर्व, किन्नर, वानर आदि शब्दों का प्रयोग हुआ है। इनके अतिरिक्त विविध पशुओं की बलि तथा पक्षियों की कथा का वर्णन मिलता है। जिस प्रकार आज के नवीन साहित्यकार पशु-पक्षियों को प्रतीक बनाकर द्वयर्थक भाव प्रकट करते हैं, उसी प्रकार विभिन्न पशु-पक्षियों, वन्य जीवों व जलचरों के आधार पर सृष्टि का रहस्य समझाना ऋषियों को अभीष्ट था। आज का प्रसिद्ध फ्रेंच नाटक ('गैंडा') उस शक्तिशाली व्यक्ति को प्रतिबिंबित करता है जो अपनी बड़ी नाक (प्रतिष्ठा) की रक्षा के लिए तरह-तरह के अत्याचार करता है।

वैदिक काल में शरभ नामक पशु ऐसा शक्तिशाली था कि बड़े-बड़े शेरों को

मार कर खा जाता था। कहा जाता है कि उसके आठ पैर थे। प्रकृति मानो अत्याचार से घबरा गई और उसके स्थान पर अज-अजा (बकरी-बकरा) की उत्पत्ति की। अथर्ववेद कहता है—

अजा रोह सुकृतां यत्र लोकः शरभो न चत्तेति दुर्गाण्येषः
पञ्चौदनो ब्रह्मणे दीयमानः स दातारं तृप्त्या तर्पयति॥

अर्थात् ''ओ अजा संसार में तेरा उदय हो, जहाँ सुकृत का निवास हो सके। सम्पूर्ण कठिनाइयों को शरभ जैसी शक्ति के समान पार कर जा। पर तू शरभ के सदृश दंभी एवं हिंसक न बनकर पञ्चौदन होकर ब्रह्म-शक्ति के लिए अर्पण हो जा, जिससे जन्म देने वाला तुझसे तृप्त हो जाये।''

प्रकृति में होने वाले परिवर्तन के द्वारा यह नीति अथवा प्राकृतिक नियम समझाया गया कि शक्तिशाली जब अभिमान, अहंकारवश केवल हिंसा का साम्राज्य स्थापित करता है तो प्रकृति उसे मिटाकर विश्व कल्याणकारी प्राणी उत्पन्न करती है। 'शतपथ ब्राह्मण' में शेर और गाय की कथा आती है। केशिन नामक राजा अपने जैसे शूरवीरों के साथ यज्ञ कर रहा था। यज्ञ में हवन के लिए आज्यं[1] प्रदान करने वाली सम्राज गाय का एक दिन शेर ने वध कर दिया। राजा केशिन दुःखी होकर ऋषि खडिंक औदुम्बरी के समीप जाकर विनयपूर्वक बोला—''मेरी सम्राज गाय को व्याघ्र मारकर खा गया है। मैं इस दोष से मुक्त कैसे हो सकता हूँ? औदुम्बरी ऋषि समझ गए कि अभिमानी व्याघ्र ने (केशिन) सम्राज गौ का वध कर दिया है। इसे अपने जीवन यज्ञ में श्रद्धा नहीं रही। उन्होंने समझाया तुम एक दूसरी गौ का आह्वान करो। पहले अध्वर्यु (सत्पथ पर ले जाने वाला) को अपनी सम्पूर्ण शक्ति प्रदान करके अर्थात् निश्छल भाव से उससे प्रार्थना करो कि वह तुम्हारे लिए एक दूसरी सम्राज गौ का आह्वान करे। उस गाय को मन चन्द्रमा से, श्वास वायु से, कान दिशाओं से, चक्षु सूर्य से, रक्त जल से, शरीर पृथ्वी से प्राप्त हो।

यहाँ गौ 'आत्मज्ञानात्मक' प्रतिभा का प्रतीक है, जिसका निर्माण ऊपरलिखित रूप में होता है। जब ऐसी आभा झलक दिखाने लगती है तो जीवन-यज्ञ सफल हो जाता है और व्यक्ति अपने को समष्टि में स्वाहा कर देता है।

'शतपथ ब्राह्मण' में एक प्रसिद्ध कथा इन्द्र और नमुचि राक्षस के युद्ध की है। जब असुरों ने देवताओं को बहुत विकल किया तो इन्द्र उनसे युद्ध करने चले। नमुचि नामक राक्षस इन्द्र की शक्ति को पहचानता था। अतः उसने सुन्दरियों के द्वारा उसे पराजित करने का प्रयत्न किया। इन्द्र के सम्मुख असुर-संहार का लक्ष्य था, अतः उन्होंने रमणियों को एक कक्ष में बन्द करा दिया और असुर-संहार में लग गए। उन पर पूर्ण विजय के उपरान्त नमुचि की खोज में निकले, क्योंकि वह असुर-सेना से भागकर सूर्य लोक में छिप गयसा था। नमुचि ने सोचा कि अब इन्द्र के सामने विजय का कोई लक्ष्य विशेष नहीं रह गया, अतः उसे काम से विचलित

1. घी आदि की आहुति

करके स्वयं को बचा सकता हूँ। उसकी योजना सफल हुई। इन्द्र सुन्दरियों के वशीभूत होने से नमुचि के कक्ष में बन्दी बन गए। वे अपनी मुक्ति के लिए अनुनय-विनय करने लगे। नमुचि ने एक शर्त पर उन्हें मुक्त करना स्वीकार किया कि वह न तो उस पर किसी ठोस या द्रव अस्त्र से प्रहार करेंगे और न दिन या रात में मारेंगे। इन्द्र ने उसकी शर्तें स्वीकार करके अपनी मुक्ति कराई। पर उन्हें ध्यान आया कि यदि नमुचि (कामदेव) जीवित रहा तो अपने परिवार की मृत्यु का बदला अवश्य लेगा। अत: उन्होंने जल के झाग का अस्त्र बनाकर संध्या समय उसका वध कर दिया। झाग को न द्रव कह सकते हैं और न ठोस, इस नीति का तात्पर्य यही है कि काम विषय को जीतने का एक ही मार्ग है कि इस सम्पूर्ण जीवन को झाग के समान क्षणभंगुर समझकर व्यवहार किया जाये तभी मनुष्य विषयों को जीत सकता है।

दसवाँ अध्याय

मिथक साहित्य में जीवन-दर्शन

मिथ या मिथक की परिभाषा के सम्बन्ध में अनेक मत-मतान्तर पाये जाते हैं, सामान्य रूप से यह कहना एक सीमा में अनुचित न होगा कि मिथ शब्द की उत्पत्ति का स्रोत संस्कृत का मिथस् और लैटिन का माइथोस रहा है। संस्कृत के 'मिथ या मिथस्' से ही मिथ्या शब्द निर्मित हुआ, जिसका तात्पर्य है—जो दिखाई पड़ रहा अथवा प्रतीत हो रहा है, वह सत् और असत् से भिन्न एक विलक्षण प्रकार का है, जो अपनी सत्ता के वास्तविक रूप को छिपाकर अन्य पदार्थ का भान करा रहा है, जिस प्रकार अन्धकार, अज्ञान या प्रतिकूल ज्ञान के कारण भ्रांतिवश हम रस्सी को कुछ का कुछ समझ रहे हैं, किन्तु प्रकाश अथवा ज्ञान (वास्तविक ज्ञान) होते ही भ्रांति दूर हो जाती है, उसका असली रूप जान जाने पर प्रतीत होने लगता है कि जो हमने देखा था वह सत् और असत् दोनों से भिन्न एक विचित्र प्रकार का बोध था। रात्रि में स्वप्न से जागृत होने पर स्वप्न झूठा प्रतीत होने लगता है। रस्सी में साँप की प्रतीति, सीप में चाँदी का भास और रेत में सूर्य-रश्मियों से जल की धारा का बोध, ऐसा ही मिथ्या भाव है। स्वप्न से जागने पर हमें यह प्रतीत होने लगता है कि हमने रात्रि में जो-जो दृश्य बनाए उन सबका निर्माता, दृष्टा और भोक्ता केवल मेरा मन था। रात्रि के स्वप्नों की वह दृश्यता जागृत जगत् में उसी प्रकार सत्य नहीं थी, जिस प्रकार रस्सी में साँप की, शीत में रजत की और बालुका राशि में सरिता प्रवाह की थी।

व्यास जी ने 'श्रीमद्भागवत' में उक्त दोनों प्रकार की वास्तविक एवं मिथ्या धाराओं या मतियों की गतिविधियों का मिलन मिथ शब्द से इस प्रकार किया है, प्रह्लाद कहते हैं, ''हे पिता जी, जिसकी बुद्धि सदा सर्वदा गृह जंजालों में आसक्त रहती है और उस कृष्णरूप अलौकिक सत्ता की ओर आकृष्ट नहीं होती, जिसकी शक्ति से यह जड़ शरीर चेतन बना हुआ है, वह व्यक्ति परमार्थ की उपेक्षा और भौतिक सुखों की आसक्ति के कारण भ्रांत-मति होकर अन्धकार में छटपटाता रहता है। किन्तु कृष्ण मति वाला पारलौकिक सत्ता में अटूट विश्वासी साधक परमात्मा की शक्ति में पूर्ण अनुरक्ति के बल से निर्मल मति वाला सुखी बन जाता है, इन

दोनों प्रकार की मतियों का मिलन दिखाने वाला देवपरक साहित्य 'मिथक' साहित्य कहलाता है। इनमें पहली प्रकार की भ्रांत-मति रज्जुरूपी अधिष्ठान में सर्परूपी भ्रम-ज्ञान होने के कारण बनती है और दूसरी शुद्ध मति प्रकाश और जागरण होने पर साँप और स्वप्न का मिथ्यात्व सिद्ध कर देती है।

अब प्रश्न उठता है कि उक्त दोनों प्रकार की मतियों का स्पन्दन किन कारणों से होता है। इसमें किसका स्पन्दन स्वाभाविक है और किसका प्रयत्नजन्य। विविध शास्त्रों में इसका उत्तर विविध रूप से दिखाया गया है। वैदिक साहित्य-मर्मज्ञ आचार्य शंकर का कथन है कि 'ब्रह्म सत्यं जगत् मिथ्या' अर्थात् ब्रह्म की सत्ता का ज्ञान न होने के कारण जागरित प्राज्ञ जगत् की प्रतीति उसी प्रकार मिथ्या है, जिस प्रकार रात्रि में सोने पर तैजस जगत् में स्वप्न की अनुभूति मिथ्या है, किन्तु जिस प्रकार स्वप्न के मिथ्या जगत् का भी हमारे चित्त और इन्द्रियों पर प्रभाव पड़ता है, उसी प्रकार जागरित जगत् का प्रपंच मिथ्या होने पर भी हमारे चित्त को स्पन्दित करता है। चित्त में जैसा स्पन्दन होगा, मन-इन्द्रियाँ आदि तद्नुरूप बुद्धि का आदेश पाकर कार्यों में तल्लीन हो जाती हैं। चित्त का स्पन्दन मिथ्या जगत् को सत्य समझ लेने पर, विषय भोग का उपकरण इच्छा की तृप्ति और अतृप्ति के कारण एक प्रकार का होता है और जगत् प्रपंच को मिथ्या समझ लेने पर भोग से विरक्ति होने के कारण दूसरी प्रकार का स्पन्दन होता है। इन दोनों प्रकार के स्पन्दनों से मति की अशुद्धि और शुद्धि का रूप झलकने लगता है। मिथक-साहित्य में इन दोनों प्रकार के स्पन्दनों का ऐसा संगम दिखाया जाता है जो व्यवहार-जगत् में शुद्ध बुद्धि के द्वारा विषयासक्त बुद्धि को भी निर्मल पवित्र एवं परमार्थ सुखी बना देता है। अब देखना यह है कि चित्त स्पन्दन के उक्त तीनों रूपों को वैदिक साहित्य से लेकर आज तक किस प्रकार दिखाया गया है। यह स्पष्ट हो जाने पर विभिन्न काल के मिथकों का जीवन-दर्शन स्पष्ट किया जा सकता है।

चित्त स्पन्दन की एक तीसरी अनुभूति सुषुप्ति के उपरान्त प्रतीत होती है। स्वप्न-रहित निद्रा से उठने पर चित्त में एक विलक्षण विश्रान्ति का अनुभव होता है। उस अनुभव को, जागरण में बताने वाला सुषुप्ति में इन्द्रियों और मन के सो जाने पर कहा था, वह उस अनुभव का बोध कैसे कर पाया है। वह कहता है कि तू बड़े मज़े में था, सारे प्रपंचों से मुक्त जो था। इस अवस्था का केवल अनुमान होता है, पूरी अनुभूति नहीं।

इस संसार में कुछ ऐसे तपस्वी हैं जो तुरीयावस्था में स्वयं उस पूर्ण प्रपंचरहित स्थिति का बोध कर लेते हैं। इसी को उपनिषदों में 'शिवं शान्तं अद्वैतं चतुर्थ मन्यन्ते स आत्मा स विज्ञेय' कहा गया है। पुराण में मिथकों की इन्हीं चार अवस्थाओं का विवेचन करते हुए गृहासक्त मति को कृष्णानुरक्ति मति में जोड़कर एकाकार करने का मार्ग दिखाया गया है।

यह विराट् विश्व, जिसके एक नन्हे भाग—इस पृथ्वी मंडल पर हम रहते हैं, अनेक चमत्कारी रहस्यों से भरा हुआ है। हमें और वनस्पति आदि को रखने वाले प्रत्येक दृश्य-पदार्थ—सूर्य, वायु, जल और पृथ्वी दिखाई पड़ रहे हैं। इनमें सबसे

तेजस्वी सूर्य है। सूर्य हमारी पहुँच के बाहर है। उसी सूर्य और चन्द्रमा को पृथ्वी पर तेजस्वी मानव के रूप में अवतरित माना गया है। सूर्यवंश के महातेजस्वी इक्ष्वाकुवंश में दिलीप, रघु, अज, दशरथ और राम का जन्म हुआ। इसी प्रकार चंद्रवंश में कौरव व पांडवों का आविर्भाव होता है। 'रामायण' में शिव अजर और अमर हैं, किन्तु राम की उपासना करते हैं और राम शिव की। चन्द्रवंश में कौरव, पांडव आविर्भूत होते हैं, 'महाभारत' में जिनके युद्ध का वर्णन है। दूसरा असुर वंश है, जिसमें हिरण्याक्ष हिरण्यकशिपु और प्रह्लाद हुए। समय-समय पर राक्षसों, दैत्यों में अनेक प्रतापी राजा हुए, जिनकी गाथाओं पर देवासुर-संग्राम के मिथ बने।

इतिहास मिथ कैसे बन सकता है?

मिथक का एक रूप पौराणिक होता है और दूसरा ऐतिहासिक। मानव का इतिहास-ज्ञान ईसा के 1000 वर्ष पूर्व तक ही सीमित माना जाता है, पर मानव-सभ्यता का विकास उससे शताब्दियों पूर्व हो चुका था। उसका लेख्यबद्ध प्रमाण न मिलने से हम उसे पूर्व ऐतिहासिक मान लेते हैं। इस काल की जन ज्योतियों के आधार पर जो मिथक निर्मित हुए उनमें इतिहास की अपेक्षा चिरंतनसत्य की खोज अधिक प्रखर रही है। इन पौराणिक आख्यनों के आधार पर सृष्टि का रहस्य समझाने का प्रयास पाया जाता है। 'वेद-ब्राह्मण', 'आरण्यक', उपनिषद् 'रामायण' और 'महाभारत' के आख्यान इसी कोटि में आते हैं।

दूसरे प्रकार के मिथक ऐतिहासिक व्यक्तियों की इतिहास-सम्मत घटनाओं के आधार पर निर्मित हुए हैं। भारत में क्रमबद्ध लिखित इतिहास भगवान बुद्ध और महावीर के काल से मिलता है। इन दोनों महापुरुषों के जीवन में अनेक ऐसी घटनाएँ घटी होंगी जिनको आज का तार्किक असम्भावित कहकर इतिहास से निकाल देता है, पर मिथक समझने वाला उन असम्भावित घटनाओं की संगति बिठाता चलता है। भगवान बुद्ध और अंगुलीमाल डाकू की कथा प्रसिद्ध है। अंगुलीमाल क्रुद्ध होकर जब भगवान बुद्ध को मारने के लिए अपनी तलवार उठाना चाहता है तो अपनी ही तलवार उठा नहीं पाता। यह मिथक नहीं तो और क्या है? इसी प्रकार भगवान शंकराचार्य जी का मृतक को जलाना है। इन चमत्कारी घटनाओं का उद्देश्य किसी दार्शनिक सिद्धान्त का प्रतिपादन करना नहीं अपितु धर्मनिष्ठ ऐतिहासिक व्यक्ति की महानता को दिखाकर उनके दार्शनिक सिद्धान्तों का मन पर प्रभाव बिठाना होता है। भगवान बुद्ध की अहिंसा का प्रभाव अंगुलीमाल डाकू पर परोक्ष रूप से इतना गहरा पड़ा कि उसका हाथ भगवान बुद्ध को मारने के लिए अपनी नित प्रति अभ्यस्त तलवार को उठा न सका।

इसी प्रकार दक्षिण भारत के अनेक मंदिरों में ऐसे चमत्कारी संत-महात्माओं एवं भक्तजनों की चमत्कारी घटनाओं की स्मृति आज तक पायी जाती है। तंजौर के मंदिरों में विशेष रूप से तमिलनाडु के सभी मंदिरों में सामान्य रूप से शैतुभक्त संभन्दर की मूर्ति पाई जाती है। सातवीं शताब्दी में इस आदर्श कवि का जन्म ब्राह्मण परिवार में कावेरी नदी के तट पर शियाली शहर में हुआ था। इनके शैशव काल में

ही भगवान शिव की ऐसी कृपा हुई कि वे अनायास ही शिव की स्तुति में संगीतमय काव्य-रचना करने लगे। कावेरी नदी की घाटी में सर्वत्र इनके काव्यमय संगीत का अनायास ऐसा प्रसार हुआ कि तत्कालीन पाण्डव राजा ने इन्हें आदर से आमन्त्रित किया। अत्यन्त दु:खी राजा और रानी तथा मंत्रीगण पर इनके व्यक्तित्व का ऐसा प्रभाव पड़ा कि वे अपनी पुरानी मान्यताओं को छोड़कर शिव के भक्त बन गए।

उस काल में नंभन्दर नम्बी नाम की एक और शिवभक्त जन कल्याण में लगी हुई थी। इन दोनों की चमत्कारी घटनाओं की कहानियाँ आज भी दक्षिण के मंदिरों में स्थान-स्थान पर सुनी जाती हैं। कहा जाता है कि भक्त संभन्दर का विवाह शैव विदुषी नंभन्दर नम्बी के साथ निश्चित हुआ। दोनों तंजौर ज़िला स्थित नेल्लूर के शैव मन्दिर में दर्शन करने गए। किन्तु उस मन्दिर से बाहर निकले ही नहीं और उनका वैवाहिक जीवन पाणि-ग्रहण के साथ समाप्त हो गया। कहते हैं कि ये दोनों शिव-पार्वती के रूप में बदल गए।

दक्षिण भारत के प्राय: सभी देव स्थानों में शैव और वैष्णव भक्ति की चमत्कारी कहानियाँ आज मिथक के रूप में सुनी-सुनाई जाती हैं। दर्शनार्थियों पर उनका रहस्यमयी प्रभाव आज तक पड़ता चला आ रहा है।

मिथक : लक्षण और प्रयोजन

आधुनिक पाश्चात्त्य विद्वानों ने लोककथा और मिथ में कतिपय भेद माना है। मिथ में निम्नलिखित तत्व अनिवार्य हैं :

1. जिसकी ऐतिहासिकता सन्देहप्रद न हो। जो कथा किसी समाज या जाति परम्परागत मान्यताओं की व्याख्या करने में अलौकिक भावनाओं, उनके देवी-देवताओं, महापुरुषों, सांस्कृतिक सिद्धान्तों, धार्मिक विश्वासों को समेटते हुए किसी प्रकार की विकृति न आने दे।
2. सर जी.एल. गोम्मे का कथन है कि मिथ केवल गपोड़ा नहीं, वह जीवन-तत्वों की व्याख्या इस वैज्ञानिक युग से पूर्व प्रचलित वैज्ञानिक नियमों के अनुसार करता है।
3. मिथ मानव, पशु, पक्षी, साहित्य, सम्पूर्ण सृष्टि के उद्‌भव की कहानी मनोरम ढंग से सुनाता है। वह समझाता है कि उल्लू को दिन में अंधेरा और रात्रि में उजाला क्यों दिखता है? ग्रह, तारा, नक्षत्रों की सृष्टि क्यों और कैसे हुई? बादल, इन्द्रधनुष, पवन, सूर्य, अग्नि का प्रादुर्भाव क्यों और कैसे हुआ? जन्म, विवाह, अन्त्येष्टि नामकरण आदि संस्कार क्यों, कैसे प्रारम्भ हुए?
4. मिथ का सम्बन्ध उस देश के जाति की धार्मिक भावना, उनके दार्शनिक चिन्तन से अनिवार्यत: जुड़ा होना चाहिए। किसी जाति के किसी देवता की कथा बहुदेववाद के साथ एकेश्वरवाद से संलग्न होनी ही चाहिए।
5. मिथक का उद्देश्य किसी दार्शनिक जीवन-दर्शन से अभिप्रेरित होना ही चाहिए।

ग्यारहवाँ अध्याय

'अन्धा युग' (1954) : धर्मवीर भारती

यह गीतिनाट्य आज भी मिथक पर आधृत सर्वश्रेष्ठ नाटक माना जाता है। इसमें धर्मवीर भारती महाभारत और द्वितीय महासमर के उपरान्त विद्यमान स्थितियों की तुलना करते हुए कुछ-कुछ इस निष्कर्ष पर पहुँचते हैं कि हर महासमर अपने साथ ऐसी विभीषिका लेकर आता है जिसे 'अंधा-युग' की संज्ञा दी जा सकती है। हमारे देश में ही नहीं सारे विश्व में जो नैराश्य-कुंठा, संत्रास आदि का गहन अंधकार छाया हुआ है, उसका मूल कारण ढूँढ़ने के लिए यह नाटक लिखा गया। इतिहास में प्रत्येक महासमर के उपरान्त मूल्यों का ह्रास, दानवता का तांडव, मानवीय प्रेम की हत्या, जिजीविषा का विनाश पाया गया है। जिस सत्य को कहने वाला संजय बच जाता है, जो इसलिए परेशान होता है कि इस बिलकुल नये अनुभव का सम्पूर्ण सत्य विकृत अनुभूतियों से कैसे अभिव्यक्त कर पाऊँगा।

दूसरी ओर कौरव-पांडव उनके सगे-सम्बन्धी युद्धोपरान्त अपनी-अपनी समस्या में उलझ रहे हैं। विजयी पक्ष के नायक धर्म-धुरीण युधिष्ठिर के अर्द्ध सत्य पर द्रोण-पुत्र अश्वत्थामा प्रतिहिंसा की आग में सुलग रहा है। वह अँधाधुँध सत्य,धर्म, न्याय, करुणा आदि को लात मारकर प्रतिशोध पर तुला हुआ है। वह अर्जुन के साथ संग्राम करते हुए वर्जित ब्रह्मास्त्र-प्रयोग द्वारा भ्रूण-हत्या भी कर डालता है। वह इतना अंधा हो गया है कि शिशु-हत्या का पाप भी उसे नहीं सूझता। वृद्ध याचक को दबोचकर कहता है, "वध, केवल वध, केवल वध मेरा धर्म है।"

वह पशु बनकर अमानवीय प्रतिहिंसा पर ऐसा अंधा हो जाता है कि उसके मन से ज्ञान और विवेक का प्रकाश सर्वथा लुप्त होता दिखाई पड़ता है। वह कहता है—"उस दिन से मैं पशु-पात्र अंधा बर्बर पशु।" अब उसे पाप-पुण्य, धर्म-अधर्म, न्याय-अन्याय, सत्य-असत्य की मध्यवर्तिनी रेखा बिलकुल दिखाई ही नहीं पड़ती। ब्रह्मास्त्र का प्रयोग करते हुए वह कहता है—"मैं क्या करूँ, मैं था अकेला और अन्यायी कृष्ण मेरा वध करने को आतुर थे। उसने दृढ़ निश्चय किया है कि पांडवों का वध मुझे करना ही है। वह कभी शिशु-हत्या, कभी वृद्ध-हत्या करता दिखाई

पड़ता है। पर उसके मन में तनिक भी ग्लानि नहीं होती। वह क्षण भर भी स्थिर, भ्रान्त होकर अपने कुकृत्यों पर पश्चात्ताप नहीं करता। बार-बार यही कहता है—"वे भी निश्चय ही मारे जाएँगे अधर्म से, सोच लिया, बिलकुल सोच लिया। उनको मैं मारूँगा।" इस प्रकार आधिकारिक कथा के मूल में अश्वत्थामा की प्रतिहिंसा भावना, उसके मन की कुंठा, स्वार्थान्धता, प्रतिशोध, विवेक-शून्यता बर्बरता का मुख्य स्थान है। प्रासंगिक कथा के केन्द्र में गान्धारी है जो पुत्र-वियोग के उपरान्त अश्वत्थामा की विक्षिप्तावस्था देखकर व्याकुल होती है। वह कृष्ण को शाप देती है कि तुम्हारी भी व्याध के हाथ से मृत्यु होगी। जिसे कृष्ण शिरोधार्य करते हैं। परिणाम यह होता है कि कृष्ण की मृत्यु हो जाती है। जिससे युधिष्ठिर और भी खिन्न और मानसिक रूप से व्याकुल दिखाई पड़ते हैं। तदुपरान्त धृतराष्ट्र, गान्धारी कुंती सब के सिब दावाग्न में जल मरते हैं। इस प्रकार दोनों पक्षों की व्याकुलता, युद्ध-विभीषिक, संजय और युयुत्सू के कथनों द्वारा स्पष्ट की गई है।

उक्त दोनों कथाओं के माध्यम और अश्वत्थामा के क्रियाकलाप द्वारा यह स्पष्ट किया गया है कि प्रत्येक महासमर के उपरान्त ऐसी ह्रासोन्मुखी स्थिति आती है जो न्याय, धर्म, सत्य, विवेक, करुणा, औदार्य, जीवन-मूल्य आदि की हत्या करके अन्धे युग का प्रवर्त्तन करती है। इस स्थिति को स्पष्ट करने के लिए नाटककार ने प्रहरियों की रचना की है जो महाभारत की आलोचना करते हुए इस निष्कर्ष पर पहुँचे हैं कि इस विकृत संस्कृति में अब बचा ही क्या है जिस पर पहरा दिया जाए। जहाँ सर्वत्र अंधकार ही अंधकार है, ज्योति कहीं है ही नहीं तो पहरा दिया भी कैसे जाए?

प्रश्न उठता है कि इस भयावह स्थिति का उत्तरदायी है कौन? क्या धृतराष्ट्र और दुर्योधन ही हठधर्मिता का कारण है या द्रौपदी का व्यंग्य? परात्पर कृष्ण क्या दोषी नहीं? यदि वे दोषी नहीं तो उनको शाप क्यों लगा? उनकी मृत्यु एक व्याध से क्यों हुई? क्या भीष्म और द्रोण युद्ध के लिए दोषी नहीं? उन्होंने अन्यायी दुर्योधन का साथ क्यों दिया?

इन प्रश्नों का उत्तर विदुर और युयुत्सु के संवाद से स्पष्ट है। भीष्म और कृष्ण की भविष्यवाणी का उल्लेख करते हुए विदुर कहते हैं—'शाश्वत् सत्य पर डटे रहने वाले भीष्म, द्रोण और विदुर ने कहा था कि सम्राट मर्यादा मत तोड़ो, पर धृतराष्ट्र, गांधारी और दुर्योधन ने अन्धेपन के कारण इन सत्यवादियों का उपहास किया था। जिसका दुष्परिणाम सारे समाज को भोगना पड़ा।' अब प्रश्न उठता है कि 'अन्धा युग' में अन्धापन है क्या?

युयुत्सू प्राचीन होते हुए भी नए रूप में सामने आता है। भारती जी की चरित्र-सृष्टि के कौशल का यह पात्र चिरस्मरणीय रहेगा। सत्य के लिए अपने ही भाई दुर्योधन के विरुद्ध युद्ध करता है। विभिन्न पात्रों के मनोविश्लेषण से अन्धा-युग की सार्थकता स्पष्ट की गई है। धृतराष्ट्र का अन्धापन दो प्रकार का है। वह युग की

यथार्थता और वाह्य स्थितियों को भी नहीं देख पा रहा है। उसके अन्तश्चक्षुओं को भी उसके सीमित वैयक्तिक मूल्यों एवं ज्ञानहीन आस्थाओं ने फोड़ रखा है। इसी प्रकार गान्धारी नैतिकता, मर्यादा अनासक्ति और कृष्णार्पण को अन्धी प्रवृत्ति मानकर इनको आँखों से ओझल रखने के लिए आँख पर पट्टी बाँध लेती है। (पृ. 23)

इन दोनों के अन्धेपन के कारण भीष्म, द्रोण, कृष्ण की वह वाणी उपेक्षित हुई जो युद्ध रोक सकती थी। विदुर कहते हैं—"आकर कृष्ण ने कहा था—मर्यादा मत तोड़ो, तोड़ी हुई मर्यादा, कुचले हुए अजगर-सी, गुंजलिका में कौरव-वंश को लपेटकर सूखी लकड़ी-सा तोड़ डालेगी।" इसकी अवहेलना का फल गांधारी धृतराष्ट्र के साथ सोराज्य को भोगना पड़ा। स्वयं गांधारी-पुत्र युयुत्सु को माता-पिता भाई का विरोध करते हुए सत्य की रक्षा के लिए पांडवों का पक्ष लेना पड़ा। उसे भी अन्त में मातृ-पितृ विरोध के कारण आत्महत्या करनी पड़ी।

जब-जब अन्यायी की प्रतिष्ठा होती है तब-तब वंश, जाति, देश डूबता है। गांधारी निरपराध शिशु और वृद्ध की हत्या करने वाले नृशंस अश्वत्थामा की प्रशंसा करते कहती है—"कितना दयालु और वीर है अश्वत्थामा। उसने वह किया है जो मेरे सौ पुत्र नहीं कर पाए, द्रोण नहीं कर पाए, भीष्म नहीं कर पाए।" जब कृष्ण उत्तरा का गर्भ-नाश करने के दुष्कर्म के लिए अश्वत्थामा को शाप देते हैं तो गांधारी क्रोध, प्रतिहिंसा से विवश होकर कृष्ण को भी शाप दे बैठती है—"प्रभु होकर मारे जाओगे पशु की तरह। अभिमानिनी नारी का स्वाभाविक क्रोध, उसकी आभ्यन्तरिक पीड़ा उससे शाप दिलाती है, पर कृष्ण की महिमा को तब भी नहीं भूलती एवं उन्हें प्रभु रूप में स्वीकार करती है। यहाँ नारी का अन्तर्द्वन्द्व बड़े कौशल से स्पष्ट किया गया है। इतना ही नहीं, जब गांधारी अंधत्व की पट्टी हटाकर अपने अन्तश्चक्षु के प्रभाव से महाभारत की सारी घटनाओं का विश्लेषण करती है और अपने पुत्रों तथा पति की त्रुटियों पर विचार करती है तो कृष्ण को दिए हुए शाप पर पश्चात्ताप से भरा रोदन करती हुई कहती है—"हे कृष्ण, तुम पर मेरी अगाध ममता है। हे विदुर, मैंने यह क्या किया? मुझे जितना दु:ख अपने सौ बच्चों के लिए नहीं हुआ उतना अपना पुत्र मानना वाले कृष्ण को शाप देकर हो रहा है।" यह है माता गान्धारी के मन का अन्तर्द्वन्द्व।

गान्धारी प्रतीक है उस अन्धी राष्ट्रीयता का जो भीष्म, कर्ण और कृष्ण जैसे राष्ट्रहित चिन्तकों की उपेक्षा करती हुई संकीर्णतावश पूरे देश का विनाश कर देती है। महासमर होने पर विजय की पराजय में बदल जाती है। नाट्यकार ने युधिष्ठिर के राज्यकाल की स्थिति के द्वारा देश की इसी दयनीय दशा को इस प्रकार स्पष्ट किया है—"और विजय क्या है एक लम्बा और धीमा तथा तिलतिलाकर फलीभूत होने वाला आत्मघात—और पथ कोई भी शेष नहीं अब मेरे आगे। (पृ. 119)—अपनी विजय को पराजय मानने का कारण बताते हुए युधिष्ठिर कहता है—"ऐसे भयानक महाभूत को अर्धसत्य, रक्तपात, हिंसा से जीतकर अपने को बिलकुल हारा हुआ

अनुभव कर रहा हूँ। यह भी यातना ही है।''

अपने विपक्षी नेता दुर्योधन की मृत्यु पर दुख प्रकट करते हुए अपनी मनोव्यथा का वर्णन युधिष्ठिर इन मार्मिक शब्दों में करता है, ''बन्धु दुर्योधन! जिसको देखते हुए तुम कितने भाग्यशाली थे कि पहले ही चले गए। बाकी बचा मैं देखने को अंधियारे में निर्निमेष भावी अमंगल पग।''

इसी प्रकार अर्जुन, भीम, नकुल, सहदेव, कृपाचार्य सब दुःखी दिखाई पड़ते हैं। सबको ही इस संसार से मानो वितृष्णा हो जाती है। इसी को स्पष्ट करते हुए कृपाचार्य कहते हैं—''हे विदुर, मैं युधिष्ठिर के ऊँचे महलों में अमंगल की पग-ध्वनि सुन रहा हूँ। अब राज्य में आत्मघाती, नपुंसक, ह्रासोन्मुखी प्रवृत्ति उभर आई है। आत्मघात का यह रोग संक्रामक रोगों के समान उड़कर लगने वाला है। मैं योद्धा रहा हूँ, युधिष्ठिर की आत्मघात वाली संस्कृति में मैं रह नहीं पाऊँगा।'' ऐसा प्रतीत होता है एकमात्र विदुर ही इस विनाश काल में स्थिर, शान्त और भविष्य-दृष्टा बनकर देश के भविष्य का लेखा-जोखा लेने में समर्थ हैं। संजय को दुःख इस बात का है कि मैं जीवन भर निरपेक्ष सत्य का सार्थक तो रहा पर कर्मों में उतरा ही नहीं। अतः धीरे-धीरे मेरी दिव्य-दृष्टि तो गई और वन के भयानक अग्निकांड में घुटने भी झुलस गए। मेरा सारा अभिमान डूब गया। एकमात्र (कृष्ण-हत्यारा व्याध) वृद्ध याचक ही! विदुर की वाणी समझ पा रहा है। वही भगवान् कृष्ण के अवसान के क्षण में विद्यमान था। कृष्ण ने महाभारत युद्ध की समीक्षा करते हुए उसे बताया था—''यह मरण नहीं है व्याध! मात्र रूपान्तर है। सबका दायित्व लिया था मैंने अपने ऊपर। अब अपना दायित्व सौंप जाता हूँ दूसरों पर। अब तक मानव भविष्य को मैं जिलाता था, लेकिन इस अन्धे युग में मेरा एक अंश निष्क्रिय रहेगा संजय, युयुत्सु, अश्वत्थामा की भाँति, क्योंकि इनका दायित्व लिया है मैंने।''

उक्त तीनों पात्रों के द्वारा धर्मवीर भारती भारत की आधुनिक मानसिकता स्पष्ट करना चाहते हैं। अन्याय, अत्याचार का केवल विवेचन करने वाला कर्म भीरु न तो देश को भावी विपत्ति से बचा सकता और न स्वयं उस विभीषिका से बच सकता।

क्रियात्मक रूप में अन्याय का विरोध करने वाला यदि समर्पण भाव से संघर्ष नहीं करता तो विजेता होने पर भी सांसारिक मर्यादा उसे आत्महत्या को बाध्य करेगी। तीसरे वर्ग का प्रतिनिधित्व अश्वत्थामा करता है जो युद्धोपरान्त भी युद्धकाल की स्मृति के वशीभूत हो ईर्ष्या और प्रतिशोध की आग से सुलगता हुआ जघन्य से जघन्य हिंसा करता दुःखी रहता है। इस प्रकार 'महाभारत' के ही पात्रों द्वारा कृष्ण कालीन समाज की मनोवृत्तियों के समानान्तर आधुनिक काल का सच्चा सटीक खाका खींचा गया है। नाट्यकार की 30 वर्ष पूर्व उद्घोषित भविष्यवाणी आज ठीक उतर रही है। आत्महत्या का रोग सदा संक्रामक रूप में ही आता है। आज आत्महत्या की यही स्थिति देश भर में व्याप्त है। हर महापुरुष की हत्या से देश में ऐसी ही विषम स्थिति आती है। कृष्ण की 'गीता' का अनुयायी गाँधी व्याध की गोली से

मारा गया। उसकी भविष्यवाणी सत्य सिद्ध हो रही है कि ''कोटा, परमिट लाइसेंस से देश मर जाएगा। शासक स्वार्थान्ध हो जाएगा। इसे बन्द करो।'' कृष्ण की अवज्ञा से जो स्थिति युधिष्ठिर राज की हुई वही गाँधी की मृत्यु से हो रही है। इस नाटक में मिथक-योजना ऐसे कौशल से की गई है कि व्यासकृत 'महाभारत' की मान्यता को बिना ठेस पहुँचे आधुनिक युग की समसामयिकता का पूरा निर्वाह हो जाता है। मिथक-योजना में भारतीय और पाश्चात्य प्रणाली का स्थान-स्थान पर मनोहर मिलन दिखाई पड़ता है। प्रतीक-छटा देखने योग्य है। युद्ध की लालसा वाला युयुत्सु, चतुर्मुख रूप में सारी युद्ध-योजना देखने वाला संजय, ज्ञान में रत रहने वाला विदुर, युद्ध में स्थिर युधिष्ठिर, अश्व जैसा स्थान अर्थात् बल रखने वाला वज्रदेही किन्तु परम मिथ्याचारी और निर्मम पापाचारी अश्वत्थामा अपने प्रतीक के अनुरूप सतत् जीवन बिताते दिखाई पड़ते हैं।

नाट्यकार ने केवल एक ही नारी पात्र का समावेश जान-बूझकर किया है। युद्ध के उपरान्त घटना केन्द्र में एकमात्र नारी गान्धारी है। वह शक्तिशाली सुबल की बेटी, अन्धे धृतराष्ट्र की पत्नी, सौ (अनन्त) दुराचारी बेटों की माता, परात्पर कृष्ण को भी जी भरकर कोसने वाली आस्थाविहीन महिला जब शक्ति-सूत्र अपने हाथ में लेती है तो परिवार, समाज, राज्य, देश अध:पतन के गर्त में गिरे बिना रह नहीं सकता। यह शाश्वत् सत्य है जो प्रत्येक देश, प्रत्येक काल और प्रत्येक परिस्थिति में सूर्यवत् चमकता ही रहेगा।

हिन्दी के विगत 30 वर्षों के इतिहास में मिथक पर आधृत ऐसा सशक्त नीति-नाट्य दूसरा देखने में आया ही नहीं। यह भारती जी की अमर कृति है।

बारहवाँ अध्याय

'पहला राजा' : प्रेरणा एवं प्रयोजन

प्रेरणा

जगदीशचन्द्र माथुर वह कलाकार हैं जिनको ग्रामीण और नागरिक दोनों प्रकार के जीवन का यथावत् अनुभव है। उत्तर-प्रदेश के एक छोटे से कस्बे में जन्म एवं प्रारम्भिक शिक्षा-दीक्षा होने तथा सरकारी नौकरी करते हुए गाँव-गाँव घूमने का अवसर मिलने से इनके मन में ग्रामीण जीवन के प्रति एक प्रकार का राग बना रहता है। जिस वातावरण में वह बाल्यकाल में पले, उसकी स्मृतियाँ रह-रह कर उनके अन्त:करण में ग्रामीण-जीवन के विकास के लिए कुछ-न-कुछ करने को प्रेरित करती रहती हैं। सरकारी एवं गैर-सरकारी कार्य करते हुए उनके हृदय में ग्रामीण भाइयों के लिए कुछ कर जाने की लालसा एवं प्राचीन सभ्यता और संस्कृति के उज्जवल पक्षों को सामने रखने की आकांक्षा उछालें लेती रहती हैं। इसी कारण नालंदा, वैशाली और राजगृह जैसे छोट-छोटे गाँवों में इन्होंने भगवान बुद्ध और महावीर का साक्षात् दर्शन कराने के लिए बड़े उद्योग किए। वहाँ शोध-पीठ की स्थापना कराई। उनके मृतक, अतीत वैभव को जीता-जागता खड़ा करके दिखा दिया। ग्रामीणों की आँखें विस्मय-विस्फारित होकर इस सरकारी अफ़सर को देखती रहीं कि इसने कीचड़ में कैसे रंग-बिरंगे कमल खिला दिए!

दिल्ली-रेडियो में आने पर फिर इनका मन गाँव की ओर मचल पड़ा। वहाँ की खुले वातावरण की छिटकी चाँदनी से अनुप्राणित भोली-भाली सरलहृदय वाली किसान-रमणियों की सरस संगीतधारा से उन्होंने कलकत्ता, बम्बई, दिल्ली, मद्रास के नागरिकों को सराबोर कर दिया। लोक-नाटकों की झाँकियाँ देखकर दिल्ली के बड़े-बड़े अधिकारी एवं धनीमानी व्यक्ति चकित रह गए। ऑल इण्डिया रेडियो के द्वारा लोक-गीतों, लोक-नाटकों में बिखरे ग्रामीण जीवन की झाँकियाँ दिखाकर उन्होंने सारे देश में अपनी पूर्व-परंपरा के प्रति अनुराग पैदा किया। यह देश इसके लिए माथुर साहब से सदा उपकृत रहेगा।

आधुनिक ग्रामीण जीवन की विकृति देखकर उनका मन तड़फड़ा उठता है। उसी तड़फड़ाहट से प्रेरित होकर उन्होंने 'बन्दी' नामक तीन-अंकीय नाटक की रचना की। इसमें ग्राम-विकास-समिति की स्थापना में आने वाले विघ्नों का जीवन्त चित्र उपस्थित किया। ग्राम्य जीवन के छोटे फलक पर जो चित्र बनाया गया उसने ऐसा रम्य रूप दिखाया कि नाटककार को बाध्य होकर बड़े फलक पर विशाल चित्र 'पहला राजा' बनाना पड़ा। एक दिन 'पहला राजा' नाटक की प्रेरणा के विषय में उनसे बातें होने लगीं। उन्होंने मुस्कुराते हुए कहा—"इस प्रश्न का उत्तर मेरे 'बन्दी' नाटक में छिपा है जिसकी रचना मैंने सन् 1954 में की थी।" मैं ध्यानपूर्वक तीन बार यह नाटक पढ़ गया। इसमें ग्रामीण जीवन के बदलते हुए रूप और ग्राम-विकास-योजना की यथार्थ समस्याओं पर विचार किया गया है। 'बन्दी' नाटक में दिखाया गया है कि किस प्रकार से विधान-सभाओं से लेकर ग्राम-पंचायत तक के चुनावों में राजनीतिक पार्टियाँ ग्राम को इकाई मानकर अपनी सारी शक्तियाँ प्रचार में लगा रही हैं। अपने प्रत्याशियों को जिताने के लिए न्याय, अन्याय, धर्म-अधर्म, ज़ोर-ज़बरदस्ती का व्यवहार कर रही हैं। चुनाव के कारण पारस्परिक मतभेद और वैमनस्य का विष ग्रामीण जनता में धीरे-धीरे व्याप्त होता जा रहा है। ग्राम-विकास के लिए मिलने वाली धनराशि स्वार्थी व्यक्तियों की जेबों में भरी जा रही है। अधिकारियों का ध्यान विकास पर नहीं, धन पर टिका रहता है। जातिवाद का विकराल रूप देखने में आता है। ठा. धरमसिंह अपने मुहल्ले में क्लब स्थापित कर स्वयं सेक्रेटरी और ज्वायंट सेक्रेटरी बनना चाहता है। बालेश्वर सिन्हा स्वयं मालिक बनना चाहते हैं। बालेश्वर सिन्हा के मित्र बरेठा आमदनी का साधन समझकर स्वतन्त्र पार्टी के द्वारा मारपीट करके क्लब पर अपना अधिकार जमाना चाहते हैं। दोनों पार्टियों में लाठियाँ चलती हैं। बीच-बचाव कराने वाला वीरेन घायल होता है। हेमलता को वीरेन गाँव में छोड़कर कलकत्ता चला जाता है। वीरेन का सहपाठी लोचन एकमात्र निस्स्वार्थ भाव से गाँव में काम करता है और मुसहरों की दशा सुधारने के लिए उनके साथ कुदाल से बंजर भूमि तोड़ता है।

गाँव के छोटे फलक पर जो कार्य लोचन करता है वही कार्य राष्ट्र के बड़े फलक पर राजा पृथु 'पहला राजा' में करते दिखाई पड़ते हैं। जिस प्रकार 'बन्दी' में लोचन कहता है—

"तुम नहीं जानती हेम, मैंने कितना तप किया है...फावड़ा और हल चलाकर, कुदाली के श्रम में अपने को सराबोर करके, धरती के भेद को फिर से पाने को आतुर होकर मैंने कितनी लगन से अपने संस्कारों को धो डालने की कोशिश की है।"

उसी प्रकार 'पहला राजा' के अन्त में पृथु कहते हैं—"मैं आदिराज पृथु, आर्यों का पहला राजा...! धनुषबाण से सुसज्जित देह, खड्ग की चमक से मंडित मुख, शत्रुओं को दहलाने वाले घोर स्वर का विधायक, पराक्रमी विजेता, दस्युओं का विनाशक, प्रजा का नायक, मुनियों का पालक—पृथु...! लेकिन इस मुखौटे के

नीचे मेहनत के पसीने से चमकता चेहरा कौन जानेगा? इन हाथों में कुदाली की पकड़ को कौन समझेगा?''

उपर्युक्त उद्धरणों और विवेचनों का उद्देश्य यह सिद्ध करता है कि 'पहला राजा' का बीज 'बन्दी' नाटक में विद्यमान है जो सन् 1954 में लिखा गया था। 'पहला राजा' की प्रेरणा माथुर साहब को यहीं से मिली।

प्रयोजन

स्वतन्त्रता के उपरान्त देश के शासन की बागडोर सँभालने वाले प्रथम शासक के पुरुषार्थ और आधुनिक भारत के निर्माण में उनके योगदान को स्पष्ट करने के उद्देश्य से यह नाटक लिखा गया। माथुर साहब को इतिहास-पुराण, वेद-शास्त्र के अवगाहन में आनन्द आता है। आधुनिक भारत के निर्माता के समान देश के आक्रामकों का सामना करने वाला और धरती को समतल बनाकर उसको दोहने वाला हाथ राजा पृथु में उन्हें दिखाई पड़ा। अत: उन्होंने उसी पृथु के जीवन को आधार बनाकर नवीन भारत का चित्र चित्रित किया। माथुर साहब स्वयं लिखते हैं—'हिमालय का पुत्र जो प्रकृति की निश्छल क्रोड़ में खो जाना चाहता है; आर्य युवक जो पुरुषार्थ और शौर्य का पुंज है; निषाद, किन्नर एवं अन्य आर्येतर जातियों का बन्धु जो एक समीकृत संस्कृति का स्वप्न देखता है, दारिद्रय का शत्रु और निर्माण का नियोजक जिसे चक्रवर्ती और अवतार बनने के लिए मजबूर किया जाता है।...मैं और संकेत नहीं दूँगा कि वह कौन है।'

माथुर साहब का प्रयोजन है कि आधुनिक समस्याओं के हल के लिए अपने बृहद् इतिहास के सच्चे अनुभवों का उपयोग ढूँढ़ना होगा। वह भूमिका में लिखते हैं—'मैं कोई नई बात नहीं कर रहा हूँ। बर्नार्ड शॉ (जॉन ऑव आर्क), क्रिस्टोफर फ्राइ (द फ़र्स्ट बॉर्न), डी.एच. लॉरेन्स (डेविड), जॉ एनुल्हि (ट्रोजनवार), ब्रेख्त (गेलिलियो) इत्यादि अनेक आधुनिक नाटककारों ने प्राचीन पात्रों, प्रसंगों और परिस्थितियों के माध्यम से रंगमंच पर समसामयिक समस्याओं का विश्लेषण किया है। एक अत्याधुनिक इटेलियन फ़िल्म डायरेक्टर—पासोलिनी—ने हाल ही में ईसा की जीवनी और वातावरण के ज़रिये वर्तमान जीवन की असंगतियों पर प्रकाश डाला है। 'पहला राजा' भी ऐसा ही एक प्रयोग है।'

इस नाटक में भी पासोलिनी की तरह जवाहरलाल की समस्याओं को नाटकीय रूप में देने का प्रयास करना नाटककार का प्रयोजन है। इस प्रयोजन की सिद्धि के लिए माथुर साहब ने 'महाभारत' से प्रथम राजा पृथु की कथा के आधार पर प्रतीकों के द्वारा आधुनिक समस्याओं का विवेचन किया। जो प्रतीक इस नाटक में आये हैं उनके दुहरे अर्थ हैं। उनको समझ लेने से नाटक की गुत्थियाँ सुलझ जायेंगी और प्रयोजन स्पष्ट हो जायेगा। प्रतीकों में पात्र, क्रिया और प्रयोजन के रूप में विभाजन करके समझना सुगम होगा। पृथु (जवाहरलाल) पुरुषार्थ और परिश्रम के प्रतीक हैं जो

स्तुति को और खुशामद को अनावश्यक ही नहीं अपितु घातक समझकर स्तुतिकर्ताओं को फटकारते हुए कहते हैं—"बन्द कीजिए यह शब्दाडम्बर...अभी तो मैंने रत्तीभर काम नहीं किया, अभी से स्तुति कैसी? मुझे स्तुति नहीं, सहयोग चाहिए। वाणी का विलास नहीं कर्म का उल्लास चाहिए।" पृथु ऐसे पुरुषार्थी हैं कि बाँध बांधने के लिए स्वयं कुदाली से मिट्टी खोदकर मज़दूरों के साथ सरस्वती की धारा मोड़ने को सन्नद्ध हैं। पर उनको सफलता क्यों नहीं मिलती? असफलता के कारणों पर आगे विचार किया जायेगा।

पुरुषार्थ के दो साथी हैं—कर्म और काम। उन दोनों का समन्वय पृथु में अर्चि और उर्वि के द्वारा दिखाया गया है। अर्चि से पृथु का काम-सम्बन्ध है। वह पत्नी रूपा है और उर्वि उसे कर्म की प्रेरणा देती है। इस प्रकार पृथु (जवाहरलाल) के हाथ में कुदाली और बंसी दोनों हैं। कुदाली कर्म का प्रतीक है और बंसी काम का। कवष पृथु का सहायक योद्धा है जो अनार्य होते हुए भी शत्रुओं से लड़ने को तैयार है। इसका अर्थ है कि पृथु के व्यक्तित्व से आकृष्ट अनार्य-जातियाँ भी देश की रक्षा में प्राणपण से सचेष्ट हैं। अत्रि उद्‌बोधक के रूप में मंत्रि पद पर आसीन हैं। उनमें और मंत्री शुक्राचार्य में मतभेद है। जब शुक्राचार्य पृथु की योजनाओं को असफल होने की योजना बनाता है तो अत्रि विरोध करता है। किन्तु अन्त में उसी का समर्थन करते हुए कहता है—"धन्य है शुक्राचार्य, तुम्हारी शुक्रनीति।...प्रजा अब हम लोगों की मुट्ठी में होगी। भृगुवंशी, मानता हूँ तुम्हारा लोहा।"

पृथु पूरा पुरुषार्थ करने पर भी प्रजा की पीड़ा-भूख को नहीं मिटा पाता। वह साथी मंत्रियों पर पूरा विश्वास करता हुआ उनकी नीतियों का पालन करता है पर मंत्री स्वार्थवश उसकी योजनायें पूरी नहीं होने देते। पृथु मंत्रियों के आश्रय की तथा उनके यज्ञ-याग की पूरी तरह रक्षा करता है पर बाँध न बनने और धरती के समतल न होने के कारण अन्नाभाव बना रहता है। पृथु क्रुद्ध होकर मंत्रियों से पूछता है—"तो फिर पैदावार क्यों नहीं होती? आपके यज्ञों से उत्पन्न अग्नि जिन जंगलों में जल रही है, वहाँ की धरती बाद में धान देती क्यों नहीं?—मिट्‌टी है, उनमें रस नहीं। पानी है, उसमें नमी नहीं। एक ही सत्य है, एक ही पुकार—भूख! भूख!"

नाटक के द्वितीय अंक में अकाल का कारण सरस्वती नदी का सूखना है। जिस नहर के द्वारा दृषद्वती की धारा का जल सरस्वती में डालना था उसको शुक्राचार्य और अत्रि का षड्‌यंत्र बनने नहीं देता। उर्वि और कवष सन्देश पर सन्देश भेज रहे हैं कि हिमालय में वर्षा प्रारम्भ हो गई है। बांध का थोड़ा ही हिस्सा बनने को रहा है। भृगु-आश्रम को टोकरियों और कुदालियों के लिए ठेका दिया गया है। अत्रि-आश्रम की आपत्ति है कि यदि भृगु आश्रम के ही कर्मकार किसानों की तादाद बाँध पर बढ़ा दी गई तो भृगुवंशी आश्रम की आमदनी और भी बढ़ जायेगी। इधर शुक्राचार्य गर्ग और अत्रि को समझाते हैं कि "दृषद्वती का यह बाँध पूरा होते ही राजा पृथु हम लोगों को दूध की मक्खी की तरह निकाल फेंकेगा और उसके मंत्रिमंडल में होंगे

जंघा-पुत्र कवष और दस्यु-सुन्दरी उर्वि।''

पृथु कंधे पर कुदाली रखकर स्वयं बाँध बाँधने चलता है तब तक मागध सूचना देता है : ''हिमालय में घनघोर वर्षा के कारण दृषद्वती और यमुना में प्रचंड बाढ़ आई है। बाँध के सिर्फ़ एक खंड में मिट्टी डालनी बाकी थी। अगर एक सौ आदमी भी और होते तो बाँध पूरा हो जाता और टूटने की नौबत न आती।''

यह है आधुनिक प्रथम राजा के मंत्रिमंडल में व्याप्त ईर्ष्या-द्वेष और उसके कारण देश में अकाल और अन्नाभाव की स्थिति—भूख की पुकार! यही दिखाना नाटककार का उद्देश्य है।

पात्रों में मुनिगण पूँजीपतियों के प्रतिनिधि हैं जो स्वार्थसिद्धि के लिए देश का अनहित करने को सदा प्रस्तुत हैं। सुनीथा संघर्ष में फँसी हुई आधुनिक युग की नारी है। वह युद्ध में आहतों की परिचर्या करती है। उसका पति वेन प्राचीन अन्ध परम्पराओं का प्रतीक है जिसका मंथन करके उसके तत्व-स्वरूप पृथु की प्राप्ति की गई। मंत्रपूत कुशा की रस्सी द्वारा वेन के वध का अर्थ है शास्त्रीय पद्धति के द्वारा अन्ध मान्यताओं को समाप्त कर नए युग के अनुरूप तेजस्विता को ग्रहण करना।

सूत और मागध आजकल के प्रचारक और विज्ञापन करने वाले हैं। प्रथम राजा पृथु ने इनको झूठी प्रशंसा से रोका था। उर्वि धरती की प्रतीक है। पूर्व देश में युद्ध चीन-भारत के युद्ध का संकेत करता है। इस प्रकार स्वतन्त्र भारत के प्रथम राजा के पौरुष, उनकी सफलता और विफलता के कारणों पर प्रकाश डालना नाटक का प्रयोजन है।

प्रश्न उठता है कि नाटककार अपने प्रयोजन में कहाँ तक सफल हुआ है। यह तो निर्विवाद रूप से कहना पड़ेगा कि प्रसाद के उपरान्त इस प्रकार के प्राचीन कथानकों के द्वारा नवयुग का चित्रण प्रथम बार श्री माथुर ने किया है। यद्यपि कतिपय आलोचकों ने उन पर यह दोषारोपण किया है कि बिना किसी प्रमाण के शुक्राचार्य, गर्ग और अत्रि के चरित्र को इतना पतनोन्मुखी दिखाना शास्त्रमर्यादा को नष्ट करना है। पर माथुर साहब ने भृगु और अत्रि वंश के प्राचीन विवाद को राजनीति में दिखाने का साहस किया है। मर्यादावादियों को यह भले ही खटके पर उनका उद्देश्य आधुनिक युग के मंत्रिमंडल में होने वाले षड्यंत्रों को दिखाना है, न कि प्राचीन ऋषियों के चरित्र को दोषपूर्ण बताना। देश की आधुनिक समस्याओं के प्रतीकों के द्वारा कलापूर्ण ढंग से माथुर साहब ने सामाजिकों को सामने रखा है। इस कार्य में वह पूर्ण सफल हुए हैं। न केवल विचार अपितु कला की दृष्टि से भी इसमें नवीनता है। नवीन नाटकों में इसका एक विशिष्ट स्थान है।

नाटककार का मूल प्रयोजन उन समस्याओं का उद्घाटन करना है जो स्वतन्त्रता के उपरान्त पहले राजा (जवाहरलाल) के सामने आई। विभाजन के अनन्तर बड़े-बड़े अर्थशास्त्रियों ने पंचवर्षीय योजनाएँ बनाईं। मंत्रियों ने अपनी-अपनी आवश्यकताओं के अनुसार राजकोष का उपयोग किया। बड़े-बड़े बाँधों के निर्माण में करोड़ों रुपये

व्यय किए गए पर मंत्रियों के मतभेद और उनकी अदूरदर्शिता से बाँध बनते-बनते रह गए। भूख की ज्वाला में जन-समुदाय भस्म हो रहा है। जनता में असन्तोष व्याप्त है। दासी अर्चना से कहती है—"जनता ने सूत-मागध को गीत गाने से रोक दिया। वे महाराज के यश के गीत, उनके पराक्रम-गान नहीं सुनना चाहते। वे बहुत बेचैन हैं; तरह-तरह के नारे लगा रहे हैं, उपद्रव करने पर तुले हैं।"

प्रजा के अतिरिक्त राजा भी कई कारणों से दुःखी है। पृथु कहते हैं—"मंत्रिमंडल की चखचख, शिकायतों के अम्बार, व्यवस्था की चिन्ताएँ! इनमें कौन-सी चुनौती है?...अर्चि, कोई एड़ नहीं जो मेरी आकांक्षा के घोड़े को गतिशील कर दे!"

पृथु के पूरा प्रयास करने पर भी जब जनता की स्थिति नहीं सुधरती तो वह मंत्रियों पर अपना आक्रोश प्रकट करते हुए कहते हैं—"जनता की जिस भीड़ को मैं शान्त करके आ रहा हूँ, उसके दुःख-दैन्य की कथाएँ सुनकर मुझे करुणा नहीं आई, गुस्सा आया। मैं पूछता हूँ आप लोगों से, क्या मैंने आप लोगों को जो वचन दिए थे, कुशा की इस रस्सी की गाँठें बाँधकर, वे पूरे किए या नहीं?"

मंत्री स्वीकार करते हैं कि उनकी योजनाओं और आवश्यकताओं की पूर्ति होती रही है। तब पृथु क्रुद्ध होकर पूछते हैं—"तो फिर मेरे राज्य में अकाल क्यों है?"

अकाल के अतिरिक्त जनता में सांस्कृतिक एकता की समस्या है। अनार्य एवं आर्य-संस्कृतियों में सामंजस्य स्थापित करना है। मोहनजोदड़ो की मृत्तिका का दर्शन—भूचंडी की मूर्ति की पूजा—स्त्रियों पर देवी का चढ़ना आदि घटनाएँ—अनार्य संस्कृति की सूचक है। अनार्य पुत्र, कवष को सेनापति के पद पर आसीन कर पृथु अनार्यों के साथ होने वाले भेदभाव को दूर करता है। 'ऐतरेय ब्राह्मण' के अनुसार सरस्वती तट पर जब कुछ ऋषि यज्ञ कर रहे थे तब कवष भी उन लोगों के साथ था। किन्तु चूँकि वह दासी-पुत्र था इसलिए मुनियों ने उसे अपने आश्रम से निकाल दिया। निर्वासित निषाद—कवष—रेगिस्तान को चला गया। वहाँ उसने सरस्वती की स्तुति की, जिसके फलस्वरूप रेगिस्तान में ही सरस्वती का जल उसके चारों ओर प्रकट हो गया। जब ऋषियों ने निषाद की स्तुति की महिमा देखी तो उन्होंने अपने आश्रम और यज्ञों में उसे शामिल कर लिया। जिस प्रकार राजा पृथु ने आर्य-अनार्य संस्कृतियों का सामंजस्य कवष को अधिकार देकर प्रमाणित किया, उसी प्रकार स्वतन्त्र भारत के पहले राजा ने आर्येतर संस्कृतियों में पले अपने व्यक्तियों को उच्च शासनाधिकार देकर दोनों के पारस्परिक वैमनस्य को दूर किया। तीसरा प्रयोजन है देश को बाह्य शत्रुओं से सावधान रहकर युद्ध के लिए सदा तैयार रखना। पृथु के राज में सरस्वती पार के डाकू सदा युद्ध किया करते थे और असहाय प्रजा के पशु धन को दीन ले जाया करते थे। पृथु कहते हैं—"सरस्वती पार के डाकू सारे ब्रह्मावर्त्त को घेर लेंगे और तब हमारा तुम्हारा प्यारा हिमालय भी—त्रिगर्त भी—मटियामेट हो जाएगा। इसी चुनौती को मैंने स्वीकार किया है—मेरा साथ दो कवष।"

पृथु के राज में पूर्वी प्रदेशों पर भी आक्रमण हो रहा है। कवष पृथु को सूचना

देता है कि पूर्वी सीमा पर डाकुओं का जत्था चढ़ आया है। गाँव के मुखिया पृथु के पास पुकार लेकर आते हैं कि 'डाकू गाँवों की ओर बढ़ रहे हैं।' वे अपने कुटुम्ब और गाय-बैल की रक्षा के लिए कोलाहल मचाते हैं। पृथु उनको आश्वासन देते हुए कहते हैं कि "मैं आक्रमणकारियों से आप लोगों की रक्षा करूँगा। हर गाँव के दस-दस नौजवान मेरे साथ रहेंगे। आप लोग अनूप प्रदेश को गढ़ बनाइये! माता सुनीथा युद्ध के घायलों की सुश्रुषा करेंगी।'

उपर्युक्त सारी समस्याएं स्वतन्त्र भारत के प्रारम्भिक वर्षों में उठ खड़ी हुईं। देश में अन्न के लिए हाहाकार मचा, पंचवर्षीय योजनाओं से अनाज की समस्या हल नहीं हुई। विदेशों से करोड़ों रुपये का अन्न मँगाना पड़ा। दूसरी समस्या विभिन्न संस्कृतियों के सामंजस्य की उठी। उसे सुलझाने के लिए आर्येत्तर संस्कृति के उपासकों को उच्च अधिकार दिए गए। तीसरी समस्या पूर्वी एवं पश्चिमी सीमा पर आक्रमण करने वाले उपद्रवियों को दबाने की थी। कश्मीर और आसाम पर पाकिस्तानी और चीनी आक्रामक प्रजा को पीड़ा दे रहे थे। उनसे देश को मुक्ति दिलाना विकट समस्या हो गई थी। चौथी समस्या राजसत्ता और प्रजासत्ता में सम्बन्ध स्थापित करने की थी। स्वतन्त्रता के उपरान्त शासक और शासित के अधिकारों की सीमाएँ एक-दूसरे को काटना चाहती थीं। जवाहरलाल के सामने यह समस्या आई थी। भारत का संविधान बनाते समय राजसत्ता और जनसत्ता के अधिकार-निर्णय पर अनेक समस्याएँ सामने आईं।

इस नाटक में उन प्रश्नों पर तर्कसंगत विचार प्रस्तुत किया गया है। इस प्रकार प्रथम राजा पृथु के माध्यम से प्रतीकों के द्वारा आधुनिक भारत की समस्याओं को कला-पूर्ण ढंग से सुलझाने का सफल प्रयास किया गया।

प्रतिभाशाली साहित्यकार इसी पथ-भ्रष्टता से बचने का मार्ग समय-समय पर बताता चलता है। 'रामायण', 'महाभारत', 'श्रीमद्भागवत' और 'रघुवंश' महाकाव्य में ऐसे तत्व विद्यमान हैं जो क्रान्ति का चिरन्तन सन्देश सुनाते रहते हैं। कालिदास ने राम के विरुद्ध युवा पीढ़ी के प्रजा का विद्रोह शम्बूक-वध के प्रसंग में दिखाया है। राम राज्य में शासक वर्ग की सामान्य शिथिलता के कारण साधु वेषधारी एक दुराचारी राज दण्ड से बचा रहा। उसने तत्कालीन प्रसिद्ध मुनि वाल्मीकि के आश्रम के पास अपना अड्डा जमाया। वह वृक्ष की डाली से उल्टा लटककर तपस्या के ढोंग द्वारा जनपद को ठगता रहा। उसी जनपद में एक विप्र शिशु मरा मिला। उसका युवा पिता शव को राजप्रासाद के सम्मुख लिटाकर चीत्कार करने लगा—"हे पृथ्वी, तुम शोचनीय बन गई हो, दशरथ से हीन होकर राम के हाथ में पड़ने से अधिकाधिक कष्ट पा रही हो।"

अर्थात् राम जैसे अयोग्य राजा के राज्य में प्रजा नित्य अधिक-से-अधिक कष्ट पाती चली आ रही है। उस युवा की चीत्कार सुनकर प्रजा वर्ग में विद्रोह की भावना जाग्रत हो उठी। 'आनन्द रामायण' में तो प्रत्येक वर्ण के मृत शिशु राजप्रासाद

के सम्मुख रखे गए हैं, उनमें एक शूद्र कन्या भी है। कल्पना कीजिए, प्रजा वर्ग में कितना क्षोभ उत्पन्न हआ होगा। राम यह दृश्य देखकर अवाक् रह जाते हैं। मंत्रियों से परामर्श करने पर भी शिशु हत्या का कोई कारण नहीं जान पड़ा। अतएव राजा राम अत्यन्त चिन्तित होकर अपने को धिक्कारने लगे और सोचने लगे रघुकुल में ऐसा अनर्थ तो इससे पूर्व कभी हुआ नहीं था। ध्यानावस्थित होकर राम बैठ गए और उन्हें अन्तरात्मा से आकाशवाणी के रूप में कपटी मुनि का समाचार सुनाई पड़ा। जो कार्य रामराज्य के गुप्तचर नहीं कर पाए थे वह आकाशवाणी ने सम्पन्न किया। राम वाल्मीकि मुनि के आश्रम के समीप उलटे लटके हुए कपटी मुनि को दूर से देखकर सशंक हो उठे। उन्होंने देखा धूम्रपान के कारण इस मुनि के केश धूम्रवर्ण के हो गए हैं। ऐसा प्रतीत होता है कि निरन्तर गांजा और चरस पीने वाला यह कपटी मुनि सभी प्रकार के अनाचार एवं दुराचार में तल्लीन रहता था। उसकी आँखें लाल वर्ण की थीं, उसके मुख पर किसी प्रकार का भी तपस्वियों जैसा चिह्न नहीं था। राम की शंका दृढ़ होती गई। समीप पहुँचकर राम ने उसका पूर्व परिचय और उसके वर्तमान क्रियाकलाप का उद्देश्य भी पूछा। कपटी तपस्वी के शब्द-उच्चारण से, वंश-परम्परा की शिक्षा-दीक्षा से, शास्त्र-विधि-विरुद्ध तपस्या के ढंग से, उद्देश्य के विरुद्ध शरीर को कष्ट देने से, उन्हें पूरा विश्वास हो गया कि हो न हो आकाशवाणी से जिस तपस्वी के अपचार और दुराचार के कारण मृत शिशुओं के मूल निदान का पता चला था। वह यही, कपटी तपस्वी है। पूर्ण विश्वास हो जाने पर राम ने उसे उचित दण्ड दिया। आश्चर्य है कि कपटी मुनि के दण्डित होते ही जनपद में उल्लास छा गया। शम्बूक के उच्चारण विकृति से रहस्योद्घाटन होने का अनुमान सम्भवत: राम को हुआ होगा।

लवणासुर और शम्बूक की हत्या क्यों?

शम्बूक वध के औचित्यानौचित्य पर विभिन्न मनीषियों ने विचार किया है। महाकवि कालिदास ने रघुवंश महाकाव्य के पन्द्रहवें सर्ग में इस समस्या का समाधान सदा के लिए इस रूप में कर दिया है कि विचारपूर्वक इसका अध्ययन और मनन करने पर किसी भी समझदार के मन में कोई शंका रह नहीं सकती। शम्बूक का वध कब, क्यों, कहाँ और कैसे किया गया है? इसका पूरा चित्र महाकवि ने इस सर्ग में इस प्रकार निरूपित किया है—

द्वितीय वनवास के समय सीता वाल्मीकि आश्रम में रहती हैं। जिस जनपद में यह आश्रम स्थित है वहाँ एकांत रमणीय स्थानों में अनेक ऋषि-मुनि साधना में संलग्न रहते हैं। वाल्मीकि मुनि उस काल के सबसे बड़े महर्षि और नए छन्द के निर्माता हैं। वे महाकवि रूप में सर्वत्र प्रसिद्धि पा चुके हैं। अत: उनके दर्शनार्थ अनेक ऋषि-मुनि गृहस्थ-साधक आते-जाते रहते हैं। इस प्रकार यह स्थान भारतीय संस्कृति का केन्द्र बनता जा रहा है। सीता के आश्रयदाता वाल्मीकि मुनि की महिमा और गरिमा दूर-दूर तक फैल चुकी है। इस जनपद में यज्ञ-हवन, जप-तप, ज्ञान-

विज्ञान, योग-कर्म, भक्ति-उपासना करने वाले परमार्थ प्रेमी एकत्र होते रहते हैं। इस शुद्धाचरण पूत आर्य संस्कृति के विध्वंस में तत्पर दो आसुरी वृत्ति वाले व्यक्ति यहाँ अड्डा जमाए हुए हैं। ब्राह्मण वंशज लवणासुर अपने खुल्लमखुल्ला दुराचरण द्वारा ऋषि-मुनियों के दर्शनार्थ आने वाले तीर्थयात्रियों को लूटता-खसोटता और उनकी हत्या करता है। दूसरा शूद्रवंशी शम्बूक छल प्रपंचों द्वारा मिथ्याचरण का प्रचार करता और गांजा-चरस का व्यवहार सिखाता है, दोनों को दण्डित करना राजधर्म बन जाता है। आसुरी प्रकृति का परिपोषक और आर्य-संस्कृति का विध्वंसक लवणासुर यज्ञ-तप में तल्लीन ऋषि-मुनियों, दर्शनार्थी तीर्थयात्रियों का संहार करने पर तुला हुआ है। उसकी आसुरी शक्तियों का सामना करने में असमर्थ साधक गण अपना आश्रय एवं अपनी जीविका के साधन जड़ी-बूटी उस वन प्रदेश को छोड़ विवश हो राम के पास पहुँचते हैं। वे शरणार्थी मुनिगण शरणागत-वाले रामचन्द्र जी के पास जाकर निवेदन करते हैं—"महाराज, हम लोग लवणासुर के अत्याचार से अत्यन्त संतप्त होकर आपके पास आए हैं। हम लोग शाप-शस्त्र से असुरों की शक्ति विनष्ट कर सकते हैं पर क्रोधजन्य अग्नि से तपस्या की पावनता शीघ्र भस्मसात् हो जाती है। अतएव हम शरणार्थी धर्म-रक्षा के निमित्त आपके पास आए हैं। आप हमारी रक्षा कीजिए।" राम ने सद्यः शत्रुघ्न को बुलाकर लवणासुर का वध करने एवं धर्म-प्राण मुनि जनों की सुख-सुविधा के लिए व्यवस्था करने की आज्ञा दी। मुनियों और शरणार्थी, साधकों का समुचित सत्कार करके राम ने उन्हें पूर्ण आश्वस्त किया। शत्रुघ्न वाल्मीकि आश्रम के समीप ससैन्य पहुँच गए। लवणासुर से युद्ध के पूर्व शत्रुघ्न ने वाल्मीकि मुनि का आशीर्वाद प्राप्त करना अत्यन्त आवश्यक समझा। अत: उनके चरणों में उपस्थित होकर साष्टांग प्रणाम किया। वाल्मीकि मुनि के आदेश से आश्रम में ही निवास किया। वाल्मीकि ने शत्रुघ्न का विधिवत् अतिथि-सत्कार किया।

जिस रात्रि शत्रुघ्न वाल्मीकि मुनि के आश्रम में अतिथि रूप में विद्यमान थे, उसी शान्त वेला में सीता माता ने समान कान्तिवाले दो पुत्रों को उत्पन्न किया। वाल्मीकि मुनि ने यह शुभ समाचार सुनकर द्विगुणित उत्साह के साथ वीरवर शत्रुघ्न मुनि से आदेश लेकर लवणासुर की मधूपहन नामक नगरी को चल पड़े। यहीं लवणासुर-रावण परिवार की पुत्री कुंभीनसी का पुत्र रहता था। वह धुएँ के समान वर्ण वाला, अपक्व मांस भक्षण के कारण चर्बी के समान गन्ध वाला, अग्नि की ज्वाला के समान पिंगल केशों वाला, गीध आदि पक्षियों से युक्त जंगम चितागिन के समान उस जनपद में निर्भय विचरण करता था।

शत्रुघ्न को ससैन्य देख लवणासुर उन्मत्त होकर अट्टहास करने लगा—"आज मेरे पेट के योग्य परिपूर्ण भोजन भाग्य से ब्रह्मा ने स्वयं भेज दिया है।"

इस प्रकार ठट्ठा माकर हँसते हुए लवणासुर ने सामान्य मोथा घास की तरह एक बड़े वृक्ष को उखाड़ लिया और शत्रुघ्न के ऊपर ज़ोर से फेंका। शत्रुघ्न ने उस

पर तब तक प्रहार नहीं किया जब तक वह अस्त्र रहित रहा। ज्यों ही उसने शत्रुघ्न पर धावा बोला, शत्रुघ्न ने उस विशाल वृक्ष को तीक्ष्ण बाणों से विखंडित कर दिया। उस छिन्न-भिन्न वृक्ष की पुष्पावली के विकीर्ण परागों से निकली हुई सुगन्धि से शत्रुघ्न और उसकी सेना आमोदमय हो उठी।

लवणासुर ने अपने प्रथम प्रहार को असफल होते देखकर यमराज की मुष्टि के समान एक विशाल प्रस्तर खण्ड शत्रुघ्न के ऊपर फेंका। शत्रुघ्न ने उस वज्र सदृश विशाल प्रस्तर खण्ड को अपने अस्त्र से परमाणुवत् खण्डित कर डाला। अब लवणासुर ने तीसरा प्रहार एक विशाल ताड़ वृक्ष के द्वारा किया और वह चीखता-चिल्लाता जब पृथ्वी पर धमाके से गिरा तो पृथ्वी हिलने-डुलने लगी। इतना विशाल उसका शरीर था। लवणासुर की मृत्यु से सम्पूर्ण मुनि समाज एवं समस्त जनपद असुरों के त्रास से निर्भय हो गया।

किन्तु इसी जनपद में एक मिथ्याचारी छद्मवेशी तपस्वी से भी सम्पूर्ण समाज खिन्न हो रहा था। लवणासुर तो खुल्लमखुल्ला दुराचारों से ऋषि-मुनियों, तीर्थयात्रियों, जनपद निवासियों को त्रस्त किए हुए था। किन्तु एक छद्मवेशी मिथ्याचारी अपनी दुष्कृत जीवनचर्या द्वारा उस जनपद की पावनता, वातावरण की शुद्धता को दूषित कर रहा था। सम्भवत: वह छद्मवेशी साधु धूम्रपायी, गांजा, चरस प्रेमी कपटी भक्तों द्वारा जनपद में मिथ्याचरण का प्रचार कर रहा था। उससे भी मुक्ति दिलाना राज्य के लिए आवश्यक बन गया था।

शम्बूक नामक यह छद्मवेशी तपस्वी उस शूद्र कुल में उत्पन्न परिपालित परिपोषित हुआ था जिसे सांसारिक भोगों के निर्बाध सेवन की पूरी स्वतन्त्रता थी। उन्हें न तो बचपन में अध्ययन करने की आवश्यकता थी न मद्यपान, उन्मुक्त विषयभोग पर कोई अंकुश था। उद्दाम भोग का अभ्यस्त शम्बूक किसी जनपद के स्वास्थ्य सेवा विभाग में किसी स्थान पर नियुक्त था।

कालिदास ने एक ही सर्ग में दोनों समाज विरोधियों का चित्र खींचते हुए जीवन पद्धति में सादृश्य और विरोध दोनों दिखाया है। राजा राम को समाज विरोधी इन दोनों शत्रुओं से संघर्ष करना पड़ा। दोनों लवणासुर और शम्बूक आसुरी वृत्ति वाले हैं। अत: समाज विध्वंसक होने से दंडनीय हैं।[1] इनमें साम्य देखिए—

दोनों असंस्कृत एवं विलासप्रिय परिवार में जन्मे और पले। दोनों शिक्षा संस्कारहीन हैं। एक अगस्त्य ऋषि ब्राह्मण कुल में जन्मा पर संस्कारहीन, दूसरा शूद्र कुल व संस्कारी।

1. दोनों वाल्मीकि आश्रम (जनपद) में आश्रय लेने सप्रयोजन आते हैं।
2. दोनों ऋषि आश्रमों का वातावरण दूषित कर रहे हैं।
3. दोनों विभिन्न प्रकार की हत्याओं से प्रत्यक्ष या परोक्ष रूप से सम्बद्ध हैं।

---

1. राजत्प्रजासु ते कश्चिदपचार : प्रवर्तते
   तमन्विष्य प्रशमयेर्भूवितासि ततः कृती।
   अर्थात् कोई आर्य धर्म-विरुद्ध आचरण करने वाला प्रजा में है।

4. दोनों के आचरण अनार्य, शास्त्र विरोधी, समाज विध्वंसक होने से गहन हैं।

प्रमाण : लवणासुर का प्रचार देते हुए कालिदास कहते हैं—मधूपह्न नगर निवासी लवणासुर धूम्रवर्ण वाला, चर्बी के समान गन्ध वाला, पिंगल वर्ण के केश वाला जंगम चिताग्नि के समान है।

इसी से मिलता-जुलता रूप छद्‌ममुनि वेशधारी शम्बूक का है।

अथ धूम्राभिताम्राक्षं वृक्ष शाखाऽवलम्बिनम्।

ददर्श कश्चिदैक्ष्वाकुस्तपस्यन्तमधोमुखम्।।

अर्थात् आकाशवाणी के अनुसार अपचार कर्ता का अनुसंधान करते हुए शम्बूक के पास पहुँचकर क्या देखते हैं कि वह धूम्रपान कर रहा है जिससे लाल-लाल आँखें हैं। वह वृक्ष से लटकते हुए नीचे मुख कर तपस्वी जैसा रूप बनाए है।

राम और समीप पहुँचते हैं और उसमें तपस्वी के लक्षण ढूँढ़ने का प्रयास करते हैं, पर देखते क्या हैं कि तपस्वी का एक भी लक्षण इसमें नहीं है। तपस्वी के लक्षण हैं—

लघुत्वमारोग्यमलोलुपत्वं वर्ण प्रसादः स्वर सौष्ठवं च।

गन्धः शुभो...

साधु तपस्वी का निरोग शरीर हल्का और फुर्तीला होता है। उसकी मनोवृत्ति अलोलुप एवं स्थिर रहती है। उसका मुखमण्डल आनन्द से विकसित रहता है। उसकी मधुर वाणी सौष्ठव प्रदान करती है। उसके शरीर से नैसर्गिक सुगन्धि की लहरियाँ वातावरण को सुरक्षित करती रहती हैं।

ऐसा प्रतीत होता है कि जब राम ने उसे देखा तो पाया कि धूम्रपान करने से दाढ़ी के बाल धूम्र जैसे, उसका मुखमंडल किंजल्क वर्ण (लवणासुर की तरह) का धुंधला हो गया है। आज के गंजेड़ी नकली साधु की तरह धूम्रपान कर रहा था। उसका शरीर अत्यधिक धूम्रपान से रुग्ण जैसा बन गया था। उसकी अलोलुपता, सम्बन्धी धारणा स्पष्ट हो गई। मुख मुद्राओं एवं चेष्टाओं से मुख मंडल देखकर वर्ण का ज्ञान हो गया कि यह तो पाला मारे हुए कमल किंजल्क है, इसमें प्रसाद गुण कहाँ से आएगा। अब स्वर की परीक्षा लेनी शेष है। गन्ध का पता तो चरस गांजा के धूम से पहले ही हो चुका है। तेजस्वी राम के सम्मुख शम्बूक अपनी वास्तविकता छिपा न सका। राम के प्रश्न का उत्तर देते हुए कहता है—'मामन्विष्यन्निह वृषकलम्।'

''महाराज मैं शूद्र वृषल[1] मुनि के छद्‌मवेश में हूँ। मैंने धर्म कर्म का उच्छेद किया है। राम इसी कारण शम्बूक को 'तपसा दुश्चरण' (दुश्चरणमयी आडम्बर भरी तपस्या) के कारण सद्‌गति से वंचित करते हैं।''

---

1. वृषल का अर्थ है—वृषं धर्मं लंघयति इति वृषलः।
   अपने कर्त्तव्य-कर्म से च्युत होने वाले प्रत्येक ब्राह्मण, क्षत्रिय, वैश्य, शूद्र की संज्ञा वृषल है। प्रत्येक दुराचरण का कर्त्ता वृषल कहलाता है, वह चाहे किसी कुल में जन्मा हो।
   ('रघुवंश', 15वाँ सर्ग, श्लोक 53)

उपर्युक्त विवरण को 'गीता' के आधार पर समझ लेने से वस्तुस्थिति और भी स्पष्ट हो जाती है। देखना यह है कि शम्बूक की शारीरिक, मानसिक एवं वाङ्मयी तपस्या का रूप क्या है? क्या वह दैवी वृत्ति को आधार मान सात्विकी या राजसी तपस्या कर रहा था या आसुरी वृत्ति से तामसी और आसुरी? उसके तप का प्रेरक तत्व आत्म ज्ञान है या दंभ, अहंकार काम और राग? उसके जन्मजात वातावरण जन्य तथा शिक्षा संस्कार सम्भूत संस्कार हैं क्या?

इन प्रश्नों का उत्तर उसके तपोद्देश्य और उसकी आडम्बरपूर्ण तप प्रक्रिया से स्वत: मिल जाता है। जन्मजात संस्कारों से वह कर्मभीरू जान पड़ता है, क्योंकि 'गीता' के अनुसार प्रत्येक कार्य कर्म परमपद की प्राप्ति कराने वाला है। ईश्वर को साक्षी समझ अपना कर्म निष्ठापूर्वक करते हुए उसका फल भगवान् की इच्छा पर छोड़ देना ही जीवन की परमसिद्धि है।

शम्बूक को जनपद की स्वच्छता का जो कार्य मिला था उसे प्रमादवश छोड़कर अपने को पुण्यात्मा महात्मा दिखाने के उद्देश्य से वह पेड़ से उलटा लटका तपस्वी बना है। उसके तप का उद्देश्य है पृथ्वी तल पर सबसे बड़ा सम्राट इन्द्र बनना। उसके तप की प्रक्रिया है—इस पाँच भौतिक शरीर को अविधिपूर्वक पीड़ा पहुँचाना। उसके जीवन व्यापार और व्यवहार का ज्ञान उसके निरन्तर धूम्रपान से सहज ही लगाया जा सकता था। अत: राम को उसकी दिनचर्या का पता लगाते देर न लगी। मर्यादावादी राम को शास्त्र विहित राज्य शासन चलाना है। 'गीता' शास्त्र कहता है—

अशास्त्र विहितं घोर तप्यन्ते ते तपो जना:।
दम्भाहंकार संयुक्ता: कामरागबलन्विता:॥
कर्षयन्त: शरीरस्थं भूतग्राममचेतस:।
मां चैवान्त: शरीरस्थं तान् विद्यासुर निश्चयान्।। गीता। 7। 5-6

अर्थात् "हे अर्जुन! जो मनुष्य शास्त्र विधि से रहित केवल मन: कल्पित घोर तप को तपते हैं तथा दम्भ और अहंकार से युक्त एवं कामना, आसक्ति और बल, अभिमान से भी युक्त हैं। तथा जो शरीर रूप से स्थिर भूत समुदाय अर्थात् शरीर, मन और इन्द्रियादिकों के रूप में परिणित हुए आकाशादि पंच भूतों को और अन्त:करण में स्थित मुझ अन्तर्यामी को भी कृश करने वाले हैं उन अज्ञानियों को तू आसुरी स्वभाव वाले जान।"

इस पर टीका करते हुए आचार्य मधुसूदन सरस्वती कहते हैं—

"तानैहिक सर्वभोगविमुखान् परत्र चाधमगति भागिन: सर्वपुरुषार्थ भ्रष्टानासुर निश्चयानासुरो विपर्यास रूपो वेदार्थविरोधी निश्चयी येषां तान् मनुष्यत्वेन प्रतीयमाना-नप्यसुरकार्य कारित्वादसुरान् विद्धिजानीहि परिहरणाय।"

('गीता' मधुसूदन टीका—पृष्ठ-264)

जिन लोगों का ऐसा तामसी तप जो इस लोक के सकल भोगों से परांगमुख करने वाला, परलोक में अधम गति प्रदाय, सर्व पुरुषार्थों से रहित आसुरी निश्चय

पर आश्रित है, वह तप नहीं आसुरी कर्म है। वे छद्म तपस्वी अवयव संस्थान से मनुष्य भले ही हों पर वे आसुर कर्मी होने से असुर ही है। यद्यपि प्रत्यक्ष रूप में तपस्वी जान पड़ते हैं। अत: असुरों की तरह ये भी दण्डनीय हैं।

उपर्युक्त विवेचन से यह आभास मिलने लगता है कि संयम-नियम के संस्कारों से उन्मुक्त वातावरण में पला शम्बूक सामाजिक सेवा का कार्य छोड़कर किसी योग्य तपस्वी के संग में तपस्या के विधि-विधान को बिना सीखे ही अपने मूढ़ दुराग्रहवश शरीर और मन को क्लेश दे रहा है, उसका मन तो मादक द्रव्यों में लगा है। धूम्रपान के नशे में अपनी शारीरिक व्यथा भुलाने का प्रयास करता है पर समाज में सम्मान पाने की अभिलाषा से एक विचित्र चमत्कार दिखाना चाहता है और उसकी प्रक्रिया है पेड़ से उल्टे लटककर अद्‌भुत ढंग से धूम्रपान करना।

प्रश्न उठता है कि तपस्या कायिक है या मानसिक अथवा वाचिक, यदि शारीरिक तप है तो क्या वह शारीरिक तप के नियमों का पालन भी कर रहा है? और यदि वह शारीरिक तप का नया प्रयोग कर रहा है तो ऐसे प्रयोग का उसके ऊपर प्रभाव क्या पड़ रहा है? शारीरिक तप का नियम यह है—

क्या शरीर या मानस तपस्वी[1] का कोई लक्षण शंबूक में विद्यमान है? शंबूक का पेड़ से लटकना, धूम्रपान करना, इन्द्र पद के लिए विधि-विधान रहित करामात दिखाते हुए भोली जनता को आकृष्ट करना कैसा तप माना जाए? वह तपस्वी वेश में तो है पर उसका तप है दिल्ली में प्रवाहित नज़फ़गढ़ का नाला, जमुना नदी तो है पर यमुना जल कहाँ? प्रश्न उठता है कि वह तप नहीं कर रहा है तो उल्टा लटककर करता क्या है?

'गीता' में यह प्रश्न उठाया गया है। कृष्ण कहते हैं—"हे अर्जुन! तप भी तीन प्रकार के होते हैं। (1) फलाकांक्षा के बिना उत्तम श्रद्धा से योग-युक्त बुद्धि से किया तप सात्विक, सत्कार, मान-पूजा के लिए सदम्भ किया तप राजसी : मूढ़ आग्रह (बिना सोचे समझे) व स्वयं कष्ट उठाकर दूसरों को पीड़ा देने या भगाने के लिए किया तप तामस कहलाता है।" क्या ऐसे मूढ़ाग्रह से शरीर को कष्ट देने वाला तामस तप मनोवांछित फल का साधक हो सकता है? चाहता है इन्द्र बनना पर यह समझा ही नहीं कि तपस्वी का इन्द्र है क्या? वह कैसा इन्द्र बनना चाहता

---

1. देवद्विजगुरुप्राज्ञ पूजनं शौचमार्जवग्।
   ब्रह्मचर्यं अहिंसा च शारीरं तप उच्यते॥
   देवता, गुरु, ब्राह्मण और विद्वानों की पूजा, शुद्धता, सरलता, ब्रह्मचर्य और अहिंसा को शरीर अर्थात् कायिक तप कहते हैं। यदि वह मानस तप कर रहा है तो उसका यह लक्षण है—
   मन: प्रसाद: सौम्यत्वं मौनयात्मविनिग्रह:।
   भाव संशुद्धिरित्येतेत्तपो मानसमुच्यते।
   मन को प्रसन्न रखना, सौम्यता, मुनियों के समान वृत्ति रखना, मनो निग्रह और शुद्ध भावना—इनको मानस तप कहते हैं।

है? वैदिक इन्द्र (इन्द्रतीति इन्द्रः इति ऐश्वर्ये) सम्पूर्ण ऐश्वर्यों का अधिपति अर्थात् हिरण्यगर्भ अथवा मेघनाद से हार जाने वाला रावण कालीन इन्द्र अथवा पौराणिक काल का इन्द्र जो अहिल्या के सौंदर्य पर रीझ कर उसके साथ धोखा करने वाला छद्मवेशी ऋषि है अथवा सगर और रघु के यज्ञीय घोड़े को चुराने वाला इन्द्र? क्या उसे पता है कि उसका गन्तव्य इन्द्र पद है क्या?

यदि वह स्वर्ग का इन्द्र पद चाहता है तो क्या वह स्वर्ग का तात्पर्य भी समझता है? स्वर्ग है स्वरितं गीयते। स्वरित वह स्थिति है जो उद्दात्त (ऊँचा) अनुद्दात्त (नीचा) मध्य में विराजमान है। ऐसी स्थिति में गायन करने वाला इन्द्र है। जिसका मन समर में निरन्तर मस्त है, वही इन्द्र है। वही सारे वैभव (देवता) का अधिपति है। इसी कारण इन्द्र का पर्याय है सुरेश। सुर का अर्थ है 'सुष्ठु राति ददात्यभीष्टम्' जो अभीष्ट को देने वाला है, जो सारे अभीष्टों का स्वामी है, वह है सुरेश अर्थात् हिरण्यगर्भ। क्या वह समझता है कि हिरण्यगर्भ है क्या?

तेरहवाँ अध्याय

आधुनिक हिन्दी नाटकों में मिथक-प्रयोग

सूर्यमुख

स्वातन्त्र्योत्तर काल में सबसे अधिक नाटकों के रचयिता डॉ. लक्ष्मीनारायण लाल हैं। और इन्होंने ही सबसे अधिक मिथकों का प्रयोग किया है। इनके कतिपय नाटकों में मिथक प्रयोगों की समीक्षा हम पहले कर आए हैं। सबसे अटपटा विवरण 'सूर्यमुख' में मिलता है। रति और कामदेव की पुराण-प्रसिद्ध-कथा का सम्बन्ध वेणुरती नामक कल्पित कृष्ण पत्नी को मनमाना प्रद्युम्न की माता बनाकर दोनों में प्रणय सम्बन्ध जोड़ने का दुस्साहस करना केवल लक्ष्मीनारायणलाल जैसे स्वच्छन्द लेखक के लिए सम्भव है। 'हरिवंश' पुराण में कथा है कि रुक्मिणी के गर्भ से उत्पन्न प्रद्युम्न कामदेव के समान रूपवान और इन्द्र के समान बलवान हुआ। उसके रूप पर मोहित होकर शम्बरासुर राक्षस अपनी पत्नी मायावती के आग्रह से—शैशव में ही इसका हरण कर ले गया। पूर्व जन्म के अपने पति कामदेव (प्रद्युम्न) के पालन का भार एक धात्री को दिया गया। मायावती के सम्मुख यह शिशु युवा कामदेव के रूप में दिखाई पड़ा। अत: उसने स्वयं दुग्ध धात्री का काम नहीं किया। पुराणों में प्रद्युम्न को अनंग का अवतार और सनत्कुमार ऋषि के नाम से अभिहित किया गया है। 'हरिवंश' के अनुसार जन्म दिन की सातवीं निशीथ वेला में शम्बरासुर इनका हरण कर ले गया। शम्बरासुर की सबसे नवीनतम पत्नी मायावती नि:सन्तान होने के कारण संसार के सुन्दरतम बालक का लालन-पालन पुत्रवत् करना चाहती थी। कामदेव के अवतार प्रद्युम्न को मायावती ने सूतिका-गृह से हरण कराया था। कन्दर्प रूप शिशु प्रद्युम्न सात दिन में ही युवा कामदेव के समान दृष्टिगोचर हुआ। रति की अवतार मायावती को अपने पूर्व जन्म की स्मृति हो आई जिसमें शंकर ने पति कामदेव को भस्म करने पर रति विलाप से आर्द्र होकर उसे कृष्णावतार में पुन: सशरीरी पति-प्राप्ति का वरदान दिया था। अत: वह बड़े असमंजस में पड़ी कि अपने शिशु रूपधारी पति के मुख में अपना स्तन कैसे दूँ। उसने प्रद्युम्न के लालन-पालन का दायित्व धाय के हाथों सौंप दिया। अज्ञानवश उन्होंने धात्री और मायावती को

ही अपनी वास्तविक माता माना। वह रसायन सेवन से शीघ्र ही युवा दिखाई पड़े और असुरों से अस्त्र-शस्त्र विद्या अर्जित करने लगे।

पुराण के अनुसार प्रियदर्शन प्रद्युम्न के यौवन की सीमा में पदार्पण करने पर एक दिन मायावती उन पर मोहित हो गई और मुस्कुराहट भरे अपने हाव-भाव द्वारा प्रद्युम्न को प्रलोभन देने लगी। प्रद्युम्न को मायावती का विकृत भाव देखकर बड़ा आक्रोश आया। वह धिक्कारते हुए बोले—"मातृत्व-भाव त्यागकर तुम में ऐसा कालुष्य भाव क्यों आया? हे देवि या तो तुम बड़ी दुश्चरित्रा हो या मैं तुम्हारा पुत्र नहीं हूँ। यदि मैं तुम्हारा जन्मजात पुत्र नहीं हूँ तो भी मेरे प्रति तुम्हारी इस काम-भावना का कारण क्या है?" मायावती उसे एकान्त में मधुर वचनों से समझाने लगी—"हे कान्त, न तुम मेरे पुत्र और न शम्बरासुर तुम्हारा पिता, तुम कृष्ण और रुक्मिणी के पुत्र हो। शम्बरासुर मेरे आग्रह पर सूतिका-गृह से उड़ा लाया। हे वीर। दानवों के घर में ऐसे तेजस्वी बालक नहीं उत्पन्न हुआ करते।"

मायावती के मुख से अपना रहस्य जानकर उन्होंने शम्बरासुर से मुक्ति पाने की सोची। एक दिन उन्होंने उसके सिंहध्वज को अपने बाणों से काटकर गिरा दिया। शम्बरासुर ने कुद्ध होकर अपने पुत्रों को प्रद्युम्न के वध के लिए प्रेरित किया। प्रद्युम्न और शम्बर-पुत्रों में घोर युद्ध हुआ। एकाकी प्रद्युम्न को शम्बर सेना से युद्ध करते देख देवतागण व्याकुल हो इन्द्र के पास गए। इन्द ने सारा रहस्य खोला कि शंकर-वरदान के अनुसार रति मायावती पैदा हुई और प्रद्युम्न कामदेव का अवतार बना। अतः मायावती का प्रद्युम्न की ओर आकृष्ट होना सहज स्वाभाविक है।

पुराणों की इस कथा का आधिभौतिक, आधिदैविक और आध्यात्मिक अर्थ है। तीनों को बिना समझे यह पौराणिक कथा अटपटी मालूम होगी। शम्बर का अर्थ है चंचल वृत्ति, जो भौतिक पदार्थों के संचय में सदा अतृप्त बनी रहती है।

शम्बरासुर मथुरा का राजा था, जो अनीति, अन्याय और अनर्थकारियों की सेना बनाकर लूटपाट के द्वारा समृद्धि-वर्धन में सदा जुटा रहता था। सम्पत्ति संग्रह के अति लोभी देश की परम सुन्दरियों का हरण करके वह असुर अपनी काम वासना को संतृप्त करना चाहता था। अनेक सुन्दरियों, पौत्र-पौत्रियों के होते हुए भी वह विश्व सुन्दरी मायावती पर अधिकार करना चाहता था। यह मायावती पूर्व जन्म में कामदेव की पत्नी थी। जिसका हरण कर लाया था पर रति के साथ पत्नीवत् व्यवहार के द्वारा संतृप्त होने की कामना करने वाला कैसे सफल हो सकता है।

मायावती सन्तान-रहित होने के कारण विश्व के सुन्दरतम् शिशु प्रद्युम्न का शम्बरासुर के द्वारा हरण कराती है। यह प्रद्युम्न बचपन में ही युवा कामदेव की तरह परम दृष्टिगोचर होता है। तात्पर्य यह है ज्यों ही मनसिज (कामदेव) मन में जन्म लेता है वह रमणीय और शक्तिशाली बन जाता है। उसकी शक्ति से हारकर कामुक शम्बर अद्वितीय रमणी माया के घर में रहते हुए भी मारा जाता है। उसके एक सहस्त्र पुत्र-पौत्र उसे कामदेव के अस्त्र प्रहार से बचा नहीं पाते। आज भी अनेक सुन्दरियों, पुत्र-पौत्रों की विद्यमानता में अरबपति अधेड़ कामुक काम का कारक बन रहा है।

यह है शम्बर प्रद्युम्न और मायावती की कथा का रहस्य।

आधिदैविक अर्थ में मायावती विश्व की पूंजीभूता रमणीयता की प्रतीक रति (काम वासना) है उसका प्रियतम त्रैलोक्याधिपति शंकर को भी विमोहित करने के प्रयास में भस्म हो जाता है अर्थात् काम को वही जला सकता है वही काम वासना से मुक्त हो जाता है जो निरन्तर तप मग्न, निर्मल मान सरोवर का तटवर्ती कैलाश का निवासी का अभ्यासी होगा। काम के भस्म होने पर देवलोक (इन्द्रिय जगत) में हाहाकार मच जाता है। अतः उसका पुनः कृष्ण (जो सबको आकृष्ट करने वाला) के पुत्र के रूप में जन्म होता है।

उसको अपने पति रूप में पाने को आकुल मायावती चंचल वृत्ति वाले शम्बर मायापति कृष्ण भगवान से हरण करा देती है। अर्थात् कामदेव प्रद्युम्न फिर से अपनी आराध्या मायावती के पास पहुँचाया जाता है। मायावती और प्रद्युम्न की इस कहानी को वेणुरती नामक कृष्ण की कल्पित पत्नी और रुक्मिणी पुत्र प्रद्युम्न के साथ जोड़ दिया गया है।

इसकी समीक्षा करते हुए डॉ. नेमिचन्द्र लिखते हैं—''इस नाटक में कृष्ण कथा को जिस तरह मनमाने ढंग से तोड़ा मरोड़ा गया है वह कल्पनातीत तो है ही, एक प्रकार की गैर ज़िम्मेदारी और निष्ठाहीनता का भी सूचक है। राक्षस पत्नी मायावती से प्रद्युम्न के प्रेम और विवाह को कृष्ण की किसी पत्नी से प्रेम के रूप में प्रस्तुत करना ऐसा निरर्थक स्वेच्छाचार है, जो अक्षम्य तो है ही साथ ही जिससे आधुनिक रचना में मिथक के प्रयोग द्वारा बहुस्तरीय अर्थवत्ता की सृष्टि का उद्देश्य भी किसी तरह पूरा नहीं होता।'

नवीन मिथक धारणा की भ्रांति

अब तक मैं ज्ञान अज्ञानवश मिथकों और पौराणिक कथाओं पर आधुनिकता का आरोपण कर रहा था। इस दोष और सीमा को मैंने उस दिन समझा जब मुझे अपने मिथकों के रहस्यों का पता चला कि वे स्वयं अपने आप में नित्य नए अर्थ को देने वाले हैं। इस तरह 'बलराम की तीर्थयात्रा' में मैंने अपनी तरफ़ से आधुनिक बनने, होने, कहने का कोई लेशमात्र प्रयत्न नहीं किया। इसका फल यह हुआ कि 'बलराम की तीर्थयात्रा' में वह शक्ति आई है जो मेरे लिए शब्दातीत हैं। गदगद कंठ से।

अब बताइए जो आलोचक सन् 1983 से पूर्व विरचित डॉ. लाल की कृतियों के आधार पर आधुनिक भारतीय नाट्य चिन्तन का इतिहास लिख चुके हैं, उनको कितना प्रामाणिक माना जाये। विश्वविद्यालयी अध्यापक और छात्र उन्हीं कृतियों के आधार पर डॉ. लाल की जो कृति समीक्षा प्रस्तुत कर चुके हैं उनसे मतिभ्रम फैलने की संभावना सहज ही बोधगम्य है। डॉ. लाल सतत् जागरूक निरन्तर अध्ययनरत एवं मेधावी नाट्यकार हैं। वे युवकों को एक नया मार्ग दिखा रहे हैं कि अपनी भूल स्वीकार न करना कायरता है, ओ'नील, वेकेट, और सार्त्र की तरह साहसी नाट्यकार अपनी भूलें स्वीकारने में लज्जा नहीं गर्व का अनुभव करते हैं। आशा है कि मिथकों का सही रहस्य समझाकर आधुनिक नाट्यकार अपनी त्रुटियाँ सुधारने का प्रयत्न करेंगे। इससे नाट्य जगत् प्रतिष्ठित और समृद्ध होगा।

चौदहवाँ अध्याय

आठवाँ सर्ग : सुरेन्द्र वर्मा

सुरेन्द वर्मा के इस नाटक के दुहरे उद्देश्य हैं : एक प्रश्न अश्लीलता का, दूसरा आपात्-कालीन भारत में लेखकीय अभिव्यक्ति पर राजकीय बन्धन का। नाट्यकार ने कालिदास और उसकी प्रेयसी प्रियंगु का खेल क्रीड़ा और भोगविलास, उद्दाम नग्न चित्रण द्वारा 'कुमारसम्भव' के रचयिता की मनोवृत्ति का परिचय दिया है। प्रियंगु की सखी अनुसूया के कथन से चन्द्रगुप्तकालीन कालिदास की स्थिति स्पष्ट की गई है। डेढ़-दो हज़ार वर्ष पूर्व की विद्यमान कालिदास कालीन स्थिति पर आज की स्थिति का आरोप किया गया है। प्रियंगु की सखी इस स्थिति को स्पष्ट करते हुए कहती है, "आर्य सौमित्र ने 'कुमारसम्भव' की अश्लीलता के कारण बहुत ऊँचे स्वर में कहा—कि सर्ग—अश्लील नहीं है" पति-पत्नी के पारस्परिक सम्बन्ध भी कहीं अश्लील होते हैं? अश्लीलता, आरोप लगाने वालों की दृष्टियों में है, उनकी आँखों में है, उनके मन में है। इसके बाद नई पीढ़ी के आठ-दस रचनाकार खड़े हुए और बोले कि इस पुरानी पीढ़ी को काव्य की समझ ही क्या है? इसकी साहित्यिक चेतना तो वाल्मीकीय 'रामायण' तक ही सीमित है। इन कट्टर पुराणपंथियों को हम किसी भी प्रकार सहन नहीं करेंगे।

उक्त कथन से आज की विश्वविद्यालयी आलोचना और रंगमंचीय आलोचना का अन्तर स्पष्ट हो जाता है। यह अन्तर केवल हमारे ही देश में नहीं सभी समृद्ध पाश्चात्य देशों में भी पाया जाता है। एक ही कृति के प्रदर्शन देखकर विरोधी प्रतिक्रियाएं सर्वत्र पाई जाती हैं। अतः यह कोई आश्चर्यजनक विवाद नहीं।

वैदिक साहित्य और संस्कृत के चार मूल स्तम्भ हैं वाल्मीकि, वेदव्यास, कालिदास और शंकराचार्य। कालिदास के जीवन-चरित्र के आधार पर दो प्रमुख नाटक मिलते हैं:—(1) 'आषाढ़ का एक दिन' (2) 'आठवाँ सर्ग'। आठवां सर्ग कालिदास के जीवन प्रसंग को लेकर चार समसामयिक प्रश्न हमारे सामने प्रस्तुत करता है :

1. कवि क्या केवल अपने भोगे हुए अनुभव का ही सच्चा स्वरूप नाटक में दे सकता है? अथवा कल्पना के बल पर भी सफल हो सकता है?

2. अश्लील साहित्य की कसौटी क्या है?
3. क्या अश्लील साहित्य सामाजिक के सामने प्रस्तुत करना अपराध है?
4. साहित्यकार की रचना की सार्थकता का क्या स्वरूप है? और उसके प्रचार में राज्य-सरकार का क्या दायित्व है?

सुरेन्द्र वर्मा 'कुमारसंभव' का अध्ययन करके इस नाटक को बड़े ही मार्मिक ढंग से प्रस्तुत करते हैं। उन्होंने उक्त प्रश्नों का अपनी दृष्टि से उत्तर देने का प्रयास किया। जिस प्रकार चन्द्रगुप्त की राजसभा में 'कुमारसम्भव' के आठवें सर्ग पर दो विरोधी सम्मतियाँ उन्होंने दिखाई हैं, उसी प्रकार इस कृति के सम्बन्ध में दो मत स्वाभाविक हैं। पहला मत युवा पीढ़ी के प्रतिनिधि कालिदास के मित्र सौमित्र का है; दूसरा चन्द्रगुप्त के। अधिकांश मंत्रीवर्ग का सम्राट की ओर से कवि-कृत 'अभिज्ञानशाकुन्तलम्' नाटक के उपलक्ष्य में—सर्वसम्मति से—महाकवि के अभिनन्दन का आयोजन होता है। इसी शुभ अवसर पर 'अभिज्ञानशाकुन्तलम्' के प्रदर्शन की व्यवस्था राज्य की ओर से बड़ी धूमधाम से की जा रही है, किन्तु कालिदास सम्राट चन्द्रगुप्त से क्षमा माँगते हुए कहता है—"क्षमा करें, उपस्थित न हो पाने के पीछे कार्य अभिनय नहीं है। शिप्रा की वर्तुल लहरें देखते अचानक तीन वर्ष पहले की याद आ गई। आज ही का दिन था, ऐसा ही उत्साह ऐसा ही आह्लाद! और तब लगा कि राज्य मेरे सम्मान के लिए इतना उतावला है?" इससे सिद्ध होता है कि यद्यपि 'कुमारसम्भव' का आठवाँ सर्ग और 'अभिज्ञानशाकुन्तलम्' के प्रथम तीन अंक शृंगारमय हैं, पर अष्टम् सर्ग समाज अनुमोदित नहीं है पर 'अभिज्ञानशाकुन्तलम्' एक मत से प्रशंसनीय माना गया। इसके कारणों पर विचार कर लेना चाहिए।

'कुमारसम्भव' शकुन्तला से तीन वर्ष पूर्व की रचना है, जिसमें कवि ने महामाया पार्वती को चिन्मय शिव के साथ लीला विलास निधुवन लीला के रूप में दिखलाया है। इसके पीछे छिपा तत्ववाद इतना गम्भीर है और भगवद् लीला का यह रहस्य सामान्य व्यक्ति के लिए इतना दुर्गम है कि सबके सामने शिव-पार्वती की काम-केलि का नग्न वर्णन असामाजिक माना गया। इस सम्बन्ध में आचार्य हजारीप्रसाद द्विवेदी लिखते हैं।

कालिदास ने इस महाकाव्य में यह दिखाने का प्रयत्न किया है कि त्याग और भोग के सामंजस्य से ही जीवन चरितार्थ होता है। एकान्त वैराग्य आसुरी शक्ति का दमन नहीं कर सकता। भोग और वैराग्य के यथोचित सामंजस्य में ही जीवन की चरितार्थता है। जो प्रेम केवल शारीरिक आकर्षण पर निर्भर होता है, वह क्षण स्थायी होता है। जब तक वह तपस्या की अग्नि में तपकर नहीं निकलता, तब तक वह बन्ध्य निष्फल है। पार्वती का जीवन तपस्या और प्रेम का सामंजस्य है, शिव का भोग वैराग्य का। कामदेव जड़ शारीरिक विषयों के आकर्षण का अधिदेवता है। सच्चा प्रेम और गहराई में पलता है।

'कुमारसम्भव' के प्रारम्भिक सात सर्गों में कालिदास तप माहात्म्य के द्वारा

जन–रुचि परिमार्जित करते हैं। देवात्मा नगराज हिमालय (नटराज के अट्टहास स्वरूप) और पितर–पुत्री मेनका का विवाह दिखाया गया है। इस देव पितृ सम्बन्ध से उत्पन्न पार्वती का शिव के लिए तपोमयी होना स्वाभाविक है क्योंकि वह पूर्वजन्म में महादेव की आज्ञा की उपेक्षा करती हुईं पिता दक्ष के यज्ञ में पति की अवज्ञा असह्य समझकर भस्म हो चुकी हैं। कालिदास ने तपोरत शिव के विघ्नकारी कामदेव को पहले ही भस्म करा दिया है। अब तो वह रति–विलाप से आर्द्र हो देव कुल कल्याण के लिए ताड़कासुर वधकारी पुत्र की उत्पत्ति का लक्ष्य लेकर पार्वती से विवाह करते हैं। सबका रहस्य समझ लेने पर ही महामाया पार्वती और चिन्मय की कामकेलि बुद्धिगत हो सकती है। सिसृक्षाजन्य इनकी कामकेलि से ही दैवी वृत्तियों की रक्षा और आसुरी वृत्तियों का विनाश हो सकता है।

सुरेन्द्र वर्मा ने बड़े कौशल से नाटक के अन्त में नटराज और पियंगु के बीच में कालिदास को भावकारी मुद्रा में स्थित दिखलाया है। वह स्वयं कुमारसम्भव के आत्मोसर्ग पर आक्रोश प्रकट कर रहा है। कालिदास कहता है—"मेरा आक्रोश है रचना की इस प्रकृति पर कि वह अपने आप में सम्पूर्ण नहीं है। यह सम्प्रेषण और तादात्म्य चाहती है। अश्लीलता की समस्या का समाधान नाट्यकार ने इस प्रकार बड़े कौशल से किया है।"

दूसरा महत्त्वपूर्ण प्रश्न शासन की सहायता और रचना के प्रचार का है, कालिदास स्वयं इसका उत्तर देते हुए कहते हैं—"एक मोड़ पर सत्ता की सहायता की आवश्यकता भी अब नहीं है। अगर शासन अब मेरी रचना पर यहाँ रोक लगाएगा तो दूसरे राज्य में सप्तम स्वर में सुनी जाएगी।"

तीसरा प्रश्न नाट्यकार की आर्थिक स्थिति का है। सम्राट् चन्द्रगुप्त का मित्र होते हुए भी कालिदास को रघुवंश जैसा महाकाव्य लिखने के लिए भोजपत्र की चुनौती का सामना करना पड़ता है, जो कुछ अटपटा–सा लगता है। सम्भवत: नाट्यकार आज की समसामयिक रचना की प्रमुख समस्याओं का आपात्कालीन स्थिति में उसकी दुर्दशा कर कागज़ की कठिनाई को व्यक्त करना चाहता है, इस प्रकार नाट्यकार आज की प्रमुख समस्याओं को कलापूर्ण ढंग से निरूपित करने में विधिवत् सफल हुआ है। यदि प्रथम सात सर्गों की तपोमयी भूमिका कालिदास की तरह प्रथम अंक में निरूपित हो गई तो यह नाटक अधिक स्थायी होता।

पन्द्रहवाँ अध्याय

'शिव-धनुष' नाटक में मिथक-प्रयोग

शिवधनुष क्या है और राम का उसे तोड़ना क्या भाव प्रदर्शित करता है इसको समझ लेने पर ही राम-परशुराम के विवाद का रहस्य समझा जा सकता है। इस प्रसंग में दो धनुषों का वर्णन है—शिव धनुष और विष्णु धनुष। शिव धनुष की पुजारिन वैदेही है और विष्णु धनुष के प्रयोक्ता परशुराम हैं। विष्णु धनुष के द्वारा परशुराम ने तपस्या के बल पर देश देशान्तर के बड़े-बड़े बलशाली राजाओं को जीत लिया। विष्णु ने इनकी तपस्या से प्रसन्न होकर कृतवीर्य के परम पराक्रमी पुत्र कार्तवीर्य (सहस्रार्जुन) के वध के लिए पृथ्वी पर इन्हें भेजा था। किन्तु सभी धार्मिक, अधार्मिक राजाओं को युद्ध में पराजित कर परशुराम ने सार्वभौम सत्ता प्राप्त की, इस कारण इन्हें बड़ा अहंकार हो गया। अत: यह निर्गुण निर्विकार सच्चिदानन्द रूप राम को न पहचान पाये और रामावतार का रहस्य बिना समझे ही राम-लक्ष्मण की भर्त्सना करने लगे।

प्रश्न उठता है कि शिव-धनुष किसका प्रतीक है। वेद और उपनिषद् में—"तस्मिह्नि प्रयुज्यमाने स प्रसीदति प्रियनाम ग्रहण इव लोक:" अर्थात् "प्रणवो धनु: शरोह्यात्मा ब्रह्म तल्लक्ष्यमुच्यते।"

प्रणव अर्थात् ओंकार धनुष है। ॐ की बनावट कुछ-कुछ धनुष जैसी है। इस शिव-धनुष का नाम अजगव है। अज का अर्थ है अजन्मा अर्थात् ब्रह्म और गव गो पर्याय है। जिसका अर्थ है 'वाणी'। 'अजगव' का अर्थ हुआ 'ब्रह्म की वाणी, अथवा उद्‌गीथ या ॐ या प्रणव। निर्गुण ब्रह्म (अज) की वाणी होने से यह निराकार ब्रह्म के उपासकों का आराध्य जप बन गया है। छान्दोग्योपनिषद् कहता है कि ओंकार की उपासना इसलिए करनी चाहिए, क्योंकि यह अक्षर परमात्मा का सबसे समीपवर्ती प्रियतम नाम है। ओमित्येदक्षर परमात्मनोऽभिधाने नेदिष्ठम: जिसका उच्चारण करने पर परमात्मा प्रसन्न होता है।

'समृद्धिगुणवांश्चोंकार:' अर्थात् ओंकार समृद्धिगुणवाला भी है। प्रणव-रूपी धनुष की त्रिगुणात्मक कर्म-समृद्धि ही गुण है : जज निर्गुण ब्रह्मोपासक त्रिगुणात्मक

यज्ञ (सत्कर्म) संयुक्त धनुष की प्रत्यंचा पर आत्म-बाण चढ़ाकर अप्रमत्त भाव से अपनी ब्रह्माकार वृत्ति को सर्वव्यापी ब्रह्म में सर्वथा विलीन कर देता है तो त्रिगुणात्मक प्रणव रूपी धनुष दो खंडों जड़ और चेतन में भंजित हो जाता है। यही शिव-धनुष का टूटना है।

''जड़ चेतनहि ग्रंथि पड़ गई''

''जड़ चेतन गुणदोषमय विश्व कीन्ह करतार''

''शिव-सन्त जड़-चेतन की ग्रंथि खोलकर दोनों का प्रसंग अलग कर देता है।''

यह शिव-धनुष अत्यन्त पुराना है, क्योंकि ''अजो नित्य: शाश्वतोऽयं पुराण:''-पुराण पुरुष सनातन शिव का धनुष होने से यह निश्चय ही दीर्घकाल से चला आ रहा है। पर ब्रह्म राम की त्रिगुणात्मिका वृत्ति को सहारा देने वाला यह त्रैलोक्य-सूचक अजगव अर्थात् ऊँ का उच्चारण का सहारा भी छूट जाता है, अर्थात् जब आत्मा परमात्मा में एकाकार हो जाती है तो उस महात्मा की अप्रज्ञात समाधि में चित्तवृत्ति सर्वथा विलीन हो जाती है, और ओंकार सोऽहं में बदल जाता है। वेद में इसका रहस्य इन्द्र (ईश्वर) कर्मयोग के द्वारा इस प्रकार समझाता है—

''अहं रुद्राय धनुरातनोमि ब्रह्मद्विषे शरवे हन्तवाउ।''

अर्थात् मैं ही ब्रह्मद्वेषी राक्षसों का विनाश करने के लिए धनुष को प्रत्यंचा-युक्त करता हूँ तब ब्रह्म विद्या और ब्रह्म का मिलन हो जाता है। यही विदेहकुमारी ब्रह्म-विद्या और ब्रह्मरूप राम का विवाह कहलाता है।

इस प्रसंग का रहस्य बिना समझे शिव-धनुष नामक नाटक में राम को परम्परागत विश्वास रूपी शिव-धनुष का भंजक बताया गया। रघुकुल रीति की परम्परा के पालन में वन-वन भटकने वाले मर्यादा पुरुषोत्तम राम को वैदिक परम्परा का भंजक दिखाना कहाँ तक समीचीन है। वेद कहता है—''इन्द्र: सीता निगृहणतु।''

इसीलिए वाल्मीकि ने राम को धनुष तोड़ते समय महात्मा राम नाम से अभिहित किया है। महात्मा वह है जो अपने को त्रिगुणात्मक प्रणव धनुष पर रखकर सत्कर्म रूपी गुण अथवा प्रत्यंचा को इतनी वेग से खींचता है कि उससे शुद्ध हुआ इसका हृदय आत्मवृत्ति रूपी वाण को क्षण में विश्वात्मा अर्थात् परब्रह्म में विलीन कर देता। उस समय उसकी सारी त्रिगुणात्मक मनोवृत्तियाँ अजगव धनुष की तरह खण्ड-खण्ड होकर निरर्थक हो जाती हैं, अर्थात् फिर से प्रणव मन्त्र के जप की आवश्यकता नहीं रहती। उसे कबीर की तरह सहज समाधि लग जाती है, फिर तो वह आनन्द विभोर होकर गायन करने लगता है—साधो सहज समाधि भली, आँख न मूँदे कान न रूधूँ बंक नाल रस लाऊँ, जहाँ-तहाँ जाऊँ सोइ प्रदक्षिणा, जो कुछ करूँ सो पूजा, जब सोऊँ तो करूँ दण्डवत् भाव नहीं दूजा।'

इसी स्थिति को उपनिषद् में इस प्रकार कहा गया है—''प्रणवो धनु: शरोह्यात्मा ब्रह्म तल्लक्ष्यमुच्यते अप्रमतेन वेद्धव्यं शखत्तन्मयो भवेत्।''

ओंकार रूपी धनुष अ+उ+म के मिलने से बना है। अकार विराट् विश्व का, उकार हिरण्यगर्भ तैजस का, मकर ईश्वर प्रज्ञ का द्योतक है। इन तीनों लोकों से ऊपर है विराम शुद्ध चेतन तत्व। उसी लक्ष्य में जब पुण्य कर्म से शुद्धात्मा का बाण तन्मय हो जाता है तो देवगण पुष्प वर्षा करते हैं।

जब प्रणव मन्त्र रूपी धनुष पर अपनी आत्मा रूपी बाण को सत्कर्म रूपी प्रत्यंचा पर रखकर निरन्तर ब्रह्माकार वृत्ति बनाने का प्रयास किया जाता है और अप्रमत्त भाव से निरन्तर बाण चलाने वाले का लक्ष्य एकमात्र ब्रह्म ही रह जाता है तो धीरे-धीरे त्रिगुणात्मक वृत्तियों का मनोवेग सर्वथा नष्ट हो जाता है तो उस समय प्रणव मंत्र का सहारा भी छूट जाता है, उस समय साधना का सहायक प्रणव रूपी धनुष खण्ड-खण्ड हो जाता है। यही सहज समाधि अथवा असमप्रज्ञात तन्मयता की स्थिति रह जाती है, अर्थात् अप्रज्ञात समाधि में एकमात्र ब्रह्माकार वृत्ति बची रहती है। उस समय ज्ञाता ज्ञान और ज्ञेय मिलकर केवल ज्ञानस्व रूप रह जाते हैं, शेष सारी वृत्तियाँ यहाँ तक कि मुझे आनन्द आ रहा है लुप्त हो जाता है और साधक परमानन्द में तन्मय हो जाता है।

प्रणव धनुष शिव प्रदत्त है जो विदेह के पूर्वजों को प्राप्त हुआ था। यह धनुष पाँच हजार व्यक्तियों के द्वारा आठ चक्र वाली गाड़ी पर रखकर यज्ञ-भूमि की ओर लाया जा रहा है। इस प्रतीक का अर्थ है कि बाहर जो घटना घट रही है, वह साधक के जीवन में भी घटती है। भारतीय दर्शन में हज़ार अनन्त का बोधक है। पाँचों ज्ञानेन्द्रियों से बनी मन रूपी रथ को खींच रही है। यह रथ अष्ट चक्र रूपी पहियों पर चल रहा है। इसी पर ओंऽम् रूपी धनुष रखा है जिसका मर्म रावणादि नहीं समझ रहे हैं।

विदेह की प्रतिज्ञा है, कि जो महापुरुष शिव धनुष की दोनों कोटियों को गुण (प्रत्यंचा) से संयुक्त कर देगा उसी के साथ अयोनिजा (ब्रह्म विद्या) सीता का विवाह होगा, अर्थात् जो महात्मा यज्ञ रूपी सत्कर्म के रक्षार्थ अयोध्या मनोवेगमय (द्वन्द्व रहित) से विश्व-कल्याण विश्वामित्र को अपना पथ-प्रदर्शक बनाकर जीवन-यात्रा करेगा, उसे मार्ग में प्रताड़ित करने वाली दुर्वृत्ति रूपी ताड़का से जूझना पड़ेगा। यदि अपने शौर्य से उस बाधा का वध करके आगे बढ़ेगा तो उसे मरीच, सुबाहु का सामना करना पड़ेगा। मरीच यज्ञ-वेदी पर रक्त की वर्षा करता है और सुबाहु हड्डियाँ बरसाता है। यह रक्त और हड्डियाँ ऋषियों का वध करके प्राप्त होती हैं। मरीच का अर्थ है आशा की किरण और सुबाहु का अर्थ है बाहुबल ताड़का रूपी दुर्वृत्तियों के हनन के उपरान्त साधक को आशा और चमत्कार शक्ति से जूझना पड़ता है। इनको पराजित करके ही वह प्रणव रूपी धनुष पर आत्मा रूपी शर चढ़ा सकता है और अभ्यास करते-करते प्रणव-धनुष भी टूट जाता है, तब ब्रह्म-विद्या और ब्रह्म का मिलन होता है।

सारांश : धनुष-यज्ञ के प्रतीकात्मक अर्थ का बोध 'आनन्द रामायण' के द्वारा आसानी से हो जाता है। कथा है कि एक दिन राम ने सीता से पूछा—"बताओ, मैं कौन हूँ? तुमने अपने मन में मुझे क्या समझा है?" इन दोनों प्रश्नों का उत्तर सीता जी इस प्रकार दे रही हैं।—"आप सच्चिदानन्द स्वरूप विष्णु भगवान ही सागर की तरह हैं। पृथ्वी का भार उतारने की इच्छा आपकी उस सागर की तरंगें हैं। उसका ही एक बिन्दु आत्मांश रूप होकर बाहर आ जाता है, वही आत्मा कहलाती है। उसकी बुद्धि रूप जननी कौशल्या है। शुद्ध और सतोमय अन्तःकरण उस आत्मा का पिता है जो साक्षात् श्री दशरथ जी हैं। उस आत्मा के चार भेद आप बतलाते हैं वे ही चार भाई राम, लक्ष्मण, भरत, शत्रुघ्न विद्यमान हैं। उनमें तुरीयावस्था श्रेष्ठ है। आप सब भाइयों में श्रेष्ठ हैं। जाग्रत अवस्था लक्ष्मण, स्वप्नावस्था भरत, सुषुप्ति अवस्था शत्रुघ्न हैं। हृदयाकाश ही अयोध्या है। विश्वामित्र के यज्ञ में आपकी यात्रा विश्व-कल्याण की यात्रा है, मन की दुर्वृत्तियों का घात ही ताड़का-वध है। मनोवेग का भंजन जनकपुर में धनुष टूटना, मेरा पाणिग्रहण माया का योग है। परशुराम का दर्प-भंजन पूर्व संस्कार का निग्रह है।"

('आनन्द रामायण', विलासकाण्ड, श्लोक 37 से 46 तक)

शिव-धनुष

ओठों से निरन्तर 'ॐ' स्मरण करते-करते जब 'ॐ' ब्रह्म की आन्तरिक भावना परिपुष्ट हो जाती है तो शब्द-ध्वनि अपने आप टूट जाती है। जब 'ओऽम्' एकाक्षर ब्रह्म का अन्तःकरण में साक्षात्कार होने लगता है तो उस ज्योति के प्रकाश से बाह्य जगत ईश्वरमय दिखाई पड़ने लगता है। ऐसा समदर्शी राम स्वयं परमेश्वर रूप होकर आर्त्त प्राणियों के कष्ट निवारण संघर्ष में जुट जाता है। यही है राम का अव्याकृत रूप जिसकी वेदशास्त्र, कालिदास, तुलसी निर्गुण भाव से उपासना करते हैं। तात्पर्य यह है कि 'प्रणवो धनुः शरोह्यात्मा ब्रह्म तल्लक्ष्यमुच्यते अप्रमत्तेन वेधव्यं शरवत्तन्मयो भवेत्' से जब समदर्शिता आ जाती है तब वह महापुरुष पुनः कर्म रूपी रुद्र-धनुष की प्रत्यंचा चढ़ाकर ब्रह्मद्वेषियों के विनाशार्थ और सज्जनों के रक्षार्थ दुष्टों का संहार करने में समर्थ होता है। इसी को समझाने के लिए देवी सूक्त में कहा गया है—

अहं रुद्राय धनुरातनोमि ब्रह्मद्विषे शरवे हन्तवाउ।
अहं जनाय समदं कृणोम्यह द्यावा पृथिवी आविवेश॥ 6॥

मैं ब्रह्मद्वेशियों का हनन करने को रुद्रधनुष की प्रत्यंचा चढ़ाती हूँ। मैं ही पृथ्वी से द्युलोक तक प्रविष्ट होकर भक्तों को शक्तिशाली बनाती हूँ। इसी का मर्म बीसवीं शती के प्रारम्भ में विवेकानन्द, रामतीर्थ, अरविन्द और गाँधी समझाते रहे। स्वामी रामतीर्थ ने अमेरिकनों को यही सन्देश सुनाते हुए समझाया था—ओऽम् का भावार्थ ग्रहण करो और उसे भावना की भाषा में गाओ; उसे अपनी क्रियाओं में उतारो, अपने शरीर के रोम-रोम से उसे गाओ, वह तुम्हारी धमनियों में दौड़ने लगे। तुम्हारे रक्त

के हर बिन्दु से सत्य की यह झंकार उठे कि तुम स्वयं सत्य स्वरूप हो। जो मनुष्य इन तीन प्रकारों से ओऽम् की आराधना करता है—पहले ओठों से गाता है, फिर हृदय से रस लेता है, अन्त में अपने कामों में भी, उसी की ध्वनि गुँजाता है—उसका जीवन एक चिरंतन संगीत बन जाता है।''

('स्वामी राम', जीवन कथा—सरदार पूरनसिंह, पृष्ठ-58-59)।

वेकेट ने 'वेटिंग फ़ॉर गॉडाट' में ईश्वरीय विश्वास का परिहास करते हुए उसकी सत्ता को अनावश्यक माना है। बैकेट का नया दर्शन उन लोगों पर बिलकुल ठीक बैठता है जो अपनी अकर्मण्यता, भोगासक्ति, आलस्य प्रमाद को छिपाने के लिए अनास्था का पर्दा टाँगना चाहते हैं, उन्हीं को लक्ष्य करके महर्षि अरविन्द ने कहा था—

"Reliance upon God must not be made an excuse for indoleness, weakness and surrender to the impulses of the lower nature; it must go along with untiring aspiration and a persistent rejection of all that comes in the way of the Divine Truth." ('Bases of Yoga', page-28)

अर्थात् परमेश्वर में विश्वास के द्वारा कर्मवीर को ऐसी दृढ़ता प्राप्त करनी पड़ती है जो सत्यान्वेषण के मार्ग में पड़ने वाली सारी बाधाओं को उखाड़ फेंक सके। वाल्मीकि और गाँधी ने राम का उदाहरण संसार के सामने रखते हुए यही सिद्धान्त प्रतिपादित किया! भारत के इसी सन्देश पर अनेक पाश्चात्त्य विद्वान् मुग्ध हैं। आज भी गाँधी फ़िल्म के द्वारा योरोप यही सन्देश सुनने को व्याकुल है।

सोलहवाँ अध्याय

मिथकीय एकांकी पर विदेशी प्रभाव

मिथकीय नाटकों की दो मूल धाराएँ स्वतन्त्रता के उपरान्त विशेष रूप से प्रवाहित होने लगी हैं। एक धारा भारतीय स्रोत के आधार पर पाश्चात्य नव चिन्तन को आत्मसात करती चली, जिसके निमार्ता डॉ. रामकुमार वर्मा, पं. लक्ष्मीनारायण मिश्र, जगदीशचन्द्र माथुर, आचार्य देवेन्द्रनाथ शर्मा (एकांकीकार), उदयशंकर भट्ट प्रमुख हैं। डॉ. वर्मा, मिश्रजी और जगदीशचन्द्र माथुर की कृतियों में इसे स्पष्ट किया गया है। एकांकीकार आचार्य देवेन्द्रनाथ संस्कृत-अंग्रेज़ी दोनों के प्रकांड विद्वान हैं। योरोपीय देशों में कई वर्ष अध्ययन करके उन्होंने भारतीय चिन्तन प्रणाली को आधुनिक युग के साँचे में ढाला है। मिथकों का असली रहस्य विधिवत् समझने की उनमें शक्ति और लगन है। उनके दो मिथकीय एकांकी 'पारिजात मंजरी' और 'ज्ञानोदय' में उनकी नाट्यशैली स्पष्ट होती है। 'पारिजात मंजरी' में 'महाश्वेता' की प्रसिद्ध कथा है। महाश्वेता और पुंडरीक की निर्मल प्रेम कहानी करुण रस से ओत-प्रोत है। महाश्वेता के वियोग में पुंडरीक प्राण त्याग देता है और महाश्वेता जब वियोग विकल होकर पुंडरीक के समीप पहुँचती है तो उसे मृतक पाकर अत्यन्त दु:खी होती है। नियति-चक्र किस प्रकार दो प्रेमियों को मिलने नहीं देता और दोनों वियोगाग्नि में भस्म होना स्वेच्छा से स्वीकार करते हैं।

इसी प्रकार चिरंजीत ने महाश्वेता की मिथकीय कथा को एक नए रूप में रखा है। इस रेडियो एकांकी में एक पुरातत्त्ववेत्ता विष विलेपित श्वेत प्रस्तर प्रतिमा को महाश्वेता समझकर आलिंगन करता है। परिणामस्वरूप उसकी मृत्यु हो जाती है। मिथक के इस परिवर्तन से न तो प्रेम के पुरातन रूप की रक्षा हो सकी और न आधुनिकता निखर पाई। नाट्यकार कदाचित् प्रेमान्ध की दुर्गति दिखाना चाहता है।

इसी प्रकार आचार्य देवेन्द्रनाथ शर्मा और डॉ. रामकुमार वर्मा ने तुलसीदास का

मिथकीय रूप भारतीय संस्कृति के आलोक में देखा है पर अमृतलाल नागर विसंगत नाट्यशैली पर उन्हें वार वनिता का द्वार खटखटाते दिखाते हैं।

रूसी प्रभाव

अमृतराय की एकांकियों में रूसी विचारधारा का प्रभाव स्पष्ट देखा जाता है। इन एकांकियों में बुर्जुवा समाज की कुरूपता, समृद्ध की शोषण प्रवृत्ति, किसान मज़दूरों पर अत्याचार तो दिखाया ही गया है। 'रूसी एकांकी' नामक एक संग्रह सन् 1945 में प्रकाशित भी हुआ है। 'चार चित्र' नामक संग्रह में फासिस्ट विरोधी धारणा का समावेश वर्ड ब्रेख्त लिखित पुस्तक 'फ़ीयर एंड मिज़री इन दी थर्ड राइज़' के आधार पर किया गया है। 'रूसी लोग' और 'चार चित्र' नामक अनूदित रचना हिटलर के अत्याचार दिखाते हुए योरोपीय देशों के साथ जर्मनी को भी फासिज़्म से मुक्त कराने का उद्देश्य स्पष्ट करती है।

इसी प्रकार की रूस-प्रभावित रचना शिवदानसिंह चौहान की कृतियों में उपलब्ध है। इन्होंने फासिज़्म-विरोधी नाट्यकार ज्योफ्रे पर्सेन्स की एकांकियों का अनुवाद 'योजना के अनुसार' (1946) नामक एकांकी-संकलन में किया है जिनमें जापानी फासिज़्म और मुनाफ़ाखोरों के विरुद्ध संगठित होने पर बल दिया गया है। इन एकांकियों का मूल स्वर ब्रिटिश शासन की कूटनीतियों के कारण भारत की अकाल स्थिति, भूख-महामारी, दुर्भिक्ष को उजागर करता है। इन आपदाओं से रक्षा का मार्ग रूसी साम्यवादी चिन्तन से निकाला गया है।

इसी श्रेणी में धर्मवीर भारती के एकांकी संग्रह उपलब्ध हैं। उनकी प्रसिद्ध कृतियों 'आवाज़ का नीलाम', 'नदी प्यासी थी' रूसी साम्यवाद का समर्थन करने वाली हैं। 'आवाज का नीलाम' एकांकी एक दीन-हीन ईमानदार पत्रकार की विवशता और धनी सेठ की निर्ममता का लेखा-जोखा सामने रखता है। पत्नी की बीमारी, आर्थिक कठिनाई, समाज की निष्ठुरता से तंग आकर गरीब पत्रकार एक धनी सेठ को अपना पत्र 'आवाज़' बेच देता है। वह अपने मनोनुकूल सम्पादक रखकर अपनी आर्थिक शक्ति के बल पर गरीब जनता की असली आवाज़ को दबा देता है और लोगों को गुमराह करने वाला मार्ग दिखाता है। इस प्रकार इस एकांकी में पूँजीवाद का विरोध और साम्यवाद का समर्थन दिखाई पड़ता है।

रेडियो एकांकीकारों में प्रफुल्लचन्द्र ओझा साम्यवादी विचारों के प्रचारक रूप में धनी-मानी परिवारों के युवा वर्ग को सामने लाते हैं। उनका 'पुकार' नामक नाटक पूँजीपति आत्माराम के युवा पुत्र विजय को सर्वसाधारण की तरह जीवनयापन करते हुए दिखाता है। विजय अपनी सारी सम्पत्ति गरीबों की सेवा में अर्पित कर देता है।

गाँधीवादी और साम्यवादी विचारों का स्वस्थ रूप इसमें झलकता है। इसी प्रकार 'घटाएँ' एकांकी में समूह परिवार में परिपालित युवती दामिनी साम्यवादी प्रभाव से आन्दोलन में मज़दूरों का प्रतिनिधित्व करती है। अपने कम्युनिस्ट मित्र सन्तोष के साथ आन्दोलन में भाग लेती हुई पूँजीवादी समर्थक विनोद से संघर्ष करते हुए प्राण विसर्जन करती है। तदुपरान्त विनोद में परिवर्तन आता है और वह भी साम्यवाद का प्रचारक बन जाता है।

❑❑❑